Basiswissen Sozialwirtschaft und Sozialmanagement

Reihe herausgegeben von

Klaus Grunwald, Duale Hochschule BW Stuttgart, Stuttgart, Baden-Württemberg, Deutschland

Ludger Kolhoff, Fakultät Soziale Arbeit, Ostfalia Hochschule, Wolfenbüttel, Niedersachsen, Deutschland

Die Lehrbuchreihe „Basiswissen Sozialwirtschaft und Sozialmanagement" vermittelt zentrale Inhalte zum Themenfeld Sozialwirtschaft und Sozialmanagement in verständlicher, didaktisch sorgfältig aufbereiteter und kompakter Form. In sich abgeschlossene, thematisch fokussierte Lehrbücher stellen die verschiedenen Themen theoretisch fundiert und kritisch reflektiert dar. Vermittelt werden sowohl Grundlagen aus relevanten wissenschaftlichen (Teil-)Disziplinen als auch methodische Zugänge zu Herausforderungen der Sozialwirtschaft im Allgemeinen und sozialwirtschaftlicher Unternehmen im Besonderen. Die Bände richten sich an Studierende und Fachkräfte der Sozialen Arbeit, der Sozialwirtschaft und des Sozialmanagements. Sie sollen nicht nur in der Lehre (insbesondere der Vor- und Nachbereitung von Seminarveranstaltungen), sondern auch in der individuellen bzw. selbstständigen Beschäftigung mit relevanten sozialwirtschaftlichen Fragestellungen eine gute Unterstützung im Lernprozess von Studierenden sowie in der Weiterbildung von Fach- und Führungskräften bieten.

Beiratsmitglieder

Holger Backhaus-Maul, Philosophische Fakultät III, Universität Halle-Wittenberg, Halle (Saale), Sachsen-Anhalt, Deutschland
Marlies Fröse, Evangelische Hochschule Dresden, Dresden, Sachsen, Deutschland
Waltraud Grillitsch, Fachhochschule Kärnten, Feldkirchen, Österreich
Andreas Laib, Fachbereich Soziale Arbeit, Fachhochschule St. Gallen, St. Gallen, Schweiz
Andreas Langer, Department Soziale Arbeit, HAW Hamburg, Hamburg, Deutschland
Wolf-Rainer Wendt, Stuttgart, Baden-Württemberg, Deutschland
Peter Zängl, Hochschule für Soziale Arbeit, Fachhochschule Nordwestschweiz, Olten, Schweiz

Weitere Bände in der Reihe https://link.springer.com/bookseries/15473

Klaus Grunwald

Management sozialwirtschaftlicher Organisationen
Eine Einführung

Klaus Grunwald
Duale Hochschule BW Stuttgart
Stuttgart, Deutschland

ISSN 2569-6009   ISSN 2569-6017 (electronic)
Basiswissen Sozialwirtschaft und Sozialmanagement
ISBN 978-3-658-26339-3 ISBN 978-3-658-26340-9 (eBook)
https://doi.org/10.1007/978-3-658-26340-9

Die Deutsche Nationalbibliothek verzeichnet diese Publikation in der Deutschen Nationalbibliografie; detaillierte bibliografische Daten sind im Internet über http://dnb.d-nb.de abrufbar.

© Springer Fachmedien Wiesbaden GmbH, ein Teil von Springer Nature 2022
Das Werk einschließlich aller seiner Teile ist urheberrechtlich geschützt. Jede Verwertung, die nicht ausdrücklich vom Urheberrechtsgesetz zugelassen ist, bedarf der vorherigen Zustimmung des Verlags. Das gilt insbesondere für Vervielfältigungen, Bearbeitungen, Übersetzungen, Mikroverfilmungen und die Einspeicherung und Verarbeitung in elektronischen Systemen.
Die Wiedergabe von allgemein beschreibenden Bezeichnungen, Marken, Unternehmensnamen etc. in diesem Werk bedeutet nicht, dass diese frei durch jedermann benutzt werden dürfen. Die Berechtigung zur Benutzung unterliegt, auch ohne gesonderten Hinweis hierzu, den Regeln des Markenrechts. Die Rechte des jeweiligen Zeicheninhabers sind zu beachten.
Der Verlag, die Autoren und die Herausgeber gehen davon aus, dass die Angaben und Informationen in diesem Werk zum Zeitpunkt der Veröffentlichung vollständig und korrekt sind. Weder der Verlag, noch die Autoren oder die Herausgeber übernehmen, ausdrücklich oder implizit, Gewähr für den Inhalt des Werkes, etwaige Fehler oder Äußerungen. Der Verlag bleibt im Hinblick auf geografische Zuordnungen und Gebietsbezeichnungen in veröffentlichten Karten und Institutionsadressen neutral.

Planung/Lektorat: Katrin Emmerich
Springer VS ist ein Imprint der eingetragenen Gesellschaft Springer Fachmedien Wiesbaden GmbH und ist ein Teil von Springer Nature.
Die Anschrift der Gesellschaft ist: Abraham-Lincoln-Str. 46, 65189 Wiesbaden, Germany

Einleitung

Im Zentrum dieses Lehrbuches steht das *Management sozialwirtschaftlicher Organisationen und seine theoretische Fundierung in unterschiedlichen sozialwissenschaftlichen Diskursen.* Der Ausgangspunkt für die Beschäftigung mit den Themenfeldern Sozialmanagement und Sozialwirtschaft in den 90er Jahren war mein Engagement in der Qualifizierung von Führungskräften auf verschiedenen hierarchischen Ebenen und aus unterschiedlichsten Feldern der Sozialen Arbeit an der damaligen Diakonischen Akademie als bundeszentraler Fortbildungsstätte des Diakonischen Werks in Deutschland. Die Qualifizierung von Menschen für Führungsaufgaben beschäftigt mich bis heute; aktuell praktiziere ich sie vor allem im Rahmen des Masterstudiengangs „Governance Sozialer Arbeit" der Dualen Hochschule Baden-Württemberg.

Dabei ist es mir ein großes Anliegen, die Auseinandersetzung mit Fachtexten so zu gestalten, dass es über das Ringen mit den Texten und ihren Aussagen, den Austausch über Verbindungslinien mit selbst erlebter Praxis als Führende oder Geführte und die gemeinsame Arbeit in Seminargruppen zu einer für die Einzelnen bedeutsamen Verknüpfung von Gedanken aus den Texten und eigenen Berufserfahrungen und Fragen kommt. Im Zuge dieser Verknüpfungen können sich, wenn die Lehre gelingt, die Führungsverständnisse der einzelnen Teilnehmenden bilden und entwickeln. Und es kann deutlich werden, wie wichtig ‚Theorie' für die Ent- und Weiterentwicklung der persönlichen Führungsverständnisse, die Reflexion der eigenen Organisation und der eigenen Rolle in ihnen sowie die Bewältigung von Aufgaben des Führungsalltags, also ‚Praxis', sein kann.

Vor diesem Hintergrund entstand die Idee, eine Auswahl von für die Beschäftigung mit dem Management sozialwirtschaftlicher Organisationen hilfreichen und wichtigen Themen und Theoriekonzepten in einem Lehrbuch zu bündeln, um auf diese Weise für Lehr- und Weiterbildungsveranstaltungen – Seminare in Masterstudiengängen sind für mich immer beides – eine theoretische Basis zur Verfügung zu stellen. Mein Ziel beim Verfassen dieser Publikation war, die verschiedenen, mir bedeutsam erscheinenden theoretischen Zugänge zum Management sozialwirtschaftlicher Organisationen in einen für mich stimmigen Gesamtzusammenhang mit spezifischen Akzenten zu bringen, der mir bislang in der Lehre gefehlt hat.

Dieser kann und muss durch andere Texte, vor allem aber durch praxisgesättigten Austausch, durch Reflexion und Diskurs ergänzt werden. Die meisten der angeschnittenen Themen könnten für sich Gegenstand einer Monografie sein und würden es verdienen, ausführlicher dargestellt und diskutiert zu werden. Mir geht es aber um eine Zusammenschau verschiedener Themen und theoretischer Konzepte, die einander ergänzen.

Aus der seit Anfang der 90er Jahre währenden Beschäftigung mit den Themenschwerpunkten und theoretischen Konzepten, die Eingang in dieses Buch gefunden haben, sind etliche Texte hervorgegangen, an denen ich mich in den einzelnen Kapiteln abarbeiten konnte. Viele Passagen habe ich neu geschrieben, manche lehnen sich an frühere Publikationen an und verarbeiten diese weiter. Zu Beginn der Kapitel verweise ich jeweils darauf, welche meiner früheren Texte insbesondere Ausgangspunkte für die im Folgenden versammelten Theoriedarstellungen und -diskussionen sind.

Auch wenn ich beim Verfassen des Textes konkrete Personen, Teilnehmende aus Seminaren insbesondere im Rahmen von Masterstudiengängen, aber auch an Theorie interessierte Leser*innen, (angehende) Führungskräfte von freien wie privaten Trägern und aus Verwaltungen als Zielgruppe vor mir hatte, so geht diese Veröffentlichung nicht von einem institutionalen, sondern einem funktionalen Managementverständnis aus. Management im funktionalen Sinn ist nicht auf bestimmte Personen oder Positionen festgelegt, sondern bezieht sich auf alle Aufgaben, Prozesse und Funktionen, die für die Führung sozialwirtschaftlicher Organisationen notwendig sind. Aus dieser Perspektive wird nicht die Unterscheidung zwischen den Leitungskräften einerseits und den Fachkräften, den Mitarbeitenden andererseits fokussiert, sondern Management wird als Querschnittsaufgabe verstanden, die sich auf verschiedenen Hierarchieebenen und oft auch in Kombination mit Fachaufgaben spezifisch darstellt.

Der gedankliche Ausgangspunkt dieses Buches sind die Organisationen der Sozialwirtschaft, in denen fachliche Arbeit erbracht wird und die zu steuern und zu gestalten ist. Weiter gedacht geht es darum, wie Führung/Management konzipiert werden muss, um die Steuerung und Gestaltung (in) der Organisation professionell zu gewährleisten. Management/Führung und Organisation sind eng miteinander verbunden – wandelt sich die Organisation und das Organisationsverständnis, so muss sich auch das Verständnis von Management/Führung verändern, das/die in dieser Organisation Steuerungsaufgaben übernimmt (zu den Begriffen siehe Kap. 1).

In dieser Publikation wird ein Management- und Führungsverständnis vertreten, das die Spannungsfelder, die Leitungshandeln prägen, ausdrücklich bejaht – ähnlich, wie es in der Sozialen Arbeit durch das Konzept der Lebensweltorientierten Sozialen Arbeit betont wird. Letztere propagiert das Prinzip der ‚strukturierten Offenheit' (vgl. Thiersch 1993; Grunwald 2015b, 2021a). Gemeint ist damit eine andauernde Pendelbewegung zwischen einerseits der Fähigkeit, sich auf die vorgegebene Praxis engagiert einzulassen und sie im Sinne eines ‚Respekts vor dem Alltag' in ihrer Eigengesetzlichkeit wertzuschätzen, sowie andererseits dem Vermögen zu methodisch abgesicherter Arbeit und kritischer Reflexion der Praxis. Die zentrale Herausforderung für Führungskräfte besteht aus dieser Sicht darin, Gegensätze und Polaritäten des Führungsalltags nicht eliminieren zu wollen, auch wenn sie oft zunächst einmal ‚stören' und herausfordern, sondern sie als ständige Anforderung für professionelles Leitungshandeln und als Impuls für eine Weiterentwicklung der Organisation zu begreifen.

Führungskräfte haben die Aufgabe, die Vielfalt von Ansprüchen und Zielen insbesondere der Umwelt und der Mitarbeitenden wahr- und ernstzunehmen und sie so handhabbar zu machen, dass die Organisation und ihre Mitarbeitenden mit ihnen umgehen können. Sie sind gefordert, allgemeine und diffuse Paradoxien, die sich der Einrichtung stellen, in formulier- und thematisierbare Spannungsfelder zu überführen, die gegebenenfalls gemeinsam bearbeitet werden können. Eine wesentliche Funktion von Führungskräften in der Sozialwirtschaft besteht darin, dafür zu sorgen, dass solche relevanten Spannungsfelder gesehen und in angemessener Form angegangen werden, ohne dass sich die Einrichtung und ihre Mitarbeitenden auf allen hierarchischen Ebenen von ihnen paralysieren und handlungsunfähig machen lassen. – Nun zu den Inhalten im Einzelnen.

Auf ein in die zentralen Begriffe Organisation, Management und Führung sowie Steuerung einführendes *1. Kapitel* folgt eine Betrachtung von Organisationen der Sozialwirtschaft aus der Sicht verschiedener organisationssoziologischer Konzepte in *Kap. 2*, insbesondere der Organisationsgesellschaft, der Dynamik in und von Organisationen, der Politik in und von Organisationen sowie der Organisations- oder Unternehmenskultur.

Kap. 3 diskutiert Organisationen des Sozial- und Gesundheitswesens als sozialwirtschaftliche Unternehmen und als Nonprofit-Organisationen, woran eine Auseinandersetzung mit verschiedenen Formen ökonomischer Rationalität anschließt. Ebenfalls in diesem Kapitel werden unterschiedliche Begrifflichkeiten und Konzepte zwischen Sozialmanagement und Management des Sozialen verhandelt, um am Ende Leitungshandeln fachlich-sozialpädagogisch zu verorten.

Kap. 4 knüpft an die Ausführungen zu organisationssoziologischen Konzepten an und widmet sich zunächst Grundpositionen systemischen Managements für die Sozialwirtschaft. Weiterhin geht es um Grundfragen bzw. Probleme der Organisationsgestaltung sowie um Aufgabenfelder von Führung im Kontext eines General Managements. Diskutiert werden in diesem Kapitel ebenfalls der Weg vom Entwicklungsorientierten Management zur Agilität sowie das Konzept des Dilemmatamanagements.

Kap. 5 widmet sich als Exkurs dem Change Management in und von sozialwirtschaftlichen Organisationen, seinen Prinzipien und Erfolgsfaktoren und schließt mit der Weiterentwicklung eines Konzepts der Organisationsdiagnose zu einem pragmatischen Modell des Managements in und von Organisationen der Sozialwirtschaft.

Während die Kap. 2 und 4 gedanklich von der Organisation ausgehen, Kap. 5 Möglichkeiten ihrer Veränderung diskutiert, stehen im Mittelpunkt des *Kap.* 6 Grundfragen der Personalführung in sozialwirtschaftlichen Organisationen. Auf Ausführungen zum Begriff der Personalführung folgen ein Rahmenmodell, in dem Führungspersönlichkeit, -verhalten, -situation und -erfolg zueinander in Beziehung gesetzt werden, sowie das Thema Personalführung und Menschenbilder. Nach einem kurzen Exkurs zum Leitungsverständnis der Themenzentrierten Interaktion geht es abschließend um verschiedene Wirkungsmechanismen der Personalführung wie beispielsweise Weisung, symbolische Führung oder transaktionaler versus transformationaler Führung.

Professionalität und Führungskompetenzen von Leitungskräften in sozialwirtschaftlichen Organisationen stehen im Mittelpunkt des *Kap.* 7. Nach der Differenzierung der Begriffe Kompetenz und Performanz geht es um Dimensionen professioneller Handlungskompetenzen und ihre Verortung auf Handlungsebenen. In der Folge werden zunächst in einem kurzen Exkurs Kompetenz und Professionalität in der Sozialen Arbeit, dann Professionalität von Leitungskräften diskutiert. Der nächste Abschnitt zu Professionalität und Dilemmatamanagement schließt an Abschn. 4.5 an, bevor zum Abschluss des Kapitels spezifische Führungskompetenzen von Leitungskräften in Einrichtungen der Sozialwirtschaft thematisiert werden.

Der *Ausblick* widmet sich dem Management in und von sozialwirtschaftlichen Organisationen im Zeichen postheroischer Führung, um den thematischen Bogen dieses Buches abzurunden.

Die Praxis der Leitung sozialwirtschaftlicher Organisationen ist durch eine erhebliche *Komplexität* geprägt. Daher muss eine praxistaugliche Beschäftigung mit Fragen des Managements sozialwirtschaftlicher Organisationen diese Komplexität widerspiegeln. Eine Auseinandersetzung mit theoretischen Konzepten ist

Einleitung

schon deswegen notwendig, um den Gegenstand des Managements von und in Organisationen der Sozialwirtschaft nicht in seiner Komplexität fahrlässig zu reduzieren. Der Gegenstand dieses Buches sind insofern überwiegend Theorien des Managements sozialwirtschaftlicher Organisationen, von deren Bedeutung für die reflektierte Gestaltung des Führungsalltags ich überzeugt bin.

Es war mir ein Anliegen, trotz der Verarbeitung umfangreicher Literatur möglichst verständlich zu schreiben – was gerade bei der Darstellung und kritischen Diskussion abstrakter theoretischer Konzepte nicht einfach ist. Wissenschaftler*innen schreiben (zu) oft vor allem für die Kolleg*innen der Zunft, auch in Lehrbüchern, was sich im Schreibstil niederschlägt und die Lektüre mitunter mühsam macht. Angesichts des Gegenstands dieses Buches – Theorien des Managements sozialwirtschaftlicher Organisationen – sind manche Passagen sicherlich immer noch (zu) kompliziert verfasst. Ich bitte alle Leser*innen, sich davon nicht abschrecken zu lassen!

Da es in diesem Buch um die Darstellung theoretischer Konzepte geht, die sich in den Veröffentlichungen unterschiedlicher Autor*innen widerspiegeln, ist mir eine Verortung der jeweiligen theoretischen Positionen in der verarbeiteten Fachliteratur wichtig, auch wenn die Nennung von mehreren Quellen erst einmal den Lesefluss hemmen kann. Zudem möchte ich den Leser*innen Hinweise auf weiterführende Literatur geben, die gerade für die Erstellung von Qualifikationsarbeiten wie Studien- oder Masterarbeiten hilfreich sein können. Insofern überwiegen die Vorteile der Einarbeitung etlicher Fachliteratur meines Erachtens deutlich die Nachteile der teilweise umfangreichen Quellennachweise.

Meiner Frau, Dr. Elke Steinbacher, danke ich sehr für viele intensive Gespräche zu unseren Erfahrungen in den Organisationen, in denen wir uns haupt- oder ehrenamtlich bewegen. In diesem Austausch konnte ich die Tragfähigkeit theoretischer Konzepte und gedanklicher Motive erproben. Vor allem aber danke ich ihr sehr für ihre Unterstützung meiner Schreibprojekte und den Verzicht auf so manche gemeinsame Stunde, wenn ich mich an den Schreibtisch zurückgezogen habe. Ihr widme ich dieses Buch!

Ihnen, den Leser*innen, wünsche ich eine erkenntnisreiche Lektüre und Auseinandersetzung mit den theoretischen Konzepten, die im Folgenden entfaltet werden, sowie viele Anregungen für die Praxis des Managements sozialwirtschaftlicher Organisationen!

Tübingen
im Januar 2022

Klaus Grunwald

Verwendete Literatur

Thiersch, Hans (1993). Strukturierte Offenheit. Zur Methodenfrage einer lebensweltorientierten Sozialen Arbeit. In Thomas Rauschenbach, Friedrich Ortmann, & Maria-Eleonora Karsten (Hrsg.), *Der sozialpädagogische Blick*. Lebensweltorientierte Methoden in der Sozialen Arbeit (S. 11–28). Weinheim/München: Juventa.

Grunwald, Klaus (2021a). Lebensweltorientierung. In Ralph-Christian Amthor, Brigitta Goldberg, Peter Hansbauer, Benjamin Landes, & Theresia Wintergerst (Hrsg.), *Wörterbuch Soziale Arbeit*. Aufgaben, Praxisfelder, Begriffe und Methoden der Sozialarbeit und Sozialpädagogik (S. 546–548), Weinheim/München: Beltz Juventa.

Grunwald, Klaus (2015b). Postheroisches Management als Herausforderung für Fach- und Leitungskräfte aus der Perspektive einer Lebensweltorientierten Sozialen Arbeit. *Zeitschrift für Sozialpädagogik*, 13 (2), S. 178–185.

Inhaltsverzeichnis

1 Grundbegriffe: Organisation – Management und Führung – Steuerung 1
  1.1 Organisation 2
    1.1.1 Tätigkeitsorientierter Organisationsbegriff 2
    1.1.2 Instrumenteller Organisationsbegriff 3
    1.1.3 Institutioneller Organisationsbegriff 4
    1.1.4 Fazit 6
  1.2 Management und Führung 7
  1.3 Steuerung 10
  Literatur 12

2 Organisationen der Sozialwirtschaft aus Sicht der Organisationssoziologie 17
  2.1 Organisationsgesellschaft 18
  2.2 Organisationen als dynamische Gebilde und Organisationslernen 19
  2.3 Politik in und von Organisationen 23
  2.4 Organisations- oder Unternehmenskulturen und ihre Gestaltung – Kulturbewusstes Management 24
  Literatur 26

3 Management in und von sozialwirtschaftlichen Organisationen zwischen Ökonomie und sozialpädagogischer Fachlichkeit 31
  3.1 Organisationen des Sozial- und Gesundheitswesens als sozialwirtschaftliche Unternehmen 32
    3.1.1 Begriffsentstehung 32
    3.1.2 Gegenstandsbereich der Sozialwirtschaft 33

		3.1.3	Herausforderungen sozialwirtschaftlicher Organisationen	34
	3.2		Unternehmen der Sozialwirtschaft als Nonprofit-Organisationen	36
		3.2.1	Begriffsbestimmung	36
		3.2.2	Merkmale von Nonprofit-Organisationen	37
		3.2.3	Einrichtungen der Sozialwirtschaft als NPOs	38
	3.3		Ökonomisch rationales Verhalten in der Leitung sozialwirtschaftlicher Unternehmen	40
	3.4		Konsequenzen der ökonomischen Betrachtung	44
	3.5		Vom ‚Sozialmanagement' zum ‚Management des Sozialen'	45
	3.6		Die Kritik an ‚Managerialismus'	48
	3.7		Zur fachlichen Verortung von Leitungshandeln	50
	Literatur			53

4 Management in und von sozialwirtschaftlichen Organisationen aus organisationssoziologischer und systemischer Perspektive 59

	4.1		Grundpositionen systemischen Managements für die Sozialwirtschaft	60
		4.1.1	Management in der Sozialwirtschaft – systemisch betrachtet	60
		4.1.2	Das Management-Verständnis der St. Galler Schule	61
		4.1.3	Weitere Ansätze systemischen Managements	66
	4.2		Grundfragen bzw. Probleme der Organisationsgestaltung	69
		4.2.1	Die formale Strukturierung von Aufgaben	70
		4.2.2	Die Berücksichtigung ‚emergenter' Phänomene und Prozesse	71
		4.2.3	Die Notwendigkeit der Integration von Individuen und Organisation	73
		4.2.4	Die Gestaltung der Beziehung zwischen Organisation und Umwelt	76
		4.2.5	Organisationswandel und Transformation als Herausforderung	77
	4.3		Aufgabenfelder von Führung im Kontext eines General Managements	79
	4.4		Vom Entwicklungsorientierten Management zur Agilität	81
		4.4.1	Wandel-Herausforderungen sozialwirtschaftlicher Organisationen	81
		4.4.2	Entwicklungsorientiertes Management (EOM)	82

	4.4.3	Kernpunkte eines EOM	85
	4.4.4	EOM im Kontext von ‚VUKA-Welt', ‚Agilität' und ‚Ambidextrie'	87
4.5	Dilemmatamanagement in sozialwirtschaftlichen Organisationen		92
	4.5.1	Führungs- und Organisationsdilemmata	92
	4.5.2	Konkretisierungen	93
	4.5.3	Theoretische Einordnung von Organisations- und Führungsdilemmata	96
	4.5.4	Facetten des Dilemmatamanagements	97
Literatur			99

5 Exkurs: Change Management in und von sozialwirtschaftlichen Organisationen ... 111

5.1	Von der Organisationsentwicklung zum Change Management	112
5.2	Prinzipen des Change Managements	116
5.3	Erfolgsfaktoren von Change Management	121
5.4	Von der Organisationsdiagnose zu einem pragmatischen Modell des Managements in und von Organisationen der Sozialwirtschaft	122
Literatur		128

6 Grundfragen der Personalführung in sozialwirtschaftlichen Organisationen ... 133

6.1	Der Begriff der Personalführung		134
6.2	Ein Rahmenmodell der Personalführung		136
	6.2.1	Die Führungspersönlichkeit	137
	6.2.2	Das Führungsverhalten	138
	6.2.3	Die Führungssituation	140
	6.2.4	Der Führungserfolg	141
6.3	Personalführung und Menschenbilder		143
6.4	Exkurs: Zum Leitungsverständnis der Themenzentrierten Interaktion		147
6.5	Wirkungsmechanismen der Personalführung		149
	6.5.1	Weisung	150
	6.5.2	Verstärkung	150
	6.5.3	Vorbild	151
	6.5.4	Identifikation und Charisma	152

	6.5.5	Symbolisierung und symbolische Führung	153
	6.5.6	Transaktionale versus transformationale Führung	154
	6.5.7	Fazit	156
	Literatur		156

7 Professionalität und Führungskompetenzen von Leitungskräften in sozialwirtschaftlichen Organisationen 161

7.1	Zu den Begriffen ‚Kompetenz' und ‚Performanz'	162
7.2	Dimensionen professioneller Handlungskompetenzen und ihre Verortung auf Handlungsebenen	164
7.3	Exkurs: Kompetenz und Professionalität in der Sozialen Arbeit	168
7.4	Professionalität von Leitungskräften	171
7.5	Professionalität und Dilemmatamanagement	173
7.6	Führungskompetenzen von Leitungskräften in Einrichtungen der Sozialwirtschaft	175
	7.6.1 Fachkompetenz	178
	7.6.2 Strategisch-organisatorische Kompetenz	179
	7.6.3 Methodenkompetenz	181
	7.6.4 Sozialkompetenz	182
	7.6.5 Personale oder Selbstkompetenz	184
	7.6.6 Sozialpolitische Kompetenz	186
	7.6.7 Fazit	188
Literatur		190

8 Ausblick: Management in und von sozialwirtschaftlichen Organisationen im Zeichen ‚Postheroischer Führung' 197
Literatur 201

Literatur 203

Grundbegriffe: Organisation – Management und Führung – Steuerung

1

> **Zusammenfassung**
>
> Dieses Kapitel widmet sich der Klärung zentraler Grundbegriffe für den Diskurs um das Management sozialwirtschaftlicher Organisationen. Zunächst steht der Begriff der *Organisation* im Zentrum. Dabei werden drei Organisationsbegriffe unterschieden, der tätigkeits- oder prozessorientierte, der instrumentelle und der institutionelle Organisationsbegriff. In der Folge geht es um das Begriffsspektrum von *Management und Führung*. Hier wird differenziert zwischen der institutionalen und der funktionalen Perspektive sowie zwischen übergreifenden sachbezogenen Managementaufgaben und ihrer personenbezogenen Entsprechung. Vor diesem Hintergrund werden die Begriffe Management/Unternehmensführung, Personalmanagement und Personalführung geklärt. Schließlich wird der Begriff der *Steuerung* entfaltet und kritisch diskutiert.

Lernziele

- Sie kennen den tätigkeits- oder prozessorientierten, den instrumentellen und den institutionellen Organisationsbegriff und ihre gegenseitige Ergänzung.
- Sie sind in der Lage zu unterscheiden zwischen dem institutionalen und dem funktionalen Verständnis von Management und Führung.
- Sie können die Begriffe Management/Unternehmensführung, Personalmanagement und Personalführung sowie die Differenzierung der Managementaufgaben nach Handlungsebenen erläutern.
- Sie erfassen die Vielschichtigkeit des Begriffs der Steuerung und können sich zwischen Steuerungseuphorie und Steuerungsskepsis verorten.

© Springer Fachmedien Wiesbaden GmbH, ein Teil von Springer Nature 2022
K. Grunwald, *Management sozialwirtschaftlicher Organisationen*, Basiswissen Sozialwirtschaft und Sozialmanagement,
https://doi.org/10.1007/978-3-658-26340-9_1

1.1 Organisation

Der[1] erste zu klärende Begriff ist der der Organisation – was meint eine Organisation, was wird unter ihr verstanden? Dabei ist zu berücksichtigen, dass das Phänomen der Organisation in der neueren Organisationslehre höchst unterschiedlich beschrieben und erklärt wird, je nachdem welcher organisationstheoretische Ansatz zugrunde gelegt wird (vgl. Grunwald 2018b, S. 223 ff.). Schreyögg und Geiger (vgl. 2016, S. 438 ff.) legen eine an der historischen Entwicklung ausgerichtete Differenzierung der Vielfalt vorliegender organisationstheoretischer Ansätze vor. Sie gliedern in die klassischen Organisationstheorien (Bürokratie-Ansatz, Administrativer Ansatz, Arbeitswissenschaftlicher Ansatz), die neoklassische Organisationstheorien (Human-Relations-Ansatz und Anreiz-Beitrags-Theorie) und das eher inkonsistente Ensemble (post-)moderner Ansätze, zu den beispielsweise der Human-Ressourcen-Ansatz, organisatorische Entscheidungsforschung, (neo-)institutionalistische Ansätze, systemtheoretische Ansätze, Theorieansätze der Postmoderne (z. B. Strukturationstheorie) und Ansätze organisationaler Praktiken gezählt werden (vgl. Schreyögg und Geiger 2016, S. 438 ff.).

Diese vielfältigen Ansätze der klassischen, neoklassischen und (post-)modernen Organisationstheorie mit ihren spezifischen Blickwinkeln können hier nicht ausführlicher dargestellt und diskutiert werden. Das Ensemble der verschiedenen Zugänge lässt sich aber pragmatisch in unterschiedlichen Organisationsbegriffen konkretisieren: dem prozessorientierten, instrumentellen und institutionellen Organisationsbegriff (vgl. Schreyögg und Geiger 2016, S. 5 ff.; Bea und Göbel 2019, S. 25 ff.; Vahs 2015, S. 16 ff.). Da diese drei Betrachtungsweisen von Organisationen die Entwicklungen und Akzente der Organisationslehre erkennbar widerspiegeln, sollen sie im Folgenden genauer erläutert werden.

1.1.1 Tätigkeitsorientierter Organisationsbegriff

Der *tätigkeits- oder prozessorientierte (funktionale) Begriff*, im Sinne von ‚organisieren', bezieht sich auf den Prozess einer zielorientierten Strukturierung von Ganzheiten, die von bestimmten Personen vorgenommen wird: Ein Unternehmen *wird* organisiert. Bei diesem Prozess, in dessen Verlauf eine Handlungsordnung entworfen wird, wird den Organisationsmitgliedern durch die Leitungsebene eine verbindliche Ordnung vorgegeben, welche die ‚Organisator*innen' vorher rational und zielorientiert entworfen haben, während die Organisationsmitglieder – das

---

[1] Die Basis für das Kapitel 1 stellen insbesondere Grunwald 2018a und 2018b dar.

wird vorausgesetzt – diese Vorgaben vollständig übernehmen und sich insofern fremdorganisieren lassen.

Diese Prämisse wird jedoch seit den Hawthorne-Studien massiv in Zweifel gezogen. Vorgegebene formale Regeln werden in der Praxis vielfältig unterlaufen sowie durch eigene Regeln teils ergänzt und teils ersetzt. Konkret: Auch wenn die Leitung einer Organisation eine bestimmte Vorgabe an die Mitarbeitenden ausgibt, heißt das noch lange nicht, dass die Vorgabe von den und schon gar nicht von allen Mitarbeitenden konsequent umgesetzt wird. Angesichts dieser Relativierung der formalen Ordnung durch informale organisationale Regeln wird der tätigkeitsorientierte Organisationsbegriff heute ausgeweitet im Sinne eines allgemeinen Prozesses der Entstehung von Ordnung (z. B. Abläufe, die sich in einer Wohngruppe bislang entwickelt haben). Dieser Prozess schließt neben den traditionellen Mechanismen der Fremdorganisation (z. B. Dienstanweisungen oder Regelungen des Arbeitsvertrags) auch Elemente der Selbstorganisation (siehe Abschn. 4.2.2) durch die Organisationsmitglieder und die selbsttätige Entstehung von Ordnung ein (vgl. Geramanis und Hutmacher 2020).

Ein dergestalt weit verstandener tätigkeitsorientierter Organisationsbegriff betont, dass Organisationen sich im Lauf der Zeit verändern (können) und sich Veränderungen in Grenzen auch beeinflussen lassen. In Zeiten, in denen von Organisationen ‚Agilität' erwartet wird, gewinnt die Perspektive des Organisationslernens – wie lernt eine Organisation durch Erfahrungen mit Mitarbeitenden, Klient*innen und dem Umfeld dazu? – an Bedeutung.

1.1.2 Instrumenteller Organisationsbegriff

Der *instrumentelle (instrumentale) Organisationsbegriff* bezeichnet das Ergebnis des Prozesses des Organisierens: Eine Organisation *hat* eine Struktur und eine Ordnung, die den Rahmen für alle in ihr erfolgenden Tätigkeiten bildet. Beispiele für solche grundlegenden Ordnungen sind die verschiedenen Formen der Aufbau- und Ablauforganisation, sind Organigramme und Prozessbeschreibungen oder Regelungen, die in einem Qualitätsmanagement-Handbuch festgehalten sind. Eine Organisation ist in diesem Verständnis, das ebenfalls auf der Grundlage des traditionellen Konzepts der Fremdorganisation beruht, „ein bewusst geschaffenes *Instrument* zur Erreichung der Unternehmensziele", das insbesondere „die Aufgabenteilung (Spezialisierung), die Abstimmung zwischen den Teilaufgaben (Koordination), die Übertragung von Entscheidungsbefugnissen (Delegation) und die Über- und Unterordnung (Hierarchie) verbindlich festlegt" (Bea und Göbel 2019, S. 27; Hervorhebung im Original; vgl. Wenger und Thom 2021).

Der Fokus dieser in der (deutschen) Betriebswirtschaftslehre stark vertretenen Sichtweise liegt auf der Wirtschaftlichkeit und sachlichen Logik der Aufgaben- und Funktionsteilung. Diese Betrachtungsweise blendet den Prozess der Entstehung organisationaler Strukturen, die (Selbst-)Beobachtung dieses Prozesses durch die Mitglieder der Organisation und deren (in-)offizielle Reaktionen und Änderungsbemühungen aus, womit in diesem Ansatz „sehr viele Phänomene und Funktionsbedingungen organisierter Systeme (...) unerkannt und unbearbeitet bleiben" (Schreyögg und Geiger 2016, S. 11).

1.1.3 Institutioneller Organisationsbegriff

Der *institutionelle (institutionale) Organisationsbegriff* nimmt dagegen die Organisation in ihrer Gänze als Institution in den Blick. Als Institution wird dabei ein System von Regeln und Normen verstanden, das in seiner Verbindlichkeit sozial akzeptiert ist und eine gewisse Stabilität aufweist (genauer: Grunwald 2018b, S. 225 ff.; vgl. Göbel 2021, S. 15 ff.). Bei dieser Betrachtungsweise geht es weder um den Prozess des Organisierens noch um die formale Struktur des Unternehmens, sondern um das gesamte soziale Gebilde mit formalen *und* informalen Elementen: Eine Einrichtung – in der Betriebswirtschaftslehre auch als ‚Unternehmen' oder ‚Unternehmung' bezeichnet – *ist* eine Organisation. Die *Merkmale* einer Organisation im institutionellen Sinne sind vor allem die spezifische Zweckorientierung, die geregelte Arbeitsteilung und die konstanten Grenzen (vgl. Schreyögg und Geiger 2016, S. 9 ff.; Kühl 2011, S. 16 ff.). Sie werden jedoch vor dem Hintergrund der neueren Organisationssoziologie kritisch daraufhin betrachtet, was sie für heutige Einrichtungen aussagen.

- Bei der *spezifischen Zweckorientierung* ist zu berücksichtigen, dass die Zwecke der Organisation sich in aller Regel nicht mit den persönlichen Zwecken der Organisationsmitglieder decken müssen. Oft gibt es nur partielle Überlappungen in den Absichten und/oder die Mitglieder begreifen die Erfüllung der Zwecke des Unternehmens utilitaristisch als Umsetzung persönlicher Interessen. So stellt sich die Frage, wie sich die allgemeinen Ziele, die im Leitbild eines Dienstes oder einer Einrichtung stehen, zu den Zielen verhalten, die die einzelnen Mitarbeitenden tagtäglich haben. Außerdem betont die neuere Organisationslehre, dass Organisationen in aller Regel nicht durch einen einzigen Zweck oder durch einen konsistenten, in sich stimmigen Aufbau von Zwecken geprägt sind, sondern häufig mehrere Ziele verfolgen, die sich durchaus (partiell) widersprechen können (vgl. Kieser und Walgenbach 2010, S. 6 ff.). Das

1.1 Organisation

bedeutet, dass es im Führungsalltag oft von großer Wichtigkeit ist, die unterschiedlichen Zielsetzungen der einzelnen Mitarbeitenden, Arbeitsbereiche und Stakeholder im Sinne einer Wahrnehmung der Verschiedenheit unterschiedlicher Positionen und deren Vermittlung aufeinander abzustimmen. So sind die Zwecksetzungen eines sozialen Unternehmens zwischen pädagogischem Auftrag und wirtschaftlichen Notwendigkeiten im Alltag oft schwer miteinander zu vereinbaren. Wichtig ist hier nicht die stromlinienförmige Einebnung widersprüchlicher Ziele, sondern das Bewusstsein der vielfältigen Spannungsfelder, die für soziale Organisationen maßgeblich sind, und die Vermittlung der unterschiedlichen Perspektiven.

- Die *geregelte Arbeitsteilung* meint die Aufteilung, Systematisierung und Verknüpfung von Aufgaben, die dann auf Organisationseinheiten, Positionen, Teams usw. verteilt werden und durch Regeln, Organigramme, Stellenbeschreibungen usw. als Erwartungsmuster formalisiert werden (vgl. Vahs 2015, S. 49 ff.). Organisationen machen dies personenunabhängig; d. h., die Zielverfolgung in Organisationen bekommt eine Konstante, die auch einen Wechsel von Personen überdauert. Darin liegt eine wesentliche Bedeutung moderner Organisationen. Diese Verknüpfungen sind sicht- und damit auch diskutierbar zu machen. Sie werden auch als formale Organisationsstrukturen bezeichnet und mit der Hierarchie in Verbindung gebracht (vgl. Schreyögg und Koch 2020, S. 325 ff.; Kieser und Walgenbach 2010, S. 15 ff.).
- Beim Merkmal der *konstanten Grenzen* geht es um die Unterscheidung zwischen der organisationalen ‚Innenwelt' und der sie umgebenden ‚Außenwelt'. Die Grenze zwischen Organisation und Umwelt ist das Produkt eines absichtsvollen Prozesses, wobei sich die Grenzen verschieben können. Ohne eine Grenzziehung zur Umwelt kann keine Organisation existieren, aber in der Frage, wie offen, durchlässig oder geschlossen organisationale Grenzen sind, gehen die organisationstheoretischen Positionen weit auseinander. Mit der Grenzziehung verbunden ist die Existenz von *identifizierbaren Organisationsmitgliedern,* die sich dadurch auszeichnen, dass sie zumindest prinzipiell den oben genannten Erwartungsmustern des Unternehmens entsprechen und formal Mitglied sind. Die Mitgliedschaft bedeutet aber nicht, dass alle Handlungen den Erwartungsmustern der Organisation folgen; vielmehr spielen hier persönliche Zwecke eine nicht zu unterschätzende Rolle (vgl. Kieser und Walgenbach 2010, S. 11).

Der *institutionelle Organisationsbegriff* mit seinen drei Merkmalen – spezifische Zweckorientierung, geregelte Arbeitsteilung und konstante Grenzen – verlässt somit die rationalistische Beschränkung auf die Organisationsstruktur und die formale Ordnung. Er richtet sein Augenmerk auf die gesamte Organisation, also auf „das ganze soziale Gebilde, die geplante Ordnung und die ungeplanten Prozesse, die Funktionen aber auch die Dysfunktionen organisierter Arbeitsabläufe, die Entstehung und die Veränderung von Strukturen, die Ziele und ihre Widersprüche" (Schreyögg und Geiger 2016, S. 10). Heute liegt die Betonung zusehends auf dem institutionellen Organisationsbegriff, der sich auf das ganze System als Institution richtet (vgl. Grunwald 2018b, S. 227 f.).

Kühl ergänzt die formale („das verschriftliche Regelwerk und die offiziellen Anforderungen") und die informale Seite von Organisationen („organisationstypische Denkweisen und Wahrnehmungsformen" sowie „Handlungserwartungen, die mit den formalen Anforderungen der Organisation nicht abgestimmt sind oder diesen gar widersprechen") durch die „Schauseite" als Präsentation einer Organisation „in einer geschönten Form nach außen" (Kühl 2015c, S. 11 f.; vgl. Kühl 2011, S. 89 ff.). Auch wenn Organisationen oft vor allem von ihrer Schauseite aus begriffen werden, ist diese dennoch für die jeweilige Organisation sehr wichtig: „Schauseiten haben wichtige Funktionen für Organisationen – sie produzieren Legitimation, sie helfen, widersprüchliche Anforderungen abzufedern und sie reduzieren interne Konflikte, weil nicht jede Auseinandersetzung in der Öffentlichkeit ausgetragen werden muss" (ebd., S. 13).

1.1.4 Fazit

Jeder der *drei Organisationsbegriffe* entfaltet eine eigene Perspektive auf das Phänomen Organisation, die spezifische Erkenntnisse ermöglicht:

- So bezieht sich der *tätigkeitsorientierte* Begriff im Sinne von „organisieren" auf den Prozess einer zielorientierten Strukturierung von Ganzheiten, die von bestimmten Personen vorgenommen wird – ein Unternehmen *wird* organisiert.
- Der *instrumentelle* Organisationsbegriff bezeichnet das Ergebnis des Prozesses des „Organisierens": Ein Unternehmen *hat* eine Organisation im Sinne einer Struktur und Ordnung, die den Rahmen für alle Tätigkeiten in der Organisation abgibt.
- Der *institutionelle* Organisationsbegriff nimmt dagegen das ganze System als Institution in den Blick. Bei dieser Betrachtungsweise geht es nicht um die formale Struktur des Unternehmens, sondern um das gesamte soziale Gebilde mit formalen und informellen Elementen: Ein Unternehmen *ist* eine Organisation, wobei die Merkmale einer Organisation im institutionellen Sinne vor

allem die spezifische Zweckorientierung, die geregelte Arbeitsteilung und die konstanten Grenzen sind.

Diese drei Organisationsbegriffe schließen sich insofern nicht gegenseitig aus, auch wenn der institutionelle Organisationsbegriff sicherlich der umfassendste ist. Vielmehr ergänzen sie sich gegenseitig, weil sie jeweils eine besondere Sicht auf Einrichtungen[2] der Sozialwirtschaft als Organisationen widerspiegeln.

1.2 Management und Führung

Bei den Begriffen Management und Führung ist zu unterscheiden zwischen der institutionalen (institutionellen) und der funktionalen (funktionellen) Perspektive (vgl. Schreyögg und Koch 2020, S. 4 ff.; Schreyögg 2007, Sp. 1813 ff.).

- Management und Führung im *institutionalen Sinn* beziehen sich zunächst auf alle *Personen* oder Personengruppen, die Managementaufgaben wahrnehmen, sowie auf ihre *Tätigkeiten und Rollen*. Gemeint ist der gesamte „Personenkreis, der in Organisationen mit Anweisungsbefugnissen betraut ist", also nicht nur die obere(n) Führungsebene(n), sondern alle Personen, die in irgendeiner Weise eine Vorgesetztenfunktion innehaben (ebd., S. 5).
- Management und Führung im *funktionalen Sinn* sind dagegen nicht auf bestimmte Personen oder Positionen festgelegt, sondern beziehen sich auf alle *Aufgaben, Prozesse und Funktionen*, die für die Steuerung und Leitung arbeitsteiliger Organisationen und ihre Zielerreichung notwendig sind. In diesem funktionalen Sinn wird der Begriff des Managements – als weiter, allgemeiner

---

[2] Aus sprachlichen Gründen werden im Folgenden immer wieder die Begriffe ‚Organisationen', ‚Einrichtungen' und ‚Unternehmen' der Sozialwirtschaft synonym verwendet, obwohl sie in unterschiedlichen Kontexten Verwendung finden und spezifische Akzente aufweisen. Der Begriff der ‚Unternehmen' wurde zunächst für Profit-Organisationen genutzt, die es in der Sozialwirtschaft ebenfalls gibt (z. B. ‚Private' Pflegedienste etc.). Inzwischen werden aber auch Nonprofit-Organisationen aus betriebswirtschaftlicher Perspektive als ‚Unternehmen' bezeichnet (vgl. für diakonische Unternehmen Haas 2012, S. 191 ff.). Auch bei Verwaltungen wird im Zuge der Neuen Steuerung (vgl. Tabatt-Hirschfeldt 2018, S. 12 ff.) die ökonomische Perspektive betont, so dass selbst bei diesen mitunter von ‚Unternehmen' gesprochen wird, was aber begrifflich umstritten ist. Insgesamt ist festzustellen, dass sozialwirtschaftliche Organisationen – gleich ob sie ursprünglich dem Sektor des Markts, des Staats oder der Assoziationen (Dritter Sektor) entstammen – zunehmend in ihrem Agieren nach innen und außen einer Mischung staatlicher, ökonomischer und zivilgesellschaftlicher Logiken folgen (Grunwald und Roß 2014, S. 19 f.).

Begriff verstanden – überwiegend mit (Unternehmens- oder Betriebs-)Führung gleichgesetzt. Die hier seit Fayol in aller Regel genannten Funktionen Planung, Organisation, Personaleinsatz, Führung und Kontrolle werden häufig als Phasen des „klassischen Managementprozesses" begriffen (ebd., S. 9 ff.).

Der *funktionale Begriff* der Führung bzw. des Managements lässt sich wiederum in mehrfacher Hinsicht differenzieren. Unter Management oder Führung im funktionalen Sinn wird sowohl in einem weiteren Sinn die Leitung und Steuerung von Unternehmen *(Management/Unternehmensführung)* als auch in einem engeren Sinn die Beeinflussung und Steuerung von Personen *(Personalführung/Führung)* verstanden.

Dementsprechend kann analytisch getrennt werden zwischen übergreifenden *sachbezogenen Managementaufgaben* (Management, Unternehmensführung oder Organisationsgestaltung) – üblicherweise Planung, Entscheidung, Organisation sowie Kontrolle – und ihrer *personenbezogenen Entsprechung* in Form von Willensbildung, -durchsetzung und -sicherung (Personalführung/Führung). Beide Aspekte sind nur analytisch trennbar, in Wirklichkeit aber eng miteinander verwoben: Eine bestimmte Sicht auf das Management eines Unternehmens und die bewusste Gestaltung der Organisation ist untrennbar verbunden mit einer entsprechenden Sicht auf Fragen der Personalführung und umgekehrt.

Diese Aufteilung lässt sich folgendermaßen konkretisieren (vgl. Wegge und Rosenstiel 2019, S. 271):

- Das *Management/die Unternehmensführung* beinhaltet alle Entscheidungen und Handlungen, in deren Zentrum die „Beschaffung, Verteilung, Nutzung, Kontrolle und Entwicklung einzelner Ressourcen" wie Kapital oder Personal stehen (Wegge und Rosenstiel 2019, S. 271). Management orientiert sich an den Unternehmenszielen, die in einer Organisation gesetzt oder vereinbart werden. So kann ein Vorstand beschließen, entweder durch eine Fusion mit einem anderen Unternehmen die eigene Wettbewerbsposition zu stärken oder dies durch eine Verkleinerung des Unternehmens und eine Konzentration auf das „Kerngeschäft" zu erreichen („Was sind unsere spezifischen Aufgaben als Diakonisches Werk von …?"). Das Management/die Unternehmensführung ist bestrebt, auf das Unternehmen/die Organisation als Ganze(s) steuernd einzuwirken, weswegen es auch als „Unternehmensführung" oder „Organisationsgestaltung" bezeichnet werden kann (Unternehmensführung und Organisationsgestaltung werden im Folgenden synonym gesetzt; vgl. Grunwald und Steinbacher 2007).

1.2 Management und Führung

- Das *Personalmanagement* kann verstanden werden als der Teil der Unternehmensführung, bei dem es um die Steuerung der Humanressourcen (sprich der Personen und ihrer Kompetenzen) in einem Unternehmen geht. Es beinhaltet alle Interaktionsprozesse im Interesse der Unternehmensführung, die auf die „Steuerung (Verfügbarkeit, Nutzung, Entwicklung etc.) der Ressourcen (z. B. Fähigkeiten, Fertigkeiten, Wissen) der jeweiligen Organisationsmitglieder zielen" (Wegge und Rosenstiel 2019, S. 271). Dazu gehören unterschiedlichste Aktivitäten der Personalgewinnung, die Entwicklung und Umsetzung einer Vergütungsstruktur und vor allem Konzepte der Personalentwicklung (Fortbildungspläne). Das Personalmanagement ist der Teil der Unternehmensführung, der sich speziell mit der Ressource Personal und ihrer Steuerung befasst (vgl. Bassarak und Noll 2012; Scholz 2014).
- Im Gegensatz zum Personalmanagement umfasst *Personalführung* (auch kurz: Führung, gewissermaßen ‚Führung im engeren Sinn') alle „unmittelbaren, wechselseitigen und tendenziell eher nicht-symmetrischen Interaktionsprozesse" zwischen Vorgesetzten und Mitarbeitenden (Wegge und Rosenstiel 2019, S. 272). Auch Führung orientiert sich an den zentralen Zielen des Managements. Neuere Überlegungen schließen hier auch eine Beeinflussung der Führungskräfte durch ihre Mitarbeitenden mit ein, „Führung von unten" oder „Führung des Chefs" genannt (Wunderer 2009b, S. 253 ff.; Becke 2020). Ebenfalls diskutiert werden Ansätze der Führung von Personen jenseits von Hierarchie, häufig mit dem Konzept der Lateralen Führung (vgl. Kühl 2017; Fürstberger und Ineichen 2016) verbunden. Für Sozialwirtschaft und Soziale Arbeit besonders relevant ist das Konzept der Expertenführung (vgl. Kels und Kaudela-Baum 2019; Rybnicek et al. 2016).

Neben der Unterscheidung nach Management-Aufgaben ist eine *Differenzierung nach Handlungsebenen* gebräuchlich. Während sich das *normative Management* mit den unternehmenspolitischen Wert- und Interessenkonflikten aller Beteiligten auseinandersetzt (‚Welches sind unsere grundlegenden Werte?'), beschäftigt sich das *strategische Management* mit Steuerungsproblemen qualitativer Art, z. B. der Beherrschung von zukünftigen Marktbedingungen und Innovationspotenzialen (‚Welche zentralen Ziele und Strategien verfolgen wir?'). Das *operative Management* schließlich kann als unmittelbare Steuerung wiederkehrender Abläufe und konkreter Strukturen begriffen werden, die für eine Erzeugung von Produkten oder eine Bereitstellung von Dienstleistungen notwendig sind (vgl. Bleicher 2011, S. 87 ff.; Abegglen und Bleicher 2021, S. 39 f., S. 199 ff.; zu normativem Management Lange 2021b, S. 7 ff.; Haas 2012). Weitere Differenzierungen nach Handlungsebenen können durch die Zuordnung der Leitungskräfte[3] in die Kategorien des Top-, höheren oder mittleren Managements erfolgen.

1.3 Steuerung

Der dritte zu klärende Grundbegriff ist derjenige der *Steuerung*. Häufig wird davon gesprochen, dass eine Organisation der Sozialwirtschaft gesteuert wird oder werden soll(te). Steuerungsbereiche in sozialwirtschaftlichen Organisationen sind insbesondere die fachliche Steuerung, die ökonomische bzw. betriebswirtschaftliche Steuerung, die organisationale Steuerung, die mitarbeiterbezogene Steuerung und die „Reflexion und Gestaltung der Außenbezüge" sozialwirtschaftlicher Organisationen (Merchel 2015b, S. 107 ff.; vgl. Gesmann und Merchel 2019).

Offen bleibt jedoch meist, von welchem Verständnis von Steuerung jeweils ausgegangen wird. Wie also ist die Steuerung von und in Unternehmen der Sozialwirtschaft zu konzipieren, um der Komplexität von Organisationen gerecht zu werden? Es lassen sich vier verschiedene Steuerungskonzepte unterscheiden, die in der Organisations- und Führungslehre, aber auch darüber hinaus diskutiert werden. Sie zeigen eine Entwicklung, die von einer klar auf Planung setzenden und deswegen auch „plandeterminierten" Steuerungskonzeption über das Gegenkonzept der „inkrementalistischen Steuerung" und den Ansatz der „geplanten Evolution" bis zum Konzept der „dezentralen Kontextsteuerung" reicht, welche der Möglichkeit einer Steuerung komplexer (sozialer) Systeme durchaus skeptisch gegenübersteht (Kirsch und Seidl 2004, Sp. 1369 ff.; genauer: Grunwald 2018a, S. 371 ff.).

Der Ansatz der „dezentralen Kontextsteuerung" (Willke 1997, S. 89; Willke 2001, S. 130) setzt auf eine Steuerung durch eine „Konditionierung der Selbststeuerung" des jeweiligen Systems und reduziert „damit die Komplexität der Steuerungsaufgabe" deutlich (Kirsch und Seidl 2004, Sp. 1372 f.). Er zielt „auf eine Veränderung der relevanten Umwelt des zu steuernden Zusammenhangs ab, auf die er dann in eigengesetzlicher Weise reagieren kann" (ebd.; vgl. Grunwald 2019).

---

[3] Im Folgenden werden die Begriffe Führungskraft, Führungsperson, Leitungskraft, Leitungsperson oder Manager*in synonym verwendet. ‚Leitung' und ‚Führung' werden im Folgenden ebenfalls synonym verwendet, wohl wissend, dass es hier auch die Position gibt, zwischen ihnen begrifflich zu unterscheiden (vgl. beispielsweise Merchel 2015a, b). Spezifisch ist die Verwendung des Begriffs Leitung im Kontext des systemischen Managements der St. Gallener Managementschule (siehe Abschn. 4.1.2).

1.3 Steuerung

Angesichts der Komplexität, der mangelnden Durchschau- und Verstehbarkeit wie auch der Notwendigkeit permanenten Wandels und permanenter Flexibilität sozialer Systeme kann die Steuerung von sozialwirtschaftlichen Organisationen also nicht (plan-)deterministisch gedacht werden, sondern es ist in Steuerungsfragen – auch vor dem Hintergrund rationalitätskritischer Überlegungen – ein erhebliches Maß an Skepsis angeraten. Diese Argumentation stimmt mit vielfältigen Erfahrungen in sozialen Einrichtungen überein: Eine ganz bestimmte Intervention seitens der Führungskraft, z. B. eine Aufforderung oder eine Kritik, kann von den Mitarbeitenden unterschiedlich aufgenommen werden und verschiedene, nicht hervorseh- und planbare Reaktionen nach sich ziehen. Die sogenannte „Steuerung" von Organisationen und der Menschen in ihnen ist also nicht im Sinne einer Determination von außen oder oben, sondern nur – weitaus vorsichtiger – im Sinne des Setzens von Rahmenbedingungen und im Sinne einer Einwirkung auf eine Organisation zu verstehen.

Diese steuerungskritische Position bedeutet aber nicht, dass jede Steuerungssituation die Komplexität des gesamten Systems zu berücksichtigen habe: „Teilaspekte können durchaus übersichtlich und prägnant genug sein, um unkomplexes Steuerungshandeln zu rechtfertigen oder sogar zu erfordern" (Kopp 2009, S. 836). Die Effektivität von Steuerungshandeln erhöht sich jedoch, mit je größerer Sorgfalt relevante komplexe Kontexte berücksichtigt werden und je weniger zentralistischen Steuerungs- und Planungsillusionen Raum gegeben wird.

Wenn „Steuerung (…) möglich, aber kompliziert und immer prekär" ist (Ortmann 2012, S. 159), geht es für das Management von Organisationen der Sozialwirtschaft um einen paradoxen Zusammenhang. Diesen bezeichnet Wimmer mit der Formulierung, dass es notwendig ist, „das Unsteuerbare zu steuern", und dass genau darin eine, wenn nicht die zentrale Aufgabe von Führung liegt (2011, S. 522).[4]

Dieses Paradox wird vor einem systemischen Hintergrund von Willke knapp und treffend formuliert: „In einer systemtheoretisch elaborierten Sicht besteht Steuerung darin, Systeme zu beeinflussen, die sich von außen nicht steuern lassen" (2011, S. 31 f.). Er erläutert diese knappe Aussage folgendermaßen: „Komplexe Systeme, insbesondere soziale Systeme, lassen sich nicht direkt oder linear steuern, weil sie aufgrund ihrer operativen Geschlossenheit und Selbstreferenz eine Eigenlogik und Eigendynamik ausbilden, die es ihnen erlauben,

---

[4] Eine wesentliche Strategie, mit diesem Paradoxon „Nicht-Steuerbarkeit zu steuern" produktiv umzugehen, kann die Einführung von Selbststeuerung sein als ein wirksames Element, das „Mitdenken und die Verantwortung auf die Ebene der Betroffenen" zu verlagern und damit nicht einer „monolithischen Omnikompetenz, sondern einer erweiterten Bandbreite an Steuerungsmöglichkeiten" zu vertrauen (Wimmer 2011, S. 522).

die tiefenstrukturellen Regeln ihrer Reproduktion als Systeme selbst zu bestimmen" (ebd.). Das bedeutet, dass eine Organisation als komplexes System nicht so von außen bestimmt werden kann, dass eine bestimmte Intervention immer eine bestimmte Reaktion nach sich zieht. Dies ist nicht möglich, weil ein System stark geleitet ist durch seine Eigendynamik und weil die Antworten, die es auf einen Einfluss von außen gibt, oft mehr mit dem System selbst und seiner Eigendynamik als mit dem einflussnehmenden Faktor von außen zu tun haben.

Damit verbunden ist die Anforderung an Führungskräfte, mit dieser Grundparadoxie von Leitungshandeln – wie auch mit vielen anderen Dilemmata und Paradoxien – produktiv umzugehen (siehe Abschn. 4.5).[5]

Das heißt aber nicht, dass jegliche Einflussbemühungen umsonst wären. Eine Anregung durch Impulse von außen ist möglich, insbesondere durch die Bereitstellung von fördernden Rahmenbedingungen und durch Aufforderungen, selbstorganisiert ein Problem anzugehen. Die Steuerbarkeit eines Systems reduziert und konzentriert sich also – positiv formuliert – zum einen auf Formen der Kontextsteuerung, zum anderen auf Formen der Anregung zur Selbststeuerung.

Literatur

Literaturtipps zur Vertiefung

Schreyögg, Georg, & Geiger, Daniel (2016). *Organisation: Grundlagen moderner Organisationsgestaltung. Mit Fallstudien* (6., vollst. überarb. u. erw. Aufl.). Wiesbaden: Springer Fachmedien.

Schreyögg, Georg, & Koch, Jochen (2020). *Management.* Grundlagen der Unternehmensführung. Konzepte – Funktionen – Fallstudien (8., vollst. überarb. Aufl.). Wiesbaden: Springer Fachmedien.

Wimmer, Rudolf (2011). Die Steuerung des Unsteuerbaren. In Bernhard Pörksen (Hrsg.), *Schlüsselwerke des Konstruktivismus* (S. 520–547). Wiesbaden: VS Verlag für Sozialwissenschaften.

---

[5] Im Folgenden werden die Begriffe Dilemmata und Paradoxien sowie Dilemmata- und Paradoxiemanagement pragmatisch gleichgesetzt, obwohl in der einschlägigen Literatur die Termini teils synonym verwendet, teils voneinander abgegrenzt werden (vgl. Grunwald 2006, S. 192 ff.).

Verwendete Literatur

Abegglen, Christian, & Bleicher, Knut (2021). *Das Konzept integriertes Management.* Visionen – Missionen – Programme (10., akt. u. erw. Aufl.). Frankfurt a. M./New York: Campus.
Bassarak, Herbert, & Noll, Sebastian (Hrsg.) (2012). *Personal im Sozialmanagement.* Neueste Entwicklungen in Forschung, Lehre und Praxis. Wiesbaden: Springer VS.
Bea, Franz Xaver, & Göbel, Elisabeth (2019). *Organisation.* Theorie und Gestaltung (5. vollst. überarb. Aufl.). Stuttgart: UVK/UTB.
Becke, Guido (2020). Führung von unten. Problemanzeigen und ressourcenorientierte Gestaltungsansätze. *Supervision,* 38 (2), S. 3–7.
Bleicher, Knut (2011). *Das Konzept integriertes Management.* Visionen – Missionen – Programme (8., überarb. u. erw. Aufl.). Frankfurt a. M./New York: Campus.
Fürstberger, Gunther, & Ineichen, Tanja (2016). *Commitment gewinnen als laterale Führungskraft.* München: Haufe.
Geramanis, Olaf, & Hutmacher, Stefan (Hrsg.) (2020). *Der Mensch in der Selbstorganisation.* Kooperationskonzepte für eine dynamische Arbeitswelt. Wiesbaden: Springer Gabler.
Gesmann, Stefan, & Merchel, Joachim (2019). *Systemisches Management in Organisationen der Sozialen Arbeit.* Handbuch für Studium und Praxis. Heidelberg: Carl Auer.
Göbel, Elisabeth (2021). *Neue Institutionenökonomik.* Grundlagen, Ansätze und Kritik. München: UVK/UTB.
Grunwald, Klaus (2006). Management von und in Einrichtungen der Sozialen Arbeit aus der Perspektive des Konzepts Lebensweltorientierung. In Klaus Grunwald, & Hans Thiersch (Hrsg.), *Praxishandbuch Lebensweltorientierte Soziale Arbeit.* Handlungszusammenhänge und Methoden in unterschiedlichen Arbeitsfeldern (3., vollst. überarb. Aufl., S. 431–444). Weinheim: Beltz Juventa.
Grunwald, Klaus (2018a). Management sozialwirtschaftlicher Organisationen zwischen Steuerungsskepsis, Dilemmatamanagement und Postheroischer Führung. In Klaus Grunwald, & Andreas Langer (Hrsg.), *Sozialwirtschaft.* Ein Handbuch für Wissenschaft und Praxis (S. 369–390). Baden-Baden: Nomos.
Grunwald, Klaus (2018b). Organisationen aus sozialwissenschaftlicher Perspektive. In Klaus Grunwald, & Andreas Langer (Hrsg.), *Sozialwirtschaft.* Ein Handbuch für Wissenschaft und Praxis (S. 221–238). Baden-Baden: Nomos.
Grunwald, Klaus (2019). Soziale Arbeit, ihre Selbstverortung und ihr Verhältnis zu Fragen der Steuerung sozialwirtschaftlicher Unternehmen. In Armin Wöhrle, Reinhilde Beck, Klaus Grunwald, Klaus Schellberg, Gotthardt Schwarz, & Wolf Rainer Wendt, *Grundlagen des Managements in der Sozialwirtschaft* (3. Aufl., S. 77–109). Baden-Baden: Nomos,
Grunwald, Klaus, & Roß, Paul-Stefan (2014). „Governance Sozialer Arbeit". Versuch einer theoriebasierten Handlungsorientierung für die Sozialwirtschaft. In Andrea Tabatt-Hirschfeldt (Hrsg.), *Öffentliche und Soziale Steuerung – Public Management und Sozialmanagement im Diskurs* (S. 17–64). Baden-Baden: Nomos.
Grunwald, Klaus, & Steinbacher, Elke (2007). Kompetenz und Professionalität in der Sozialwirtschaft. In Dieter Kaufmann, & Kornelius Knapp (Hrsg.), *Demografischer Wandel in der Sozialwirtschaft.* Herausforderungen, Ansatzpunkte, Lösungsstrategien (S. 101–120). Stuttgart: Kohlhammer.

Haas, Hanns-Stephan (2012). *Unternehmen für Menschen*. Diakonische Grundlegung und Praxisherausforderungen. Stuttgart: Kohlhammer.

Kels, Peter, & Kaudela-Baum, Stephanie (Hrsg.) (2019). *Experten führen*. Modelle, Ideen und Praktiken für die Organisations- und Führungsentwicklung. Wiesbaden: Springer Gabler.

Kieser, Alfred, & Walgenbach, Peter (2010). *Organisation* (6. überarb. Aufl.). Stuttgart: Schäffer-Poeschel.

Kirsch, Werner, & Seidl, David (2004). Steuerungstheorie. In Georg Schreyögg, & Axel von Werder (Hrsg.), *Handwörterbuch der Unternehmensführung und Organisation* (4. völlig neu bearb. Aufl., Sp. 1365–1374). Stuttgart: Schäffer-Poeschel.

Kopp, Botho von (2009). Steuerung. In Sabine Andresen, Rita Casale, Thomas Gabriel, Rebekka Horlacher, Sabina Larcher Klee, & Jürgen Oelkers (Hrsg.), *Handwörterbuch Erziehungswissenschaft* (S. 834–849). Weinheim/Basel: Beltz.

Kühl, Stefan (2011). *Organisationen*. Eine sehr kurze Einführung. Wiesbaden: Springer VS.

Kühl, Stefan (2015c). *Wenn die Affen den Zoo regieren*. Die Tücken der flachen Hierarchien (6. akt. Aufl.). Frankfurt a. M./New York: Campus.

Kühl, Stefan (2017). *Laterales Führen*. Eine kurze organisationstheoretisch informierte Handreichung. Wiesbaden: Springer VS.

Lange, Jessica (2021b). Einführung in die werteorientierte Führung. In Jessica Lange (Hrsg.), *Werteorientierte Führung in Theorie und Praxis*. Konzepte – Studienergebnisse – Praxiseinblicke (S. 1–19). Berlin: Springer Gabler.

Merchel, Joachim (2015a). *Leitung in der Sozialen Arbeit*. Grundlagen der Gestaltung und Steuerung von Organisationen (3. Aufl.). Weinheim/Basel: Beltz Juventa.

Merchel, Joachim (2015b). *Management in Organisationen der Sozialen Arbeit*. Eine Einführung. Weinheim: Beltz Juventa.

Ortmann, Günther (2012). Gesteuerte Selbstorganisation – ein hölzernes Eisen? In Peter Eberl, Daniel Geiger, & Jochen Koch (Hrsg.), *Komplexität und Handlungsspielraum*. Unternehmenssteuerung zwischen Ordnung und Chaos (S. 133–164). Berlin: Erich Schmidt.

Rybnicek, Robert, Bergner, Sabine, & Suk, Katharina (2016). Führung in Expertenorganisationen. In Jörg Felfe, & Rolf van Dick (Hrsg.), *Handbuch Mitarbeiterführung*. Wirtschaftspsychologisches Praxiswissen für Fach- und Führungskräfte (S. 227–237). Wiesbaden: Springer.

Scholz, Christian (2014). *Grundzüge des Personalmanagements* (2. überarb. Aufl.). München: Vahlen.

Schreyögg, Georg (2007). Unternehmensführung/Management. In Richard Köhler, Hans-Ulrich Küpper, & Andreas Pfingsten (Hrsg.), *Handwörterbuch der Betriebswirtschaft* (6., vollst. neu gestaltete Aufl., Sp. 1812–1821). Stuttgart: Schäffer-Poeschel.

Schreyögg, Georg, & Geiger, Daniel (2016). *Organisation: Grundlagen moderner Organisationsgestaltung*. Mit Fallstudien (6., vollst. überarb. u. erw. Aufl.). Wiesbaden: Springer Fachmedien.

Schreyögg, Georg, & Koch, Jochen (2020). *Management*. Grundlagen der Unternehmensführung. Konzepte – Funktionen – Fallstudien (8., vollst. überarb. Aufl.). Wiesbaden: Springer Fachmedien.

Tabatt-Hirschfeldt, Andrea (2018). *Öffentliche Steuerung und Gestaltung der kommunalen Sozialverwaltung im Wandel*. Eine Einführung. Wiesbaden: Springer VS.

Vahs, Dietmar (2015). *Organisation*. Ein Lehr- und Managementbuch (9., überarb. u. erw. Aufl.). Stuttgart: Schäffer-Poeschel.

Wegge, Jürgen, & Rosenstiel, Lutz von (2019). Führung. In Heinz Schuler, & Klaus Moser (Hrsg.), *Lehrbuch Organisationspsychologie* (6., überarb. Aufl., S. 269–312). Bern: Hogrefe.

Wenger, Andreas P., & Thom, Norbert (2021). *Die optimale Organisationsform*. Grundlagen und Handlungsanleitung (2., überarb. u. erw. Aufl.). Wiesbaden: Springer Gabler.

Willke, Helmut (1997). *Supervision des Staates*. Frankfurt a. M.: Suhrkamp.

Willke, Helmut (2001). *Systemtheorie III: Steuerungstheorie* (3. Aufl.). Stuttgart: UVK/UTB.

Willke, Helmut (2011). *Einführung in das systemische Wissensmanagement* (3., überarb. u. erw. Aufl.). Heidelberg: Carl Auer.

Wimmer, Rudolf (2011). Die Steuerung des Unsteuerbaren. In Bernhard Pörksen (Hrsg.), *Schlüsselwerke des Konstruktivismus* (S. 520-547). Wiesbaden: VS Verlag für Sozialwissenschaften.

Wunderer, Rolf (2009b). Führung des Chefs. In Lutz von Rosenstiel, Erika Regnet, & Michel E. Domsch (Hrsg.), *Führung von Mitarbeitern*. Handbuch für erfolgreiches Personalmanagement (S. 249–269). Stuttgart: Schäffer-Poeschel.

Organisationen der Sozialwirtschaft aus Sicht der Organisationsoziologie

2

> **Zusammenfassung**
>
> Im Zentrum dieses Kapitels stehen organisationssoziologische Perspektiven auf Einrichtungen und Dienste der Sozialwirtschaft. Sie sind eng verbunden mit dem institutionellen Organisationsbegriff. Zudem sind sie für das Verständnis und das Management von sozialwirtschaftlichen Organisationen von erheblicher Bedeutung. Im Einzelnen werden die Themen Organisationsgesellschaft, Wandel von Organisationen, Politik in und von Organisationen sowie Organisationskulturen und ihre Gestaltung diskutiert.

Lernziele

- Sie sind befähigt zu erklären, was die Rede von der Organisationsgesellschaft beinhaltet.
- Sie beherrschen das Konzept des organisationalen Lernens mit seinen Stufen und können seine Bedeutung für das Management sozialwirtschaftlicher Organisationen erläutern.
- Sie haben die Relevanz emergenter Phänomene für die Beschreibung und Gestaltung von Organisationen verstanden.
- Sie sind in der Lage, die zentralen Merkmale der politikorientierten Perspektive der Organisationssoziologie zu benennen.
- Sie wissen um die Bedeutung der Organisations- und Unternehmenskulturen und können das Drei-Ebenen-Modell von Schein erläutern.
- Sie vermögen das Konzept des kulturbewussten Managements zu beschreiben.
- Sie sind in der Lage, die grundsätzliche Frage kritisch zu diskutieren, inwieweit Organisationskulturen zielgerichtet beeinflusst werden können.

2.1 Organisationsgesellschaft

Die[1] Verbindung von Organisation und Gesellschaft wird seit einigen Jahren, oft unter dem Label *Organisationsgesellschaft,* zunehmend in den Blick genommen (vgl. Ortmann et al. 2000; Jäger und Schimank 2005). Ein wesentlicher Hintergrund für diese Betrachtungsweise liegt darin, dass in der Organisationstheorie „Macht, Herrschaft und ökonomische Zwänge nur eine, gelinde gesagt, unterbelichtete Rolle spielen" (Ortmann et al. 2000, S. 15).

Der Begriff der ‚Organisationsgesellschaft' verweist darauf, dass die gesellschaftlichen Teilsysteme und die Lebenswelt in vielfältiger Hinsicht mit Organisationen verbunden und von ihnen durchdrungen sind: Seien es Schulen, Hochschulen, staatliche Verwaltungen, Kirchen, politische Verbände, Parteien usw. – sie alle sind Organisationen, die unterschiedliche gesellschaftliche Teilsysteme in starkem Maße prägen.

Gemeint ist aber auch die entgegengesetzte Perspektive: Es ist nicht nur die Gesellschaft geprägt von unterschiedlichsten Organisationen, sondern Letztere sind auch eng verknüpft mit gesellschaftlichen Werten und Strukturen. Die Rede von der ‚Organisationsgesellschaft' hebt also hervor, dass beide Elemente untrennbar miteinander verwoben und wechselseitig voneinander abhängig sind: „Organisation und moderne Gesellschaft" stehen „in einem Verhältnis rekursiver Konstitution zueinander"; Organisationen „produzieren und reproduzieren" genau die „gesellschaftlichen Strukturen und Institutionen, denen sie unterliegen" (ebd., S. 19).

Insofern geht es bei der „Wiedereinbettung von Organisation und Gesellschaft" (Senge 2011, S. 147) um die „Berücksichtigung dieser gesellschaftlichen *und* institutionellen Einbettung und Rückwirkung von Organisationen – einschließlich ihrer Bedingtheit durch und ihres Einflusses auf die ökonomischen Systemzusammenhänge" (Ortmann et al. 2000, S. 20; Hervorhebung im Original; vgl. auch Arnold et al. 2021).

Das Konzept der organisationalen Governance gewinnt vor diesem Hintergrund seine Relevanz für das Management sozialwirtschaftlicher Organisationen (vgl. Grunwald und Roß 2014, S. 43 ff.; Grunwald und Roß 2017, 2018).

---

[1] Kapitel 2 beruht u. a. auf Grunwald 2018b, S. 232ff. Eine ausführliche Darstellung findet sich in Grunwald 2009b, S. 95ff.

2.2 Organisationen als dynamische Gebilde und Organisationslernen

Eine weitere zentrale Perspektive der Organisationssoziologie betont, dass Organisationen nicht oder nur in Ansätzen auf Dauer stabil, sondern vielmehr als *dynamische Gebilde* permanent in Bewegung sind. Dieser Zugang nimmt neben der Gestaltung des geplanten organisationalen Wandels (vgl. Grunwald 2018c) auch die Frage in den Blick, wie Organisationen sich selbstorganisiert verändern (vgl. Luhmann 2005).

Gegenstand sind mittelfristige Prozesse des Organisationswandels in einer fortdauernden Gesellschaftsformation. Hier sind *Konzepte der Entwicklung, der Selektion und des Lernens* zu nennen, wobei insbesondere Konzepte des organisationalen Lernens erhebliche Potenziale für eine sozialwissenschaftlich reflektierte Gestaltung von Organisationen beinhalten (vgl. ausführlich Grunwald 2009b, S. 104 ff.).

Hervorgehoben wird nicht nur bei den drei Ansätzen zur Dynamik von Organisationen, sondern auch in Konzepten der Mikropolitik und der Organisationskultur(en), dass es neben einem Verständnis von organisationalem Handeln als Ergebnis beabsichtigter organisationaler Gestaltungsmaßnahmen auch *emergente oder implizite Prozesse und Strukturen* in Organisationen gibt. Gemeint sind damit „ganz generell Handlungsmuster, die sich in Organisationen entwickeln und außerhalb oder neben den Erwartungsbahnen der formalen Struktur bewegen" (Schreyögg und Geiger 2016, S. 289). Diese „impliziten Systemregeln" können „in verschiedenen organisationalen Kontexten" wie Kirchen, NGOs, Familienunternehmen und Verwaltungen sehr unterschiedlich aussehen (Sprenger 2020, S. 37 ff.).

Von emergenten Phänomenen kann gesprochen werden, „wenn sie sich auf keine einzelne Intention (Ausgangsziel) zurückführen lassen (…) und wenn das Ergebnis nicht vorhersagbar ist, weil sich die das Ergebnis bestimmende Struktur erst im Laufe des Prozesses entwickelt (…)" (ebd.). Betont wird, dass es vielfältige Formen der Arbeit im organisationalen Alltag gibt, die „sowohl in *leistungsfördernder* als auch in *leistungsmindernder* Hinsicht" sehr wichtig für Abstimmungsprozesse in und die Funktionstüchtigkeit der Organisation sind, obwohl es sich bei ihnen nicht um das Ergebnis einer „planmäßigen Gestaltungsentscheidung" handelt (ebd.; Hervorhebung im Original). Grundsätzlich wird davon ausgegangen, dass emergente Phänomene lediglich partiell steuerbar sind: Sie entziehen sich nicht jeglicher Beeinflussung durch Organisationsmitglieder oder Außenstehende, sind aber auch nicht im engeren Sinne steuerbar. Seit einigen Jahren rücken insbesondere ‚organisationale Praktiken', die sich aus dem Arbeitsalltag heraus entwickeln, mit ihrer „streng handlungsbezogenen Perspektive" in den Fokus der Aufmerksamkeit (ebd.; vgl. Geiger und Koch 2008).

Organisationales Lernen – als intensiv diskutierter Ansatz der Dynamisierung der Organisationstheorie – meint einen erfahrungsbezogenen Prozess, in dem vorhandenes Wissen (bewusst) genutzt, neues Wissen aufgenommen und in der organisationalen Wissensbasis verankert oder bestehendes Wissen paradigmatisch weiterentwickelt wird, um es für zukünftige Problemlösungen zu organisieren. Damit „wird die Vorstellung, dass Organisationen durch ihre Kognitionen ein spezifisches Wissen aufbauen, zu einem entscheidenden Fixpunkt für eine Theorie des organisatorischen Lernens, und die Fähigkeit einer Organisation, dieses Wissen zu entwickeln, zur Leitidee für den Begriff der organisationalen Lernfähigkeit und damit zugleich für den Begriff des organisatorischen Wandels" (Schreyögg und Geiger 2016, S. 398; vgl. Grunwald 2009b, S. 105 ff.).

Die genannte Definition verdeutlicht, wie breit der Begriff des Organisationslernens und *wie vielfältig die Sammlung der möglichen Lerninhalte* ist: Den Schwerpunkt des Organisationswissens bilden zwar Inhalte, die zur Erfüllung von Organisationsaufgaben wichtig sind (vgl. Duncan und Weiss 1979, S. 85 f.). Organisationswissen umfasst jedoch nicht nur Faktenwissen (‚Wissensbasis'), sondern auch die in einer Organisation vorhandenen Bedürfnis- und Interessenlagen sowie die geteilten und immer wieder neu zu schaffenden Normen und Werte (oft als ‚Wertbasis' bezeichnet; diese ist häufig in Leitbildern zu finden; vgl. Lange 2021a, b; Priddat 2021; Lüthy 2021; für diakonische Unternehmen Haas 2012). Dementsprechend kann man zwischen technisch-instrumentellem, sozialem und ethischem Wissen differenzieren (vgl. Klimecki et al. 1994, S. 67). Von Bedeutung ist zudem, dass die emotionalen Dimensionen organisationalen Wissens nicht hinter den kognitiven, rein verstandesorientierten Aspekten verschwinden. Organisationslernen sollte nicht auf eine der genannten Wissenskategorien reduziert werden, sondern die ganze Bandbreite umfassen.

Neben den verschiedenen Wissensarten kann man bei Prozessen organisationalen Lernens *unterschiedliche Ebenen* unterscheiden. Eine sehr bekannte Differenzierung von verschiedenen Lernebenen geht auf Argyris und Schön zurück. Sie unterscheiden drei Stufen, das Single Loop-, Double Loop- und Deutero-Learning (vgl. Argyris und Schön 1978; Schreyögg und Geiger 2016, S. 399 ff.; Probst und Büchel 1994, S. 35 ff.). Alle drei Ebenen sind für Prozesse des organisationalen Lernens in sozialen Einrichtungen von großer Bedeutung und ergänzen sich in umfassenden Lernprozessen gegenseitig.

2.2 Organisationen als dynamische Gebilde und Organisationslernen

- Die erste Stufe, das sogenannte *Single-Loop Learning*, lässt sich als ‚Anpassungslernen' charakterisieren. Damit ist gemeint, dass in aller Regel sehr konkrete Wissensinhalte überprüft und korrigiert werden, wobei die Kriterien der Überprüfung nicht zur Debatte stehen. Bei Lernprozessen auf dieser Lernebene werden zwar Abweichungen innerhalb eines etablierten und allgemein akzeptierten Bezugsrahmens registriert sowie korrigiert, jedoch ohne, dass dieser Bezugsrahmen selbst infrage gestellt würde. Die den Lernvorgängen zugrunde liegenden kollektiven Handlungstheorien der Organisation und ihrer Mitglieder (,theories-in-use') bleiben unangetastet und werden nicht hinterfragt. Ziel des Lernens sind somit operative Anpassungen, um systemimmanente Störungen zu korrigieren.
- *Double-Loop Learning* – auch ‚Veränderungslernen' genannt – bezeichnet dagegen eine Lernform, die Handlungstheorien, Grundüberzeugungen und Voraussetzungen zum Gegenstand hat, die beim Single-Loop Learning noch unhinterfragt vorausgesetzt wurden. Damit steht der Kontext für Prozesse des Single-Loop Learnings zur Disposition. Organisationslernen in dieser Form zielt auf eine kritische Überprüfung der geltenden Handlungstheorien sowie der Bedürfnislagen, Motive, Interessen, Werte und Normen einzelner Mitglieder oder Subsysteme der Organisation ab (vgl. Probst und Büchel 1994, S. 36 f.).
- Die dritte Lernebene ist die des *Deutero Learnings* (vgl. Bateson 1981, S. 219 ff.). Bei dieser Lernform wird Wissen über bereits erfolgte Lernprozesse zusammengetragen und einer Kommunikation zugänglich gemacht. Auf dieser Metaebene des organisationalen Lernens werden Prozesse sowie Inhalte des Single und Double-Loop Learnings reflektiert und hinsichtlich mehr oder weniger gelungener Elemente untersucht. Im Zentrum stehen die kulturbedingten Regulative von Lernprozessen, da grundlegende Auffassungen und Dispositionen zu Inhalten und Formen von Lernvorgängen kulturell geprägt sind.

Die Förderung von Organisationslernen auf den genannten drei Stufen steht häufig vor etlichen Problemen. Bemühungen zur Förderung organisationalen Lernens werden auch unter dem Begriff des ‚Wissensmanagements' diskutiert (vgl. Grunwald 2013d; North 2021; Pawlowsky 2019; Willke 2011).

Dieses dreistufige Modell wird – insbesondere im Kontext von Change Management – häufig überführt in eine *Differenzierung* zwischen einem „Wandel 1. Ordnung (gradual change)" und einem „Wandel 2. Ordnung (radical change)" sowie eine Abstufung von „Objekte(n) und Formen des Wandels", bei der – mit zunehmender „Tiefe der Veränderung" – unterschieden wird zwischen „Restrukturierung (Strukturen, Prozesse, Systeme, Ressourcen)", „Reorientierung (Strategie)", „Revitalisierung (Fähigkeiten und Verhalten)" und „Remodellierung (Werte und Überzeugungen)" (Vahs 2015, S. 264 ff.).

Das Konzept des Organisationslernens *grenzt sich deutlich ab von einem sozialtechnologischen und einem metaphorischen Verständnis* (vgl. Probst und Büchel 1994), worin eine wichtige Parallele zu Verfahren der Kulturgestaltung (siehe Abschn. 2.4) besteht: Weder lassen sich Lernprozesse von außen oder von oben ‚fremdbestimmen' und ‚steuern' noch meint der Begriff einfach nur eine allgemeine und unverbindliche ‚Übertragung' der Lernprozesse von Individuen auf Lernprozesse in Einrichtungen. Organisationslernen ist vielmehr als ein fortwährender Aufgabenzusammenhang zu verstehen, in dessen Mittelpunkt die bewusste und reflektierte Herstellung von Kooperationszusammenhängen (wer arbeitet wie mit wem zusammen) sowie dementsprechenden Interaktions- und Kommunikationsprozessen steht.

Zu warnen ist vor einer *unkritischen Idealisierung von Konzepten des Organisationslernens*. Diese sind geprägt von unterschiedlichen „blinden Flecken", die im Widerspruch zu „Prinzipien rationalen Wandels" stehen und sich in Form von Dilemmata eines „guten" Organisationswandels äußern (Kühl 2015a, S. 87 ff.):

- Das „Zieldilemma" umschreibt den Widerspruch, dass eine genaue Zielbestimmung einerseits Orientierung gibt, andererseits aber die Fähigkeiten zum organisationalen Wandel untergräbt.
- Das „Identifikationsdilemma" benennt, dass die starke „Identifikation mit Wandlungsprozessen … die Elastizität von Organisationen" hemmt.
- Das „Mitarbeiterdilemma" umschreibt, dass Mitarbeiter*innen permanent in Zielkonflikte eingebunden sind.
- Das „Kommunikationsdilemma" thematisiert die „Stärken und Schwächen" von verbaler Kommunikation.
- Das „Selbstorganisationsdilemma" benennt, dass Bemühungen um Selbstorganisation immer auch von vielfältigen Formen von Fremdorganisation geprägt sind.
- Das „Fettpolsterdilemma" lässt sich als „Aufforderung zur Selbstbehinderung" verstehen.
- Das „Lerndilemma" warnt davor, dass gerade erfolgreiche Lernprozesse für zukünftige Lernvorgänge außerordentlich hinderlich sein und potenziell „zum Verhängnis" werden können (Kühl 2015a, S. 87 ff.).

2.3 Politik in und von Organisationen

Beim Fokus *Politik in und von Organisationen* können die drei Ebenen der Makro-, Meso- und Mikropolitik unterschieden werden (vgl. Matys 2014, S. 29 ff.). Die *Makropolitik* thematisiert die gesamtgesellschaftliche Kontextualisierung der Organisationsanalyse. In den Blick genommen wird damit die Einflussnahme von Organisationen auf die staatliche Politik und die Übernahme von gesamtpolitischen Funktionen als strategische Unternehmensführung. *Mesopolitik* kann in dem Sinne als Strukturpolitik verstanden werden, dass die Strukturbildung in Organisationen beschrieben und erklärt werden soll. Aus dieser Perspektive spiegeln Organisationen gesellschaftliche, soziale Differenzierungen nach Klassen, Schichten oder Mentalitäten wider und erbringen somit strukturelle und mentale gesamtgesellschaftliche Reproduktionsleistungen. *Mikropolitik* schließlich befasst sich mit der Frage, wie Subjekte durch die Strukturen einer Organisation geprägt werden und wie sie sich zu diesen verhalten (vgl. Bogumil und Schmid 2001; Bosetzky 2019; Schmid 2011).

Im Mittelpunkt einer politikorientierten Perspektive steht weder das Management mit seinen Steuerungsbemühungen noch die Organisation als zweckrational bestimmtes, statisch strukturiertes Gebilde, sondern vielmehr die politisch-soziale Arena. In dieser Arena wird nicht von vorgegebenen Normen, Strukturen und Prozessen (Abläufen) in und von Organisationen ausgegangen, sondern diese werden in ihren Entstehungszusammenhängen analysiert. Dabei werden sie als Ergebnisse sozialer Handlungen von Subjekten aufgefasst, als Resultate von interessengeleiteten Aushandlungen mit jeweils nur begrenzt gültigen Kompromissen und Konfliktlösungen (vgl. Minssen 2013, S. 334).

Die politikorientierte Perspektive der Organisationssoziologie betont, dass Entscheidungen in und Strukturen von Organisationen nicht – wie in der herkömmlichen Managementlehre unterstellt – als orientierender Handlungsrahmen angesehen werden können und auch nicht per se statisch sind. Sie sind vielmehr als temporäres Ergebnis von jeweils herrschenden Koalitionen und mit ihnen verbundenen mehr oder weniger transparenten Machtstrukturen sowie teils formellen, teils informellen Aushandlungsprozessen zu verstehen.

Organisationale Politik ist ein ubiquitäres Phänomen, das selbstverständlich auch in Diensten und Einrichtungen der Sozialwirtschaft vorzufinden ist. Entscheidungsprozesse können sich aus dieser politikorientierten organisationssoziologischen Sicht heraus nicht auf ‚wertfreie' oder ‚rationale' Begründungen und Argumente zurückziehen, die das Geschehen in Organisationen unter dem Gesichtspunkt des Verstandes (der Ratio) sehen. Entscheidungsprozesse müssen vielmehr den politischen Charakter von Entscheidungen reflektieren und mit einbeziehen (vgl. Matys 2014, S. 47). Dies gilt nicht nur für Entscheidungs- und Aushandlungsprozesse in Organisationen, sondern genauso auch für Auseinandersetzungen zwischen verschiedenen sozialen Institutionen.

2.4 Organisations- oder Unternehmenskulturen und ihre Gestaltung – Kulturbewusstes Management

Ein weiteres wichtiges Thema der Organisationssoziologie ist schließlich das der Organisations- oder Unternehmenskultur. Sie lässt sich mit Neubauer verstehen als „die Gesamtheit gemeinsam geteilter Grundannahmen, Werthaltungen, Normen und Orientierungsmuster, die von den Menschen in einer Organisation zur Bewältigung der Probleme äußerer Anpassung und der inneren Integration entwickelt wurden und die sich nach gemeinsamer Überzeugung so bewährt haben, dass sie an neue Mitglieder weiterzugeben sind, damit diese in der richtigen Weise wahrnehmen, denken, fühlen und handeln" (2003, S. 22; vgl. Schein 1995; Comelli et al. 2014, S. 267 ff.).

Damit bezeichnet eine Organisationskultur ein Sinn und Orientierung stiftendes, sozial konstruiertes, oft unbewusstes, selbstverständliches und kollektives Phänomen, welches das Handeln in einer Organisation prägt und bis zu einem gewissen Grad vereinheitlicht (vgl. Sackmann 2017, S. 42 ff.; Matys 2014, S. 58 ff.; Weick und Sutcliffe 2016, S. 120 ff.). Die Kultur einer Organisation ist insofern untrennbar verbunden mit der Frage nach den ethischen Grundlagen und Implikationen organisationalen und wirtschaftlichen Handelns, wie sie zunehmend gestellt und bearbeitet werden (vgl. Gomez et al. 2019; Bachert 2017; Göbel 2013; Küpper 2011).

Der Aufbau oder die Struktur einer Organisationskultur lässt sich anhand eines ursprünglich von Schein (vgl. 1995) entwickelten *Drei-Ebenen-Modells* erklären, das auch als detailliertes Analyse- und Diagnoseinstrument verstanden werden kann. Diese drei Ebenen der Organisationskultur sind zum Ersten Basisannahmen, zum Zweiten Normen/Standards und zum Dritten das Symbolsystem einer Organisation (vgl. Schreyögg und Koch 2020, S. 585 ff.; Kauffeld und Ebner 2019, S. 390).

- Die Basisannahmen als die unterste und zugleich abstrakteste Ebene der Organisationskultur können auch als Weltanschauung, als grundlegende, oft unbewusste, nicht mehr hinterfragte und selbstverständliche Orientierungsmuster

2.4 Organisations- oder Unternehmenskulturen ...

bezeichnet werden, die Wahrnehmungen und Handlungen in Organisationen leiten.
- Die Normen und Standards als die mittlere Ebene können als Konkretisierung der ‚Weltanschauungen' verstanden werden. Diese Wertvorstellungen und Verhaltensstandards sind teils unbewusst, teils bewusst und umfassen organisationale Verhaltensrichtlinien, Maximen, Ge- und Verbote. Sie finden sich – wenn auch häufig in idealisierter Form – in Unternehmensphilosophien und Leitbildern wieder (vgl. Grunwald 2013c). Die beiden Ebenen der Basisannahmen und der Normen/Standards sind in der Regel eng miteinander verbunden und für die Wahrnehmung und das Handeln in Organisationen von zentraler Bedeutung.
- Sie schlagen sich wiederum im Symbolsystem nieder, das die Oberflächenstruktur der Organisationskultur darstellt. Diese dritte Ebene der Symbole und Zeichen ist zwar der sichtbarste und zugänglichste Teil der Organisationskultur, aber nur in Zusammenhang mit den zugrunde liegenden Wertvorstellungen verständlich und somit interpretationsbedürftig. Das Symbolsystem äußert sich sowohl in Verhaltensweisen, Gefühlen, Sprache und Objekten und dient vor allem der Erhaltung, dem Ausbau und der Vermittlung der Basisannahmen und Normen/Standards.

Die Organisationskultur verändert sich auf allen drei Ebenen im Laufe der Entwicklungsphasen einer Organisation (vgl. Sackmann 2017, S. 73 ff.). Die Unternehmenskultur in ihren verschiedenen Facetten beeinflusst eine Organisation in unterschiedlichster Weise, sei es in Bezug auf die Strategie und den Strategieentwicklungsprozess (vgl. Nagel und Wimmer 2014), Aufbaustrukturen und Ablaufprozesse, Controlling-, Personalmanagement- und Informationssysteme, Führungskräfte und -prozesse sowie Motivation, Identifikation und Leistung der Mitarbeitenden (vgl. Sackmann 2017, S. 97 ff.).

Die Organisationskultur wird zunehmend im Sinne eines *kulturbewussten Managements* als zentraler Aspekt für das Verständnis organisationaler Prozesse und Strukturen sowie insbesondere für die Systemsteuerung von Organisationen betrachtet (vgl. Sackmann 2017, S. 307 ff.). Im Zentrum steht hierbei die Kritik an bislang immer noch dominierenden rationalistischen Konzepten sowie die Betonung der Bedeutung organisationaler Lebenswelten (vgl. Grunwald 2016, S. 438 ff.; Kirsch et al. 2010, S. 13 ff.) und der Rehumanisierung der Organisations- und Managementtheorie.

Für das Management von Organisationen der Sozialwirtschaft von besonderer Bedeutung ist die grundsätzliche Frage, inwieweit Organisationskulturen überhaupt zielgerichtet beeinflusst werden können. Im Wesentlichen lassen sich hier drei Positionen differenzieren: die Perspektive der Kuluringenieure, der Kulturalisten und der Kurskorrektur (vgl. Grunwald 2009b, S. 101 ff.; Schreyögg und Geiger 2016, S. 343 ff.; Sackmann 2017, S. 156 ff.). Zentral für die Gestaltung von Organisationskulturen ist es, die Grenzen der Veränderbarkeit von Organisationskulturen als die Grenzen organisationalen Wandels prospektiv und kontinuierlich zu reflektieren, ohne sich von ihnen paralysieren zu lassen. Organisationskulturen sind nicht instrumentalisierbar, aber dennoch offen für soziokulturelle Lernprozesse und dadurch auch in gewisser Weise veränderbar und entwicklungsfähig.

Kulturgestaltung im Sinne eines bewussten Wandels von Kulturen einer Organisation bedeutet vor dem Hintergrund dieser drei Perspektiven, angesichts des massiven gesellschaftlichen und organisationalen Wandels die Realität der vielfältigen Paradoxa und Dilemmata in der Organisationsgestaltung zu akzeptieren und die sich ergebenden Spannungsfelder aktiv zu gestalten (vgl. Grunwald 2018a).

Kulturgestaltung in der Sozialwirtschaft beinhaltet aber auch, die Grenzen der Organisation zu überschreiten und sich der Frage der Kooperation zwischen verschiedenen Einrichtungen bzw. Organisationstypen zu öffnen. In der Sozialwirtschaft gibt es vielfach gravierende Unterschiede in der jeweiligen Identität, Organisationskultur und Marketingpositionierung zwischen Ämtern, wohlfahrtsverbandlichen Trägern und erwerbswirtschaftlich ausgerichteten Trägern sowie zwischen Organisationen sehr verschiedener Größe. Dies hat für die einzelnen Organisationen erhebliche Konsequenzen bezüglich der strategischen Planungen im Spannungsfeld von lang- oder kurzfristiger Zusammenarbeit, kontinuierlichem oder punktuellem fachlichen Austausch und mehr oder weniger harter Konkurrenz sowie deren konkreter Ausgestaltung. Hier ist auch das Konzept der organisationalen Governance als analytisch wie strategisch ausgerichteter Ansatz außerordentlich hilfreich (vgl. Grunwald und Roß 2014, 2017, 2018).

Literatur

Literaturtipps zur Vertiefung

Grunwald, Klaus (2009b). Zum Management von Einrichtungen der Sozialen Arbeit unter organisationssoziologischer Perspektive. In Klaus Grunwald (Hrsg.), *Vom Sozialmanagement zum Management des Sozialen? Eine Bestandsaufnahme* (S. 85–138). Baltmannsweiler: Schneider Hohengehren.
Kühl, Stefan (2015a). *Das Regenmacher-Phänomen*. Widersprüche im Konzept der Lernenden Organisation (2., aktual Aufl.). Frankfurt: Campus.

Schreyögg, Georg, & Geiger, Daniel (2016). *Organisation: Grundlagen moderner Organisationsgestaltung*. Mit Fallstudien (6., vollst. überarb. u. erw. Aufl.). Wiesbaden: Springer Fachmedien.

Wimmer, Rudolf, Meissner, Jens O., & Wolf, Patricia (Hrsg.) (2014). *Praktische Organisationswissenschaft*. Lehrbuch für Studium und Beruf (2., überarb. u. erw. Aufl.). Heidelberg: Carl Auer.

Verwendete Literatur

Argyris, Chris, & Schön, Donald A. (1978). *Organizational Learning*. A Theory of Action Perspective. Reading, Mass: Addison-Wesley.

Arnold, Nadine/Hasse, Raimund/Mormann, Hannah (2021). Organisationsgesellschaft neu gedacht: Vom Archetyp zu neuen Formen der Organisation. *Kölner Zeitschrift für Soziologie und Sozialpsychologie*, Köln Z Soziol (73) (S. 339–360), https://doi.org/10.1007/s11577-021-00795-3.

Bachert, Robert (2017). *Diakonischer Corporate Governance Kodex*. Ein wertebasiertes Führungsinstrument in unternehmensethischer Reflexion. Leipzig: Evangelische Verlagsanstalt.

Bateson, Gregory (1981). Sozialplanung und der Begriff des Deutero-Lernens. In Gregory Bateson (Hrsg.), *Ökologie des Geistes* (S. 219–240). Frankfurt a. M.: Suhrkamp.

Bogumil, Jörg, & Schmid, Josef (2001). *Politik in Organisationen*. Organisationstheoretische Ansätze und praxisbezogene Anwendungsbeispiele. Opladen: Leske & Budrich.

Bosetzky, Horst (2019). *Mikropolitik*. Netzwerke und Karrieren. Wiesbaden: Springer VS.

Comelli, Gerhard, Rosenstiel, Lutz von, & Nerdinger, Friedemann W. (2014). *Führung durch Motivation*. Mitarbeiter für Unternehmensziele gewinnen (5., überarb. Aufl.). München: Vahlen.

Duncan, Robert, & Weiss, Andrew (1979). Organization Learning: Implications for Organizational Design. In Barry M. Staw, & Larry L. Cummings (Hrsg.), *Research in Organizational Behaviour* (Bd. 1, S. 75-123). Greenwich, CT: JAI Press.

Geiger, Daniel, & Koch, Jochen (2008). Von der individuellen Routine zur organisationalen Praktik. Ein neues Paradigma für die Organisationsforschung? *Schmalenbachs Zeitschrift für betriebswirtschaftliche Forschung*, 60 (7), S. 693–712.

Göbel, Elisabeth (2013). *Unternehmensethik*. Grundlagen und praktische Umsetzung (3., überarb. u. aktual. Aufl.). Stuttgart: UVK.

Gomez, Peter, Lambertz, Mark, & Meynhardt, Timo (2019). *Verantwortungsvoll führen in einer komplexen Welt*. Denkmuster – Werkzeuge – Praxisbeispiele. Bern: Haupt.

Grunwald, Klaus (2009b). Zum Management von Einrichtungen der Sozialen Arbeit unter organisationssoziologischer Perspektive. In Klaus Grunwald (Hrsg.), *Vom Sozialmanagement zum Management des Sozialen?* Eine Bestandsaufnahme (S. 85–138). Baltmannsweiler: Schneider Hohengehren.

Grunwald, Klaus (2013c). Unternehmensphilosophie. In Klaus Grunwald, Georg Horcher, & Bernd Maelicke (Hrsg.), *Lexikon der Sozialwirtschaft* (2., akt. u. vollst. überarb. Aufl., S. 1065–1068). Baden-Baden: Nomos.

Grunwald, Klaus (2013d). Wissensmanagement. In Klaus Grunwald, Georg Horcher, & Bernd Maelicke (Hrsg.), *Lexikon der Sozialwirtschaft* (2., akt. u. vollst. überarb. Aufl., S. 1112–1115). Baden-Baden: Nomos.

Grunwald, Klaus (2016). Management von und in Einrichtungen der Sozialen Arbeit aus der Perspektive des Konzepts Lebensweltorientierung. In Klaus Grunwald, & Hans Thiersch (Hrsg.), *Praxishandbuch Lebensweltorientierte Soziale Arbeit. Handlungszusammenhänge und Methoden in unterschiedlichen Arbeitsfeldern* (3., vollst. überarb. Aufl., S. 431–444). Weinheim: Beltz Juventa.

Grunwald, Klaus (2018a). Management sozialwirtschaftlicher Organisationen zwischen Steuerungsskepsis, Dilemmatamanagement und Postheroischer Führung. In Klaus Grunwald, & Andreas Langer (Hrsg.), *Sozialwirtschaft. Ein Handbuch für Wissenschaft und Praxis* (S. 369–390). Baden-Baden: Nomos.

Grunwald, Klaus (2018b). Organisationen aus sozialwissenschaftlicher Perspektive. In Klaus Grunwald, & Andreas Langer (Hrsg.), *Sozialwirtschaft. Ein Handbuch für Wissenschaft und Praxis* (S. 221–238). Baden-Baden: Nomos.

Grunwald, Klaus (2018c). Organisationsentwicklung/Change Management in und von sozialwirtschaftlichen Organisationen. In Klaus Grunwald, & Andreas Langer (Hrsg.), *Sozialwirtschaft. Ein Handbuch für Wissenschaft und Praxis* (S. 333–356). Baden-Baden: Nomos.

Grunwald, Klaus, & Roß, Paul-Stefan (2014). „Governance Sozialer Arbeit". Versuch einer theoriebasierten Handlungsorientierung für die Sozialwirtschaft. In Andrea Tabatt-Hirschfeldt (Hrsg.), *Öffentliche und Soziale Steuerung – Public Management und Sozialmanagement im Diskurs* (S. 17–64). Baden-Baden: Nomos.

Grunwald, Klaus, & Roß, Paul-Stefan (2017). Sozialmanagement als Steuerung hybrider sozialwirtschaftlicher Organisationen. In Armin, Wöhrle, Agnès Fritze, Thomas Prinz, & Gotthart Schwarz (Hrsg.), *Sozialmanagement – eine Zwischenbilanz* (S. 171-184). Wiesbaden: Springer VS.

Grunwald, Klaus, & Roß, Paul-Stefan (2018). „Governance in der Sozialen Arbeit" – Dilemmatamanagement als Ansatz des Managements hybrider Organisationen. In Ludger Kolhoff, & Klaus Grunwald (Hrsg.), *Aktuelle Diskurse der Sozialwirtschaft I* (S. 165-181). Wiesbaden: Springer VS.

Haas, Hanns-Stephan (2012). *Unternehmen für Menschen*. Diakonische Grundlegung und Praxisherausforderungen. Stuttgart: Kohlhammer.

Jäger, Wieland, & Schimank, Uwe (Hrsg.) (2005). *Organisationsgesellschaft*. Facetten und Perspektiven. Wiesbaden: Springer VS.

Kauffeld, Simone/Ebner, Katharina (2019). Organisationsentwicklung. In Heinz Schuler, & Klaus Moser (Hrsg.), *Lehrbuch Organisationspsychologie* (6., überarb. Aufl., S. 383–426). Bern: Hogrefe.

Kirsch, Werner, Seidl, David, & Aaken, Dominik van (2010). *Evolutionäre Organisationstheorie*. Stuttgart: Schäffer-Poeschel.

Klimecki, Rüdiger, Probst, Gilbert, & Eberl, Peter (1994). *Entwicklungsorientiertes Management*. Stuttgart: Schäffer-Poeschel.

Kühl, Stefan (2015a). *Das Regenmacher-Phänomen*. Widersprüche im Konzept der Lernenden Organisation (2., actual Aufl.). Frankfurt: Campus.

Küpper, Hans-Ulrich (2011). *Unternehmensethik*. Hintergründe, Konzepte, Anwendungsbereiche (2., überarb. u. erw. Aufl.). Stuttgart: Schäffer-Poeschel.

Lange, Jessica (Hrsg.) (2021a). *Werteorientierte Führung in Theorie und Praxis*. Konzepte – Studienergebnisse – Praxiseinblicke. Berlin: Springer Gabler.

Lange, Jessica (2021b). Einführung in die werteorientierte Führung. In Jessica Lange (Hrsg.), *Werteorientierte Führung in Theorie und Praxis*. Konzepte – Studienergebnisse – Praxiseinblicke (S. 1–19). Berlin: Springer Gabler.

Lüthy, Anja (2021). Vom Leitbild zur werteorientierten Unternehmensführung. In Jessica Lange (Hrsg.), *Werteorientierte Führung in Theorie und Praxis*. Konzepte – Studienergebnisse – Praxiseinblicke (S. 87–102). Berlin: Springer Gabler.

Luhmann, Niklas (2005). Struktureller Wandel. Die Poesie der Reformen und die Realität der Evolution. In Wieland Jäger, & Uwe Schimank (Hrsg.), *Organisationsgesellschaft* (S. 409–450). Wiesbaden: Springer VS.

Matys, Thomas (2014). *Macht, Kontrolle und Entscheidungen in Organisationen*. Eine Einführung in organisationale Mikro-, Meso- und Makropolitik (2., akt. Aufl.). Wiesbaden: Springer VS.

Minssen, Heiner (2013). Mikropolitik. In Hartmut Hirsch-Kreinsen, & Heiner Minssen (Hrsg.), *LAIS*. Lexikon der Arbeits- und Industriesoziologie (S. 334–340). Berlin: Edition Sigma.

Nagel, Reinhardt, & Wimmer, Rudolf (2014). *Systemische Strategieentwicklung*. Modelle und Instrumente für Berater und Entscheider (6. akt. u. erg. Aufl.). Stuttgart: Schäffer-Poeschel.

Neubauer, Walter (2003). *Organisationskultur*. Stuttgart: Kohlhammer.

North, Klaus (2021). *Wissensorientierte Unternehmensführung*. Wissensmanagement im digitalen Wandel (7., vollst. überarb. Aufl.). Wiesbaden: Springer Gabler.

Ortmann, Günther, Sydow, Jörg, & Türk, Klaus (2000). Organisation, Strukturation, Gesellschaft. Die Rückkehr der Gesellschaft in die Organisationstheorie. In Günther Ortmann, Jörg Sydow, & Klaus Türk (Hrsg.), *Theorien der Organisation*. Die Rückkehr der Gesellschaft (2., durchges. Aufl., S. 15–34). Wiesbaden: Westdeutscher Verlag.

Pawlowsky, Peter (2019). *Wissensmanagement*. Berlin: Walter de Gruyter.

Priddat, Birger P. (2021). Sind Werte noch modern? In Jessica Lange (Hrsg.), *Werteorientierte Führung in Theorie und Praxis*. Konzepte – Studienergebnisse – Praxiseinblicke (S. 23–27). Berlin: Springer Gabler.

Probst, Gilbert J. B., & Büchel, Bettina S. T. (1994). *Organisationales Lernen*. Wettbewerbsvorteil der Zukunft. Wiesbaden: Gabler.

Sackmann, Sonja (2017). Unternehmenskultur. Erkennen – Entwickeln – Verändern (2., vollst. überarb. u. erw. Aufl.). Wiesbaden: Springer Gabler.

Schein, Edgar H. (1995). *Unternehmenskultur*. Ein Handbuch für Führungskräfte. Frankfurt a. M./New York: Campus.

Schmid, Josef (2011). Mikropolitik – Pluralismus mit harten Bandagen? In: Bandelow, Nils C./Hegelich, Simon (Hrsg.), *Pluralismus – Strategien – Entscheidungen*. Eine Festschrift für Klaus Schubert. (S. 324–344). Wiesbaden: VS Verl. für Sozialwissenschaften.

Schreyögg, Georg, & Geiger, Daniel (2016). *Organisation: Grundlagen moderner Organisationsgestaltung*. Mit Fallstudien (6., vollst. überarb. u. erw. Aufl.). Wiesbaden: Springer Fachmedien.

Schreyögg, Georg, & Koch, Jochen (2020). *Management*. Grundlagen der Unternehmensführung. Konzepte – Funktionen – Fallstudien (8., vollst. überarb. Aufl.). Wiesbaden: Springer Fachmedien.

Senge, Konstanze (2011). *Das Neue am Neo-Institutionalismus.* Der Neo-Institutionalismus im Kontext der Organisationswissenschaft. Wiesbaden: Springer VS.
Sprenger, Bernd (2020). *Sprich nicht darüber, aber halte dich dran.* Die Macht impliziter Regeln in Systemen. Göttingen: Vandenhoeck & Ruprecht.
Vahs, Dietmar (2015). *Organisation.* Ein Lehr- und Managementbuch (9., überarb. u. erw. Aufl.). Stuttgart: Schäffer-Poeschel.
Weick, Karl E., & Sutcliffe, Kathleen M. (2016). *Das Unerwartete managen.* Wie Unternehmen aus Extremsituationen lernen. Stuttgart: Schäffer-Poeschel.
Willke, Helmut (2011). *Einführung in das systemische Wissensmanagement* (3., überarb. u. erw. Aufl.). Heidelberg: Carl Auer.

3 Management in und von sozialwirtschaftlichen Organisationen zwischen Ökonomie und sozialpädagogischer Fachlichkeit

> **Zusammenfassung**
>
> Das Management in und von sozialwirtschaftlichen Organisationen ist in das Spannungsfeld zwischen Ökonomie und sozialpädagogischer Fachlichkeit eingebettet. Zu Beginn des folgenden Kapitels werden Organisationen des Sozial- und Gesundheitswesens als *sozialwirtschaftliche Unternehmen* beschrieben. In diesem Zusammenhang werden auch Begriff und Gegenstandsbereich der Sozialwirtschaft entfaltet. Im nächsten Abschnitt geht es um Unternehmen der Sozialwirtschaft als *Nonprofit-Organisationen,* bevor *ökonomisch rationales Verhalten* in der Leitung sozialwirtschaftlicher Unternehmen thematisiert wird. In der Folge werden die *Begriffe* Sozialmanagement, Management in Nonprofit-Organisationen, Management in der Sozialwirtschaft und Management des Sozialen diskutiert. Der nächste Abschnitt umreißt die Kritik am ‚Managerialismus'. Abschließend geht es um die *fachliche Verortung* von Leitungshandeln in sozialwirtschaftlichen Unternehmen.

Lernziele

- Sie beherrschen Begriffsbestimmung und Gegenstand der Sozialwirtschaft und können Herausforderungen sozialwirtschaftlicher Organisationen benennen.
- Sie kennen den Begriff und die Merkmale von Nonprofit-Organisationen und haben verstanden, welcher Erkenntnisgewinn damit verbunden ist, wenn Einrichtungen der Sozialwirtschaft als Nonprofit-Organisationen betrachtet werden.
- Sie sind in der Lage, ökonomisch rationales Verhalten in und von sozialwirtschaftlichen Organisationen zu problematisieren und das Zusammenwirken mehrerer ‚Rationalitäten' in ihnen zu konkretisieren.

- Sie haben die Differenzierung zwischen den Begriffen Sozialmanagement, Management in Nonprofit-Organisationen, Management in der Sozialwirtschaft und Management des Sozialen verstanden.
- Sie haben sich mit der Kritik am ‚Managerialismus' in der Sozialwirtschaft auseinandergesetzt.
- Sie können die Verbindung und wechselseitige Bezogenheit von sozialpädagogischer Fachlichkeit und organisationaler Gestaltung sowie die Bedeutung der fachlichen Verortung von Leitungshandeln in der Sozialwirtschaft diskutieren.

3.1 Organisationen des Sozial- und Gesundheitswesens als sozialwirtschaftliche Unternehmen

3.1.1 Begriffsentstehung

Seit[1] Mitte der 1990er Jahre gewinnen ökonomische Fragestellungen, Konzepte und Begrifflichkeiten auch im deutschen Sozial- und Gesundheitswesen, zunächst in der Praxis, dann im theoretischen Diskurs, vermehrt an Bedeutung. Sie wurden und werden sowohl unter dem Begriff des Sozialmanagements als auch unter demjenigen der Sozialwirtschaft oder der Sozialökonomie diskutiert, ohne dass die Trennlinien zwischen den Begriffen und den hinter ihnen stehenden Konzepten immer einheitlich gezogen würden (vgl. Grunwald und Maelicke 2013; Wöhrle 2012). Der „hybride" oder „Doppelbegriff" der „Sozial-Wirtschaft" verweist grundsätzlich „auf Spannungen und Vermittlungen zwischen wirtschaftlicher Rationalität und sozialer Qualität und verknüpft die betriebliche Organisation von primär ökonomischen Interessen mit den eher ideellen Interessen der Assoziationen solidarischen Engagements" (Pankoke 2008, S. 432). Während der Begriff der ‚Wirtschaft' die „Rationalisierung der Produktion von Gütern, Leistungen und Diensten" beinhaltet, bezieht sich das ‚Soziale' auf „Handlungs- und Deutungsmuster sozialer Lebenszusammenhänge" (ebd.).

Wichtige Impulse zur Entwicklung der Bezeichnung ‚Sozialwirtschaft' in Deutschland wurden spätestens mit der 1970 erfolgten Umbenennung der 1923 gegründeten „Hilfskasse Bankgesellschaft mbH" in die „Bank für Sozialwirtschaft GmbH" gegeben, die damit die Finanzierungsnotwendigkeiten von damals noch überwiegend wohlfahrtsverbandlichen sozialen Diensten und Einrichtungen als erfolgversprechendes Geschäftsfeld einstufte. Sie honorierte damit auch den *volkswirtschaftlichen Stellenwert der freien Wohlfahrtspflege* – bezüglich

---

[1] Die Ausführungen dieses Kapitels erfolgen auf der Basis von Grunwald 2018e, Grunwald und Langer 2018, Grunwald und Maelicke 2013 sowie Grunwald und Steinbacher 2007.

Beschäftigung, Vermögen, Ressourcen und zur Verfügung gestellten qualifizierten Leistungen – im gesamten Bereich der Sozialen Arbeit (vgl. Wöhrle 2013c, S. 1039; Rüth 2013, S. 102; Zimmer und Paul 2018).

Unabhängig davon fand der Terminus ‚Sozialwirtschaft' als Übersetzung des französischen Begriffs ‚économie sociale' ab den 1980er Jahren Eingang in die Terminologie der europäischen Behörden, wobei vier ‚Familien' im Sinne von Organisationstypen unterschieden werden. Differenziert wird zwischen „Organisationen, die kooperative Aktivitäten (in Genossenschaften), assoziative Aktivitäten (von Vereinen), mutualistische Aktivitäten (von Vereinigungen auf Gegenseitigkeit) und Aktivitäten von Stiftungen und von Sozialunternehmen umfassen"; alle diese durchaus unterschiedlichen Organisationstypen zusammen werden als „CMAF (Cooperatives, Mutuals, Associations, Foundations)" bezeichnet (Wendt 2013, S. 966).

3.1.2 Gegenstandsbereich der Sozialwirtschaft

Dieser kann unterschiedlich weit bestimmt werden (vgl. Zimmer und Paul 2018):

- In der Vergangenheit wurde sie zunächst überwiegend gleichgesetzt mit dem Bereich der Leistungsträger, zu denen ursprünglich vor allem Nonprofit-Organisationen (und hier in Deutschland insbesondere die freigemeinnützigen Einrichtungen der verbandlichen Wohlfahrtspflege) gezählt wurden.
- Zunehmend spielen jedoch privat-gewerbliche Anbieter in vielen Arbeitsfeldern der Sozialwirtschaft eine wichtige Rolle und werden ebenfalls als Teil der Sozialwirtschaft begriffen. In diesem, immer noch relativ ‚engen', Verständnis wird Sozialwirtschaft gleichgesetzt mit der Gesamtheit der Produzenten sozialer und gesundheitsbezogener Dienstleistungen wie Stiftungen, Genossenschaften, wohlfahrtsverbandlichen Einrichtungen, aber auch erwerbswirtschaftlichen Unternehmen (vgl. Pankoke 2008, S. 436 ff.).
- Diese ‚enge' Gegenstandsbestimmung – gewissermaßen der ‚Kern' der Sozialwirtschaft – lässt sich weiterhin dergestalt erweitern, dass auch Kostenträger (z. B. die Sozialversicherungsträger) bzw. öffentliche Träger als Institution der Sicherstellung, Gewährleistung und Gesamtverantwortung in die Branche der Sozialwirtschaft einbezogen werden, womit sich die Sozialwirtschaft nicht nur auf Teile des Nonprofit-Sektors und des Marktes, sondern auch auf Anteile des staatlichen Sektor ausdehnt, ganz abgesehen davon, dass öffentliche Träger wie z. B. Kommunen immer noch, und in Zukunft vielleicht verstärkt wieder, selbst Erbringer sozialer Dienstleistungen sind.

- Schließlich ließe sich die genannte Gegenstandsbestimmung der Sozialwirtschaft jenseits von Organisationen nochmals erweitern durch den Einbezug aller Personen und Gemeinschaften, die individuell oder kollektiv in Selbsthilfe Leistungen erbringen, wie es insbesondere von Wolf Rainer Wendt vorgeschlagen wird (vgl. 2016, S. 2 ff.).

Diese unterschiedlich weiten oder engen Gegenstandsbereiche der Sozialwirtschaft bringen mit sich, dass bei Verwendung des Begriffs Sozialwirtschaft in der Literatur oder in der Praxis immer genau geprüft werden muss, welches Verständnis und welche Eingrenzung bzw. Ausweitung des Begriffs Sozialwirtschaft jeweils zur Anwendung kommt. In dieser Veröffentlichung wird von einem weiten Gegenstandsbereich der Sozialwirtschaft ausgegangen. Eine sozialwirtschaftliche Organisation kann also eine wohlfahrtsverbandliche, privat gewerbliche oder öffentliche sein.

3.1.3 Herausforderungen sozialwirtschaftlicher Organisationen

Sozialwirtschaftliche Organisationen sind aktuell dadurch herausgefordert, dass sich die *Rahmenbedingungen* für die Erbringung sozialer Dienstleistungen hinsichtlich der politischen Argumentationen und deren Konkretisierung in neuen gesetzlichen Vorschriften und Regelungen sowie hinsichtlich der Finanzengpässe öffentlicher Haushalte und der spezifischen Finanzierungsmodalitäten ändern (vgl. Kolhoff 2017). Insbesondere die Krise der Arbeitsgesellschaft und die „dramatische(n) Verschiebungen der demographischen Balancen" führen zu „Wachstumsgrenzen und Legitimationskrisen des Wohlfahrtsstaates" (Pankoke 2008, S. 442). Der Wohlfahrtsstaat gerät zudem „im Wandel der gesellschaftlichen Leitvorstellungen hin zu neoliberalen, neokapitalistischen und neokonservativen Maximen" (Thiersch 2009, S. 13) zunehmend in die Kritik.

In diesem Kontext werden Effektivität und Effizienz als zentrale Legitimationskriterien für die Zuweisung öffentlicher Mittel angesehen und wird die Notwendigkeit von Formen des Wettbewerbs betont. Die Konjunktur des Begriffs der Sozialwirtschaft (und die Titulierung von beispielsweise freigemeinnützigen Einrichtungen als ‚sozialwirtschaftliche Unternehmen') ist insofern auch vor dem Hintergrund einer zunehmenden Ökonomisierung der Gesellschaft zu verstehen, wobei Ökonomisierung einen Vorgang meint, „durch den Orientierungen und

Praktiken, die man gemeinhin mit einer modernen kapitalistischen Wirtschaft verbindet, gesellschaftlich wirkmächtiger werden" (Schimank und Volkmann 2017, S. 593; auch Schimank 2008).[2]

Zweitens werden die Modalitäten der Erbringung sozialer Dienstleistungen auch aus Sicht der Profession Soziale Arbeit kritisiert, beispielsweise hinsichtlich der ungenügenden Flexibilität und Transparenz in und von Organisationen, aber auch einer problematischen Selbstbezüglichkeit und zu geringer Nutzer- und Kundenorientierung von Strukturen und Angeboten sozialer Dienste und Einrichtungen sowie der ungenügenden Vernetzung derselben (vgl. Grunwald 2001, S. 15 ff.).

Eine dritte Herausforderung für sozialwirtschaftliche Organisationen besteht angesichts der öffentlichen Debatte über deutliche Defizite in der manageriellen und ökonomischen Leitung sozialer Unternehmen spätestens seit den 1990er Jahren und angesichts des enormen Größenwachstums vieler sozialwirtschaftlicher Unternehmen in betriebswirtschaftlicher und organisationaler Hinsicht. In der sozialwirtschaftlichen Praxis spielen Fusionen zwischen Trägern, die Auslagerung von zu erbringenden Leistungen, Veränderungen in den Rechtsformen, Verknüpfungen von freigemeinnützigen und erwerbswirtschaftlichen Unternehmensteilen sowie ein verstärkter Einsatz betriebswirtschaftlicher Zugänge und Instrumente im Management von sozialwirtschaftlichen Unternehmen eine immer wichtigere Rolle.

Für sozialwirtschaftliche Organisationen bedeutet dies, dass sie sich heute in einem mehrpoligen Spannungsfeld befinden, zwischen.

- Rahmenbedingungen, die seitens der öffentlichen Hand gesetzt werden,
- einer wachsenden Markt- und Wettbewerbsorientierung,
- einer aus unterschiedlichen Gründen zunehmend forcierten sozialräumlichen Verankerung und Einbeziehung bürgerschaftlicher Ressourcen sowie
- von sich immer weiter ausdifferenzierenden Lebenslagen der Adressat*innen bzw. Kund*innen.

---

[2] Der Begriff der Ökonomisierung der Gesellschaft, der Sozialpolitik und/oder der Sozialen Arbeit muss aber abgegrenzt werden gegenüber dem Terminus der „Ökonomik". Eine „Ökonomik Sozialer Arbeit" beinhaltet, auch die Soziale Arbeit „zum Gegenstand ökonomischen Denkens zu machen" und ist ausdrücklich *nicht* mit einer „Ökonomisierung der Sozialen Arbeit" im Sinne einer potenziellen „Reduzierung der Sozialen Arbeit auf ökonomische Aspekte" gleichzusetzen (Finis Siegler 2019, S. 13).

Führungskräfte in sozialwirtschaftlichen Organisationen sind herausgefordert, ihre jeweilige Organisation, ihr jeweiliges Unternehmen in diesem Spannungsfeld zu positionieren und auf einem erfolgreichen Kurs zu halten (vgl. Grunwald und Roß 2014, S. 17).

Um diese Zielsetzung zu erreichen, müssen Leitungskräfte Steuerungsleistungen in Bezug auf die Fachlichkeit der Leistungserbringung, die betriebswirtschaftliche Absicherung der Einrichtung, die Gestaltung, Entwicklung und Lenkung der Organisation, die Führung des Personals und die bewusste Gestaltung der Beziehungen zur Umwelt erbringen (vgl. Merchel 2015b).

3.2 Unternehmen der Sozialwirtschaft als Nonprofit-Organisationen

In den meisten Einrichtungen der Sozialwirtschaft ist die Formalzielorientierung als Ausrichtung an dem Faktor Wirtschaftlichkeit dadurch bestimmt, dass sie nicht an der Ausschüttung von Gewinn, sondern an der Sicherung der Wirtschaftlichkeit orientiert ist. Damit ist der zweite ökonomische Terminus benannt, der in diesem Zusammenhang von Bedeutung ist, der Begriff der *Nonprofit-Organisation (NPO)*. Einrichtungen der Sozialwirtschaft lassen sich nicht nur als sozialwirtschaftliche Unternehmen, sondern auch als Nonprofit-Organisationen verstehen. Auch dieser Terminus zeichnet sich nicht durch eine besondere Trennschärfe aus, weswegen er zunächst zu klären ist.

3.2.1 Begriffsbestimmung

Der Begriff der Nonprofit-Organisation bezieht sich auf Organisationen, die ‚zwischen Markt und Staat' angesiedelt sind. Sie sind weder Teil des öffentlich-staatlichen noch des erwerbswirtschaftlichen Bereichs, sondern des sogenannten ‚Dritten Sektors'. Zu NPOs gehören unterschiedlichste Organisationen im Kultur- und Erholungsbereich, im Gesundheits- und Katastrophenhilfswesen, im Bildungs- und Erziehungswesen sowie in der Sozialen Arbeit, aber auch Parteien und Verbände. Eine NPO kann entweder Leistungen für die eigenen Mitglieder (Eigenleistungs-NPO) oder für Nicht-Mitglieder (Fremdleistungs-NPO) erbringen (vgl. Meyer und Simsa 2013, S. 3 ff.).

Der Terminus der „Nonprofit-Organisation" stellt keine positiv formulierte Begriffsbestimmung dar, sondern versucht, das Definitionsproblem mit einer negativen Abgrenzung gegenüber der Erwerbswirtschaft zu lösen. Mit einer

3.2 Unternehmen der Sozialwirtschaft als Nonprofit-Organisationen

Abgrenzung, die Nonprofit-Organisationen als nicht-erwerbswirtschaftliche Organisationen versteht, wird häufig die Vorstellung verbunden, die betroffenen Organisationen – also beispielsweise eine Einrichtung, ein Unternehmen der Sozialwirtschaft – dürften oder würden keine Gewinnziele verfolgen. Dies ist jedoch nicht der Fall. Auch Nonprofit-Organisationen dürfen und können durchaus Gewinne erzielen, ja müssen dies sogar, um ihre Existenz zu sichern. Sie unterscheiden sich von erwerbswirtschaftlichen Organisationen dadurch, dass die erzielten Gewinne satzungsgemäß wieder investiert und nicht an Eigentümer oder Aktionäre ausgeschüttet werden – entscheidend ist also die Gewinnverwendung. Sie haben also eine Gewinnerzielungsabsicht, verfolgen diese aber nicht als primäres Ziel und arbeiten nicht profitmaximierend. Insofern wäre die Bezeichnung ‚Not-for-profit-Organisationen' eigentlich treffender als der gebräuchliche Begriff ‚Nonprofit-Organisation' (vgl. Meyer und Simsa 2013, S. 6; auch Haas 2012, S. 192 ff.).

3.2.2 Merkmale von Nonprofit-Organisationen

Wenn der Charakter einer Nonprofit-Organisation also nicht durch eine klare Abgrenzung gegenüber der Erwerbswirtschaft oder dem Staat eindeutig bestimmt werden kann, so ist es notwendig, sie durch mehrere, miteinander verbundene Kennzeichen zu charakterisieren, die die beiden genannten Abgrenzungen kombinieren. *Folgende Merkmale machen eine NPO aus* (vgl. Meyer und Simsa 2013, S. 7 ff.; Pennerstorfer und Badelt 2013; Gmür 2021, S. 13):

- NPOs verfügen über ein Minimum an formaler Organisation. So sind beispielsweise Entscheidungsstrukturen und Zuständigkeiten formalisiert. Die formale Organisation konkretisiert sich in den verschiedenen Rechtsformen (eingetragenen Vereinen, Gesellschaften mit beschränkter Haftung, Aktiengesellschaften, Genossenschaften und Stiftungen) (vgl. Nowotny 2013).
- NPOs dürfen – anders als erwerbswirtschaftliche Organisationen – Gewinne nicht an Eigentümer oder Mitglieder ausschütten. Gewinne werden im Sinne des gemeinnützigen Satzungszwecks zur Bildung von Rücklagen oder zur Ausweitung der Aktivitäten verwendet und dienen nicht dem Individualinteresse von Kapitalgebern oder Unternehmern. Damit ist das Formalziel der Effizienz an die Sachziele rückgebunden, die eine Einrichtung der Sozialwirtschaft verfolgt, und damit auch an die Fachlichkeit der Leistungserbringung.

- NPOs verfügen über ein Mindestmaß an Freiwilligkeit. Diese Freiwilligkeit zeigt sich maßgeblich durch ehrenamtliche Mitarbeit in ausführenden und leitenden Funktionen, durch freiwillige Mitgliedschaft sowie durch freiwillige finanzielle Zuwendungen (Spenden).
- NPOs sind zudem als private oder nicht-staatliche Organisationen zu kennzeichnen. Trotz ihrer privaten Trägerschaft werden sie aber von der öffentlichen Hand nicht nur finanziell unterstützt, sondern sind insbesondere in Europa häufig in vielfältiger Form mit öffentlichen Organisationen verbunden. Die Grenzen zwischen ‚privaten' und ‚öffentlichen' Organisationen sind in Europa zudem fließend.
- NPOs verfügen schließlich über ein Mindestmaß an Selbstverwaltung und Eigenständigkeit in Bezug auf Organisationsgestaltung und Entscheidungen.

Diese fünf Merkmale sind idealtypischer Natur. Das bedeutet, dass viele Nonprofit-Organisationen nicht alle diese Merkmale in gleicher Weise erfüllen. Eine Organisation kann aber auch dann als NPO bezeichnet werden, wenn sie alle fünf Kriterien wenigstens in einem Mindestmaß erfüllt (vgl. Meyer und Simsa 2013, S. 9). Insofern lassen sich Einrichtungen der Sozialwirtschaft häufig als Nonprofit-Organisationen kennzeichnen, die Teil des Dritten Sektors neben Staat und Markt sind.

3.2.3 Einrichtungen der Sozialwirtschaft als NPOs

Damit stellt sich die Frage, *welcher Erkenntnisgewinn* damit verbunden ist, wenn Einrichtungen der Sozialwirtschaft als Nonprofit-Organisationen betrachtet werden. Hier seien drei Aspekte aufgeführt.

1. Unternehmen der Sozialwirtschaft als Nonprofit-Organisationen verstanden sind mit ihrer Position zwischen Markt und Staat in besonderer Weise davon abhängig, welche Veränderungen sich in den anderen Sektoren vollziehen. In beiden sind tiefgreifende Veränderungen zu verzeichnen, die auf Einrichtungen der Sozialwirtschaft als Teil des Dritten Sektors zurückwirken und in eigenes unternehmerisches Handeln umzusetzen sind. Im Bereich des ‚Staates' werden gesellschaftliche Grundsatzfragen kontrovers diskutiert, die erhebliche Konsequenzen für die Bewertung der Arbeit der Dienste und Organisationen des Dritten Sektors haben. So wird beispielsweise gefragt, wie viel staatliche Einflussnahme und Steuerung in diesem Feld der Sozialen Arbeit sinnvoll ist, welchen Stellenwert gesellschaftliche Solidarität auch in Organisationen der

3.2 Unternehmen der Sozialwirtschaft als Nonprofit-Organisationen

Sozialwirtschaft hat und welcher Einsatz an staatlichen Ressourcen angesichts der Finanzknappheit der öffentlichen Ressourcen dementsprechend angebracht und vertretbar ist. Im Bereich des ‚Marktes' ist einerseits eine Zunahme sozialökonomisch-ethischer Orientierung in der Wirtschaft zu verzeichnen, die teilweise mit steigendem Engagement von Firmen und Betrieben in sozialen Einrichtungen verbunden ist. Andererseits ist eine Tendenz zu bemerken, ökonomische Perspektiven auf andere Bereiche der Gesellschaft auszudehnen und damit auch Organisationen der Sozialwirtschaft unter betriebswirtschaftlichen Vorzeichen und mit betriebswirtschaftlichen Begriffen und Konzepten zu betrachten (vgl. Bachert et al. 2014). Letzteres kann positive Aspekte haben, wie der Wandel von der kameralistischen zur kaufmännischen Buchführung zeigt, kann aber auch eine versteckte Verdrängung der fachlichen Sachziele durch das Formalziel Wirtschaftlichkeit nach sich ziehen (z. B.: „Das wichtigste Ziel für dieses Jahr sind schwarze Zahlen. Da haben fachliche Erwägungen zurückzustehen.").

2. Die Betrachtung von Einrichtungen der Sozialwirtschaft als Nonprofit-Organisationen verweist weiterhin darauf, dass sie im Gegensatz zu gewinnorientierten Unternehmen der freien Wirtschaft über ein mehrdimensionaleres und komplexeres „Zielsystem" verfügen, das den ‚Unternehmenserfolg' definiert (Horak und Speckbacher 2013, S. 160 ff.). Zwei Gründe sind dafür verantwortlich: Erstens gibt es in Organisationen der Sozialwirtschaft neben quantitativen Zielen (Belegungsquote, Fachkraftquote) viele qualitative Ziele, die für die fachliche Arbeit und den Erfolg der Einrichtung entscheidend sind. Sie lassen sich allerdings gegenüber quantitativen Zielen deutlich schwieriger und nur mit erheblichem Abstimmungsaufwand überprüfen. Zweitens muss das Zielsystem einer Organisation der Sozialwirtschaft den häufig widersprüchlichen Interessen einer Vielzahl von Personengruppen und Institutionen genügen, wie die Finanzierungsmodalitäten von Einrichtungen der Sozialwirtschaft zeigen: In aller Regel sind die Leistungsempfänger*innen und diejenigen, die die Leistung über Steuern, Beiträge, Spenden usw. zahlen, nicht identisch. Insofern sind die Austauschbeziehungen in den Organisationen der Sozialwirtschaft durch eine Entkoppelung des Verhältnisses von Leistung und Gegenleistung geprägt, bei dem die beteiligten Personengruppen und Institutionen jeweils spezifische Perspektiven vertreten. Zu den verschiedenen beteiligten Personengruppen und Institutionen – den Anspruchsgruppen oder Stakeholdern – von Unternehmen der Sozialwirtschaft gehören primär Klient*innen, Mitarbeitende, Geldgeber, Management sowie Öffentlichkeit und

Politik bzw. Gesellschaft. All diese Anspruchsgruppen und ihre auseinandergehenden Interessen und Ziele müssen bei der Formulierung und Abstimmung des Zielsystems einer Organisation berücksichtigt werden.

3. Angesichts der Tatsache, dass die Ziele, Wünsche und Forderungen der einzelnen Anspruchsgruppen sehr unterschiedlich und teilweise auch gegensätzlich sein können, sowie angesichts der Rückwirkungen von Veränderungen in den Sektoren Staat und Markt sind Einrichtungen der Sozialwirtschaft als Nonprofit-Organisationen dadurch gekennzeichnet, dass sie laufend mit Zielkonflikten umgehen müssen. Es gehört zu ihren Grundaufgaben (und, wenn es gelingt, auch zu ihren Grundkompetenzen), auseinandergehende und widersprüchliche Ziele miteinander in Verbindung zu bringen, sorgsam abzuwägen und dementsprechend Entscheidungen zu fällen. Damit stellt sich die wichtige Frage, an wessen bzw. welchen Kriterien sie diese Zielabwägungen und die aus ihnen resultierenden Entscheidungen ausrichten. Das Konzept der Anspruchsgruppen verweist hier richtig darauf, dass es aus ökonomischer Sicht unterschiedliche Aspekte sind, die bei der Abwägung von Zielen und beim Fällen von Entscheidungen zu berücksichtigen sind (vgl. Burla 1989, S. 29 ff., S. 85 ff., S. 107 ff.). Diese Aspekte sind auch für das Management von Organisationen der Sozialwirtschaft sehr produktiv, weswegen sie im Folgenden diskutiert werden.

3.3 Ökonomisch rationales Verhalten in der Leitung sozialwirtschaftlicher Unternehmen

Ein zentrales Thema des Sozialwirtschaftsdiskurses ist markiert durch die Frage, an welchen Kriterien ökonomischer Rationalität sich die Sozialwirtschaft und die darin auf den Weg gebrachte Wertschöpfung auszurichten haben. In diesem Zusammenhang sind die Maßstäbe der Effektivität und Effizienz kritisch zu reflektieren und zu konkretisieren (vgl. Halfar 2009, S. 479 ff.; Merchel 2013, S. 855 f.; Haas 2012, S. 240 ff.; Grunwald und Steinbacher 2007, S. 45 ff.).

Zunächst gilt für den sozialwirtschaftlichen Umwandlungs- und Produktionsprozess – wie für alles wirtschaftliche Handeln – das ökonomische oder Rationalprinzip (vgl. Finis Siegler 2019, S. 84 ff.; Finis Siegler 2021). Es fordert, ein bestimmtes Ergebnis mit dem Einsatz möglichst geringer Mittel zu erreichen: Entweder soll mit einem gegebenen Aufwand an Produktionsfaktoren der größtmögliche Güterertrag erzielt werden oder ein gegebener Güterertrag mit einem möglichst geringen Einsatz von Produktionsfaktoren erwirtschaftet werden. Zu

3.3 Ökonomisch rationales Verhalten in der Leitung ...

dieser zweckrationalen Bestimmung eines rationalen Verhaltens von Unternehmen als Streben nach größtmöglicher Zweckerfüllung bei geringstmöglichem Mitteleinsatz kommt in der klassischen Betriebswirtschaftslehre eine systemrationale Bestimmung hinzu als Bemühen, das eigene System in einer sich wandelnden und zunehmend komplexeren Umwelt durch eine Reduktion der äußeren Komplexität auf ein verarbeitbares Maß zu erhalten.

Ökonomisch rationales Verhalten in sozialwirtschaftlichen Organisationen darf sich aber nicht auf diese beiden Kategorien beschränken, sondern muss sich an dem *Zusammenspiel mehrerer ‚Rationalitäten'* orientieren. Von Bedeutung sind die Maßstäbe der Effektivität im Sinne fachlicher Wirksamkeit (1), der Effizienz im Sinne wirtschaftlicher Rationalität (2), der politischen Rationalität (3) und schließlich der soziokulturellen Rationalität (4). Diese vier Spielarten von ökonomischer Rationalität wurden für Nonprofit-Organisationen formuliert, sind aber grundsätzlich auch auf Profit-Organisationen übertragbar (vgl. Burla 1989; Grunwald 2018e, S. 1640 ff.; siehe auch Schedler und Rüegg-Stürm 2013a, S. 46 ff.).

1. *Effektivität* bezeichnet die Orientierung an der tatsächlichen Nachfrage der produzierten Güter oder Dienstleistungen durch die ‚Kund*innen', wer immer das auch im Konkreten sein mag.[3] Bei einer erwerbswirtschaftlichen Organisation erhält die Einrichtung eine direkte Rückmeldung bezüglich der Qualität der bereitgestellten Arbeitsleistungen durch die Nachfrage über den Indikator Gewinn: Sind die Kund*innen mit der Dienstleistung ‚Haare schneiden' und dem Preis-Leistungs-Verhältnis zufrieden, so wird die Inhaberin des Ladens dies u. a. anhand der Nachfrage erfahren. Das ist in einer NPO anders, weil es hier keine direkte Kopplung des Angebots an die Nachfrage über den Preis und damit kein direktes Feedback bezüglich des Markterfolgs über den Indikator Gewinn gibt. Das heißt, es gibt keine ‚objektive' Rückmeldung, ob die Effektivität als fachliche Wirksamkeit ‚an sich' stimmt. Die Organisation muss vielmehr verschiedene Anspruchsgruppen befragen, ob diese mit der

---

[3] Als ‚Kund*innen' können die Personen(gruppen) bezeichnet werden, an die sich die Aktivitäten der Organisationen richten. Die ‚Kund*innen' symbolisieren den ‚Markt', auf dem die Dienstleistungen angeboten werden. Fraglich ist allerdings, ob der Terminus der ‚Kunde*innen' überhaupt für die Sozialwirtschaft passend ist und den Spezifika dieses Feldes gerecht wird. Die grundsätzlichen Zweifel an der Tauglichkeit dieses Begriffs für die Soziale Arbeit sind maßgeblich darauf zurückzuführen, dass die Erbringung von Dienstleistungen in der Sozialen Arbeit als Austauschbeziehungen grundsätzlich durch eine Entkopplung des Verhältnisses von Leistung und Gegenleistung geprägt sind und insofern nicht klar ist, wer die originären ‚Kund*innen' von Organisationen der Sozialwirtschaft sind.

fachlichen Arbeit und ihrer Wirksamkeit zufrieden sind. Damit wird Effektivität bei einer NPO zu einer relativen Größe, die je nach Anspruchsgruppe (Kind, Jugendliche/r, Mitarbeitende, Kolleg*innen, Mitarbeitende des Jugendamts usw.) unterschiedlich beurteilt werden kann. Auf diese Weise entsteht für das Management die Aufgabe, zwischen den verschiedenen Anspruchsgruppen und ihren Maßstäben zu vermitteln und sie miteinander in Einklang zu bringen. Die Gefahr dabei ist, dass die Interessen der Adressat*innen gegenüber denjenigen von Geldgebern, professionellen Mitarbeitenden und Führungskräften nicht ausreichend berücksichtigt werden (vgl. Burla 1989, S. 86 ff., S. 109 ff.).

2. Bei *wirtschaftlicher Rationalität oder Effizienz* – eigentlich als „ökonomisches Prinzip" das zentrale Formalziel eines gewinnorientierten Unternehmens – geht es darum, die Leistungserbringung wirtschaftlich zu gestalten, d. h. mit den verfügbaren materiellen, strukturellen und personellen Ressourcen ein möglichst gutes Ergebnis in quantitativer wie qualitativer Hinsicht zu erbringen (vgl. auch Haas 2012, S. 240 ff.). Im Zentrum steht das Verhältnis des Inputs an Ressourcen zu dem Leistungsoutput. Auch in dieser Beziehung erweist sich das Fehlen von Marktpreisen und offiziell ausweisbaren Gewinnen in einer NPO als ein Problem für das sozialwirtschaftliche Handeln, weil das herausgehobene Effizienzkriterium der Erwerbswirtschaft ‚Gewinn' fehlt. Das Fehlen des einheitlichen Gewinnkriteriums bringt es mit sich, dass die verschiedenen Anspruchsgruppen ihre eigenen Maßstäbe für die Beurteilung der Wirtschaftlichkeit entfalten. Für das Management einer Einrichtung der Sozialwirtschaft stellt sich damit die Aufgabe, sich bei unterschiedlichen Gruppierungen (Mitarbeitende der Einrichtung, Auftraggeber im Jugendamt) isoliert um Anerkennung des eigenen Effizienzmaßstabs und der eigenen Perspektive zu bemühen. Dabei muss es mit sehr verschiedenen Anspruchsniveaus und Maßstäben der Effizienz zurechtkommen.

3. Der dritte Maßstab für rationales Handeln in einer Nonprofit-Organisation ist neben den Kriterien der Effektivität und der Effizienz die *politische Rationalität*. Bei ihr geht es darum, die Interessenkonflikte, denen eine NPO ausgesetzt ist, so auszubalancieren, dass weder ihre Glaubwürdigkeit noch die Zufuhr notwendiger Ressourcen gefährdet werden. Diese Aufgabe des Ausgleichs und der Vermittlung unterschiedlicher Interessen der Anspruchsgruppen muss die gegebenen Machtkonstellationen berücksichtigen, in die eine Einrichtung eingebunden ist, seien es interne Machtverhältnisse (z. B. der Einfluss von Gründungsmitgliedern eines Vereins) oder externe Machtverhältnisse (z. B. potenzielle Abhängigkeit von der Ressourcenzufuhr durch den öffentlichen Träger). So kann das Leistungsprogramm einer Einrichtung

3.3 Ökonomisch rationales Verhalten in der Leitung ...

der Sozialwirtschaft aus der Perspektive einer Anspruchsgruppe (z. B. Eltern oder Jugendliche) noch so effektiv sein – wenn der Widerspruch zu den Interessen einer anderen wichtigen Anspruchsgruppe (z. B. Jugendamt) zu groß ist, besteht die Gefahr, dass der Einrichtung die Legitimation und die finanziellen Ressourcen partiell oder vollständig entzogen werden. Das heißt, dass über die Effektivität und Effizienz einer Einrichtung nur vor dem Hintergrund der spezifischen Machtverhältnisse angemessen diskutiert werden kann (vgl. Neubauer und Rosemann 2006, S. 41 ff.). Die adäquate Berücksichtigung der politischen Rationalität zieht einen hohen Aufwand an Kommunikation und Lobbyarbeit nach sich.

4. Die *soziokulturelle Rationalität* schließlich ist der vierte Maßstab für ein rationales Leitungshandeln in einer NPO. Sie verweist darauf, dass jede Organisation darauf angewiesen ist, sich im Geflecht des jeweiligen soziokulturellen Umfelds mit seinen sozialen Gegebenheiten und kulturellen Werten so zu bewähren, dass die Einrichtung akzeptiert und unterstützt wird (vgl. Lange 2021a, b; Priddat 2021; Haas 2012). Für Unternehmen der Sozialwirtschaft konkretisiert sich dieses vierte Kriterium darin, dass die Öffentlichkeit nicht nur an den erbrachten Leistungen interessiert ist, sondern auch an der Art und Weise, wie sie erbracht werden, und an den Werten und Normen, die dabei sichtbar werden. Insofern ist es beispielsweise auch für die heutige Glaubwürdigkeit der konfessionellen Träger von Bedeutung, wie sich die jeweiligen Wohlfahrtsverbände gegenwärtig gegenüber (sexueller) Gewalt positionieren, die in ihnen in der Vergangenheit ausgeübt wurde.

So weit vier Kriterien, vier Formen der Rationalität, die für ein rationales Leitungshandeln in Einrichtungen der Sozialwirtschaft aus ökonomischer Sicht eine Rolle spielen.

Schedler und Rüegg-Stürm verweisen darauf, dass im Umgang mit „multiplen Rationalitäten" unterschiedliche Praktiken bestehen, die sich in zwei Spannungsfeldern verorten lassen (2013c, S. 194 f.). In Organisationen stehen sich zum einen ein „monorationaler" und ein „multirationaler", zum anderen ein „expliziter" und ein „impliziter" Umgang mit „multiplen Rationalitäten" gegenüber, die sich in einem Vierfelder-Schema miteinander kombinieren lassen. Angesichts der Sinnhaftigkeit der vier Formen ökonomischer Rationalität als Ausprägungen von multiplen Rationalitäten ist es zumindest wichtig, diese verschiedenen Formen anzuerkennen („Toleranz" als Umgangsform). Häufig ist es aber auch hilfreich, den Umgang mit ihnen und die Gestaltung der Entscheidungsprozesse ausdrücklich zu thematisieren – genau das ist gemeint mit der Formulierung des „expliziten" Umgangs mit ihnen (ebd.; vgl. Höver 2018, 2015).

3.4 Konsequenzen der ökonomischen Betrachtung

Zusammenfassend sollen nun Konsequenzen benannt werden, die sich aus einer Betrachtung von Einrichtungen des Sozial- und Gesundheitswesens als sozialwirtschaftlichen Unternehmen und als Nonprofit-Organisationen sowie aus den Maßstäben ökonomisch rationalen Verhaltens ergeben. Drei Aspekte lassen sich festhalten.

- Der Fokus auf Einrichtungen des Sozial- und Gesundheitswesens als sozialwirtschaftlichen Unternehmen betont, dass in diesen eine enge Verbindung zwischen Formalzielorientierung und Sachzielorientierung, zwischen der Wirtschaftlichkeit der Leistungserbringung und der Wirksamkeit und Fachlichkeit der Aufgabenerfüllung besteht. Für eine dauerhafte Existenzsicherung der Einrichtungen müssen die Fach- und Führungskräfte beide Zielorientierungen realisieren.
- Die Klassifikation von Einrichtungen der Sozialwirtschaft als Nonprofit-Organisationen verweist darauf, dass diese gegenüber gewinnorientierten Unternehmen der freien Wirtschaft über ein komplexeres Zielsystem verfügen. Aufgrund der qualitativen Natur vieler Ziele ist eine ‚objektive' Überprüfung der Zielerreichung zudem häufig schwierig. Darüber hinaus werden die Ziele von den verschiedenen Anspruchsgruppen unterschiedlich definiert.
- Die Besonderheiten eines sozialwirtschaftlichen Handelns in Nonprofit-Organisationen zeigen sich zum Dritten bei der Betrachtung verschiedener Kriterien für ökonomisch rationales Handeln. Deutlich ist hier, dass ein ‚erfolgreiches' sozialwirtschaftliches Handeln in Einrichtungen der Sozialwirtschaft als NPO keineswegs nur dem Kriterium der Effizienz als wirtschaftlicher Rationalität folgen kann. Zu berücksichtigen sind vielmehr vor allem das Kriterium der Effektivität sowie die Maßstäbe der politischen und soziokulturellen Rationalität. Hier bedarf es immer wieder neu der Abwägung häufig widersprüchlicher Interessen verschiedener Stakeholder.

Offen bleibt bei dieser Betrachtung von Einrichtungen der Sozialwirtschaft als NPO jedoch, wie das Kriterium der Effektivität durch den Bezug auf fachliche Konzepte der Sozialen Arbeit näher konkretisiert werden kann und welche Konsequenzen eine fachliche Fundierung des Leitungshandelns durch einschlägige sozialpädagogische Konzepte für das Management von Einrichtungen der Sozialwirtschaft hat. Diese Frage wird weiter unten wieder aufgegriffen. Zuvor werden einige zentrale Begrifflichkeiten geklärt: ‚Sozialmanagement', ‚Management in Nonprofit-Organisationen', ‚Management in der Sozialwirtschaft' und ‚Management des Sozialen'.

3.5 Vom ‚Sozialmanagement' zum ‚Management des Sozialen'

Sozialmanagement bezeichnet das Management von Betrieben und Unternehmen der Sozialwirtschaft in öffentlicher, privat-gemeinnütziger oder gewerblicher Trägerschaft. Sozialmanagement kann als wissenschaftlicher Begriff verstanden werden, der sich mit der Leitung und Führung einer Organisation des Sozial- und Gesundheitswesens befasst und dabei unterschiedlichste Fragen der Organisationsgestaltung und Personalführung thematisiert (vgl. Grunwald und Steinbacher 2007; Merchel 2015a, b; Kolhoff 2018b). Der Begriff des Sozialmanagements geht auf die 1970er Jahre zurück und wurde in Deutschland geprägt durch Müller-Schöll und Priepke (vgl. 1989; Dierker 2021; Grunwald 2021c).

Sozialmanagement beinhaltet alle Managementfunktionen, die für die Führung und Leitung dieser Organisationen notwendig sind, so insbesondere Leitbild- und Konzeptionsentwicklung, Definition von Zielen und Aufgaben, Entwicklung der Aufbau- und Ablauforganisation, Personalmanagement, Führung und Zusammenarbeit, Innovationsmanagement, Netzwerkmanagement, Sozialmarketing, Projektmanagement, Qualitätsmanagement, Controlling sowie andere Teildisziplinen des Managements (vgl. Maelicke 2011; siehe auch früh: Maelicke und Reinbold 1992; zu Netzwerken vgl. Sagmeister 2018).

Im Gegensatz zum Management im Profit-Bereich berücksichtigen Ansätze des Sozialmanagements überwiegend zahlreiche Besonderheiten der Sozialbranche, die bereits oben genauer beschrieben wurden: die Spezifika von Nonprofit-Organisationen, den sozialen Dienstleistungscharakter, die Einbeziehung von Ehrenamtlichen, die Mitgliederorientierung, die Probleme des Messens von Effektivität und Effizienz. Mit zunehmender Konkurrenz gewerblicher Anbieter und steigender wirtschaftlicher Orientierung auch gemeinnütziger Anbieter verringern sich jedoch die Unterschiede zum Management von For-Profit-Organisationen (vgl. Maelicke 2011, S. 142 f.)

Neben dem Begriff ‚Sozialmanagement' werden die Begriffe ‚Management in Nonprofit-Organisationen' und ‚Management in der Sozialwirtschaft' häufig verwendet. – Der Begriff des *‚Managements in Nonprofit-Organisationen'* geht aus von der betriebswirtschaftlichen Differenzierung zwischen Unternehmen, die Gewinne an Gesellschafter etc. ausschütten dürfen (‚For-Profit-Organisationen') und solchen, die Gewinne satzungsgemäß reinvestieren müssen. Der Begriff der ‚Nonprofit-Organisation' (NPO) bezieht sich auf Organisationen, die zwischen Markt und Staat angesiedelt sind. Sie sind weder Teil des öffentlich-staatlichen noch des erwerbswirtschaftlichen Bereichs, sondern des sogenannten ‚Dritten Sektors'. Zu NPOs gehören unterschiedlichste Organisationen im Kultur- und Freizeitbereich, im Gesundheits- und Katastrophenhilfswesen, im Bildungs- und Erziehungswesen sowie in der Sozialen Arbeit, aber auch Parteien und Verbände. Eine NPO kann entweder Leistungen für die eigenen Mitglieder (Eigenleistungs-NPO) oder für Nicht-Mitglieder (Fremdleistungs-NPO) erbringen. Dieser Terminus ist „deutlich im betriebswirtschaftlichen Kontext verankert", wobei problematischerweise „Spezifika in Aufgaben und Organisationskulturen der Sozialen Arbeit kaum vorkommen" (Merchel 2009, S. 67; für eine solche Unkenntnis gegenüber Sozialer Arbeit und Sozialwirtschaft vgl. Helmig und Boenigk 2020).

Der Begriff des ‚*Managements in der Sozialwirtschaft*', der auf den oben bereits erläuterten Terminus der ‚Sozialwirtschaft' zurückgreift, wurde insbesondere von Wöhrle geprägt (vgl. Wöhrle et al. 2019; Wöhrle 2013b, c). Er versteht darunter ein Management, das nicht nur Dienste und Einrichtungen der Sozialen Arbeit, sondern allgemein Organisationen aus den Bereichen Gesundheit, Pflege, Bildung, Kultur und Soziales betrifft. Während nach Wöhrle ‚Sozialmanagement' geprägt bleibt durch den Bezug auf die Fachlichkeit der Sozialen Arbeit, verlässt ein ‚Management in der Sozialwirtschaft' diese Referenz und umfasst damit ein weitaus breiteres Feld von Organisationen bzw. Unternehmen. Dabei beruht das Spezifikum dieses Managements „hinsichtlich der Überlebenssicherung der Organisation einerseits auf einer Finanzierungs- und Rekrutierungsgrundlage, die sich an Maßstäben der öffentlichen und gesellschaftlichen Beauftragung auszurichten hat, auf der Finanzierung durch Einwerbung von staatlichen und Mitteln aus der Gemeinschaft und auf der Aktivierung von ehrenamtlichem Engagement. Andererseits hat das Management unterschiedliche Professionen aus dem Gesundheits-, Pflege-, Sozial-, Bildungs- und Kulturbereich bei der Erbringung der Dienstleistungen einzubinden" (Wöhrle 2013b, S. 53; vgl. auch Kolhoff 2017).

In Abgrenzung von den beschriebenen Begriffen ist schließlich der Terminus ‚*Management des Sozialen*' zu klären, der im Zusammenhang mit der theoretischen Fundierung der Debatte um Sozialmanagement zu sehen ist, wie sie beispielsweise unter den Überschriften der Dienstleistungsorientierung oder des Managerialismus im Bielefelder Kontext seit Anfang der 90er Jahre

3.5 Vom ‚Sozialmanagement' zum ‚Management des Sozialen'

vorgenommen wird (vgl. Grunwald 2009a). In dieser Tradition spielt die Trennlinie zwischen Profession und Management sowie die Frage der allgemeinen Gestaltung des Sozialen eine zentrale Rolle.

Der Begriff ‚Management des Sozialen' wurde bereits 1992 von Otto und Flösser in den Diskurs eingebracht (vgl. Flösser und Otto 1992), die insbesondere Fragen nach der sozialpolitischen Einordnung managerieller Strategien und Methoden sowie nach den Verknüpfungen derselben mit der Professionalisierung Sozialer Arbeit stellten. Soziale Organisationen sind aus ihrer Perspektive als Gegenstand sozialmanagerieller und sozialwirtschaftlicher Überlegungen untrennbar verbunden mit der sozialpolitischen Funktion von sozialen Diensten in unserer Gesellschaft. Die Autoren wenden sich schon zu Beginn der 90er Jahre vehement dagegen, den Veränderungsbedarf auf Fragen der internen Optimierung sozialwirtschaftlicher Dienste und Einrichtungen zu beschränken und votieren stattdessen dafür, die organisationsimmanente Perspektive zu verlassen und das System der Leistungserbringung der Sozialen Arbeit in den Blick zu nehmen.

Damit verschiebt sich die eigentliche Herausforderung, vor der die Soziale Arbeit steht, weg von Fragen des nur unternehmensbezogenen Managements: Die „eigentlichen Innovationsnotwendigkeiten" sind „im Gesamtsystem der sozialen Dienste" zu verorten (ebd., S. 14). Die Anstrengungen von Disziplin und Profession müssen bei dem Gesamtsystem der Sozialen Arbeit und nicht bei der bloßen Optimierung organisationsimmanenter Strukturen, Prozesse und Kulturen ansetzen. Es geht mithin um „grundsätzliche Fragen nach der Institutionalisierung sozialer Hilfen" sowie vor allem um „die Bedürfnisgerechtigkeit zwischen Angebot und Leistung sowie zwischen Nachfrage und Problemlage ihrer Adressaten" (ebd., S. 15; Fritze et al. 2011).

Schließlich betonen Flösser und Otto, dass einer Professionalisierung, die sich zu stark in der Sozialmanagementdebatte verortet, unmittelbar die Gefahr droht zu übersehen, dass Konzepte des Sozialmanagements „reaktive Anpassungsleistungen an gesellschaftliche Prozesse darstellen" können (ebd., S. 16). Notwendig ist aus ihrer Sicht stattdessen ein Professionsverständnis, das den Bezug von Hilfeleistungen der Sozialen Arbeit zur Lebenswelt der Adressat*innen im Blick behält und das sich prinzipiell darum bemüht, „zu neuen Aushandlungsformen der Organisierung sozialer Hilfen und zu neuen Formen ihrer Realisierung zu gelangen, die sich absetzen von den konventionalisierten Institutionen sozialer Arbeit" (ebd.). Vor diesem Hintergrund kommen Flösser und Otto zu der Formel, dass „ein Weg ausgeschildert werden" muss, „der vom ‚Sozialmanagement' zum ‚Management des Sozialen' führt" (ebd.).

Sozialmanagement darf sich aus Sicht von Flösser und Otto nicht nur auf Fragen der Steuerung von Organisationen beziehen, sondern ist im Sinne eines

‚Managements des Sozialen' auch als ein sozialpolitisches Steuerungsprogramm zu verstehen, das an einer wohlfahrtsstaatlichen Gestaltung ‚des Sozialen' interessiert ist.[4] Diese Argumentation hat einerseits bis heute wenig an Aktualität verloren, andererseits wird auch sehr berechtigt gefragt, inwiefern eine solche Ausweitung des Begriffs ‚Sozialmanagement' tatsächlich hilfreich ist. Sinnvoll ist hier sicherlich, nicht von einem Entweder-oder, einem (unvereinbaren) Gegensatz von ‚Sozialmanagement' und ‚Management des Sozialen' auszugehen, sondern von einer sozialpolitischen Weitung und professionsbezogenen Verortung des Sozialmanagements, die weder den Begriff noch die Konzepte des Sozialmanagements überflüssig machen.

3.6 Die Kritik an ‚Managerialismus'

Im Rahmen der Debatte um den Managerialismus und seine Konsequenzen für die fachliche Soziale Arbeit in sozialwirtschaftlichen Organisationen (vgl. Otto und Ziegler 2018; Mohr 2017) wird eine mögliche Unterwanderung der Unternehmensführung und der fachlichen sozialpädagogischen Arbeit in sozialwirtschaftlichen Organisationen durch sozialtechnokratische und professionsfeindliche Argumentation kritisiert.

Der Begriff des Managerialismus im Sinne einer Herrschaft des Managements bezeichnet im Diskurs um Unternehmensführung und Organisation (vgl. Schreyögg und Werder 2004) ein „Konzept von Führungs- und Kontrollstrukturen (…) in modernen Großunternehmen, das auf die Leitung des Unternehmens durch autonome professionelle Manager abstellt, die über einen Entscheidungsspielraum verfügen, der weder durch die Eigentümer noch über den Markt effektiv kontrolliert wird" (Kirchner 2004, Sp. 805).

Aus Sicht der Sozialen Arbeit betonen Otto und Ziegler, dass „in der internationalen Literatur unter Managerialismus weniger verwaltungswissenschaftlich fundierte Techniken, sondern vielmehr ein politisches und moralisches Programm verstanden wird" (2018, S. 963). Sie spitzen zu: „Der Managerialismus ist dann vor allem ein Bündel von Glaubenssätzen, Orientierungen und Praktiken" (ebd.). Gründend auf dem „Glauben an die Gestaltungskraft des Managements und die der Dreifaltigkeit ‚managers, markets and measurement' (…) stellt der Managerialismus eine spezifische, ideologische Form der Anwendung von Instrumenten

---

[4] Ohne Bezug auf Flösser und Otto (vgl. 1992) zu nehmen, wird der Begriff ‚Management des Sozialen' von Dieckbreder und Haase im Sinne eines ‚inspiriert diakonisch Handelns' verwendet (vgl. 2021).

3.6 Die Kritik an ‚Managerialismus'

der Managementlehre dar (...), in dessen Mittelpunkt die (ungeprüfte) Annahme steht, dass weniger eine Steigerung der Professionalität der Fachkräfte, sondern vielmehr ein systematischer Einsatz der überlegenen Techniken des Managements eine effektive und nachhaltige Lösung drängender ökonomischer und sozialer Probleme eröffnet" (ebd., S. 963 f.). Insofern besteht die Gefahr, dass Fragen des Managements sozialwirtschaftlicher Organisationen nicht vor dem Hintergrund sozialpädagogisch-fachlicher und sozialwissenschaftlicher Konzepte diskutiert werden, sondern stattdessen einer professionsfeindlichen und politisch tendenziösen Perspektive untergeordnet werden.

Es könnte der Sozialen Arbeit – so Otto (vgl. 2006) – leicht passieren, dass ihr berufliches Selbstverständnis von außen durch gesellschaftliche Zwänge in einem Maße verändert wird, das von der Profession nicht oder erst zu spät realisiert wird. Professionelles Handeln in der Sozialen Arbeit ist bestimmt durch soziale, moralische und politische Fragen (vgl. Böhnisch et al. 2005; Grunwald und Thiersch 2016a), die dafür sorgen, dass ‚Fälle', ‚Situationen' oder ‚Probleme' immer mehrdeutig strukturiert sind. Sozialpädagogische ‚Fälle' sind untrennbar mit der Frage der sozialen, moralischen und politischen Angemessenheit professionellen Handelns verbunden. Anders ausgedrückt: Die Professionalität Sozialer Arbeit bemisst sich gerade daran, inwieweit sie der Mehrdeutigkeit der beruflichen Praxis gerecht wird (vgl. Klatetzki 2005, S. 279).

Genau dieser Bezug von professionellem Handeln auf die Mehrdeutigkeit der beruflichen Praxis und eine sozialwissenschaftliche Reflexion des fachlichen Handelns wird jedoch – teils aus politischen, teils aus machtbezogenen Erwägungen – in Frage gestellt. Dem Bezugspunkt professionellen sozialpädagogischen Handelns droht eine Verschiebung weg von der wissenschaftlichen Disziplin ‚Soziale Arbeit' und ihrer reflexiven Auseinandersetzung mit der Mehrdeutigkeit fachlichen Handelns hin auf den Markt und die Ökonomie. Die Übertragung ökonomischer und managerieller Kriterien nicht nur auf Leitungs-, sondern auch auf professionelles Handeln droht fachliches Handeln in einer Weise zu reduzieren, die der Komplexität der sozialarbeiterischen Praxis auch nicht annähernd gerecht wird.

Für das Verhältnis von fachlicher sozialarbeiterischer Praxis und Fragen des Managements sozialwirtschaftlicher Organisationen bedeutet das, Fragen des Sozialmanagements nicht so zu diskutieren, dass Aspekte des Managements und der Organisationsgestaltung notwendige Debatten über anzustrebende fachliche Ziele einer Einrichtung in den Hintergrund drängen. Natürlich kann eine sozialwirtschaftliche Organisation ihren Handlungsauftrag nur ausführen, wenn sie wirtschaftlich auf gesunden Beinen steht. Dennoch ist damit die zentrale

Frage, welche fachlichen Ziele eine Einrichtung realisieren möchte, nicht obsolet oder zweitrangig – ganz im Gegenteil! Entscheidend ist, dass professionelles, sozialpädagogisches Handeln und professionelles Agieren von Leitung mit den jeweiligen Zugängen, Methoden und Gegenständen von Sozialer Arbeit und dem Management sozialwirtschaftlicher Organisationen nicht gegeneinander ausgespielt werden, sondern als wechselseitige Ergänzung begriffen werden, im Interesse der Adressat*innen von Sozialwirtschaft und Sozialer Arbeit.[5]

3.7 Zur fachlichen Verortung von Leitungshandeln

Eine zentrale Aufgabe von Leitungskräften in der Sozialwirtschaft besteht darin, die Fachlichkeit der konkreten sozialpädagogischen Arbeit mit ihren Entwicklungsoptionen und ihrer rechtlichen Fundierung neben den Fragen der Organisationsgestaltung und der ökonomischen Rationalitäten kontinuierlich zu fokussieren und fortzuentwickeln (vgl. Burla 1989; Valcárcel 2004; Maurer und Schimank 2011). Die fachliche Verortung von Leitungshandeln beinhaltet, dass das Management eines sozialwirtschaftlichen Unternehmens nicht nur die wirtschaftliche Erbringung von Dienstleistungen, sondern auch die *fachliche Qualifizierung der angebotenen Dienstleistungen* sicherzustellen hat. Der Bezug auf fachliche Konzepte der Sozialen Arbeit wie Lebensweltorientierung (vgl. Grunwald und Thiersch 2016a, b; Thiersch 2020; Grunwald 2021a) oder Dienstleistungsorientierung (vgl. Grunwald 2012a) sowie auf arbeitsfeldspezifische Ansätze ist insofern auch aus Sicht verschiedener ökonomischer Rationalitäten für die Wahrnehmung von Leitungsaufgaben eine zentrale Herausforderung. Leitungskräfte sind zudem gefordert, ihre Arbeit bezüglich ethischer Standards und Berufskodizes sowie rechtlicher Standards zu verorten.

Die Führungskräfte müssen sich daran messen lassen, inwieweit seitens der Fachkräfte grundlegende fachliche Perspektiven der Sozialen Arbeit – trotz ihrer

---

[5] Nicht näher ausgeführt werden kann hier der „intersektionale Blick auf Managementwissen und seine Kritik", der „Management und die Kolonialität der Moderne" rekonstruiert (Kalff 2020, S. 51). In Bezug auf die Arbeits- und die Organisationssoziologie ist „eine intersektionale Perspektive (…) insbesondere deshalb geboten, da in beiden Bereichen gesellschaftliche Ungleichheits- und Diskriminierungsdimensionen reproduziert werden und diese in der ‚Mainstream'-Forschung zuweilen blinde Flecke darstellen" (ebd.). Zu berücksichtigen wären zudem „komplexe Ungleichheitslagen in Organisationen", die sich beispielsweise im „Themenfeld Gleichstellungs- und Vereinbarkeitspolitiken" zeigen (Alemann et al. 2020, S. 84 ff.).

3.7 Zur fachlichen Verortung von Leitungshandeln

Sperrigkeit und ihrer möglichen Distanz zur Eigenlogik der Organisation – jeweils verfolgt werden und inwieweit es gelingt, sie in der Struktur und Kultur der Organisation zu verankern. Die Mitarbeitenden können fachliche Konzepte der Sozialen Arbeit nur dann durchgehend realisieren, wenn die Leitung diese nicht nur passiv ‚mitträgt', sondern auch aktiv und intensiv unterstützt, ausdrücklich einfordert und nötigenfalls initiiert. Wichtig ist, dass Leitungskräfte auch in Fachfragen so weit kompetent sind, dass sie den Fachkräften in ihrer Spezialisierung Gesprächspartner*innen sein können, dass sie merken, wenn fachliche Positionen im Alltag der Dienstleistungserbringung an den Rand geraten und dass sie die Auseinandersetzung mit fachlichen Positionen auch anregen und einfordern können.

Hier wird immer wieder von einer *Rollenteilung* ausgegangen: Die sozialarbeiterischen Fachkräfte seien die Spezialist*innen für die fachgerechte Erbringung der Dienstleistung, während die Führungskräfte – das ‚Management' – auf verschiedenen Ebenen für die Gestaltung optimaler Rahmenbedingungen verantwortlich seien. Eine solche Aufteilung von primären Zuständigkeiten, die erst einmal Sinn macht, darf aber nicht zu einer Spaltung von managerieller, organisationsgestaltender einerseits und sozialarbeiterischer Kompetenz andererseits führen – im Interesse einer qualitativ hochwertigen, professionellen und ethischen Standards genügenden Dienstleistungserbringung sind beide Perspektiven nicht nur ergänzend notwendig, sondern müssen in ihrer je spezifischen Professionalität aufeinander bezogen werden (vgl. Grunwald und Steinbacher 2013).

Die *Verbindung und wechselseitige Bezogenheit von Fachlichkeit und organisationaler Gestaltung* wird auch im Kontext von Methoden und Zugängen des *Qualitätsmanagements* explizit hervorgehoben (vgl. Grunwald 2018d, 2021b). ‚Fachfragen' werden so zunehmend auch als ‚Organisationsfragen' und umgekehrt ‚Organisationsfragen' auch als ‚Fachfragen' betrachtet: ‚Organisationsfragen' beinhalten fachliche Überlegungen sowie Setzungen und ‚fachliche Fragen' bedürfen einer entsprechenden organisationalen Strukturierung und Sicherung, wenn sie in die Realität umgesetzt werden sollen (vgl. Müller 2000, S. 138).

Gerade bezüglich dieser Verknüpfung von Fach- und Organisationsfragen lässt sich pointieren, dass neben dem „sozialpädagogischen Blick" (Rauschenbach et al. 1993) auch ein „sozialwirtschaftlicher Blick" (Grunwald 2011) notwendig ist, der das Wirtschaften mit „solchen Gütern ..., die als ‚sozial' definiert werden", fokussiert (Grunwald und Langer 2018, S. 45). Entscheidend ist, dass zum fachlich inspirierten „sozialpädagogischen Blick" ein „sozialwirtschaftlicher Blick" kommt, der sowohl die Ressourcen- als auch die Management- und Organisationsfrage dezidiert von der Sozialen Arbeit aus diskutiert, um dieses Feld nicht fremden Disziplinen und Professionen zu überlassen.

Bei der professionellen Verortung der Organisationsziele in Fachdiskussionen der Sozialen Arbeit ist schließlich besonders hervorzuheben, dass die Berücksichtigung fachlicher Perspektiven in der Führung sozialwirtschaftlicher Unternehmen auch beinhaltet, die Adressat*innen bei der Wahrnehmung ihrer Interessen zu stärken und auf diese Weise zu einer angemessenen Partizipationskultur beizutragen. Insofern besteht eine zentrale Aufgabe von sozialmanageriellem Handeln in sozialwirtschaftlichen Diensten und Einrichtungen auch darin, die Zielkonflikte zwischen den verschiedenen Anspruchsgruppen aufzugreifen und sowohl zwischen den teils gegensätzlichen Positionen zu vermitteln als auch selbst Position zu beziehen im Interesse einer fachlich begründeten Sozialen Arbeit. Dazu bedarf es aber nicht nur der theoretischen Verankerung professioneller Positionen, sondern auch einer großen Sorgfalt gegenüber dem Prozesscharakter der Aushandlung verschiedener Standpunkte.

Die fachliche Verortung von Leitungshandeln lässt sich auch auf die bereits entfaltete Betrachtung von Einrichtungen der Sozialen Arbeit als sozialwirtschaftliche Unternehmen und als Nonprofit-Organisationen beziehen. In ihnen sind neben dem Kriterium der Effizienz (Wirtschaftlichkeit des Unternehmens – Formalziel) insbesondere das der Effektivität (Wirksamkeit fachlichen Handelns – Sachziel) wie auch die Kriterien der politischen Rationalität und der soziokulturellen Rationalität zu berücksichtigen.

So besteht beispielsweise das Konzept der Lebensweltorientierten Sozialen Arbeit darauf, die Fachlichkeit der konkreten sozialpädagogischen Arbeit sowie ihre rechtliche Fundierung im Rahmen von Organisationsgestaltung und Personalführung in und von sozialwirtschaftlichen Unternehmen sowohl auf konzeptioneller als auch auf praxisbezogener Ebene zu berücksichtigen (vgl. Grunwald und Thiersch 2016a, 2018). Fachlichkeit darf nicht Fragen der Effizienz ‚geopfert' werden – vielmehr ist der wirtschaftliche Umgang mit Ressourcen als zentrale Grundfrage der Ökonomie (betriebswirtschaftlich gesprochen das Formalziel) immer zu beziehen auf die entscheidende Frage, welche inhaltlichen Ziele (Sachziele) verfolgt werden sollen. Das bedeutet auch, wie Winkler betont, dem untergründigen „Wunsch nach absoluter Effizienzsteigerung" zu widerstehen und die gesellschaftlichen „Verhärtungen, in welchen sich klassische Strukturmuster kapitalistischer Gesellschaften wieder durchsetzen und Gewalt über Menschen gewinnen", nicht aus dem Blick zu verlieren (2008, S. 129). Die Ziele fachlicher Arbeit dürfen dabei nicht einfach seitens der Politik (oder der Kostenträger) (voraus-)gesetzt werden, sondern müssen aus professioneller Sicht kritisch diskutiert und wenn nötig zum Gegenstand von Auseinandersetzungen im politischen Raum gemacht werden (vgl. Seithe 2012; Seithe und Amthor 2015; Müller et al. 2016). Beim Management sozialwirtschaftlicher Organisationen geht es also nicht nur um eine effiziente, sondern vor allem um eine effektive Leistungserbringung, die maßgeblich an fachlichen Zielen und rechtlichen Vorgaben zu messen ist.

Literatur

Literaturtipps zur Vertiefung

Grunwald, Klaus, & Langer, Andreas (2018). Sozialwirtschaft – eine Einführung in das Handbuch. In Klaus Grunwald, & Andreas Langer (Hrsg.), *Sozialwirtschaft*. Handbuch für Wissenschaft und Praxis (S. 45–64). Baden-Baden: Nomos.
Simsa, Ruth, Meyer, Michael, & Badelt, Christoph (Hrsg.) (2013). *Handbuch der Nonprofit-Organisation*. Strukturen und Management (5., überarb. Aufl.). Stuttgart: Schäffer-Poeschel.
Flösser, Gaby, & Otto, Hans-Uwe (1992). Sozialmanagement oder Management des Sozialen? In Gaby Flösser, & Hans-Uwe Otto (Hrsg.), *Sozialmanagement oder Management des Sozialen?* (S. 7–18). Bielefeld: Böllert, KT.
Grunwald, Klaus, & Thiersch, Hans (Hrsg.) (2016a). *Praxishandbuch Lebensweltorientierte Soziale Arbeit*. Handlungszusammenhänge und Methoden in unterschiedlichen Arbeitsfeldern (3., vollst. überarb. Aufl.). Weinheim/München: Beltz Juventa.

Verwendete Literatur

Alemann, Annette von, Riegraf, Birgit, & Weber, Lena (2020). Komplexe Ungleichheitslagen in Organisationen. Empirische Beispiele aus dem Themenfeld Gleichstellungs- und Vereinbarkeitspolitiken. In Martin Seeliger & Julia Gruhlich (Hrsg.), *Intersektionalität, Arbeit und Organisation* (S. 84–98). Weinheim/Basel: Beltz Juventa.
Bachert, Robert, Eischer, Sandra, & Speckert, Manfred (Hrsg.) (2014). *Risikomanagement im gemeinnützigen Bereich*. Grundlagen und Perspektiven. Freiburg i.Br.: Lambertus.
Böhnisch, Lothar, Schröer, Wolfgang, & Thiersch, Hans (2005). Sozialpädagogisches Denken. Wege zu einer Neubestimmung. Weinheim/München: Juventa.
Burla, Stephan (1989). *Rationales Management in Nonprofit-Organisationen*. Bern: Haupt.
Dieckbreder, Frank, & Haase, Bartolt (2021). *Management des Sozialen*. Inspiriert diakonisch handeln. Göttingen: Vandenhoeck & Ruprecht.
Dierker, Thomas (2021). *Der Sozialmanagement-Ansatz nach Albrecht Müller-Schöll*. Eine Wirkungsanalyse. Wiesbaden: Springer VS.
Finis Siegler, Beate (2021). *Entwicklung einer Ökonomik Sozialer Arbeit aus der Retrospektive*. Wiesbaden: Springer VS.
Finis Siegler, Beate (2019). *Ökonomik Sozialer Arbeit* (3., überarb. u. erg. Aufl.). Freiburg i.Br.: Lambertus.

Flösser, Gaby, & Otto, Hans-Uwe (1992). Sozialmanagement oder Management des Sozialen? In Gaby Flösser, & Hans-Uwe Otto (Hrsg.), *Sozialmanagement oder Management des Sozialen?* (S. 7–18). Bielefeld: Böllert, KT.

Fritze, Agnès, Maelicke, Bernd, & Uebelhart, Beat (Hrsg.) (2011). *Management und Systementwicklung in der Sozialen Arbeit*. Baden-Baden: Nomos.

Gmür, Markus (2021). Die betriebswirtschaftliche NPO-Forschung zwischen Abgrenzung und Zuwendung zur allgemeinen Managementlehre. Eine diskursgeschichtliche Betrachtung. *Zeitschrift für Gemeinwirtschaft und Gemeinwohl*, 44 (1), S. 12–24.

Grunwald, Klaus (2021a). Lebensweltorientierung. In Ralph-Christian Amthor, Brigitta Goldberg, Peter Hansbauer, Benjamin Landes, & Theresia Wintergerst (Hrsg.), *Wörterbuch Soziale Arbeit. Aufgaben, Praxisfelder, Begriffe und Methoden der Sozialarbeit und Sozialpädagogik* (S. 46–548), Weinheim/München: Beltz Juventa.

Grunwald, Klaus (2021b). Qualitätsmanagement in sozialwirtschaftlichen Organisationen – Spezifika und Herausforderungen. In Armin Wöhrle, Michael Boecker, Paul Brandl, Klaus Grunwald, Ludger Kolhoff, Sebastian Noll, Jochen Ribbeck, & Monika Sagmeister, *Qualitätsmanagement – Qualitätsentwicklung* (S. 47–62). Baden-Baden: Nomos.

Grunwald, Klaus (2021c). Vorwort. Zur Bedeutung des Konzepts „Sozialmanagement" von A. Müller-Schöll und M. Priebke. In Thomas Dierker, *Der Sozialmanagement-Ansatz nach Albrecht Müller-Schöll. Eine Wirkungsanalyse* (S. VII–XII). Wiesbaden: Springer VS.

Grunwald, Klaus (2018d). Qualitätsmanagement in der Sozialwirtschaft. In Klaus Grunwald, & Andreas Langer (Hrsg.), *Sozialwirtschaft. Ein Handbuch für Wissenschaft und Praxis* (S. 617–635). Baden-Baden: Nomos.

Grunwald, Klaus (2018e). Sozialwirtschaft. In Hans-Uwe Otto, Hans Thiersch, Rainer Treptow, & Holger Ziegler (Hrsg.), *Handbuch Soziale Arbeit. Grundlagen der Sozialarbeit und Sozialpädagogik* (6., überarb. Aufl., S. 1633–1647). München: Ernst Reinhardt.

Grunwald, Klaus (2012a). Dienstleistung. In *Enzyklopädie Erziehungswissenschaft Online*, Fachgebiet: Soziale Arbeit, hrsg. von Wolfgang Schröer und Cornelia Schweppe. Weinheim/Basel: Beltz Juventa.

Grunwald, Klaus (2011). Zu Notwendigkeit und Spezifika eines sozialwirtschaftlichen Blicks in der Sozialen Arbeit. In Hans Thiersch, & Rainer Treptow (Hrsg.), *Zur Identität der Sozialen Arbeit* (Sonderheft 10, S. 171–173). Lahnstein: Neue Praxis.

Grunwald, Klaus (2009a). Einleitung. In Klaus Grunwald (Hrsg.), *Vom Sozialmanagement zum Management des Sozialen? Eine Bestandsaufnahme* (S. 1–14). Baltmannsweiler: Schneider Hohengehren.

Grunwald, Klaus (2001). *Neugestaltung der freien Wohlfahrtspflege*. Management des organisationalen Wandels und die Ziele der Sozialen Arbeit. Weinheim/München: Juventa.

Grunwald, Klaus, & Langer, Andreas (2018). Sozialwirtschaft – eine Einführung in das Handbuch. In Klaus Grunwald, & Andreas Langer (Hrsg.), *Sozialwirtschaft*. Handbuch für Wissenschaft und Praxis (S. 45–64). Baden-Baden: Nomos.

Grunwald, Klaus, & Maelicke, Bernd (2013). Sozialmanagement. In Klaus Grunwald, Georg Horcher, & Bernd Maelicke (Hrsg.), *Lexikon der Sozialwirtschaft* (2., akt. u. vollst. überarb. Aufl., S. 923–937). Baden-Baden: Nomos.

Grunwald, Klaus, & Roß, Paul-Stefan (2014). "Governance Sozialer Arbeit". Versuch einer theoriebasierten Handlungsorientierung für die Sozialwirtschaft. In Andrea Tabatt-Hirschfeldt (Hrsg.), *Öffentliche und Soziale Steuerung – Public Management und Sozialmanagement im Diskurs* (S. 17–64). Baden-Baden: Nomos.

Grunwald, Klaus, & Steinbacher, Elke (2013). Kompetenz und Professionalität in der Sozialwirtschaft. In Dieter Kaufmann, & Kornelius Knapp (Hrsg.), *Demografischer Wandel in der Sozialwirtschaft*. Herausforderungen, Ansatzpunkte, Lösungsstrategien (S. 101–120). Stuttgart: Kohlhammer.

Grunwald, Klaus, & Steinbacher, Elke (2007). *Organisationsgestaltung und Personalführung in den Erziehungshilfen*. Grundlagen und Praxismethoden. Weinheim: Juventa.

Grunwald, Klaus, & Thiersch, Hans (2018). Lebensweltorientierung. In Gunther Graßhoff, Anna Renker, & Wolfgang Schröer (Hrsg.), *Soziale Arbeit*. Eine elementare Einführung (S. 303–315). Wiesbaden: Springer VS.

Grunwald, Klaus, & Thiersch, Hans (Hrsg.) (2016a). *Praxishandbuch Lebensweltorientierte Soziale Arbeit*. Handlungszusammenhänge und Methoden in unterschiedlichen Arbeitsfeldern (3., vollst. überarb. Aufl.). Weinheim/München: Beltz Juventa.

Grunwald, Klaus, & Thiersch, Hans (2016b). Lebensweltorientierung. In Klaus Grunwald, & Hans Thiersch (Hrsg.), *Praxishandbuch Lebensweltorientierte Soziale Arbeit*. Handlungszusammenhänge und Methoden in unterschiedlichen Arbeitsfeldern (3., vollst. überarb. Aufl., S. 24–64). Weinheim/München: Beltz Juventa.

Haas, Hanns-Stephan (2012). *Unternehmen für Menschen*. Diakonische Grundlegung und Praxisherausforderungen. Stuttgart: Kohlhammer.

Halfar, Bernd (2009). Sozialwirtschaft als spezifische Dienstleistungsproduktion. *Nachrichtendienst des Deutschen Vereins für öffentliche und private Fürsorge e. V.*, 89, S. 479–483.

Helmig, Bernd, & Boenigk, Silke (2020). *Nonprofit Management* (2., kompl. überarb. Aufl.). München: Vahlen.

Höver, Hendrik (2015). *Entscheidungsfähigkeit in diakonischen Unternehmen*. Eine St. Galler Management-Studie. Berlin: LIT.

Höver, Hendrik (2018). *Wirksam Entscheiden*. Handbuch für Führungskräfte in der Sozialwirtschaft. Stuttgart: Kohlhammer.

Horak, Christian, & Speckbacher, Gerhard (2013). Ziele und Strategien. In Ruth Simsa, Michael Meyer, & Christoph Badelt (Hrsg.), *Handbuch der Nonprofit-Organisation*. Strukturen und Management (5., überarb. Aufl., S. 159–182). Stuttgart: Schäffer-Poeschel.

Kalff, Yannick (2020). Management und die Kolonialität der Moderne. Intersektionale Blicke auf Managementwissen und seine Kritik. In Martin Seeliger, & Julia Gruhlich (Hrsg.), *Intersektionalität*. Arbeit und Organisation (S. 51–68). Weinheim Basel: Beltz Juventa.

Kirchner, Christian (2004). Managerialismus. In Georg Schreyögg, & Axel von Werder (Hrsg.), *Handwörterbuch der Unternehmensführung und Organisation* (4. völlig neu bearb. Aufl., Sp. 805–813). Stuttgart: Schäffer-Poeschel.

Klatetzki, Thomas (2005). Professionelle Arbeit und kollegiale Organisation. Eine symbolisch interpretative Perspektive. In Thomas Klatetzki, & Veronika Tacke (Hrsg.), *Organisation und Profession* (S. 253–283). Wiesbaden: VS Verlag für Sozialwissenschaften.

Kolhoff, Ludger (2018b). Sozialmanagement. In Klaus Grunwald, & Andreas Langer (Hrsg.), *Sozialwirtschaft*. Handbuch für Wissenschaft und Praxis (S. 391–407). Baden-Baden: Nomos.

Kolhoff, Ludger (2017). *Finanzierung der Sozialwirtschaft*. Eine Einführung (2., überarb. u. akt. Aufl.). Wiesbaden: Springer VS.

Lange, Jessica (Hrsg.) (2021a). *Werteorientierte Führung in Theorie und Praxis*. Konzepte – Studienergebnisse – Praxiseinblicke. Berlin: Springer Gabler.

Lange, Jessica (2021b). Einführung in die werteorientierte Führung. In Jessica Lange (Hrsg.), *Werteorientierte Führung in Theorie und Praxis*. Konzepte – Studienergebnisse – Praxiseinblicke (S. 1–19). Berlin: Springer Gabler.

Maelicke, Bernd (2011). Auf der Suche nach Managementmodellen in der Sozialen Arbeit. In Agnès Fritze, Bernd Maelicke, & Beat Uebelhart (Hrsg.), *Management und Systementwicklung in der Sozialen Arbeit* (S. 137–146). Baden-Baden: Nomos.

Maelicke, Bernd, & Reinbold, Brigitte (1992). Sozialmanagement und Organisationsentwicklung für Non-Profit-Einrichtungen. In Gaby Flösser, & Hans-Uwe Otto (Hrsg.), *Sozialmanagement oder Management des Sozialen?* (S. 19–48). Bielefeld: KT.

Maurer, Andrea, & Schimank, Uwe (2011). *Die Rationalitäten des Sozialen*. Wiesbaden: VS Verlag für Sozialwissenschaften.

Merchel, Joachim (2015a). *Leitung in der Sozialen Arbeit*. Grundlagen der Gestaltung und Steuerung von Organisationen (3. Aufl.). Weinheim/Basel: Beltz Juventa.

Merchel, Joachim (2015b). *Management in Organisationen der Sozialen Arbeit*. Eine Einführung. Weinheim: Beltz Juventa.

Merchel, Joachim (2013). Sozialmanagement. In Dieter Kreft, & Ingrid Mielenz (Hrsg.), *Wörterbuch Soziale Arbeit*. Aufgaben, Praxisfelder, Begriffe und Methoden der Sozialarbeit und Sozialpädagogik (7., vollst. überarb. u. akt. Aufl., S. 850–857). Weinheim/Basel: Beltz Juventa.

Merchel, Joachim (2009). Zur Debatte um ‚Sozialmanagement'. Anmerkungen zu Bilanz und Perspektiven nach annähernd 20 Jahren. In Klaus Grunwald (Hrsg.), *Vom Sozialmanagement zum Management des Sozialen? Eine Bestandsaufnahme* (S. 62–84). Baltmannsweiler: Schneider Hohengehren.

Meyer, Michael, & Simsa, Ruth (2013). NPOs: Abgrenzungen, Definitionen, Forschungszugänge. In Ruth Simsa, Michael Meyer, & Christoph Badelt (Hrsg.), *Handbuch der Nonprofit-Organisation*. Strukturen und Management (5., überarb. Aufl., S. 3–14). Stuttgart: Schäffer-Poeschel.

Mohr, Simon (2017). Abschied vom Managerialismus. Das Verhältnis von Profession und Organisation in der Sozialen Arbeit, Dissertation. Bielefeld 2017. https://pub.uni-bielefeld.de/download/2908758/2908759. Zugegriffen: 16.05.2018.

Müller, Burkhard (2000). Welche Unternehmensphilosophie braucht die Jugendhilfe? *Evangelische Jugendhilfe*, 77 (3), S. 135–142.

Müller, Carsten, Mührel, Eric, & Birgmeier, Bernd (Hrsg.) (2016). *Soziale Arbeit in der Ökonomisierungsfalle*. Wiesbaden: Springer VS.

Müller-Schöll, Albrecht, & Priepke, Manfred (1989). *Sozialmanagement*. Zur Förderung systematischen Entscheidens, Planens, Organisierens, Führens und Kontrollierens in Gruppen (2. Aufl.). Frankfurt a. M.: Diesterweg.

Neubauer, Walter, & Rosemann, Bernhard (2006). *Führung, Macht und Vertrauen in Organisationen*. Stuttgart: Kohlhammer.

Nowotny, Christian (2013). Rechtliche Gestaltungsfragen für NPOs. In Ruth Simsa, Michael Meyer, & Christoph Badelt (Hrsg.), *Handbuch der Nonprofit-Organisation. Strukturen und Management* (5., überarb. Aufl., S. 183–204). Stuttgart: Schäffer-Poeschel.

Otto, Hans-Uwe (2006). Die Zukunft der Sozialen Arbeit als Profession – eine bundesrepublikanische Suchbewegung. In Karin Böllert, Peter Hansbauer, Brigitte Hasenjürgen, & Sabrina Langenohl (Hrsg.), *Die Produktivität des Sozialen – den sozialen Staat aktivieren. Sechster Bundeskongress Soziale Arbeit* (S. 283–291). Wiesbaden: VS Verlag für Sozialwissenschaften.

Otto, Hans-Uwe, & Ziegler, Holger (2018). Managerialismus. In Hans-Uwe Otto, Hans Thiersch, Rainer Treptow, & Holger Ziegler (Hrsg.), *Handbuch Soziale Arbeit. Grundlagen der Sozialarbeit und Sozialpädagogik* (6., überarb. Aufl., S. 963–973). München: Ernst Reinhardt.

Pankoke, Eckart (2008). Solidarwirtschaft. In Andrea Maurer (Hrsg.), *Handbuch der Wirtschaftssoziologie* (S. 431-450). Wiesbaden: Springer VS.

Pennerstorfer, Astrid, & Badelt, Christoph (2013). Zwischen Marktversagen und Staatsversagen? Nonprofit-Organisationen aus ökonomischer Sicht. In Ruth Simsa, Michael Meyer, & Christoph Badelt (Hrsg.), *Handbuch der Nonprofit-Organisation. Strukturen und Management* (5., überarb. Aufl., S. 107–123). Stuttgart: Schäffer-Poeschel.

Priddat, Birger P. (2021). Sind Werte noch modern? In Jessica Lange (Hrsg.), *Werteorientierte Führung in Theorie und Praxis. Konzepte – Studienergebnisse – Praxiseinblicke* (S. 23–27). Berlin: Springer Gabler.

Rauschenbach, Thomas, Ortmann, Friedrich, & Karsten, Maria-Eleonora (Hrsg.) (1993). *Der sozialpädagogische Blick*. Lebensweltorientierte Methoden in der Sozialen Arbeit. Weinheim/München: Juventa.

Rüth, Stephanie (2013). Bank für Sozialwirtschaft AG. In Klaus Grunwald, Georg Horcher, & Bernd Maelicke (Hrsg.), *Lexikon der Sozialwirtschaft* (2. Aufl., S. 102–103). Baden-Baden: Nomos.

Sagmeister, Monika (2018). Netzwerke in der Sozialwirtschaft. In Klaus Grunwald, & Andreas Langer (Hrsg.), *Sozialwirtschaft*. Handbuch für Wissenschaft und Praxis (S. 781–791). Baden-Baden: Nomos.

Schedler, Kuno, & Rüegg-Stürm, Johannes (2013a). Rationalität – Begriff, Bildung und Wirkung. In Kuno Schedler, & Johannes Rüegg-Stürm (Hrsg.), *Multirationales Management*. Der erfolgreiche Umgang mit widersprüchlichen Anforderungen an die Organisation (S. 33–60). Bern: Haupt.

Schedler, Kuno, & Rüegg-Stürm, Johannes (2013b). Multirationalität und pluralistische Organisationen. In Kuno Schedler, & Johannes Rüegg-Stürm (Hrsg.), *Multirationales Management*. Der erfolgreiche Umgang mit widersprüchlichen Anforderungen an die Organisation (S. 61–87). Bern: Haupt.

Schimank, Uwe (2008). Gesellschaftliche Ökonomisierung und unternehmerisches Agieren. In Andrea Maurer, & Uwe Schimank (Hrsg.), *Die Gesellschaft der Unternehmen – Die Unternehmen der Gesellschaft* (S. 220-236). Wiesbaden: Springer VS.

Schimank, Uwe, & Volkmann, Ute (2017). Ökonomisierung der Gesellschaft. In Andrea Maurer (Hrsg.), *Handbuch der Wirtschaftssoziologie* (2., akt. u. erw. Aufl., S. 593–609). Wiesbaden: Springer VS.

Schreyögg, Georg, & Werder, Axel von (Hrsg.) (2004). *Handwörterbuch der Unternehmensführung und Organisation* (4., völlig neu bearb. Aufl.). Stuttgart: Schäffer-Poeschel.

Seithe, Mechthild (2012). *Schwarzbuch Soziale Arbeit* (2., durchg. u. erw. Aufl.). Wiesbaden: VS Verlag für Sozialwissenschaften.

Seithe, Mechthild, & Amthor, Ralph-Christian (2015). Konflikte in der Praxis Sozialer Arbeit zwischen Ethik, Fachlichkeit und politisch motivierten Zumutungen. In Sabine Stövesand, & Dieter Röh (Hrsg.), *Konflikte – theoretische und praktische Herausforderungen für die Soziale Arbeit*. Theorie, Forschung und Praxis der Sozialen Arbeit (Bd. 10, S. 286–297). Opladen: Barbara Budrich.

Thiersch, Hans (2020). *Lebensweltorientierte Soziale Arbeit – revisited*. Grundlagen und Perspektiven. Weinheim/Basel: Beltz Juventa.

Thiersch, Hans (2009). Perspektiven der Sozialen Arbeit. In Hans Thiersch, *Schwierige Balance*. Über Grenzen, Gefühle und berufsbiographische Erfahrungen (S. 11–22). Weinheim/München: Beltz Juventa.

Valcárcel, Sylvia (2004). Rationalität. In Georg Schreyögg, & Axel von Werder (Hrsg.), *Handwörterbuch der Unternehmensführung und Organisation* (4. völlig neu bearb. Aufl., Sp. 1236–1244). Stuttgart: Schäffer-Poeschel.

Wendt, Wolf Rainer (2013). Sozialwirtschaft. In Klaus Grunwald, Georg Horcher, & Bernd Maelicke (Hrsg.), *Lexikon der Sozialwirtschaft* (2. Aufl., S. 965–968). Baden-Baden: Nomos.

Wendt, Wolf Rainer (2016). *Sozialwirtschaft kompakt*. Grundzüge der Sozialwirtschaftslehre. 2. Aufl. des Buches „Sozialwirtschaft. Ein Brevier ihrer Lehre" (Centaurus Paper Apps Bd. 31, 2., überarb. u. erw. Aufl.). Wiesbaden: Springer VS.

Winkler, Michael (2008). Management und Steuerung. In Josef Bakic, Marc Diebäcker, & Elisabeth Hammer (Hrsg.), *Aktuelle Leitbegriffe der Sozialen Arbeit*. Ein kritisches Handbuch (S. 120–136). Wien: Löcker.

Wöhrle, Armin (2013b). Mit welchen Begriffen des Managements argumentieren wir? In Herbert Bassarak, Werner Heister, Sigrid Leitner, Michael Mroß, Mroß, Armin Mroß, Herbert Schubert, & Wolf Rainer Wendt (Hrsg.), *Kölner Journal*. Wissenschaftliches Forum für Sozialwirtschaft und Sozialmanagement 1/2013b (S. 34–59). Baden-Baden: Nomos.

Wöhrle, Armin (2013c). Theoriebildung zu Sozialmanagement und Management in der Sozialwirtschaft. In Klaus Grunwald, Georg Horcher, & Bernd Maelicke (Hrsg.), Lexikon der Sozialwirtschaft (2. Aufl., S. 1036–1042). Baden-Baden: Nomos.

Wöhrle, Armin (Hrsg.) (2012). Auf der Suche nach Sozialmanagementkonzepten und Managementkonzepten für und in der Sozialwirtschaft. Eine Bestandsaufnahme zum Stand der Diskussion und Forschung in drei Bänden. Augsburg: Ziel.

Wöhrle, Armin, Beck, Reinhilde, Grunwald, Klaus, Schellberg, Klaus, Schwarz, Gotthart, & Wendt, Wolf Rainer (2019). *Grundlagen des Managements in der Sozialwirtschaft* (3. unveränd. Aufl.). Baden-Baden: Nomos.

Zimmer, Annette, & Paul, Franziska (2018). Zur volkswirtschaftlichen Bedeutung der Sozialwirtschaft. In Klaus Grunwald, & Andreas Langer (Hrsg.), Sozialwirtschaft. Handbuch für Wissenschaft und Praxis (S. 103–117). Baden-Baden: Nomos.

4 Management in und von sozialwirtschaftlichen Organisationen aus organisationssoziologischer und systemischer Perspektive

> **Zusammenfassung**
>
> Kapitel 4 diskutiert das Management in und von sozialwirtschaftlichen Organisationen aus organisationssoziologischem und systemischem Blickwinkel. Zu Beginn werden *Grundpositionen systemischen Managements* dargestellt, insbesondere die verschiedenen Generationen der ‚St. Galler Managementschule' sowie die Ansätze des ‚Managements 2. Ordnung' und eines Managements des ‚Musterbrechens'. Vor diesem Hintergrund werden die fünf *Grundfragen bzw. Probleme der Organisationsgestaltung* und ihre Ergänzung durch die Aufgabenfelder von Führung im Kontext eines General Managements diskutiert. In der Folge geht es um Wandel-Herausforderungen sozialwirtschaftlicher Organisationen und das auf sie antwortende Konzept des *Entwicklungsorientierten Managements*. Letzteres wird eingeordnet in die Diskussion um die ‚VUKA-Welt' und die geforderte *Agilität* von Organisationen. Abschließend wird das Konzept des *Dilemmatamanagements* entfaltet. Führungs- und Organisationsdilemmata werden definiert und unterschiedliche dilemmatische Konstellationen konkretisiert, die sich für sozialwirtschaftliche Organisationen stellen. Auf der Basis einer knappen theoretischen Einordnung von Organisations- und Führungsdilemmata werden Facetten des Dilemmatamanagements in sozialwirtschaftlichen Organisationen und die sich ergebenden Anforderungen für Führungskräfte diskutiert.

Lernziele

- Sie kennen das Management-Verständnis der St. Galler Managementschule und seine verschiedenen Ausprägungen.
- Sie können die Ansätze des ‚Managements 2. Ordnung' und des ‚Musterbrechens' beschreiben.

- Ihnen sind die fünf Grundfragen bzw. Probleme der Organisationsgestaltung und ihre Ergänzung durch die Aufgabenfelder von Führung im Kontext eines General Managements bekannt. Sie vermögen diese auf das Management sozialwirtschaftlicher Unternehmen zu übertragen.
- Sie sind in der Lage, Grundzüge und Kernpunkte eines Entwicklungsorientierten Managements zu beschreiben und können dieses in den Diskurs um die ‚VUKA-Welt' und ‚Agilität' einordnen.
- Sie können zentrale Herausforderungen beschreiben, die sich für sozialwirtschaftliche Einrichtungen angesichts von VUKA und Agilität ergeben.
- Sie vermögen Führungs- und Organisationsdilemmata zu definieren sowie unterschiedliche dilemmatische Konstellationen, die sich für sozialwirtschaftliche Organisationen stellen, konkret zu beschreiben.
- Sie sind in der Lage, das Konzept des Dilemmatamanagements theoretisch einzuordnen und seine Grundzüge zu beschreiben.

4.1 Grundpositionen systemischen Managements für die Sozialwirtschaft

4.1.1 Management in der Sozialwirtschaft – systemisch betrachtet

Eine[1] *systemische Betrachtungsweise des Managements* in sozialwirtschaftlichen Unternehmen geht davon aus, dass soziale Organisationen als halboffene Systeme nur begrenzt rational, im Prinzip intransparent und selbstorganisiert sind (vgl. Bardmann und Groth 2001; Simon 2007a; zu Kennzeichen eines systemischen Organisationsverständnisses Groth et al. 2021b, S. 24 f.). Aufgrund der Selbstbezüglichkeit und Komplexität von Systemen sind ihre Zustände nicht vorhersehbar oder berechenbar. Außerdem ist Erkenntnis grundsätzlich abhängig vom Blickwinkel der Betrachtenden – es gibt nicht ‚die' Wirklichkeit, sondern immer nur eine von unterschiedlichen Warten aus gesehene ‚Wirklichkeit'.

Ein solches Verständnis von sozialen Organisationen betont die Notwendigkeit der Transparenz von Entscheidungen und Strukturen in Organisationen und hebt die diskursive Beteiligung der Mitarbeitenden an Führungsprozessen hervor. Entscheidungsprozesse werden als Aushandlungsprozesse begriffen, die reale Machtverhältnisse miteinbeziehen und reflektieren müssen, durchaus auch in ihrer

---

[1] Die Basis für Kapitel 4 sind Grunwald 2013b, 2018a, c sowie Grunwald und Steinbacher 2007, 2013.

psychischen Dimension (vgl. Weigand 2016, S. 131 ff.). ‚Widerstände' und ‚Störungen' sind nicht in erster Linie ein Hindernis für die Weiterentwicklung einer Organisation, sondern haben produktive Aspekte und bedürfen einer sorgfältigen Bearbeitung (vgl. Grimmer 2016, S. 114). Da Systeme aus systemischer Perspektive von außen grundsätzlich nicht steuerbar sind, sondern nur angeregt werden können, wird im Interesse einer Berücksichtigung der realen Komplexität von Organisationen und ihrer Umwelt die Abkehr von sozialtechnologischen Vorstellungen mit ihrer implizit vorausgesetzten Linearität von Problem, Methoden und Lösung propagiert.

Eine für Modelle und Konzepte systemischen Managements zentrale Unterscheidung ist die Differenzierung zwischen der *Kybernetik 1. und 2. Ordnung:* Im Gegensatz zur klassischen oder Kybernetik 1. Ordnung, bei der noch davon ausgegangen wird, dass „sich ein sozialer Zusammenhang (…) von außen (…) über den Input determinieren lässt", betont die neuere oder Kybernetik 2. Ordnung „die Komplexität und Eigengesetzlichkeit des zu steuernden Zusammenhangs": „Von außen kommende Steuerungsimpulse im Sinne einer Fremdsteuerung werden intern nur als Perturbation registriert und nach einer eigenen Logik in Abhängigkeit vom momentanen Zustand verarbeitet. Damit wird die Möglichkeit einer Steuerung über eine direkte Intervention von außen sehr kritisch gesehen, wenn nicht gar negiert" (Kirsch und Seidl 2004, Sp. 1369; vgl. auch Rüegg-Stürm 2003b, S. 77 ff.; Backhausen und Thommen 2007, S. 116 ff.; Wimmer 2011, S. 529).

4.1.2 Das Management-Verständnis der St. Galler Schule

Ein Grundverständnis von systemischem Management wurde bereits Ende der 1960er Jahre in St. Gallen/Schweiz von Hans Ulrich auf Basis der Kybernetik 1. Ordnung entworfen (vgl. 1984). Demzufolge kann die Leitung von Organisationen als *Kombination von Unternehmensgestaltung, -lenkung und -entwicklung* verstanden werden (vgl. Ulrich und Probst 1995).

- Die *Gestaltung* einer Organisation meint dabei das Schaffen einer Institution und ihre Aufrechterhaltung als „zweckgerichtete, handlungsfähige Ganzheit", im systemischen Sinne das Entwerfen und Aufrechterhalten von „Ordnung" (Ulrich und Probst 1995, S. 271; vgl. Gomez und Probst 1995). Diese Funktion ist in starkem Maße durch die Auseinandersetzung mit der durch die Umwelt erzeugten Komplexität geprägt und muss insofern ein Wechselspiel und eine dynamische Balance zwischen Komplexitätsreduktion und Komplexitätserhöhung sein.

- Die unmittelbare *Lenkung* einer Organisation bezeichnet das laufende Fällen von Entscheidungen, die der unmittelbaren Auslösung und Kontrolle der zielorientierten, konkreten Aktivitäten von einzelnen Komponenten und Elementen des Systems dienen (vgl. ebd., S. 272).
- Angesichts der steigenden Dynamik der Organisationen und der Beziehungen zu ihrer Umwelt wird die dritte Unternehmensfunktion immer wichtiger, die *Entwicklung* der Dienste und Einrichtungen der Sozialwirtschaft. Hier geht es um die ständige Förderung und Weiterentwicklung der Strukturen und die Optimierung der Organisationskulturen einer sozialwirtschaftlichen Unternehmung sowie um tief greifende Prozesse organisationalen Lernens und um die Förderung der „Fähigkeit der Selbstentwicklung der Unternehmung" (ebd., S. 274; vgl. Probst 1987). Diese dritte Funktion wird im Konzept des Entwicklungsorientierten Managements betont (vgl. Grunwald 2012b).

Der Ansatz des St. Galler Management-Modells von Ulrich mit seiner integrativen Managementlehre (vgl. 1984) ist gerade für die Sozialwirtschaft von erheblicher Bedeutung. Da ein Unternehmen bei Ulrich „nicht als eine isolierte Organisation zur Erreichung eines wirtschaftlichen Zweckes gesehen" wird, „sondern als ein komplexes soziales System, das in vielfältiger Verflechtung mit der Umwelt und der Gesellschaft steht", kann eine zeitgemäße Betriebswirtschaftslehre „nicht isoliert bei dem Einzelunternehmen ansetzen, sondern muss die gesellschaftliche Dimension berücksichtigen" (Haas 2006, S. 50). Dies beinhaltet „auch ethische Implikationen, sofern die Auswirkungen des Unternehmens auf die Gesellschaft und umgekehrt gesellschaftliche Ansprüche an das Unternehmen Teil der systemtheoretischen Reflexion sein müssen" (ebd.; vgl. Ulrich 1995). Darüber hinaus resultiert aus diesem Verständnis der Betriebswirtschaftslehre, dass diese sich nicht nur dem Unternehmen, sondern auch der Unternehmensführung widmen und sich grundlegend interdisziplinär orientieren muss. Dieser Ansatz, der eher durch „die wache Sicht von Entwicklungstrends und Bestimmungsfaktoren als die systematische Geschlossenheit eines abschließenden Lehrgebäudes" geprägt ist (Haas 2006, S. 57), wirkt bis heute konstruktiv nach, was sich auch in den verschiedenen Weiter- oder Neuentwicklungen aus St. Gallen zeigt (vgl. Rüegg-Stürm und Grand 2020, S. 44).

Der Ansatz von H. Ulrich (vgl. 1984) wurde später systematisierend durch Bleicher zum „*Konzept Integriertes Management*" weitergeführt (vgl. die 8. Auflage von 2011; inzwischen Abegglen und Bleicher 2021). In diesem Werk wird

4.1 Grundpositionen systemischen Managements für die Sozialwirtschaft

die Notwendigkeit einer Management-Philosophie betont (vgl. Bleicher 2011, S. 99 ff.; Abegglen und Bleicher 2021, S. 76 ff.) und Management hinsichtlich einer *normativen, strategischen und operativen Dimension* differenziert (vgl. Bleicher 2011, S. 87 ff.; Abegglen und Bleicher 2021, S. 39 ff., S. 199 ff.). Diese Ausdifferenzierung der Managementdimensionen wird bis in die heutige Zeit viel verwendet.

An dieser Stelle muss aber offengelassen werden, inwieweit das „Konzept integriertes Management" tatsächlich an den systemischen Ansatz von Ulrich anschließt bzw. in welchem Maße es sich zumindest indirekt von diesem abgrenzt (vgl. Haas 2006, S. 59 ff.). Eine klare Differenz besteht insbesondere in der „Annahme, dass sich Unternehmen gegenüber den Herausforderungen von Komplexität und Beschleunigung am besten so wappnen, dass sie durch eine genau ausdifferenzierte Unternehmensphilosophie einen stabilisierenden Antipol schaffen" (ebd., S. 74 f.). Damit zeigt sich „nicht nur in der Entfaltung, sondern ebenso im Grundverständnis (…) ein normativ-deduktives Management-Modell" (ebd.; zur Kritik an den Konzepten von Bleicher (vgl. 2011) und Malik (vgl. 2008) vgl. Grunwald 2012c, S. 64 f.).

Der „Strategic Management Navigator" von Müller-Stewens und Lechner (vgl. 2016; Müller-Stewens 2019) wird teilweise ebenfalls als Weiterführung des St. Galler Managementmodells in Richtung des Strategischen Managements betrachtet, der in „seiner systematischen Stringenz und zugleich in seinem Methodenreichtum (…) einen Entwurf [bietet], der ein reiches Analyse- und Gestaltungsmaterial liefert, um den Managementanforderungen eines Unternehmens begegnen zu können" (Haas 2006, S. 112 f.). Er stützt sich aber nur partiell auf systemische Perspektiven, wie beispielsweise die Ausführungen zu „Idealtypen von Strategieprozessen" zeigen (Müller-Stewens und Lechner 2016, S. 86 ff.). Hier werden „Kommandoansatz", „Strategische Planung", „Gelenkte Evolution", „Symbolischer Ansatz" und „Selbstorganisation" gleichberechtigt nebeneinandergestellt mit der klaren Aussage, dass ein „Ansatz, der die Vorteile aller anderen in sich vereinigt (…) weder zu empfehlen noch realistisch" ist (ebd., S. 95).

Das *St. Galler Management-Modell der ‚4. Generation'* von Rüegg-Stürm und Grand (vgl. 2017, 2020) hat seine Basis im Ansatz einer systemorientierten Managementlehre von Hans Ulrich (vgl. 1984; siehe auch Ulrich und Probst 1995). Aufbauend auf dem „neuen St. Galler Management-Modell" einer „integrierten Managementlehre" der ‚3. Generation' (Rüegg-Stürm 2003a, 2009; Dubs et al. 2009) knüpft es an Ulrich und die Kybernetik zweiter Ordnung an und hebt die ethisch-normative Dimension, die prozessorientierte Sichtweise und die sozialwissenschaftliche Akzentuierung von managerialen Handlungen als Ergebnis sozialer Konstruktions- und Interpretationsleistungen hervor (vgl. Rüegg-Stürm und Grand 2017, 2020). *Unternehmen* werden unter Rückgriff auf H. Ulrich (vgl. 1984), Luhmann (vgl. 1992, 2006), Willke (vgl. 2005, 2006) und Simon (vgl. Simon und Conecta 2005) als *komplexe Systeme* verstanden. Ein System meint eine „eigenständige Einheit, die sich von einer Umwelt abgrenzt und die aus verschiedenen Elementen besteht" (Rüegg-Stürm und Grand 2020, S. 45) oder kürzer formuliert: eine „Wirkungseinheit, die aus verschiedenen Elementen besteht" (Rüegg-Stürm und Grand 2017, S. 129). Der Begriff ‚*System*' betont dabei „ganz allgemein das *Zusammenspiel vielfältiger Wirkkomponenten* einer fraglichen Wirkungseinheit" (ebd.; Hervorhebung im Original).

Organisationen als komplexe „Wertschöpfungssysteme" sind dadurch geprägt, dass „gleichzeitig unterschiedliche Aufgaben bearbeitet werden müssen, die nicht kausal, sondern zirkulär in Form von Wechselwirkungen" und gegenseitigen „Ermöglichungsbeziehungen aufeinander bezogen sind" (Rüegg-Stürm und Grand 2017, S. 130; 2020, S. 30 ff.). „Komplexe Systeme sind durch Ereignisdynamiken gekennzeichnet, die sich in selbstreferenzieller, paradoxer Weise *wechselseitig voraussetzen* und *bewirken*" (ebd.; Hervorhebungen im Original). Das bedeutet: „Ein System ist komplex, wenn das jeweilige Systemverhalten weder vollständig durchschaut noch eindeutig vorhergesagt werden kann" (Rüegg-Stürm und Grand 2020, S. 46).

Bezugnehmend auf die 1. Generation des St. Galler Management-Modells und ihr Verständnis von Management als „*Gestalten, Lenken und Entwickeln zweckorientierter sozialer Systeme*" (Rüegg-Stürm und Grand 2017, S. 34; Hervorhebung im Original; vgl. Ulrich 1984; Ulrich und Probst 1995, S. 270 ff.) wird Management in der 4. Generation als „reflexive Gestaltungspraxis" verstanden im Sinne einer „*Reflexion und Gestaltung der organisationalen Wertschöpfung und deren Weiterentwicklung – und damit der unternehmerischen Zukunft einer Organisation*" (Rüegg-Stürm und Grand 2017, S. 196; Hervorhebung im Original).

In der Aufgabenperspektive des St. Galler Management-Modells werden sechs „zentrale Begriffskategorien" ausdifferenziert, (1) „Umweltsphären (Gesellschaft, Natur, Technologie, Wirtschaft)", (2) „Anspruchsgruppen (Kapitalgeber, Kunden, Mitarbeitende, Medien, Staat, Lieferanten, Konkurrenten)", (3) „Interaktionsthemen (Ressourcen, Normen und Werte, Anliegen und Interessen)", (4) „Ordnungsmomente (Governance, Strategie, Struktur, Kultur)", (5) „Prozesse (Management-, Geschäftsprozesse/Geschäftsmodell und Unterstützungsprozesse)" und (6) „Entwicklungsmodi (Erneuerung, Optimierung)" (Rüegg-Stürm und Grand 2020, S. 52 ff., aufbauend auf Rüegg-Stürm 2003a, S. 21 f.; vgl. 2009, S. 69 ff.).

4.1 Grundpositionen systemischen Managements für die Sozialwirtschaft

Management der 4. Generation des St. Galler Management-Modells betont in der Weiterentwicklung der genannten Begriffskategorien, dass.

- die *Referenzpunkte* der „reflexiven Gestaltungspraxis (…) zum einen das Verhältnis zwischen der verantworteten Organisation und ihrer existenzrelevanten Umwelt und zum anderen (…) die organisationale *Wertschöpfung* für diese Umwelt" bilden;
- unter der ‚*Praxis*' *des Managements* „nicht individuelle Tätigkeiten einzelner Manager (…), sondern eine vielfältige, arbeitsteilige und gemeinschaftlich aufeinander bezogene *kommunikative Tätigkeit*", von „*Manager-Communities*" erbracht, zu verstehen ist;
- „Management als reflexive Gestaltungspraxis" *in doppelter Weise institutionell verankert* ist, sei es „im Sinne einer spezifisch *ausdifferenzierten Funktion* zur *systematischen Reflexion* wichtiger Ereignisse und Entwicklungen" oder sei es einfach „*situativ*" angesichts unerwarteter Möglichkeiten oder Probleme, und dass
- die „*Gestaltung*" nicht als an Kausalitäten orientiertes technisches „Entwerfen und Steuern", sondern als „*Ermöglichung*" einer gemeinschaftlichen kommunikativen Reflexion und der *Übersetzung* der resultierenden Erkenntnisse" in konkrete Handlungen zu verstehen ist (Rüegg-Stürm und Grand 2017, S. 34 f.; Hervorhebungen im Original).

In der 4. Generation des St. Galler Management-Modells werden zudem sechs ‚Typen' von Organisationen unterschieden: „Unternehmen", „öffentliche Unternehmen", „öffentliche Organisationen", „Non-Governmental Organizations (NGOs)", „Non-Profit Organizations (NPOs)" und „pluralistische Organisationen" (Rüegg-Stürm und Grand 2020, S. 36 f.). Letztere sind dadurch geprägt, dass „mehrere der oben genannten Organisationsmerkmale gleichzeitig auf sie zutreffen (z. B. bei öffentlichen Spitälern oder bei privaten Universitäten)" und ihre „Wertschöpfung (…) typischerweise gekennzeichnet" ist „durch multiple Orientierungen an mehreren Umweltsphären, durch heterogene Erfolgsvorstellungen und oftmals auch durch hybride Eigentumsverhältnisse" (ebd., S. 37) – im Sinne *hybrider Organisationen* (vgl. Grunwald und Roß 2014, S. 45 ff.).

Die *sozialwissenschaftliche Einordnung* von Management in der 3. und 4. Generation des St. Galler Management-Modells zeigt sich beispielsweise in der Aufnahme von Themen wie Komplexität, Mikropolitik, Unternehmenskultur und organisationalem Wandel. Das sozial- und geisteswissenschaftlich fundierte aktuelle St. Galler Managementmodell ist im Wesentlichen „systemisch-konstruktivistisch" ausgerichtet und betont neben der ethischen Grundorientierung die Notwendigkeit einer interdisziplinären Verankerung von Fragen der Unternehmensführung (Haas 2006, S. 134). Angesichts der hohen Komplexität des Modells dürfte eine gravierende Gefahr in einer unangemessenen Simplifizierung desselben liegen (vgl. ebd.). Sowohl der ethische Anspruch als auch die Interdisziplinarität und Komplexität des Modells machen dieses für seine Nutzung in der Sozialwirtschaft in besonderer Weise attraktiv.

Interessant für systemisches Management ist auch die Differenzierung zwischen zwei „Modi" des Managements:

- Im „Execution Mode" wird die Kontingenz von Entscheidungen „komplett ausgeblendet", weil Handlungsfähigkeit maßgeblich darauf beruht, dass „eine bestimmte Anzahl von Prämissen einfach als richtig und gültig" angenommen wird in dem Sinne, dass Routine produziert wird (Rüegg-Stürm 2007, S. 103).
- Im „Reflexive Mode" treten die Akteur*innen „einen Schritt zurück" und reflektieren, wie sie im Alltag beobachten; solche „Beobachtung zweiter Ordnung" ist der Kern strategischen Managements und „stellt eine extreme Zumutung für eine Organisation dar" (ebd.).

Beide Modi ergänzen sich gegenseitig und es ist „eine der Schlüsselaufgaben des Managements" zu regeln, wann in welchem Modus gearbeitet wird (ebd.).

4.1.3 Weitere Ansätze systemischen Managements

Jenseits der genannten Ansätze der ‚St. Galler Schule' ist insbesondere die Position von Backhausen und Thommen (vgl. 2007; Backhausen und Thommen 2017, S. 15 ff.; Backhausen 2009; Thommen 2011) zu nennen. Sie entwerfen auf der Grundlage einer Kybernetik 2. Ordnung und einer systemisch-konstruktivistischen Perspektive ein *„Management 2. Ordnung"*, das die „Welt, in der Ziele erreicht werden sollen, in einem komplexen Rückkopplungsprozess bewusst selbst" mitgestaltet und so „das eigene Handeln als Management 1. Ordnung und die selbst geschaffene Welt, d. h. das gewählte Geschäftsmodell, stets zu reflektieren und zu hinterfragen" sucht (Thommen 2011, S. 380; Hervorhebung KG; vgl. Backhausen 2009 und zu konstruktivistischem Denken und Handeln Stahl 2012).

Die von ihnen geforderte „systemisch-konstruktivistische Wende (…) verlangt die radikale Veränderung, dass Wissen nicht nur rezeptiv und damit potenziell

4.1 Grundpositionen systemischen Managements für die Sozialwirtschaft

rezepthaft ist, sondern dass es die Welt, über die dann etwas gewusst wird, erst konstruiert und aktiv gestaltet" (Backhausen 2009, S. 16). Wissen wird dabei „nicht mehr als ‚Entdeckung' aufgefasst, sondern als Ergebnis systeminterner konstruktiver Prozesse" (Backhausen und Thommen 2007, S. 10), als Ergebnis von Unterscheidungen (also Selektionen), Interpretationen (d. h. Verknüpfungen) und Bewertungen (in Bezug auf Sinn) (vgl. Thommen 2011, S. 380).

Die Autoren begreifen diese konstruktivistische Zumutung als „die eigentliche Herausforderung in der Weiterentwicklung eines zeitgemäßen Management- und Führungsverständnis[ses]" (Wimmer 2011, S. 521). Als zentrale Aufgaben des Managements 2. Ordnung werden „Reflexion, Wirklichkeitskonstruktion, Mitarbeitergewinnung" bezeichnet, wobei dieses das Management 1. Ordnung „weder überflüssig noch zweitrangig" werden lässt. Management ist aus dieser Perspektive ein permanentes Pendeln zwischen den beiden, sich gegenseitig ergänzenden Formen Management 1. und 2. Ordnung (Thommen 2011, S. 380 f.).

Ein weiterer Ansatz systemischen Managements, der sehr nah an vielen praktischen Problemen des Alltags in und von Organisationen ist (vgl. Wimmer 2011, S. 522), wurde von Wüthrich, Osmetz und Kaduk unter der Überschrift „*Musterbrecher*" vorgelegt (vgl. 2009; Hervorhebung KG). Es wurde in der Folge weiterentwickelt und hinsichtlich seiner praktischen Bedeutsamkeit ausbuchstabiert (vgl. Kaduk und Osmetz 2020b; Kaduk et al. 2020) und am Beispiel der Corona-Krise auf die Bewältigung der Herausforderungen in und von Krisen (vgl. Kaduk und Osmetz 2020a) übertragen.

Die Autoren distanzieren sich von „sieben ‚glorreiche[n]' Führungsmuster[n]" (Wüthrich et al. 2009, S. 19 ff.) und einem entsprechenden klassischen, oft schlichten Führungsverständnis, wie sie in Ratgeberliteratur zu finden sind. Sie plädieren stattdessen für ein Management von Paradoxien, das immer wieder vertraute Muster durchbricht (vgl. Grunwald 2012c, 2018a).

So steht dem klassischen, auch als „heroisch" zu bezeichnenden Führungsmuster „Führung muss steuern!" der Gegensatz „Führung steuert nicht!" gegenüber; beide werden in der Paradoxie „Nicht-Steuerbarkeit steuern" aufgehoben (Wüthrich et al. 2009, S. 59 ff.; Baecker 1994, 2011) . Unternehmensführung wird so verstanden als Management von Paradoxien und Dilemmata, das Unschärfen und Widersprüche nicht als Problem, sondern als Chance für Reflexion und Kommunikation sieht. Neben der genannten sind andere Paradoxien zentral, so „Vertrauter Kontrolle misstrauen", „Vielfalt standardisieren", „Rational(e) Gefühle zulassen", „Kurzsichtig weit blicken", „Im Beschleunigen innehalten" und „Sachzwänge frei wählen" (vgl. ebd., S. 42 ff.).

Wie der Titel „Musterbrecher. Die Kunst, das Spiel zu drehen" (Kaduk und Osmetz 2020b) verdeutlicht, betonen die Autoren die Bedeutung von Experimenten und Exploration für Prozesse des organisationalen Lernens in Organisationen: „Wenn es gelingt, in der Organisation eine Haltung des Experimentierens zu verankern, dann entsteht eine Sicherheit, besser mit der Unplanbarkeit zurechtzukommen" (Kaduk et al. 2020, S. 11; vgl. auch Wüthrich 2011). Organisationen werden so als Labore verstanden, die den Rahmen für die Durchführung und reflexive Auswertung von Experimenten darstellen und in denen das Vertrauen auf die Urteilskraft vieler vor dem Respekt vor hierarchischen Instanzen gelebt wird (ebd., S. 7 ff.).

Die ‚Arbeit am System' darf über der ‚Arbeit im System' nicht vernachlässigt werden – anders ausgedrückt: Strategische Fragen dürfen vom operativen Alltagsgeschäft nicht erdrückt werden. „Robustheit, Belastbarkeit oder Resilienz" (ebd., S. 61) sind angesichts steigender Dynamik in Organisationen und ihrer Umwelt, angesichts der Notwendigkeit, auf die VUKA-Welt mit Agilität zu reagieren, für das organisationale Überleben häufig genauso wichtig wie die Effizienz von Prozessen und Strukturen. Es bedarf eines permanenten Ausbalancierens zwischen „Effizienz auf der einen und Robustheit auf der anderen Seite" (ebd., S. 63).

Diese Sichtweise wird auch von Groth, Krejci und Günther vertreten. Sie bezeichnen „Paradoxiemanagement als Kern eines zukunftsfähigen Umgangs mit Beratungs- und Führungsansätzen" (Groth et al. 2021c, S. 328). Sie betonen, dass Paradoxien in fast allen Fragestellungen des Organisierens und Managens zu finden sind:

- „in Fragen der *Entscheidungsfindung*, wenn immerfort zwischen wählbaren Alternativen richtig zu entscheiden ist, sich die Richtigkeit aber erst im Nachhinein herausstellt",
- „in der *Gestaltung der Organisationsform*, in der die widerstreitenden Prinzipien Zentralisierung und Dezentralisierung oder auch Steuerung und Autonomie wirken",
- „in der *Unternehmensentwicklung*, in der die gegensätzlichen Ziele Exploitation und Exploration (…) bedient werden wollen" und
- „nicht zuletzt konkret *im New Organizing*, bei dem bewährte und neue Formen und Prinzipien des Organisierens zu koppeln sind" (ebd., S. 329; Hervorhebungen im Original).

Ein solches Paradoxiemanagement ist für das Management sozialwirtschaftlicher Organisationen von großer Bedeutung, weil sich mit ihm „wiederkehrende und existenzielle Kernfragen neu und anders erklären und schließlich auch bearbeiten" lassen: „Der vielleicht größte Unterschied zum klassisch-rationalen Denken liegt in der allumfassenden Prämisse, dass es sich nicht lohnt, mit Mitteln der Logik nach Gründen zu suchen, die eine oder die andere Option vorzuziehen. Denn in paradoxen Situationen kann ‚richtig' zugleich ‚falsch' und ‚falsch' zugleich ‚richtig' sein" (ebd., S. 329; siehe Abschn. 4.5).

Ein zentrales Thema, das quer durch verschiedene Ansätze systemischen Managements diskutiert wird, ist das für Management gerade in sozialwirtschaftlichen Unternehmen relevante Spannungsfeld zwischen Fremd- und Selbstorganisation. Es wird später ausführlicher thematisiert (siehe Abschn. 4.2.2). Ein immer bedeutsameres Thema systemischen Managements liegt schließlich im systemischen Innovationsmanagement, verstanden als „Konstruktion des Unbekannten" (vgl. Meissner 2011, S. 45 ff.).

4.2 Grundfragen bzw. Probleme der Organisationsgestaltung

Die im Folgenden dargestellten *fünf Grundfragen bzw. Probleme der Organisationsgestaltung* gelten erst einmal für alle Organisationen (vgl. Schreyögg und Geiger 2016, S. 18 ff.). Sie sind aber auch produktiv für die Gestaltung sozialwirtschaftlicher Organisationen. Sie knüpfen an die oben beschriebenen organisationssoziologischen Fragestellungen an und werden durch Bezüge zu einem systemisch geprägten „General Management" ergänzt (Wimmer und Schumacher 2014).

Management wird hier nicht als „Entwurf zweckdienlicher Strukturformen" im Sinne einer schlichten Steuerung von Handlungen verstanden (Schreyögg und Geiger 2016, S. 18), sondern als Entwicklung von organisationaler Ordnung, sprich als Prozess des Organisierens (vgl. Weick 1998; Feld und Seitter 2017).[2] Management wird zudem weder individualistisch auf einzelne Personen mit Führungsverantwortung verengt noch wird einem „Veränderungs- und Steuerungsoptimismus" gehuldigt (Wimmer und Schumacher 2014, S. 222). Vielmehr geht es um die Gestaltung der (Gesamt-)Organisation.

Warum sind diese Grundfragen bzw. Probleme der Organisationsgestaltung im Sinne einer „wirkungsvolle(n) Steuerungs- und Gestaltungsfunktion zur

---

[2] Die Ausführungen von Werder zum Thema „Organisatorische Gestaltung" im Sinne eines „Organization Designs" im renommierten „Handwörterbuch Unternehmensführung und Organisation" zeigen, dass die Betrachtungsweise von Management als schlichter Steuerung von Handlungen in der Betriebswirtschaftslehre durchaus verbreitet ist (2004, Sp. 1088 ff.). Ähnliches ist im Standardwerk von Wöhe und Döring (2008, S. 52 ff.) zu finden.

Gewährleistung des langfristigen Überlebens der Gesamtorganisation" (Wimmer und Schumacher 2014, S. 217) für das Management sozialwirtschaftlicher Organisationen heute bedeutsam? Hier ist vor allem auf.

- die immer größer werdende Dynamik und Komplexität in und von Organisationen,
- die zunehmende Bedeutung der „Gestaltung der langfristigen Überlebensfähigkeit" der gesamten Organisation als zentraler Führungsaufgabe und
- die wachsende Widersprüchlichkeit des organisationalen Alltags und der in ihm zu treffenden Entscheidungen

zu verweisen (Wimmer und Schumacher 2014, S. 219).

4.2.1 Die formale Strukturierung von Aufgaben

Das ‚Problem der formalen Strukturierung von Aufgaben' schließt an die insbesondere in der Betriebswirtschaftslehre betonte Zweckrationalität von Organisationen an. Hier geht es darum, auf formaler Ebene eine Erfüllung von Aufgaben sicherzustellen, die angesichts der Zielorientierung von Organisationen bewältigt werden müssen. Keinesfalls gilt, dass die Zielerreichung umso besser gesichert sei, je höher der Formalisierungsgrad im Einzelnen sei! Die Herausforderung liegt hier darin, immer wieder neu zu prüfen, ob überhaupt eine Formalisierung hilfreich ist bzw. welches Maß sowie welche Art und Weise derselben im konkreten Fall angebracht ist.

Üblicherweise werden hier zwei Strategien analytisch unterschieden und in der Praxis miteinander verknüpft: Zum einen geht es um die „*organisatorische Differenzierung*", zu der Aspekte wie Aufgabenanalyse, -synthese und die Formen organisatorischer Arbeitsteilung gehören (Schreyögg und Geiger 2016, S. 29 ff.; Hervorhebung KG). Letztere gliedern sich auf nach ‚Verrichtungen' (im Sinne von Tätigkeiten) bzw. Funktionen, nach Objekten (z. B. Produkte, Märkte, Güter, Dienstleistungen) oder nach organisatorischer Aufteilung der Entscheidungsprozesse in Entscheidungsvorbereitung (durch Stäbe) und die eigentliche Entscheidung (durch Linienstellen). Die Formen der organisatorischen Arbeitsteilung werden vielfältig miteinander verbunden und verdeutlichen sich im Organigramm der jeweiligen Organisation.

Zum anderen geht es um die „*organisatorische Integration*" als Frage danach, wie Einzelprozesse in Organisationen zusammengeführt werden können

4.2 Grundfragen bzw. Probleme der Organisationsgestaltung

(Schreyögg und Geiger 2016, S. 66 ff.; Hervorhebung KG). Möglichkeiten der Strukturierung von Abstimmungsprozessen sind.

- Hierarchien (die wiederum im Organigramm sichtbar werden),
- formulierte „Programme und Pläne" (ebd., S. 75 ff.) (z. B. im Management by Objectives, Qualitätsmanagement oder Leitbild),
- „horizontale Selbstabstimmung" (ebd., S. 82 ff.) (z. B. durch Ausschüsse, Bereichsleitungskonferenzen, eine Matrixstruktur, aber auch Projektorganisation) und
- eine „laterale Integration" (ebd., S. 103 ff.) durch Netzwerkstrukturen sowie „nicht-organisatorische Integrationsmechanismen", die auf organisatorische Integrationsformen weitgehend verzichten und sie durch „Substitute mit weniger komplexitätskritischen Konsequenzen" partiell ersetzen (z. B. in Form einer starken Organisationskultur als System gemeinsam geteilter Normen und Werte oder sog. „interner Märkte") (ebd., S. 108 ff.).

Welches Maß an organisationaler Differenzierung tatsächlich zielführend ist, ab wann die Binnenkomplexität durch organisationale Differenzierung erneut und ‚unnötig' gesteigert wird und auf welchen Wegen dieses Problem angegangen werden könnte, wird kontrovers diskutiert, u. a. unter den Termini der Prozessorganisation oder des Business Reengineerings (vgl. ebd., S. 109 ff.).

4.2.2 Die Berücksichtigung ‚emergenter' Phänomene und Prozesse

‚Emergente' – übersetzt: ‚auftauchende' – Phänomene und Prozesse sind solche, die sich in Organisationen ‚aus der Tiefe' entwickeln. Hier ist darauf zu verweisen, dass *informale Regeln* eine wichtige Funktion für die Stabilität von Organisationen und die Qualität von Leistungsprozessen haben. So ist nicht nur die formale Struktur einer Organisation, sondern sind auch die Gestaltung der informalen Kultur und der Umgang mit gelebter Mikropolitik für den Erfolg oder Misserfolg von Organisationen entscheidend (siehe Kap. 2; vgl. Grunwald 2018b).

Informale Prozesse (z. B. Organisationslernen) und Dimensionen (z. B. Organisationskultur) stellen notwendige Ergänzungen und Korrektive der formalen Strukturen von Organisationen dar, ohne diese aber überflüssig zu machen. Kulturgestaltung im Sinne einer fachlichen und humanen Pflege und Prägung der

Kultur einer sozialwirtschaftlichen Einrichtung ist eine Kernaufgabe des Managements sozialwirtschaftlicher Organisationen. Sie muss berücksichtigen, dass die eigene Organisation nicht nur für die Adressat*innen, sondern auch für die Mitarbeitenden eine wichtige Lebenswelt darstellt, die es menschlich und produktiv zu gestalten gilt.

Dabei ist das *Spannungsfeld zwischen Fremd- und Selbstorganisation* klug auszubalancieren: Es gibt in Organisationen nicht nur und nicht primär eine ‚Fremdsteuerung' von außen (der Umwelt) oder oben (durch die Hierarchie), sondern es existieren auch Prozesse der Selbstorganisation, die ausgesprochen wichtig für die Erreichung der Organisationsziele sind (vgl. Göbel 2004).

Das Konzept der Selbstorganisation hebt hervor, dass Ordnung in Organisationen aus spontanen Interaktionen der Systemelemente entsteht und damit letztlich nicht nur ungeplant, sondern in der konkreten Ausformung auch unvorhersehbar ist. Die Logik des ‚Organisierens' ist so gesehen nicht primär Ergebnis von bewusster Planung, sondern entwickelt sich erst im Laufe des Prozesses des Organisierens (vgl. Weick 1998).[3]

Anders formuliert: Organisationen der Sozialwirtschaft als soziale Systeme sind maßgeblich durch *autonome und selbst organisierte Prozesse* (z. B. die Kommunikation und Kooperation im Team) geprägt, die bei der alltäglichen Organisationsgestaltung grundsätzlich zu berücksichtigen sind. „Selbststeuerung von Unternehmen" beinhaltet im Sinne von „Unternehmens(Selbst)Steuerung" – so Exner et al. (2009, S. 20 f.) – immer eine Kombination aus einer steuerungsoptimistischen Perspektive („Unternehmenssteuerung") und einer steuerungsskeptischen Perspektive („(Selbst)Steuerung"), die beide für ein wirkungsvolles Management unverzichtbar sind. Insofern gibt es in der Praxis vielfältige Mischungen zwischen Fremd- und Selbstorganisation.

Dabei können etliche der vom Management angestoßenen Maßnahmen zur Förderung der Selbstorganisation eine Bedrohung für die in der Organisation bereits vorhandenen Formen der Selbstorganisation darstellen. Kühl bezeichnet dies zutreffend mit dem „Organisier-dich-selbst-aber-nicht-so-Paradox" und dem „Entscheide-selbst-aber-nur-unter-Vorbehalt" (2015b, S. 38 ff.). Solche „Ziel- und Steuerungswidersprüche" (Langer 2013, S. 134) können insbesondere in Einrichtungen der Sozialwirtschaft als (zumindest teilweise) „professionelle Organisationen" (Klatetzki 2012) eine wichtige Rolle spielen.

---

[3] Siehe auch Geramanis und Hutmacher 2020; Böhle 2020; Porschen-Hueck et al. 2020a, b; Weihrich und Jungtäubl 2020; Jungtäubl et al. 2020; Neumer 2020; Feld und Seitter 2017; Dell 2012; Stadelbacher 2012a; Sanders und Kianty 2006, S. 241 ff.

4.2 Grundfragen bzw. Probleme der Organisationsgestaltung

Der *Organisationstyp der „professionellen Organisation"* bezeichnet Organisationen, deren Personal aus Berufsgruppen stammt, „die als Professionen bezeichnet werden" können; als Beispiele werden „Anwaltskanzleien, Krankenhäuser und Kirchen" genannt (Klatetzki 2012, S. 165; Hervorhebung KG). Dieser Organisationstyp, der in der Sozialwirtschaft teils im Reinformat, teils als Facette einer Organisation häufig zutrifft, ist dadurch gekennzeichnet, dass aufgrund der Beschäftigung von Professionellen die Herausbildung egalitärer Formen von Organisation insbesondere durch die Figur des ‚Kollegiums' befördert wird. Letzteres steht „nicht ohne weiteres im Einklang (…) mit der für Organisationen üblicherweise hierarchischen Staffelung des Personals" (ebd.). Angesichts der Bedeutung von Hierarchien in sozialwirtschaftlichen Organisationen muss im Einzelfall geprüft werden, inwieweit eine Organisation angemessen durch den Typ der „professionellen Organisation" beschrieben werden kann (ebd.; vgl. dazu auch die Ausführungen von Oestereich und Schröder (2017) zu „kollegial geführten Unternehmen").

4.2.3 Die Notwendigkeit der Integration von Individuen und Organisation

Das *Problem der ‚Integration von Individuen und Organisation'* meint die Vermittlung von Organisationsstrukturen und Verhalten der Mitglieder in diesen Strukturen. Im instrumentellen Verständnis von Organisation wurde implizit davon ausgegangen, dass die Mitglieder den mit formalen Regeln verbundenen Erwartungen nicht nur zu folgen haben, sondern diesen auch tatsächlich nachkommen. Diese Voraussetzung ist aber wirklichkeitsfremd. In Organisationen werden keineswegs alle formalen Regeln befolgt – und oft sind es nicht einmal die formalen Regeln, die primär über Erfolg und Misserfolg, über Existenz oder Scheitern entscheiden (vgl. Schreyögg und Geiger 2016, S. 16 f.).

Vor diesem Hintergrund legt die institutionelle Perspektive auf Organisationen (siehe Abschn. 1.1.3) ihr Augenmerk vermehrt auf *Prozesse der Motivation:* Für die Erhaltung und Weiterentwicklung einer Organisation ist ein autonomes, engagiertes Verhalten der Mitarbeitenden unabdingbar, jenseits aller vorschriftsgemäßen Regelerfüllung. Damit steht der Prozess des Organisierens vor der Anforderung, nicht primär das Verhalten der Mitarbeitenden durch entsprechende formale Vorgaben zu lenken, sondern vielmehr einen Rahmen zu schaffen, in dem sie sich eigenverantwortlich an der Bearbeitung von organisationalen Problemen beteiligen können und wollen (vgl. Comelli et al. 2014, S. 235 ff.).

Jantscher und Lauchart-Schmidl verweisen im Zusammenhang der Debatte um die ‚VUCA-Welt' darauf, dass „die Rolle des Menschen in Organisationen" sich aktuell vor allem dort wandelt, „wo es auf menschliche Innovationskraft ankommt"; insbesondere dort rückt „der Mensch mit seinen Potenzialen (…) in den Mittelpunkt der Aufmerksamkeit" (2021, S. 17). Es geht darum, angesichts sich wandelnder individueller und gesellschaftlicher Vorstellungen von Arbeit und angesichts sich verändernder Anforderungen an viele Organisationen die „Beziehung zwischen Mensch und Organisation lebendig" zu gestalten – so der Titel ihres Buches (Jantscher und Lauchart-Schmidl 2021).[4]

Mit den Grundfragen der ‚Integration von Individuen und Organisationen' und der ‚Berücksichtigung emergenter Phänomene und Prozesse' lässt sich das *Managementkonzept des „Lateralen Führens"* verbinden. Wunderer spricht in diesem Rahmen von „lateraler Kooperation", die er „als wert-, ziel- und konsensorientierte, arbeitsteilige Erfüllung von Aufgaben in und mit einer strukturierten Arbeitssituation *durch hierarchisch etwa gleichgestellte Personen*" fasst (Wunderer 2009a, S. 26; Hervorhebung im Original). Laterales Führen beruht nach Kühl (vgl. 2017) auf Macht, Verständigung und Vertrauen als Grundfesten eines organisationstheoretisch reflektierten Managements und bietet so einen spezifischen Zugang zum Umgang mit den genannten Grundfragen. Er unterscheidet drei zentrale und gleichrangige „Mechanismen der Einflussnahme" (Kühl 2017, S. 19) in Form von.

- Verständigung als Überwindung verfestigter Denkmuster (ebd., S. 20 ff.),
- Macht als „Kontrolle von Unsicherheitszonen" (ebd., S. 23 ff.) und
- Vertrauen als Ermöglichung von Kooperation trotz Kontingenz (ebd., S. 27 ff.).

Sie kommen insbesondere in Situationen zum Tragen, in denen angesichts lokaler Rationalitäten „in Organisationen Routinen verlassen werden müssen, wo Verhalten nicht vorgeschrieben werden kann, wo man quer zu den Funktionen zusammenarbeitet" (ebd., S. 43). Wunderer betont hier, dass die *„laterale Kooperation"* als „Zusammenarbeit zwischen Gleichrangigen (…) ein bedeutsames und

---

[4] Siehe auch die Diskussion um „postbürokratisches Organisieren" bei Muster et al. 2021 und Kühl 2015c, die Beispiele von „New Organizing" in Groth et al. 2021a und zur Frage, „wie das Spannungsfeld zwischen Organisation und individuellem Handeln gelöst wird", Böhle 2020, S. 15 ff.

4.2 Grundfragen bzw. Probleme der Organisationsgestaltung

anspruchsvolles Konzept" darstellt, das „besondere *Problempotenziale*" beinhaltet (2009a, S. 27; Hervorhebung im Original).[5]

Schedler und Rüegg-Stürm betonen in diesem Zusammenhang die Bedeutung von „Multirationalität" in Organisationen (2013b, S. 61). In einer Organisation wirken dauerhaft „mehrere Rationalitäten gleichzeitig auf eine Entscheidungssituation" ein, „die für die Organisation fruchtbar gemacht werden sollen" und die „aus einem pluralistischen Umfeld" stammen, „das zur gleichen Zeit unterschiedliche rationale Erwartungen an die Organisation stellt" (ebd.; vgl. Schedler und Rüegg-Stürm 2013a, c). Multirationalität zieht darüber hinaus Konsequenzen für die Gestaltung von Entscheidungsprozessen nach sich (vgl. Höver 2018, 2015).

Entscheidend ist beim Managementkonzept des „lateralen Führens", dass dieses nicht allein auf emergenten Phänomenen beruht, sondern zurückgebunden ist an die Formalstruktur von Organisationen: Das „Paradox des Organigramms" besagt, dass formale Strukturen Probleme erzeugen, weil sie nicht „alle Anforderungen des Alltagsgeschäfts abdecken und deshalb abweichendes informales Verhalten nicht verhindern können (oder dürfen)" (Kühl 2017, S. 47). Gerade die Formalität von organisationalen Strukturen zieht die Notwendigkeit nach sich, flexibel mit ihr umzugehen (vgl. Kühl 2017; Gruber 2017).

Die Frage der ‚Integration von Individuen und Organisationen' wird ebenfalls thematisiert im Konzept der Governance, genauer der *„Organizational Governance"* (Grunwald und Roß 2014, S. 43 ff.; vgl. auch Grunwald und Roß 2017, 2018; Hervorhebung KG). Letztere „beinhaltet intra- und interorganisatorische institutionelle Arrangements, die im weitesten Sinne der Steuerung des Verhaltens von Organisationsmitgliedern dienen. Zentrale Elemente dieser institutionellen Steuerungsstrukturen sind Mechanismen, die sowohl die Partizipation von Organisationsmitgliedern und externen Anspruchsgruppen an der Zielbildung festlegen als auch die Allokation der Ressourcenkontrolle sowie die Implementation der Organisationsziele bestimmen" (Schneider 2004, S. 189 f.). Diese „intraorganisatorische Governance" fragt insofern danach, „wie Organisationen die Interdependenzbewältigung auf der Mesoebene leisten, also vor allem eine hinreichende Fügsamkeit ihrer Mitglieder mit den Organisationszielen herstellen" (Schimank 2007, S. 200).

---

[5] Als besonders anspruchsvoll ist die „Führung des Chefs" (Wunderer 2009b) anzusehen, die auch Luhmann unter der Überschrift „Unterwachung oder Die Kunst, Vorgesetzte zu lenken" thematisiert (2016, S. 90 ff.).

4.2.4 Die Gestaltung der Beziehung zwischen Organisation und Umwelt

Eine weitere wichtige Grundfrage einer organisationssoziologisch reflektierten Organisationsgestaltung betrifft die Bewältigung der ‚Beziehung zwischen Organisation und Umwelt'. Hier geht es darum, den *Bezug zwischen dem System der Organisation und ihrer Umwelt* (oder besser: den unterschiedlichen Umwelten) permanent neu herzustellen und zu reflektieren. Die Organisation muss immer wieder prüfen, welche Veränderungen sich in ihrer Umwelt vollziehen und welche Konsequenzen diese Veränderungen für die eigene, interne Organisationsgestaltung nach sich ziehen.

Das bedeutet, dass auch Unternehmen der Sozialwirtschaft ein Sensorium für Prozesse des Wandels in der Umwelt und die daraus resultierenden Anforderungen für die interne Organisationsgestaltung und die Reaktion auf den Wandel in der Umwelt entwickeln und pflegen müssen.

Diese Herausforderung für sozialwirtschaftliche Organisationen wird diskutiert unter Bezug auf den Begriff ‚*Organisationale Resilienz*'. Diese meint „das komplexe Ergebnis aus dem Zusammenwirken von Ressourcen, Kompetenzen und Performanzen individueller, intersubjektiver und organisationaler Art (…), in dessen Folge in Interaktion mit der Umwelt fortdauernd differenzielle Resilienzen gegenüber spezifischen, die organisationale Identität gefährdenden Ereignissen oder dauerhaft bestehenden ungünstigen Umweltbedingungen ausgebildet werden und so durch angemessene Situationsanpassung den dauerhaften Bestand einer Organisation oder Organisationseinheit als soziales System absichern und darüber hinaus deren Weiterentwicklung ermöglichen" (Hoffmann 2017, S. 97 f.; vgl. Porrini und Kipouros 2016; Wüthrich 2016; Heller 2019; Heller et al. 2012; kritisch: Graefe 2019).

Die Auseinandersetzung mit Fragen des Managements und der Organisationsgestaltung in der Sozialwirtschaft darf insofern *nicht bei einer innerorganisatorischen Betrachtungsweise stehen bleiben,* um sich nicht den vorhandenen Spezialisierungen der Einrichtungen, den damit verbundenen Trägeregoismen und der oft zu konstatierenden Versäulung der Hilfestrukturen unterzuordnen. Vielmehr ist – das meint die auf Flösser und Otto (1992) zurückgehende Formel „Vom Sozialmanagement zum Management des Sozialen" – die Überschreitung der Grenzen der eigenen Organisation im Interesse einer sozialpolitischen Akzentuierung wichtig (vgl. dazu Grunwald 2009a).

Eine besondere Herausforderung für die Organisationsgestaltung und die Personalführung in sozialwirtschaftlichen Organisationen besteht dabei darin, dass diese *unterschiedlichen Stakeholdern* und ihren jeweiligen Interessen gerecht werden müssen (vgl. auch Vilain 2018b; Bono und Prettenhofer 2017).

Diese unterschiedlichen Interessen der Anspruchsgruppen spiegeln wider, dass soziale Dienstleistungen in wohlfahrtspluralistischen Arrangements der Sozialwirtschaft immer stärker in einem *Wohlfahrtsmix* erbracht werden aus

- Eigeninitiative der primär Betroffenen,
- privaten Unterstützungsleistungen informeller Netze,
- staatlichen Unterstützungsleistungen,
- beruflich erbrachten Dienstleistungen öffentlicher, freier oder privatgewerblicher Träger sowie
- freiwilligem Engagement (vgl. Grunwald und Roß 2014, S. 19).

Damit können sozialwirtschaftliche Einrichtungen in aller Regel nicht nur der wettbewerbsorientierten Handlungslogik des Marktes folgen, sondern müssen als *hybride Organisationen* genauso der hierarchisch-legalistischen Steuerungslogik des Staates und der auf Solidarität bauenden Logik des dritten (assoziativen) Sektors entsprechen (vgl. ebd., S. 43 ff.).

Eine wesentliche Aufgabe in der bewussten Gestaltung der Beziehungen zwischen Organisation und Umwelt besteht also darin, die Erwartungen unterschiedlichster Stakeholder mit den dahinterstehenden Logiken von Markt, Staat und drittem Sektor zu berücksichtigen und produktiv zu verarbeiten, um auf diese Weise *„organisationale Governance"* zu realisieren (ebd.; Hervorhebung KG; vgl. Grunwald und Roß 2017, 2018).

4.2.5 Organisationswandel und Transformation als Herausforderung

Die Herausforderung für Organisationen, mit ‚*Organisationswandel und Transformation*' produktiv umzugehen, ist eine weitere wichtige Grundfrage der Organisationsgestaltung, die an zentrale organisationssoziologische Perspektiven des Wandels in Organisationen (vgl. Grunwald 2018b; siehe Kap. 2) anknüpft. Hier wird betont, dass Management, dass der Prozess des Organisierens als mehr oder weniger kontinuierlicher Weg der Veränderung von Strukturen, Prozessen, Wissensbeständen, Kultur(en) und anderem mehr zu verstehen ist.

Die verschiedenen *Einflusskräfte in Organisationen* (also auch die mikropolitischen Prozesse und Taktiken, auch die Veränderungen in den Kulturen der Organisation) müssen genau wie die unterschiedlichen Interessen, denen die

Organisation *von außen* ausgesetzt ist, im managariellen Prozess des Organisierens immer wieder neu wahrgenommen und berücksichtigt werden.

Das Ziel ist gerade in Zeiten ‚agiler Organisationen' und ‚agilen Führens' (vgl. Grunwald 2018c, S. 351 f.; Arnold 2021; Muster et al. 2021; Ortmann 2021; Groth et al. 2021a, b; Hatfield und Winkler 2020; Gergs und Lakeit 2020; Boos und Buzanich-Pöltl 2020; Thomaschewski und Völker 2019a; Luczak 2017; Scheller 2017; Oestereich und Schröder 2017) nicht die Erarbeitung oder Aufrechterhaltung einer permanenten und stabilen Ordnung, sondern die *bewusste kontinuierliche Gestaltung organisationalen Wandels*. Dieser kann sich evolutionär oder disruptiv vollziehen, was erhebliche Konsequenzen für die Arbeit an der Bewältigung desselben nach sich zieht.

Dementsprechend sind sozialwirtschaftliche Unternehmen nicht als statische, sondern – im Sinne eines Entwicklungsorientierten Managements (vgl. Grunwald 2018c) – als *prozessorientierte Gebilde* zu verstehen, die fähig sind, Verhaltensmöglichkeiten aufzubauen und bereitzuhalten für zukünftige, noch nicht vorhersagbare und damit unbestimmbare Entwicklungen in der Umwelt und in der eigenen Organisation.

Der Punkt, von dem alle Organisationsgestaltung auszugehen hat, so das Konzept des Entwicklungsorientierten Managements, ist „der durch wachsende Umweltkomplexität sprunghaft *steigende Bedarf an Systementwicklung zur Sicherung der Problemlösungsfähigkeit von Organisationen"* (Klimecki 2004, Sp. 919; Hervorhebung KG). Diesem Bedarf muss auch das Management sozialwirtschaftlicher Unternehmen gerecht werden, ohne die Grenzen einer Steuerung von Organisationen und ihrem Wandel zu übersehen.

Im Rahmen der kontinuierlichen Berücksichtigung von Wandelnotwendigkeiten im Rahmen eines solchen Managements des organisationalen Wandels kann es nötig sein, *konkrete Projekte eines Change Managements oder einer Organisationsentwicklung* zu verwirklichen (vgl. Grunwald 2018c). Hier sind Strategien und Methoden des Projektmanagements außerordentlich hilfreich (vgl. Kolhoff 2020; Grillitsch und Sagmeister 2021).

Da viele Probleme in und von Organisationen in der Regel nicht durch einmalige Aktionen gelöst werden können, ist eine permanente Auseinandersetzung mit ihnen im Sinne eines fortlaufenden Managements des organisationalen Wandels notwendig, ohne dass sich damit Projekte der Organisationsentwicklung oder des Change Managements erübrigen würden.

Das Thema ‚Management des organisationalen Wandels' wird weiter unten nochmals im Zusammenhang mit dem Konzept des ‚Entwicklungsorientierten Managements' und der Debatte um ‚VUKA' und ‚Agilität' aufgegriffen.

4.3 Aufgabenfelder von Führung im Kontext eines General Managements

Ergänzend und kontrastierend zu den beschriebenen Grundfragen der Organisationsgestaltung werden in der Folge „Aufgabenfelder von Führung" im Kontext eines organisationstheoretisch und systemisch reflektierten „General Managements" knapp skizziert, soweit sie über die beschriebenen Probleme der Organisationsgestaltung hinausgehen oder diese variieren (Wimmer und Schumacher 2014). Sie sind geprägt durch grundlegende Spannungsfelder und Paradoxien des Managements und damit durch „organisationale Entscheidungsprozesse, bei denen sich für die Beteiligten widersprüchliche und bei der Wahl zwischen Alternativen schwierige und auf den ersten Blick unlösbare Situationen ergeben" (Wimmer und Schumacher 2014, S. 224).

(1) Ein Aufgabenfeld liegt in der *Strategieentwicklung*, bei der verschiedene Formen differenziert werden können: die „intuitive", die „expertenorientierte", die „evolutionäre" und die „systemische" Strategieentwicklung (Nagel und Wimmer 2014, S. 25 ff.). Das zentrale Paradox und der tiefere Grund für die Notwendigkeit einer systemischen Herangehensweise liegt hier darin, dass „gerade den Erfolgsrezepten der Vergangenheit der Keim für das Scheitern in der Zukunft innewohnt" (ebd., S. 100).

Insofern geht es darum, strategische Positionierungen der Vergangenheit und bisherige Einschätzungen zukünftiger Entwicklungen lediglich als Hinweise zu nehmen, die immer wieder neu zu hinterfragen sind. Entscheidungen für zukünftige Entwicklungen sind in dem Wissen zu treffen, dass die vermeintlich sichere Wissensbasis problematisch und unvollständig etc. sein kann, sich die angenommenen Umweltbedingungen binnen kürzester Zeit signifikant und disruptiv ändern können und so bislang getroffene, auch weitreichende Entscheidungen erneut intensiven Lern- und Veränderungsprozessen unterzogen werden müssen.

(2) Im Zusammenhang mit der oben erwähnten Grundfrage der Beziehung zwischen Organisation und Umwelt legen Wimmer und Schumacher den Akzent auf *„Marketing und Branding"*, weil – so ihre Argumentation – die Sicherung der Existenz einer Organisation eng damit verbunden ist, „klare und stabile Einschätzungen des Geschäftsumfeldes" treffen und so „eine lebendige Austauschbeziehung" mit den relevanten Märkten realisieren zu können (2014, S. 228; Hervorhebung KG).

Dafür müssen auf der einen Seite „verlässliche Bilder des eigenen Geschäftsumfeldes" generiert werden, während auf der anderen Seite ein großes

Maß an Offenheit für neue, in der Gegenwart noch nicht absehbare Entwicklungen gepflegt werden muss, um so im Zuge der Weiterentwicklung des eigenen Leistungsangebots neue Märkte erschließen zu können (ebd.).

(3) Ein wichtiges Aufgabenfeld von Führung ist das „*Ressourcenmanagement*", das sich entweder stärker am „historisch eingespielten Eigenbedarf" oder an der „wertschöpfungsorientierten Verwendung der Ressourcen" ausrichten kann (Wimmer und Schumacher 2014, S. 229 ff.; Hervorhebung KG). Die Gefahr ist hier, dass die Orientierung am gewohnten Eigenbedarf diejenige an einem ökonomischen Kalkül in unguter Weise dominiert (ebd.).

Konkrete Gestaltungsaufgaben sind die Verankerung von Kostenbewusstsein in den verschiedenen Abteilungen und Bereichen, die Eliminierung von Verschwendung, das strategiegeleitete Treffen von Investitions- und Finanzierungsentscheidungen, die flexible Gestaltung von Budgetplanungen und die kontinuierliche Beobachtung des Ressourceneinsatzes sowie die Realisierung eines proaktiven Risikomanagements (vgl. ebd.; vgl. Vilain 2018a).

(4) Beim Aufgabenfeld Organisationsentwicklung betonen Wimmer und Schumacher ergänzend zu den obigen Ausführungen zu Organisationswandel und Transformation (siehe Abschn. 4.2.5), dass die Zunahme der Häufigkeit, Schnelligkeit und Tiefe, in der Veränderungen angestoßen werden, gleichzeitig dazu führt, dass „das Bedürfnis nach Stabilität bei allen Beteiligten" zunimmt (2014, S. 231; vgl. Grunwald 2018c).

(5) Anknüpfend an das beschriebene Problem der Integration von Individuen und Organisation fokussieren die Autoren beim Aufgabenfeld Personalmanagement angesichts der „Unsicherheit in der Beziehung zwischen dem Unternehmen und den Mitarbeitern" die Notwendigkeit, Mitarbeitenden- und Organisationsinteressen sorgfältig zu justieren und die wechselseitigen Erwartungen auszubalancieren (ebd., S. 233 ff.; vgl. Kolhoff 2018a).

(6) Ein Aufgabenfeld, das über die genannten Probleme der Organisationsgestaltung hinausgeht, besteht schließlich darin, „*Mechanismen der Selbstbeobachtung und Selbstbeschreibung/Controlling*" zu etablieren und zu pflegen (ebd., S. 235 ff.; Hervorhebung KG). Gerade angesichts der wachsenden Komplexität ist es wichtig, „eine tragfähige Einschätzung des aktuellen wirtschaftlichen wie organisationalen Zustandes einer Gesamtorganisation" vornehmen zu können (ebd.).

Auch hier wird wieder ein grundlegendes Paradox ausgemacht: Einerseits müssen Organisationen in der Lage sein, sich selbst zeitnah zu beobachten und zu beschreiben, um auf festgestellte Abweichungen reagieren zu können.

Andererseits muss der damit häufig verbundenen Illusion entgegengetreten werden, das unternehmerische Risiko könne über optimierte Rückmeldeverfahren (weitestgehend) eliminiert werden (ebd.).

4.4 Vom Entwicklungsorientierten Management zur Agilität

4.4.1 Wandel-Herausforderungen sozialwirtschaftlicher Organisationen

Projekte des Change Managements konzipieren den geplanten Wandel von Organisationen überwiegend als projektbezogene, im Prinzip temporär begrenzte Interventionen. Ein solches Verständnis von Change Management reicht aber nicht aus, um den steigenden und immer tiefergehenderen Anforderungen an einen ‚fundamentalen', ‚radikalen' oder ‚transformativen' Wandel, vor denen Organisationen heute stehen, gerecht zu werden.

Diese Herausforderungen werden aktuell auch diskutiert unter der Überschrift ‚*VUKA*'. ‚VUKA' (bzw. englisch ‚VUCA') beschreibt eine Welt, die gekennzeichnet ist durch eine Steigerung von

- Volatilität (Ausmaß von Schwankungen – volatility),
- Unsicherheit (uncertainty),
- Komplexität (complexity) und
- Ambiguität (Mehrdeutigkeit – ambiguity) (vgl. Scheller 2017, S. 19 ff.; Eppler 2015, S. 54 f.; Lemoine 2015, S. 4 ff.; Wilms und Größler 2018).

Gemeint ist, dass die Welt, in der wir leben, starken Schwankungen in kurzer Zeit unterworfen ist (sie ist volatil), dass Sicherheiten zunehmend infrage gestellt werden, die Komplexität vieler Phänomene gestiegen ist (zur Begrifflichkeit ‚Komplexität' siehe Hieronymi und Eppler 2015) und die Mehrdeutigkeit (‚Ambivalenz') unserer Umwelt zugenommen hat.

Das ‚VUCA'-Konzept hat seine „Wurzeln im militärischen Kontext": „In den Kriegen im Irak und Afghanistan und in dem damit verbundenen Kampf gegen Terrororganisationen sah sich das amerikanische Militär neuen Herausforderungen gegenüber, die die bisherigen Prinzipien der Militärführung auf den Kopf stellten. (…) Eine komplette Umstellung der Militärdoktrin sowie der gesamten Ausbildung war die Folge" (Lenz 2019, S. 51; vgl. Birgmeier 2021, S. 192 f.). Moskaliuk bezeichnet ‚VUCA' als „ein vom US Militär entwickeltes

Rahmenmodell, um die Umgebung zu beschreiben, in denen [sic!] Führungskräfte reagieren und entscheiden müssen" (2019, S. 2). Birgmeier verweist darauf, dass ‚VUCA' aus sozialpädagogischer Sicht „nicht unbedingt etwas Neues" ist (2021, S. 193), weil Soziale Arbeit „das durch VUCA zum Ausdruck gebrachte Problem des Handlungs- und Entscheidungsdrucks in ihren vielfältigen sozialen Praxen, Arbeits- und Handlungsfeldern nur allzu gut" kennt (ebd., S. 195).

Angesichts dieser gravierenden Herausforderungen, die sich auch für sozialwirtschaftliche Organisationen und ihr Management stellen, ist jenseits von konkreten Projekten des Change Managements und über sie hinaus ein weitergehendes ‚*Management des organisationalen Wandels*' notwendig. Dieses setzt sich kontinuierlich und permanent mit den vielfältigen Entwicklungen in relevanten Umwelten und in der Organisation auseinander, die die Einrichtungen immer wieder neu mit erheblichen Herausforderungen konfrontieren und in der Regel nicht durch einzelne und zeitlich begrenzte Aktionen gelöst werden können.

4.4.2 Entwicklungsorientiertes Management (EOM)

Management des organisationalen Wandels soll nun – anknüpfend an das Thema Organisationswandel und Transformation (siehe Abschn. 2.2) – konkretisiert werden als *Entwicklungsorientiertes Management* (vgl. zum Folgenden Grunwald 2018c, S. 346 ff.). Das Konzept des Entwicklungsorientierten Managements (EOM) wurde in den 1990er Jahren von Klimecki, Probst und Eberl entwickelt (vgl. 1994; Probst 1992) und später in verschiedene Richtungen weitergeführt (vgl. Klimecki 2004; Eberl 2009; Gmür et al. 2009). Es wurde mit dem Ansatz des Entwicklungsorientierten Personalmanagements (EOPM) (vgl. Klimecki und Gmür 2004, 2005; Gmür 2009) auf einen Teilbereich der Managementlehre übertragen. Diese Übertragung auf Fragen des Personalmanagements ist gleichzeitig als Konkretisierung und Fortführung des EOM zu verstehen.

Das Konzept des Entwicklungsorientierten Managements geht beim Wandel in und von Organisationen von natürlichen, emergenten organisationalen Veränderungs- und Wandlungsprozessen aus. Es ist ein produktiver und theoretisch ausgewiesener sozialwissenschaftlicher Ansatz, der zentrale Motive der Organisationssoziologie bündelt und in starkem Maße an die Lernmodelle anknüpft (vgl. Grunwald 2009b, S. 105 ff.; auch Schröer 2018).

Er bezieht sich auf die managerielle Gestaltung organisationaler Strukturen, Prozesse und Kulturen in (sozialwirtschaftlichen) Organisationen. In diesen „konzeptionellen Rahmenentwurf für die Managementlehre" lassen sich „verschiedene theoretische Strömungen und Handlungsansätze integrieren" (Eberl 2009, S. 5).

4.4 Vom Entwicklungsorientierten Management zur Agilität

Ziel dieses Ansatzes ist, unterschiedliche „theoretische Strömungen vor dem Hintergrund ihrer Tauglichkeit für die Erklärung der Entwicklungsfähigkeit von Organisationen zu beurteilen und entsprechende Handlungsempfehlungen in den Vordergrund zu rücken" (ebd.).

In seinem Zentrum steht die grundsätzliche Fragestellung, wie Organisationen sich „auf dynamische Umweltveränderungen einstellen" sollen (ebd., S. 6). Der „Ausgangspunkt der Organisationsgestaltung im Entwicklungsorientierten Management ist der durch wachsende Umweltkomplexität sprunghaft steigende Bedarf an Systementwicklung zur Sicherung der Problemlösungsfähigkeit von Organisationen" – so schon Klimecki 2004 (Sp. 919; vgl. Klimecki et al. 1994; Eberl 2009; zu „Organisation in der Risikogesellschaft" vgl. Stadelbacher 2012b).

Grundlage des EOM sind drei zentrale theoretische Zugänge:

- Die *konstruktivistische Perspektive* wird als „Inhaltskomponente" für den Gegenstand der „Problemlösungspotenziale als organisationale Wirklichkeitskonstruktion" herangezogen (Klimecki 2004, Sp. 919; vgl. Eberl 2009, S. 5 ff.).
- Theorien der *Selbstorganisation* „beschreiben das Steuerungsprinzip des Lernens und der Konstruktion von Organisationswirklichkeiten" im Sinne einer „Funktionskomponente" (ebd.).
- Ansätze des *Organisationslernens* erfassen als „Prozesskomponente" die „Veränderung der organisationalen Wissensbasis" (ebd.).

Der Begriff *Entwicklungsorientierung* meint allgemein die Verbesserung der Problemlösefähigkeit einer Organisation sowie den Aufbau von freier, noch nicht verplanter Problemlösungskapazität, die der Bewältigung des Unvorhersehbaren dient (vgl. Kirsch et al. 2010, S. 65 ff.). Betont wird, dass „in erster Linie überlegene Problemlösungspotenziale und nicht Produkt-Markt-Kombinationen das langfristige Überleben von Organisationen sicherstellen" (Eberl 2009, S. 7). Die Organisation soll grundsätzlich in die Lage versetzt werden, den eigenen Aufbau, die eigenen Abläufe und Entscheidungsprozesse und die eigene Kultur permanent so zu optimieren, dass sie sich gegenüber neuen Anforderungen immer wieder neu behaupten kann (vgl. Schmid 2014; Schmidt 2005, S. 210 ff.). Das zu erhöhende Problemlösungspotenzial bezieht sich dabei auf soziale, technische und ethische Dimensionen.

Der *Begriff ‚Management'* bezeichnet beim Konzept des Entwicklungsorientierten Managements nicht die Sicherstellung eines bestimmten gewünschten Verhaltens mithilfe passender Instrumente, sondern vielmehr das Gestalten von

Rahmenbedingungen, die es den einzelnen Akteur*innen ermöglichen, eigenverantwortlich und selbstorganisiert zu handeln: „Management ist gleichzusetzen mit Kontextgestaltung" (Klimecki et al. 1994, S. 26). Insofern kann Management in einem weiten Sinne als *Systemeigenschaft* verstanden werden, die alle Handlungen umfasst, die bei einer systemischen Gestaltung von Organisationen mitwirken. Damit sollen Perspektiven eröffnet werden für eine aktive Transformation von Veränderungsprozessen der Umwelt in systemische Entwicklungsprozesse einer Organisation, um damit eine „proaktive Auseinandersetzung sozialer Systeme mit ihren komplexen Umwelten" zu ermöglichen (ebd., S. 22).

Dieses sozialwissenschaftlich fundierte Verständnis von Management ist charakterisiert durch eine *grundlegende Abkehr vom traditionellen Managementbegriff*. Entwicklungsorientiertes Management distanziert sich von den beinahe mythischen Verklärungen des traditionellen Managementbegriffs, also von

- der Ideologie der technologischen Machbarkeit,
- der mehr oder weniger indirekt vorausgesetzten Überlegenheit der Führungsspitze und
- dem Postulat eines wertfreien Managements (vgl. Grunwald 2012b, S. 192 f.).

Damit knüpft es an die *Rationalitätskritik* der neueren Organisationssoziologie genauso an wie an Überlegungen zu den Themen Dynamik, Kultur und Mikropolitik in und von Organisationen (siehe Kap. 2; vgl. Grunwald 2009b, S. 85 ff.; 2018b). Betont wird hier, dass die Gestaltenden – egal auf welcher Hierarchieebene – nur über „beschränkte Rationalität" verfügen (Kühl 2017, S. 44; vgl. Grunwald 2006, S. 189 f.; March 1990) oder anders formuliert: lediglich als „lokale Rationalitäten" zu verstehen sind (Cyert und March 1995, S. 158). Der Grund dafür liegt darin, dass sie in ihren Handlungen erheblichen kognitiven Begrenzungen ausgesetzt sind, und zwar sowohl bezüglich ihres Wissensstands als auch bezüglich ihrer Befähigungen zur Verarbeitung von Informationen.

Aus Sicht des Konzepts des EOM verlieren zudem die Maximen der Beherrschbarkeit als vollständige Kontrolle über systeminterne Vorgänge, der Prognosefähigkeit als Möglichkeit exakter Vorhersagen und der exakten Planung im Interesse einer optimalen Ressourcenallokation immer mehr an Bedeutung. Für Führungskräfte bedeutet dies, sich den Herausforderungen eines *‚postheroischen Managements'* zu stellen (vgl. Grunwald 2015b, 2018a).

Zur Bewältigung der heute vorherrschenden fundamentalen Veränderungsprozesse mit ihrer Vielfalt, Dynamik und Diskontinuität bedarf es grundlegender und dauerhaft ausgelegter *‚Erfolgspotenziale'*, die die Entwicklungskompetenz sozialer Systeme vorantreiben können. Gegenüber einer im Managementalltag häufig

4.4 Vom Entwicklungsorientierten Management zur Agilität

gegebenen Betonung operativer Aufgaben- und Problemstellungen für die Unternehmensführung wird aus Sicht des EOM die Ausrichtung der Handlungsprogramme an den langfristigen, strategischen Erfolgspotenzialen der Organisation und ihrer normativen Verortung hervorgehoben. Zu diesen ‚Erfolgspotenzialen' gehören

- die adäquate Konstruktion von Wirklichkeit als die „Schnelligkeit und Zuverlässigkeit ‚Weltbilder zu erzeugen', die der jeweiligen Problemlage angemessen sind",
- das organisationale Lernen als „Fähigkeit, interne Ressourcen problemgerecht zu mobilisieren und Wissen aufzubauen sowie organisational verfügbar zu gestalten, das zur Bewältigung der aktuellen Problemlagen geeignet ist" sowie
- die Kompetenz zur Selbstorganisation als „Autonomie, die eigenen Kräfte jeweils problemgerecht konzentrieren zu können" (Klimecki et al. 1994, S. 3, S. 51 ff., S. 78 ff.; vgl. Grunwald 2018c; Schiersmann 2017).

Das Konzept des EOM strebt wie Managementkonzepte insgesamt die Effektivität (Wirksamkeit) und Effizienz (Wirtschaftlichkeit) eines sozialwirtschaftlichen Unternehmens an. Dabei geht es – was den Weg zu diesen Zielen angeht – nicht von einer grundsätzlichen Steuerbarkeit von Organisationen aus, sondern sieht vor dem Hintergrund organisationssoziologischer Überlegungen Organisationen als Gebilde an, die zwar beeinflussbar, aber nicht im engeren Sinn steuerbar sind (siehe Abschn. 1.3). Insofern bedeutet Entwicklungsorientiertes Management, „eine Vorstellung davon zu entwickeln, wie sich eine Organisation unter Berücksichtigung ihrer Identität aktiv verändern kann, welche Aufgabenbereiche zur Wertestruktur der Organisation passen, worin die besonderen leistungsbezogenen Qualitätsmerkmale liegen und wie eine effektive Kommunikation mit allen Anspruchsgruppen zu erreichen ist" (Eberl 1996, S. 62).

4.4.3 Kernpunkte eines EOM

Im Folgenden werden die wichtigsten Bestandteile des Konzepts des Entwicklungsorientierten Managements zusammenfassend gebündelt:

- Gegenüber einer Betonung operativer Aufgaben- und Problemstellungen für die Unternehmensführung wird die Ausrichtung der Handlungsprogramme an den beschriebenen langfristigen, *strategischen Erfolgspotenzialen* der Organisation hervorgehoben. Zu diesen zählt neben der Fähigkeit zur angemessenen

Konstruktion von Wirklichkeit auch die Kompetenz zum organisationalen Lernen sowie zur Selbstorganisation.
- Grundlage der Umsetzung eines Entwicklungsorientierten Managements in sozialwirtschaftlichen Einrichtungen sind *organisationale Lernvorgänge,* wie sie oben diskutiert wurden (siehe Abschn. 2.2).
- Managementkompetenz wird in der Folge eines Entwicklungsorientierten Managementverständnisses nicht durch die Führungsspitze, sondern dezentral entfaltet, im Sinne einer ‚*fluktuierenden Hierarchie'*: Bestehende Hierarchien müssen immer wieder neu den jeweiligen Problemstellungen angepasst und die Managementkompetenz muss entsprechend gebündelt werden. Im Vordergrund steht außerdem eine lose Kopplung von Organisationseinheiten, die ein hohes Maß an Flexibilität ermöglicht. Aus diesem Diktum ergeben sich nicht nur Konsequenzen für die Dezentralisierung von Organisationen sowie für den Aufgabenzuschnitt der einzelnen Organisationseinheiten, sondern ebenfalls für die Personalentwicklung.
- Während das klassische Managementverständnis häufig einseitig an statischen Gleichgewichtssituationen orientiert ist, erfordert ein Entwicklungsorientiertes Management unter Bezug auf das Konzept der Lernenden Organisation eine *prozesshafte Perspektive,* die den Wandel als einzige Konstante in Organisationen betrachtet. Damit wird die Ermöglichung und Förderung von Prozessen der Selbstorganisation zu einem zentralen Kriterium für die konstruktive Bewältigung von Wandel innerhalb einer Organisation. Dennoch ist die Existenz von Strukturen eine notwendige Voraussetzung für einen produktiven Umgang mit der Offenheit, die sich mit Lernprozessen verbindet. Strukturen sind insofern nicht als unvereinbarer Gegensatz zu Prozessen des organisationalen Lernens zu sehen, sondern als ergänzender Gegenpol.
- Da sowohl individuelle als auch institutionelle Entwicklung stets die Bereitschaft zu derselben voraussetzt, ist die durchgehende *Partizipation* der für den Wandel relevanten Personen und Organisationseinheiten eine grundlegende Bedingung. Sie bezieht sich nicht nur auf die Beteiligung der Mitarbeitenden, sondern ebenfalls auf die Partizipation und Einbeziehung der Adressat*innen und sonstigen Anspruchsgruppen einer sozialwirtschaftlichen Organisation.
- Betont wird gegenüber einer traditionell stark strukturbezogenen Ausrichtung der Unternehmensführung die *besondere Bedeutung von kollektiv geteilten Wert- und Sinnorientierungen;* für die Identität der Organisation bedarf es einer gemeinsamen Abstimmung über zentrale Werthaltungen und den Sinnzusammenhang der Handlungen in der Organisation. Damit gewinnt die *Berücksichtigung der Unternehmenskultur* in Prozessen des organisationalen Wandels eminent an Bedeutung. Die notwendige Logik der strategischen

Bestimmung von organisationalen Zielen verbindet sich mit dem Wissen um die Notwendigkeit, diese mit den verschiedenen internen und externen Anspruchsgruppen kommunikativ zu verhandeln.

Vor diesem Hintergrund lässt sich abschließend festhalten, dass Entwicklungsorientiertes Management – als Konkretisierung eines Managements des organisationalen Wandels – ein gerade unter heutigen Bedingungen geeignetes Managementkonzept ist, um über Projekte des Change Managements hinaus in der Sozialwirtschaft allgemein den steigenden Herausforderungen gerecht zu werden, insbesondere der Komplexität des sozialen Systems der Organisation, ihrer organisationalen sowie sozialpolitischen Einbettung und den zu bearbeitenden Problemstellungen der Adressat*innen und ihrer Lebenswelten (vgl. Grunwald und Roß 2014, S. 17).

4.4.4 EOM im Kontext von ‚VUKA-Welt', ‚Agilität' und ‚Ambidextrie'

Das EOM greift das Konzept des Organisationslernens in einer spezifischen Weise auf, die auch vor dem Hintergrund neuerer Debatten zur ‚VUKA-Welt' und ‚Agilität' von Interesse ist. Organisationen werden im Konzept des EOM als Wissenssysteme verstanden, die durch Lernprozesse neues Wissen erwerben oder selbst generieren, um auf diese Weise ihre Wissensbasis und ihre Struktur kontinuierlich zu erweitern, zu erneuern (so schon in dem ‚Klassiker' von Probst und Büchel 1994, S. 35 ff.; vgl. auch Probst et al. 2006) und die eigenen Potenziale zur Lösung von Problemen zu optimieren (vgl. Eberl 2009, S. 7 f.). Lernprozesse in Organisationen können insbesondere durch ein ansehnliches Maß an Flexibilität sowohl in kognitiver als auch in materieller Hinsicht ermöglicht und gefördert werden (vgl. Klimecki et al. 1994, S. 79).

Dieses „inkrementelle" Verständnis von organisationalem Lernen oder, mit Wolf und Hilse, von „organisationaler Wissenstransformation", wird ergänzt durch das sogenannte „disruptive Lernen", das deutlich radikaler als inkrementelles Lernen ist (2014, S. 174 f.). In diesem werden die „in einer Organisation vorhandenen Routinen und Erfahrungen explizit gemacht" und es wird „bewusst über sie hinausgegangen und experimentiert" (ebd.). Eberl beschreibt diese wichtige Differenzierung mit anderen Begriffen sehr treffend: „Während es bei explorativen Lernprozessen um eine fundamentale Veränderung der Wissensbasis geht, steht bei exploitativen Lernprozessen die marginale Verfeinerung der bestehenden Wissensbasis im Vordergrund" (2009, S. 8). Im Rahmen des EOM wird „die Notwendigkeit explorativer Lernprozesse" hervorgehoben, weil, so die Begründung, eine „qualitative Verbesserung des organisationalen Problemlösungspotentials (…) ohne Exploration nicht möglich" ist (ebd.).

Die Bedeutung von Exploration für organisationale Lernprozesse angesichts heutiger Herausforderungen wird sehr betont im Konzept des ‚Musterbrechens', wie es insbesondere Kaduk und Osmetz vertreten (vgl. Kaduk und Osmetz 2020b; Kaduk et al. 2020) und auf die Bewältigung von Herausforderungen in Krisen übertragen (am Beispiel der Corona-Krise; vgl. Kaduk und Osmetz 2020a).

Dieses Verständnis von Organisationen und die daraus abzuleitenden Anforderungen an das Management sozialwirtschaftlicher Organisationen werden aktuell auch mit dem Begriff der ‚Agilität' umschrieben. So definiert Luczak ‚Agilität' als die „Fähigkeit eines Unternehmens, sich proaktiv auf Unsicherheiten vorzubereiten und sich so in die Lage zu versetzen, innerhalb kürzester Zeit auf Veränderungen über die gesamte Wertschöpfungskette hinweg zu reagieren, um wirtschaftliche Chancen zu realisieren" (2017, S. 19; zur Bewältigung von Unsicherheit durch Ansätze der Selbstorganisation vgl. Neumer 2020).

Kennzeichen agiler Organisationen sind nach Sichart und Venus die konsequente Ausrichtung der Organisationsstruktur an Kund*innen und Markt, das Vorliegen einer Netzwerkorganisation, die Kooperation über die Grenzen der Organisation hinweg (auch mit Mitbewerber*innen), eine auf unterschiedliche Rollen verteilte Führungsfunktion, die Arbeit an transparenter Kommunikation, die Ermöglichung und Förderung von Facetten der Selbstorganisation und von experimentellen Zugängen (statt abzuarbeitenden Plänen) sowie eine fehleroffene, auf Lernen und Weiterentwicklung fokussierte und innovationsoffene Kultur (vgl. 2020, S. 291 f.; zum Verhältnis von Agilität und Selbstorganisation vgl. Porschen-Hueck et al. 2020a, b).

Scheller fokussiert: „Der Kern von Agilität ist Lernen, und zwar auf zwei Ebenen:

- *Kontext und Inhalt:* durch schnelles Feedback vom Kunden zu Produkt oder Leistung und
- *eigene Vorgehensweise:* Eigenreflexion des methodischen Vorgehens"

und fasst zusammen: „Agilität bedeutet daher *Anpassen durch schnelles Lernen*" (2017, S. 53; Hervorhebungen im Original). Dieses Verständnis von ‚agilen' Organisationen als lernenden Organisationen deutet darauf hin, dass das Konzept des Entwicklungsorientierten Managements – seit seiner Entwicklung Anfang der 1990er Jahre – viele gedankliche Motive vertritt, die heute mit den Begriffen ‚Agilität' und ‚VUCA' thematisiert werden, als zentrale Fragen der Gestaltung

4.4 Vom Entwicklungsorientierten Management zur Agilität

organisationalen Wandels aber bereits viel länger diskutiert werden (vgl. Kühl 2015d; Wimmer und Ameln 2019, S. 215 ff.).

Betont wird, dass es nicht um eine Stilisierung von Agilität als übergreifender, allein gültiger Ausrichtung der Gestaltung von Organisationen geht – eben nicht ‚je agiler, desto besser'. Stattdessen ist eine Reflexion darüber nötig, wann wie viel und in welcher Form usw. Agilität der langfristigen Erreichung der Unternehmensziele dient und insofern angemessen ist oder eben auch nicht sowie welche Nachteile wachsender Agilität und ‚neuen Organisierens' zu berücksichtigen sind (vgl. Thomaschewski und Völker 2019b, S. 25 f.; Groth et al. 2021c).

Der Begriff der *Ambidextrie* oder Beidhändigkeit (eigentlich das Zusammenwirken von rechter und linker Gehirnhälfte bzw. die gleichwertige Nutzung von rechter und linker Hand), der in diesem Zusammenhang häufig verwendet wird, greift auf die oben bereits benannte Differenzierung zwischen Exploration und Exploitation als zwei unterschiedlichen Formen des Organisationslernens zurück (vgl. Güttel und Konlechner 2019; Konlechner und Güttel 2019; Duwe 2020). „Dabei steht Exploration für Experimente, Alternativensuche, Varianzerhöhung und Risiko. Exploitation dagegen steht für Regeleinhaltung, Standardisierung, Varianzreduktion und Risikovermeidung" (Petry 2019, S. 55). Es geht um zwei „Fähigkeiten, die Unternehmen mit sich bringen müssen: zum einen das bestehende Geschäftsmodell profitabel zu verwerten (Exploitation), zum anderen Neues zu erkunden und damit neue Geschäftsfelder zu schaffen (Exploration)" (Spielhofer 2020, S. 85).

Exploitation und Exploration „folgen sehr unterschiedlichen Mechanismen und Logiken" und benötigen „unterschiedliche, zum Teil widersprüchliche Organisations- und Führungsstrukturen. Während die Optimierung des Kerngeschäfts am besten durch stabile Strukturen, Prozesse und Regelkonformität erreicht wird, geht es bei Innovationen um Kreativität, das Brechen von Routinen und Mustern, das Verlassen der Komfortzone und darum, neue Lösungen zu finden" – auch wenn Letztere erst einmal mit einem negativen finanziellen Ergebnis verbunden sein können (Gergs und Lakeit 2020, S. 72). Die Vereinbarung der beiden Fähigkeiten und Logiken ist sehr herausfordernd, wie Spielhofer zuspitzt: „Die Aufgabe Exploitation und Exploration unter einen Hut zu bekommen, ist so paradox, dass man ihr eigentlich nur mit angemessener Respektlosigkeit begegnen kann" (2020, S. 87). Dennoch ist genau dies die Aufgabe von Führung und Management – womit die Brücke zum Dilemmatamanagement geschlagen wäre (siehe Abschn. 4.4).

Der Kern des Konzepts der Ambidextrie als Antwort auf die beiden Fähigkeiten und Logiken von Exploitation und Exploration und die Notwendigkeit ihrer Verknüpfung besteht darin, dass die beiden nicht als unvereinbar angesehen werden, sondern als Pole eines Kontinuums, zwischen denen vermittelt werden sollte. Es geht darum, sich nicht für den einen *oder* den anderen Pol zu entscheiden, sondern sich als Unternehmen *sowohl Exploitation als auch Exploration* zunutze zu machen, sei es in Form von sequenzieller, kontextueller, struktureller oder dynamischer Ambidextrie:[6] „Gefragt ist vielmehr das richtige Management von Optimierung und Innovation" (Gergs und Lakeit 2020, S. 72), von Effizienz und Flexibilität. Das meint die Rede von „Organizational Ambidexterity" und von „Ambidextrous Leadership" (Petry 2019, S. 55; Braun und Krauß 2019, S. 61 ff.) oder von „ambidextrischen Organisationen" (Derndinger und de Groot 2020).

Zurück wieder zur ‚VUCA-Welt' und dem Umgang mit derselben: Interessant ist, dass die Abkürzung ‚VUCA' nicht nur als Beschreibung einer „turbulenten Welt" gesehen werden kann, sondern – wie Eppler verdeutlicht – auch als Ansatz möglicher Lösungen, um mit den beschriebenen Herausforderungen umzugehen:

- „Volatilität erfordert eine Vision, wohin sich ein System bei aller Fluktuation hinbewegt oder bewegen soll.
- Unsicherheit erfordert ‚Understanding', also ein vertieftes Verständnis darüber, wie ein System auf Veränderungen reagieren kann.
- Complexity erfordert Clarity im Sinne von klarer Kommunikation, um die wesentlichen Problem-Elemente und deren Wechselwirkungen transparent zu machen.
- Ambivalenz (engl. ambiguity) erfordert Agilität (agility), um auf Kippeffekte – etwa wenn sich etwas vermeintlich Positives als negativ erweist – rasch reagieren zu können" (Eppler 2015, S. 55).[7]

---

[6] Vgl. zu diesen Formen Gergs und Lakeit (2020, S. 74 f.). Groth et al. erläutern: „Die Fähigkeiten oder Muster" Exploration und Exploitation „können organisational auf unterschiedliche Art und Weise gestaltet werden, z. B. zeitlich nacheinander, kontextuell innerhalb einer gleich bleibenden Struktur oder strukturell getrennt durch unterschiedliche parallele Organisationsformen" (2021a, S. 334).

[7] Im Kontext eines Digital Leaderships wird betont, dass die Auseinandersetzung mit Volatilität, Unsicherheit, Komplexität und Mehrdeutigkeit es erfordert „Informationen offenzulegen und nicht nur Daten und Maschinen, sondern auch Wissens- bzw. Intelligenzträger zu vernetzen, die verfügbare Erfahrung und (kollektive) Intelligenz zu nutzen und agil auf Veränderungen zu reagieren. Eine Vertrauenskultur ist die notwendige Basis hierfür, denn ohne sie ist Offenheit und damit dann auch Vernetzung, Partizipation und Agilität nicht möglich. Die fünf Charakteristika Agilität, Partizipation, Offenheit, Vernetzung plus Vertrauen bilden das sogenannte VOPA + Modell" (Petry 2019, S. 52 ff.).

4.4 Vom Entwicklungsorientierten Management zur Agilität

Auch wenn es sich durchaus kritisch diskutieren lässt, welchen Neuigkeitswert die Begriffe ‚Agilität' und ‚VUCA' – gerade auch gegenüber einem theoretisch ausgewiesenen Konzept wie dem EOM – tatsächlich darstellen (vgl. Kühl 2015d), zeigt die intensive Debatte über sie und die mit ihnen verbundenen inhaltlichen Bestimmungen, dass die Bedeutung der Probleme der unterschiedlichen Formen organisationalen Wandels und ihrer Gestaltung an sich keineswegs nachgelassen hat, sondern umgekehrt die Frage des Umgangs mit gravierenden Wandelanforderungen gerade heute einen hohen Stellenwert hat.

Groth, Krejci und Günther verweisen auf der Basis einer aktuellen explorativen Studie zu „New Organizing" (Groth et al. 2021a) darauf, dass es „ein Leichtes" wäre, „New Work, Agilität & Co. als Moden abzuwerten und auch bei folgenden Managementtrends so zu verfahren" (Groth et al. 2021c, S. 333). Ihre Studie „zeigt jedoch, welche immense Impulswirkung von den Ansätzen ausgegangen ist – von der experimentellen Neugestaltung bis hin zum radikalen Infragestellen gewohnter organisationaler Praktiken" (ebd.). Dennoch seien „Organisationen gut beraten, neuen Moden nicht hinterherzulaufen" (ebd.). Ihr Fazit: „Insofern steckt auch im Umgang mit neuen Organisationsansätzen eine Paradoxie: Nutze die Ansätze, aber folge ihnen nicht!" (ebd.). Diese Vorgehensweise bezeichnen sie als „postmodisches Agieren", bei dem einerseits das Muster verlassen wird, „immer dem neuesten Trend als nächsten Heilsbringer zu folgen", andererseits aber der „Anregungscharakter von Trendansätzen" genutzt wird, um „hypothesengeleitet deren Wirksamkeit mit der Wirksamkeit bisheriger Vorgehensweisen vergleichen zu können" (ebd.).

Bei der Verwendung vieler Begrifflichkeiten wie ‚Agilität', ‚Selbstorganisation' oder ‚Schwarmintelligenz' ist es jedoch sehr wichtig, die Begriffsverwendung und die genutzte Sprache immer wieder kritisch zu reflektieren und zu prüfen, inwieweit mit „Sprechblasen" gearbeitet wird (Kaduk et al. 2021). Kühl spitzt zu: „Die Innovation bei neuen postbürokratischen Organisationskonzepten liegt inzwischen fast nur noch in der Erfindung neuer Begriffe. (…) Die Erfindung immer neuer Bezeichnungen für postbürokratische Organisationsformen kann allerdings nicht darüber hinwegtäuschen, dass die Probleme weitgehend die gleichen bleiben" (2015c, S. 10 f.).

4.5 Dilemmatamanagement in sozialwirtschaftlichen Organisationen

4.5.1 Führungs- und Organisationsdilemmata

Diese spielen eine wichtige Rolle bei der Reflexion des Steuerungsverständnisses (siehe Abschn. 1.3) wie auch bei den Aufgabenfeldern von Führung im Kontext eines General Managements (siehe Abschn. 4.3). Insgesamt müssen sich Organisationen „in ungewissen Zeiten" (so ein Buchtitel von Geramanis und Hermann 2016) „zunehmend mit gegensätzlichen, paradoxen Anforderungen auseinandersetzen: Sie sehen den Zwang, ihre Komplexität gleichzeitig zu steigern und zu reduzieren. (…) Sie müssen sowohl kreatives Chaos als auch Ordnung organisieren, sie müssen flexibel und stabil sein" (Kühl 2015c, S. 129 f.). Kurz: Es wird immer deutlicher, dass „der Umgang mit Dilemmata, Ambiguitäten und Widersprüchlichkeiten zu einem entscheidenden Erfolgsfaktor für Organisationen wird" (ebd., S. 130; exemplarisch: Tuckermann 2013; vgl. auch Simon 2013).

Auch Wunderer betont dies: „Führen und Zusammenarbeiten geschieht aber immer in Spannungsfeldern" und beinhaltet „die Suche nach der zweck- und situationsgerechten Kombination, dem richtigen Schwer- und Wendepunkt. So gibt es keine ‚Patentrezepte', auch wenn sie vielfach angeboten werden. Denn Führen verlangt auch, mit Paradoxien umgehen zu können" (Wunderer 2009a, S. V).

Lebrenz hebt hervor, dass Dilemmata in Organisationen unvermeidlich sind. Im Kern sind es seiner Einschätzung nach fünf Faktoren, die dazu führen, dass es „zwangsläufig zu einer Vielzahl von Dilemmata kommt", „Ressourcenknappheit (…), Arbeitsteilung (…), Wettbewerb (…), Interessengegensätze (…) und Unsicherheit (…)" (vgl. Lebrenz 2018, S. 31 ff., 2020, S. 125 f.).

Speziell sozialwirtschaftliche Organisationen befinden sich heute in einem mehrpoligen Spannungsfeld zwischen von der öffentlichen Hand gesetzten Rahmenbedingungen, einer steigenden Markt- und Wettbewerbsorientierung, einer zunehmend forcierten sozialräumlichen Verankerung und Einbeziehung bürgerschaftlicher Ressourcen und sich immer weiter ausdifferenzierenden Lebenslagen der Adressat*innen bzw. Kund*innen (vgl. Grunwald und Roß 2014, S. 17). Insofern besteht eine zentrale Herausforderung von Leitungskräften auch in der Sozialwirtschaft darin, Führungs- und Organisationsdilemmata bewusst wahrzunehmen und mit ihnen produktiv umzugehen (vgl. zum Folgenden Grunwald 2012c, 2018a, S. 381 ff.).

4.5 Dilemmatamanagement in sozialwirtschaftlichen Organisationen

Zunächst ist jedoch zu klären, was unter einem *Dilemma* zu verstehen ist. Blessin und Wick definieren ein Dilemma auf der Grundlage der führungstheoretischen Diskussion unter Rückgriff auf Neuberger folgendermaßen: „Es muss eine Entscheidung getroffen werden zwischen mindestens zwei gegebenen, gleichwertigen und gegensätzlichen Alternativen" (2014, S. 458). Das bedeutet, es besteht ein Zwang zu Entscheidungen („muss"), der auch nicht durch reine Analyse oder Reflexion erledigt werden kann („Entscheidung"). Die Formulierung „gegebenen, gleichwertigen und gegensätzlichen Alternativen" meint, dass es um eindeutig bezeichnete Alternativen geht, die auch tatsächlich existent sind („gegeben"), und dass beide Seiten der Alternativen prinzipiell anzustreben („gleichwertig") und konträr („gegensätzlich") sind.

Die Herausforderung, die mit Dilemmata verbunden ist, wird bereits von Müller-Stewens und Fontin sehr schön beschrieben: „Grundsätzlich beschreibt ein Führungsdilemma eine Situation, in der ein Entscheidungsträger vor die Schwierigkeit der Wahl zwischen zwei einander widersprechenden Handlungslogiken gestellt wird, wobei für beide i.a. gute Gründe sprechen" (1997, S. 3). Und sie formulieren bereits eine Idee, warum Dilemmata als schwierig erlebt werden: „Das, was als unangenehm empfunden wird, sind nicht die Optionen, sondern die notwendig erscheinende Wahl. Dies rührt daher, dass – nach dem Prinzip ‚Entweder-Oder' – ein Dilemma im Sinne einer unversöhnlichen Opposition unterstellt wird" (ebd.).

4.5.2 Konkretisierungen

Ein Dilemma, das in der Literatur häufig beschrieben wird und das sich gut eignet, grundsätzliche Charakteristika von Dilemmata zu verdeutlichen, ist die *Dualität von Effizienz und Slack*. Sie meint, dass im Interesse einer Optimierung der Effizienz Personalressourcen und Sachmittel maximal ausgelastet werden und insofern „Strukturen und Prozesse so weit wie möglich standardisiert und vereinfacht werden" müssen, wie bereits Stahl (1999, S. 183) ausführt. Allerdings ist unter diesen Voraussetzungen „kein Platz für ‚Slack', also für überschüssige Ressourcen und Pufferkapazitäten, für Mehrfachbesetzungen von Funktionen oder die bewusst parallele Einrichtung von Stellen, Abteilungen oder Teams", weil Slack „unter dem Gesichtspunkt *kurzfristiger* Effizienz immer Verschwendung" ist (ebd., S. 184; Hervorhebung im Original). Die Reduzierung von Slack in einer Organisation führt in aller Regel zu kurzfristigen Einsparungen, bringt aber längerfristig oft auch eine Schwächung der Organisation mit sich, die sich z. B.

in zunehmendem Stress der Mitarbeitenden und/oder in einer zurückgehenden organisationalen Problemlösekapazität der Gesamteinrichtung niederschlägt.

Ein Spannungsfeld, das mit der Dualität von Effizienz und Slack verbunden ist, aber unabhängig von ihr Bedeutung hat, besteht in der *Spannung zwischen enger und loser Kopplung:* „*Enge* Kopplung bedeutet viele kurze, eher geregelte Interaktionen mit anderen Subsystemen des Unternehmens, *lose* Kopplung hingegen seltene, lange, eher spontane Interaktionen (…). Beide können funktional, örtlich und situativ unterschiedlich miteinander kombiniert werden. Dadurch wird versucht, positiven Slack einzubauen, ohne gleich auf Effizienz in Bausch und Bogen zu verzichten" (Stahl 1999, S. 185, Hervorhebungen im Original; vgl. Wolff 2010).

Neben der Dualität von Effizienz und Slack wird in der neueren Organisationslehre im Allgemeinen und im Change Management im Besonderen (vgl. Grunwald 2018c) häufig das Gegensatzpaar *Stabilität versus Wandel* (oder: Bewahrung versus Veränderung) aufgegriffen, weil für das Überleben einer Organisation oftmals sowohl tief greifende Veränderungen als auch verlässliche Kontinuitäten notwendig sind. Gleichzeitig muss eine Führungskraft oft einerseits den Wandel initiieren und fördern und andererseits aber auch die notwendige Stabilität im Wandelprozess garantieren. Dies gilt auch in Zeiten agiler Organisationen!

Weitere dilemmatische Konstellationen (vgl. Blessin und Wick 2014, S. 460 ff.; Groth et al. 2021c, S. 328 ff.; Kühl 2015c, S. 129 ff.; Gebert 2004a, Sp. 196, 2002, S. 153) sind beispielsweise die Gegensatzpaare

- Kontrolle/Steuerung versus Autonomie,
- Expansion versus Konzentration,
- Zentralisierung versus Dezentralisierung,
- Integration versus Differenzierung,
- Kooperation versus Konkurrenz,
- Innovation versus Konzentration auf Bewährtes (Exploration versus Exploitation),
- Homogenität versus Heterogenität und
- Eindeutigkeit versus Mehrdeutigkeit.

Stärker auf *Führungssituationen* bezogen werden ebenfalls etliche Dilemmata genannt (vgl. Blessin und Wick 2014, S. 460 ff.), insbesondere

- Distanz (Sachlichkeit) versus Nähe (Emotionalität),
- Gleichbehandlung aller versus Eingehen auf den Einzelfall,

- Ziel- versus Verfahrensorientierung sowie
- Belohnungs- versus Wertorientierung.

All diese grundsätzlichen Dilemmata in Organisationen stellen oft gravierende Herausforderungen für das Management sozialwirtschaftlicher Einrichtungen dar. Sie lassen sich *für sozialwirtschaftliche Organisationen konkretisieren* und anreichern. So verweist Langer (2013, S. 135 ff.) beispielsweise auf

- „Qualifizierungsparadoxien im Personalmanagement",
- paradoxe Nebenfolgen von delegativ-partizipativen Führungsstrukturen,
- eine potenzielle „Unvereinbarkeit der Aufgabe mit den strukturellen Voraussetzungen" (ebd., S. 136) sowie
- einen hohen „Anreiz zum Opportunismus in Form der Weitergabe hoher Risiken und gleichzeitig zur Leistungs- und Angebotskonzentration auf ‚ergiebige' Nutzergruppen" (ebd., S. 137).

Merchel (2015b, S. 285 f.) fokussiert auf die Spannungen

- „zwischen personenbezogenen und strukturbezogenen Leitungsimpulsen",
- zwischen der Orientierung an den Mitarbeitenden und an den Aufgaben und sachlichen Zielen der Organisation,
- zwischen Vertrauen auf die Bereitschaft der Mitarbeitenden zur Leistung und ihre Kompetenz und der notwendigen „kritischen Beobachtung und Kontrolle",
- zwischen „Beruhigen und Stabilisieren (Komplexitätsreduktion) einerseits, damit die Organisation Routinen entwickeln kann und arbeitsfähig bleibt bzw. wird, und einer Irritation andererseits, damit sie ihre Selbstreferentialität partiell überwindet und lernfähig wird (Komplexitätsausweitung und Destabilisierung)",
- zwischen der Begrenzung der Komplexität möglicher Entscheidungen durch die „Vorgabe von Orientierungen/Richtungen für Wahrnehmung/Interpretation/Entscheidungen" auf der einen Seite und dem Zugestehen von (relativer) „Offenheit und Flexibilität bei Einzelentscheidungen" auf der anderen Seite, wie sie gerade in sozialwirtschaftlichen Organisationen unverzichtbar ist.

4.5.3 Theoretische Einordnung von Organisations- und Führungsdilemmata

Ein wichtiger *Hintergrund für Dilemmata* in Organisationen besteht laut Gebert in der *Existenz partiell gegensätzlicher Zielorientierungen der Unternehmensführung.* So stehen Unternehmen auf der einen Seite im Zeichen des zunehmenden und sich verschärfenden Wettbewerbs vor der Aufgabe, „Innovativität, Wandlungsfähigkeit und Kreativität" zu fördern – so schon früh Gebert (2004a, Sp. 195). Auf der anderen Seite stehen sie angesichts eines steigenden Effizienz- und Qualitätsdrucks vor der Anforderung, die „Einhaltung von Zeit- und Kostenbudgets" und die „Zuverlässigkeit und Stabilität der Prozesse" zu gewährleisten (ebd.). Steht beim Zielbündel der ‚*Innovativität*' eine Erweiterung von Aktionsspielräumen im Mittelpunkt der Handlungsstrategien, so geht es beim Zielbündel der ‚*Effizienz, Zuverlässigkeit, Termintreue und Prozessstabilität*' primär um den Einsatz von „ordnenden Regelwerken und Kontrollstrategien", die eine Einschränkung von Handlungsspielräumen mit sich bringen (ebd.). Es stehen sich also angesichts der Zielbündel der Innovation und der Effizienz Handlungsmuster gegenüber, die zumindest teilweise in Form der Vergrößerung oder der Verkleinerung von Freiräumen gegensätzlich sind (vgl. Gebert 2004b, S. 148 f.).

Vor dieser Folie lassen sich Dilemmata in Organisationen laut Gebert in einem „theoretischen Bezugsrahmen" zusammenbinden in die beiden gegensätzlichen *Grundorientierungen der offenen und der geschlossenen Organisation* (Gebert 2004a, Sp. 196 ff.; vgl. Gebert und Boerner 1995). Mit dem Begriff der „Geschlossenheit" verbinden sich dabei „Stabilität, Vorausschaubarkeit, Harmonie, ein festes Rollengefüge, Sicherheit, Ordnung und Eindeutigkeit", die alle die Undurchlässigkeit einer Systemgrenze fördern (Stahl 1999, S. 189). Mit dem Begriff der „Offenheit" verbinden sich dagegen „Innovation, Vielfalt, Individualität, Freiheit, Toleranz und Lernen", die eher im Zeichen einer offenen und durchlässigen Systemgrenze stehen (ebd.; vgl. auch Stahl 2012).

Bei den Grundorientierungen der offenen und geschlossenen Organisation gibt es weder *die* geschlossene noch *die* offene Organisation. Organisationen sind vielmehr in aller Regel als ‚Gemengelagen' aus geschlossenen und offenen Strukturmustern zu kennzeichnen. *Die* geschlossene oder *die* offene Organisation sind *Idealtypen* von Organisationen im Sinne von Polen, zwischen denen sich eine konkrete Einrichtung im Zeitverlauf und in ihren Bereichen immer wieder neu zu verorten hat.

Diese beiden Grundorientierungen und ihre Licht- und Schattenseiten lassen sich am *Beispiel des Konzepts der Organisationskultur* konkretisieren: So schlägt sich eine geschlossene Organisationskultur in einem großen Zusammenhalt der Mitglieder nieder („Wir sind eine Schicksalsgemeinschaft, wir ziehen alle an einem Strang, wir sind anders und vielleicht auch besser als die Anderen' usw.), der einerseits eine Stärke, andererseits aber auch eine gewisse Blind- oder Borniertheit gegenüber Umweltanforderungen und/oder -veränderungen bedeuten kann (vgl. ebd.). Eine offene Unternehmenskultur dagegen zeigt sich in einer Vielfalt und Flexibilität der Einrichtung, die einerseits positiv gewendet eine hohe Lernfähigkeit und Kreativität, andererseits aber auch ein beträchtliches Maß an Instabilität, aufwendigen Interaktionen, Konfliktgeladenheit und Unordnung mit sich bringen kann.

Gebert und Boerner stellen in diesem Zusammenhang heraus, dass es – ganz im Sinne eines Diversity Managements – wichtig ist zu lernen, „die im Betrieb ohnehin vorfindbare Pluralität der Werte, Normen, Überzeugungen, Führungs-, Kommunikations- und Kooperationsmuster nicht primär als Gefahr, Panne oder gar Chaos, sondern als Chance" zu begreifen (1995, S. 397). Die Unternehmensführung sollte sich also bemühen „eine Organisationskultur zu verlebendigen, die nicht homogenisierend dem offenen oder geschlossenen Pol zugeneigt ist, sondern gerade in Abweichung davon Pluralität auf ihre Fahnen schreibt" (ebd., S. 397; zu Diversity Management vgl. Dreas 2019).

4.5.4 Facetten des Dilemmatamanagements

Lebrenz konzipiert Dilemmatamanagement auf einer sehr pragmatischen Ebene (vgl. 2018, S. 81 ff., 2020, S. 126 ff.). Angesichts der Unvermeidlichkeit, der Bedeutung und der Zeitintensivität der Bearbeitung von Dilemmata durch Führungskräfte schlägt er vier Strategien vor:

- „Aufhebung des Handlungsdrucks: nicht handeln";
- „Aufheben der Gleichwertigkeit: bewusste Entscheidung für eine der Alternativen";
- „Aufheben der Gegensätzlichkeit: Beide Alternativen werden angewandt";
- Aufheben der Gegebenheit: die Suche nach weiteren Alternativen" (vgl. Lebrenz 2018, S. 81 ff., 2020, S. 126 ff.;).

Ein managerieller Umgang mit Dilemmata hat dabei grundsätzlich einen *Kompromisscharakter.* Die den Dilemmata zugrunde liegenden Dualitäten werden zwar bearbeitet und in gewissem Sinne handhabbar gemacht, aber sie werden nicht im strengen Sinne aufgelöst. *Dilemmatamanagement* bleibt so eine prozessbezogene Aufgabe der Unternehmensführung, die eher der Strategie des „Sowohl-als-auch" als der des „Entweder-oder" folgt (vgl. Stahl 1999): „Die Herausforderung scheint für Organisationen darin zu bestehen, die beiden Seiten eines Dilemmas gleichzeitig wirksam werden zu lassen. Die beiden sich eigentlich widersprechenden Pole müssen sich (…) in Organisationen zur gleichen Zeit entfalten können" (Kühl 2015c, S. 130). Nötig ist – wie das Beispiel der offenen versus geschlossenen Organisationskultur zeigt – *ein die Pole ausbalancierender und von Lernprozessen geprägter Umgang* mit dem Grunddilemma ‚offene versus geschlossene Organisationsformen'. In (sozialwirtschaftlichen) Unternehmen stellt sich damit „das Problem einer ‚klugen' Balancierung, wobei die Art der Balancierung zielbezogen und situationsrelativiert gestaltet werden muss" (Gebert und Boerner 1995, S. 432).

Wichtig ist dabei, dass „trotz aller Balancierungsbemühungen ungeplante negative Sekundäreffekte der jeweiligen Mischungen" verbleiben – und „genau in diesen verbleibenden negativen Sekundäreffekten" liegen „die Wurzeln dafür, dass im Zuge der Balancierungsprozesse ‚Anpassungen an die Anpassungen' erforderlich sind", wodurch der Balanceprozess nicht als einmaliger, sondern als sich wiederholender Vorgang zu verstehen ist (Gebert 2002, S. 165). Alle Mischungen behalten einen Kompromisscharakter, womit die „Antriebskräfte der Eigenregulation sozialer Systeme virulent" bleiben und regelmäßig „neue ungeplante Nachfragen erzeugt" werden, die wieder neu ausbalanciert werden müssen (ebd.). Insofern lässt sich summarisch festhalten: „Führen heißt dann im Ergebnis: balancieren *in Permanenz*" (ebd.; Hervorhebung im Original). Dies stellt gleichermaßen eine Herausforderung für Führungskräfte und Mitarbeitende als auch eine Chance für die permanente Initiierung und Gestaltung von Innovationen in Organisationen dar. Führung ist insofern gerade unter dem Fokus des Dilemmatamanagements zu verstehen als kontinuierliche Gestaltung organisationaler Lernprozesse (vgl. Grunwald 2009b, S. 105 ff.), wie es im Konzept des Entwicklungsorientierten Managements hervorgehoben wird (siehe Abschn. 4.4).

Für die Führungskräfte in sozialen Einrichtungen bedeutet dies, dass eine wichtige Aufgabe und Existenzberechtigung des Managements darin liegt, allgemeine und diffuse Paradoxien und Widersprüche der Organisation zu überführen in *formulier- und greifbare Spannungsfelder* und Dilemmata (vgl. auch Gebauer 2017, S. 123 ff.). Führungskräfte bürgen dafür, den Umgang mit den Paradoxien und Dilemmata in Organisationen in eine kanalisierte und damit bearbeitbare Form zu bringen. Die von Führungskräften angestoßene Auseinandersetzung mit der Komplexität der Umwelt einer Organisation ist dabei nie abgeschlossen, sondern stellt vielmehr eine wieder und wieder neu anzugehende Herausforderung dar. Die Frage, was neu bedacht und entschieden werden kann bzw. muss und an welchen Stellen die Organisation ohne Nachteile auf bestehende Muster im Umgang mit Paradoxien und Dilemmata zurückgreifen kann – also: wo kann ‚Ungewissheit absorbiert' werden und wo muss ‚Ungewissheit erzeugt und neu integriert' werden –, muss regelmäßig neu gestellt und bearbeitet werden (genauer Grunwald 2006, S. 191; vgl. Böhle und Busch 2012a, b).

Dilemmatamanagement hat insofern viel zu tun mit der *permanenten Auseinandersetzung mit Widersprüchen* in der Organisation und in ihrer Umwelt. Kühl bringt das sehr schön auf den Punkt, wenn er festhält, dass die Herausforderung für die Führungskräfte und deren Aktivitäten der Organisationsgestaltung darin besteht, „Dilemmata nicht als Hemmschuh zu begreifen, dem mit psychologischen und sozialpsychologischen Methoden beizukommen ist, sondern sie als einen möglichen Motor von Wandel in Organisationen zu begreifen. Dilemmata sind Hinweise auf nicht auflösbare Widersprüche oder Widersinnigkeiten, die nicht standardisierte Kommunikation notwendig machen; Kommunikationen, die für die Entwicklung von Organisationen genutzt werden können" (1997, S. 17; Kühl 2015c, S. 125 ff.). Bezogen auf „Paradoxien intersektionaler Zugänge" plädieren Eberherr und Bendl „aus der Perspektive soziologischer Organisations- und Geschlechterforschung" dafür, „Paradoxien und Widersprüche nicht als ‚noch Einzuholendes' zu fassen, sondern (…) einen produktiven Umgang mit Paradoxien und Widersprüchen zu entwickeln, die intersektionalen Ansätzen immanent sind" (2020, S. 20).

Manager*innen können somit auch als „Paradoxieentfaltungsinstanz" verstanden werden, deren Aufgabe darin besteht, widersprüchliche Anforderungen nicht komplett von der eigenen Organisation oder Abteilung fernzuhalten, sondern sie immer wieder neu in einer bearbeitbaren Form in die Einrichtung eindringen zu lassen (Kühl 2015b, S. 28).

Literatur

Literaturtipps zur Vertiefung

Backhausen, Wilhelm J., & Thommen, Jean-Paul (2007). *Irrgarten des Managements*, Ein systemischer Reisebegleiter zu einem Management 2. Ordnung. Zürich: Versus.
Ballreich, Rudi (Hrsg.) (2020). *Systemische Perspektiven*. Die Pioniere der systemischen Beratung im Gespräch. Stuttgart: Concadora.
Kaduk, Stefan, & Osmetz, Dirk (2020b). *Musterbrecher*. Die Kunst, das Spiel zu drehen (kompl. überarb. Neuaufl.). Hamburg: Murmann Publishers.

Kühl, Stefan (2017). *Laterales Führen*. Eine kurze organisationstheoretisch informierte Handreichung. Wiesbaden: Springer VS.

Kühl, Stefan (2015b). *Sisyphos im Management*. Die vergebliche Suche nach der optimalen Organisationsstruktur (2., akt. Aufl.). Frankfurt a.M./New York: Campus.

Kühl, Stefan (2015c). *Wenn die Affen den Zoo regieren*. Die Tücken der flachen Hierarchien (6. akt. Aufl.). Frankfurt a.M./New York: Campus.

Muster, Judith, Bull, Finn-Rasmus, & Kapitzky, Jens (Hrsg.) (2021), Postbürokratisches Organisieren. Formen und Folgen agiler Arbeitsweisen. München: Vahlen.

Rüegg-Stürm, Johannes, & Grand, Simon (2020). Das St. Galler Management-Modell. Management in einer komplexen Welt (2., überarb. Aufl.). Bern: Haupt/UTB.

Wimmer, Rudolf (2011). Die Steuerung des Unsteuerbaren. In Bernhard Pörksen (Hrsg.), Schlüsselwerke des Konstruktivismus (S. 520–547). Wiesbaden: VS Verlag für Sozialwissenschaften.

Verwendete Literatur

Abegglen, Christian, & Bleicher, Knut (2021). *Das Konzept integriertes Management*. Visionen – Missionen – Programme (10., akt. u. erw. Aufl.). Frankfurt a.M./New York: Campus.

Arnold, Rolf (2021). *Agile Führung aus Geschichten lernen*. Heidelberg: Carl-Auer.

Backhausen, Wilhelm J. (2009). *Management 2. Ordnung*. Wiesbaden: Gabler.

Backhausen, Wilhelm J., & Thommen, Jean-Paul (2017). *Coaching*. Durch systemisches Denken zu innovativer Personalentwicklung (4., akt. Aufl.). Wiesbaden: Springer Gabler.

Backhausen, Wilhelm J., & Thommen, Jean-Paul (2007). *Irrgarten des Managements*. Ein systemischer Reisebegleiter zu einem Management 2. Ordnung. Zürich: Versus.

Baecker, Dirk (1994). *Postheroisches Management*. Ein Vademecum. Berlin: Merve.

Bardmann, Theodor M., & Groth, Torsten (Hrsg.) (2001). *Zirkuläre Positionen 3. Organisation*. Management und Beratung. Wiesbaden: VS Verlag für Sozialwissenschaften.

Birgmeier, Bernd (2021): „VUCA"? – ein sozialpädagogisch inspirierter Kommentar. In: Surzykiewicz, Janusz/Birgmeiner, Bernd/Hofmann, Mathias/Rieger, Susanne (Hrsg.), *Supervision und Coaching in der VUCA-Welt*. (S. 191–204). Wiesbaden: Springer Fachmedien.

Bleicher, Knut (2011). *Das Konzept integriertes Management*. Visionen – Missionen – Programme (8., überarb. u. erw. Aufl.). Frankfurt a.M./New York: Campus.

Blessin, Bernd, & Wick, Alexander (2014). *Führen und führen lassen*. Ansätze, Ergebnisse und Kritik der Führungsforschung (7., vollst. überarb. Aufl.). Konstanz/München: UVK/Lucius/UTB.

Böhle, Fritz (2020). Selbstorganisation im Spannungsfeld von individueller Autonomie und übergreifender Ordnung. In: Porschen-Hueck, Stephanie/Jungtäubl, Marc/Weihrich, Margit (Hrsg.), *Agilität? Herausforderungen neuer Konzepte der Selbstorganisation* (S. 15–22). Augsburg/München: Rainer Hampp.

Böhle, Fritz, & Busch, Sigrid (Hrsg.) (2012a). *Management von Ungewissheit*. Neue Ansätze jenseits von Kontrolle und Ohnmacht. Bielefeld: transcript.

Böhle, Fritz, & Busch, Sigrid (2012b). Von der Beseitigung und Ohnmacht zur Bewältigung und Nutzung. In Fritz Böhle, & Sigrid Busch (Hrsg.), *Management von Ungewissheit. Neue Ansätze jenseits von Kontrolle und Ohnmacht* (S. 13–34). Bielefeld: transcript.

Bono, Maria Laura, & Prettenhofer, Anton (2017). Nachhaltiges Stakeholder-Management in Nonprofit-Organisationen. In Ludwig Theuvsen, Dorothea Greiling, René Andessner, & Markus Gmür (Hrsg.), *Nonprofit-Organsiationen und Nachhaltigkeit* (S. 61–70). Wiesbaden: Springer Gabler.

Boos, Frank, & Buzanich-Pöltl, Barbara (2020). *Moving Organizations. Wie Sie sich durch agile Transformation krisenfest aufstellen*. Stuttgart: Schäffer-Poeschel.

Braun, Christophe, & Krauß, Udo (2019). *Agile Power Guide. Fokussiert, schnell und flexibel zum Erfolg*. Düsseldorf: Handelsblatt Fachmedien.

Comelli, Gerhard, Rosenstiel, Lutz von, & Nerdinger, Friedemann W. (2014). *Führung durch Motivation. Mitarbeiter für Unternehmensziele gewinnen* (5., überarb. Aufl.). München: Vahlen.

Cyert, Richrad M., & March, James G. (1995). *Eine verhaltenswissenschaftliche Theorie der Unternehmung*. Stuttgart: Schäffer-Poeschel.

Dell, Christopher (2012). *Die improvisierende Organisation. Management nach dem Ende der Planbarkeit*. Bielefeld: transkript.

Derndinger, Friedemann, & De Groot, Claas (2020). *Die Ambidextrische Organisation. Erfolgsstrategien in der neuen Unternehmensrealität*. Freiburg i.Br.: Haufe.

Dreas, Susanne A. (2019). *Diversity Management in Organisationen der Sozialwirtschaft. Eine Einführung*. Wiesbaden: Springer VS.

Dubs, Rolf, Euler, Dieter, Rüegg-Stürm, Johannes, & Wyss, Christina E. (Hrsg.) (2009). *Einführung in die Managementlehre* (Bd. 1, 2. Aufl.). Bern: Haupt.

Duwe, Julia (2020). *Beidhändige Führung. Wie Sie als Führungskraft durch Ambidextrie Innovationssprünge ermöglichen* (2. Aufl.). Wiesbaden: Springer Gabler.

Eberherr, Helga, & Bendl, Regine (2020). Interdependente Machtverhältnisse: Epistemologische Reflexionen zu Paradoxien intersektionaler Zugänge. In Martin Seeliger, & Julia Gruhlich (Hrsg.), *Intersektionalität, Arbeit und Organisation* (S. 20–35). Weinheim Basel: Beltz Juventa.

Eberl, Peter (2009). Die Idee des Entwicklungsorientierten Management. In Markus Gmür et al. (Hrsg.), *Entwicklungsorientiertes Management weitergedacht* (S. 5–10). Kassel: Univ. Press.

Eberl, Peter (1996). Entwicklungsorientiertes Management. Anregungen für die Gestaltung von Veränderungsprozessen in Wohlfahrtsverbänden. In Rainer Öhlschläger, & Hans-Martin Brüll (Hrsg.), *Unternehmen Barmherzigkeit. Identität und Wandel sozialer Dienstleistung. Rahmenbedingungen – Perspektiven – Praxisbeispiele* (S. 52–62). Baden-Baden: Nomos.

Eppler, Martin J. (2015). VUCA-Vokabular. *Organisationsentwicklung, 34* (4), S. 54–55.

Exner, Alexander, Exner, Hella, & Hochreiter, Gerhard (2009). *Selbststeuerung von Unternehmen. Ein Handbuch für Manager und Führungskräfte*. Frankfurt a.M./New York: Campus.

Feld, Timm C., & Seitter, Wolfgang (2017). *Organisieren*. Stuttgart: Kohlhammer.

Flösser, Gaby, & Otto, Hans-Uwe (1992). Sozialmanagement oder Management des Sozialen? In Gaby Flösser, & Hans-Uwe Otto (Hrsg.), *Sozialmanagement oder Management des Sozialen?* (S. 7–18). Bielefeld: Böllert, KT.

Gebauer, Annette (2017). *Kollektive Achtsamkeit organisieren*. Strategien und Werkzeuge für eine proaktive Risikokultur. Stuttgart: Schäffer-Poeschel.

Gebert, Diether (2004a). Dilemma-Management. In Georg Schreyögg, & Axel von Werder (Hrsg.), *Handwörterbuch der Unternehmensführung und Organisation* (4. völlig neu bearb. Aufl., Sp. 195–204). Stuttgart: Schäffer-Poeschel.

Gebert, Diether (2004b). *Innovation durch Teamarbeit*. Eine kritische Bestandsaufnahme. Stuttgart: Kohlhammer.

Gebert, Diether (2002). *Führung und Innovation*. Stuttgart: Kohlhammer.

Gebert, Diether, & Boerner, Sabine (1995). *Manager im Dilemma*. Abschied von der offenen Gesellschaft? Frankfurt: Campus.

Geramanis, Olaf, & Hutmacher, Stefan (Hrsg.) (2020). *Der Mensch in der Selbstorganisation*. Kooperationskonzepte für eine dynamische Arbeitswelt. Wiesbaden: Springer Gabler.

Geramanis, Olaf, & Hermann, Kristina (Hrsg.) (2016). *Führen in ungewissen Zeiten*. Impulse, Konzepte und Praxisbeispiele. Wiesbaden: Springer VS.

Gergs, Hans-Joachim, & Lakeit, Arne (2020). *Agilität braucht Stabilität*. Stuttgart: Schäffer-Poeschel.

Gmür, Markus (2009). Entwicklungsorientiertes Personalmanagement: eine Zwischenbilanz. In Markus Gmür et al. (Hrsg.), *Entwicklungsorientiertes Management weitergedacht* (S. 53–60). Kassel: University Press.

Gmür, Markus et al. (Hrsg.) (2009). *Entwicklungsorientiertes Management weitergedacht*. Zur Erinnerung an Prof. Dr. Rüdiger Klimecki. Kassel: University Press.

Göbel, Elisabeth (2004). Selbstorganisation. In Georg Schreyögg, & Axel von Werder (Hrsg.), *Handwörterbuch der Unternehmensführung und Organisation* (4. völlig neu bearb. Aufl., Sp. 1312–1318). Stuttgart: Schäffer-Poeschel.

Gomez, Peter, & Probst, Gilbert J. B. (1995). *Die Praxis des ganzheitlichen Problemlösens*. Vernetzt denken, Unternehmerisch handeln, persönlich überzeugen. Bern/Stuttgart/Wien: Haupt.

Graefe, Stefanie (2019). *Resilienz im Krisenkapitalismus*. Wider das Lob der Anpassungsfähigkeit. Bielefeld: transcript.

Grillitsch, Waltraud, & Sagmeister, Monika (2021). *Projektmanagement in Organisationen der Sozialwirtschaft*. Wiesbaden: Springer VS.

Grimmer, Bernhard (2016). Trauer und Depression – gelingende und misslingende Bewältigung von Veränderung im Management. In Eva-Maria Lewkowicz, & Beate West-Leuer (Hrsg.), *Führung und Gefühl*. Mit Emotionen zu Authentizität und Führungserfolg (S. 109–120). Wiesbaden: Springer VS.

Groth, Torsten, Krejci, Gerhard P., & Günther, Stefan (Hrsg.) (2021a). *New Organizing*. Wie Großorganisationen Agilität, Holacracy & Co. einführen – und was man daraus lernen kann. Heidelberg: Carl-Auer.

Groth, Torsten, Krejci, Gerhard P., & Günther, Stefan (2021b). New Organizing. Empirie trifft Theorie. In Torsten Groth, Gerhard P. Krejci, & Stefan Günther (Hrsg.), *New Organizing*. Wie Großorganisationen Agilität, Holacracy & Co. einführen – und was man daraus lernen kann (S. 18–33). Heidelberg: Carl-Auer.

Groth, Torsten, Krejci, Gerhard P., & Günther, Stefan (2021c). Ein zweiter Blick auf New Organizing. In Torsten Groth, Gerhard P. Krejci, & Stefan Günther (Hrsg.), *New Organizing*. Wie Großorganisationen Agilität, Holacracy & Co. einführen – und was man daraus lernen kann (S. 322–333). Heidelberg: Carl-Auer.

Gruber, Alexander (2017). Kreuz und quer: Top-down-, Bottom-up- und laterale Führung in Organisationen. In Heiko Roehl, & Herbert Asselmeyer (Hrsg.), *Organisationen klug gestalten*. Das Handbuch für Organisationsentwicklung und Change Management (S. 219–224). Stuttgart: Schäffer-Poeschel.

Grunwald, Klaus (2018a). Management sozialwirtschaftlicher Organisationen zwischen Steuerungsskepsis, Dilemmatamanagement und Postheroischer Führung. In Klaus Grunwald, & Andreas Langer (Hrsg.), *Sozialwirtschaft*. Ein Handbuch für Wissenschaft und Praxis (S. 369–390). Baden-Baden: Nomos.

Grunwald, Klaus (2018b). Organisationen aus sozialwissenschaftlicher Perspektive. In Klaus Grunwald, & Andreas Langer (Hrsg.), *Sozialwirtschaft*. Ein Handbuch für Wissenschaft und Praxis (S. 221–238). Baden-Baden: Nomos.

Grunwald, Klaus (2018c). Organisationsentwicklung/Change Management in und von sozialwirtschaftlichen Organisationen. In Klaus Grunwald, & Andreas Langer (Hrsg.), *Sozialwirtschaft*. Ein Handbuch für Wissenschaft und Praxis (S. 333–356). Baden-Baden: Nomos.

Grunwald, Klaus (2015b). Postheroisches Management als Herausforderung für Fach- und Leitungskräfte aus der Perspektive einer Lebensweltorientierten Sozialen Arbeit. *Zeitschrift für Sozialpädagogik*, 13 (2), S. 178–185.

Grunwald, Klaus (2012b). Entwicklungsorientiertes Management als Konzept für Organisationsgestaltung und Personalmanagement in Einrichtungen der Sozialwirtschaft. In Armin Wöhrle (Hrsg.), *Auf der Suche nach Sozialmanagementkonzepten und Managementkonzepten für und in der Sozialwirtschaft* (Bd. 2, S. 188–204). Augsburg: Ziel.

Grunwald, Klaus (2012c). Zur Bewältigung von Dilemmata und Paradoxien als zentrale Qualifikation von Leitungskräften in der Sozialwirtschaft. In Herbert Bassarak, & Sebastian Noll (Hrsg.), *Personal im Sozialmanagement* (S. 55–79). Wiesbaden: Springer VS.

Grunwald, Klaus (2009a). Einleitung. In Klaus Grunwald (Hrsg.), *Vom Sozialmanagement zum Management des Sozialen?* Eine Bestandsaufnahme (S. 1–14). Baltmannsweiler: Schneider Hohengehren.

Grunwald, Klaus (2009b). Zum Management von Einrichtungen der Sozialen Arbeit unter organisationssoziologischer Perspektive. In Klaus Grunwald (Hrsg.), *Vom Sozialmanagement zum Management des Sozialen?* Eine Bestandsaufnahme (S. 85–138). Baltmannsweiler: Schneider Hohengehren.

Grunwald, Klaus (2006). Management von Dilemmata und Paradoxien in Organisationen der Sozialen Arbeit. *Neue Praxis* 36 (2), S. 186–201.

Grunwald, Klaus, & Roß, Paul-Stefan (2018). „Governance in der Sozialen Arbeit" – Dilemmatamanagement als Ansatz des Managements hybrider Organisationen. In Ludger Kolhoff, & Klaus Grunwald (Hrsg.), *Aktuelle Diskurse der Sozialwirtschaft I* (S. 165–181). Wiesbaden: Springer VS.

Grunwald, Klaus, & Roß, Paul-Stefan (2017). Sozialmanagement als Steuerung hybrider sozialwirtschaftlicher Organisationen. In Armin, Wöhrle, Agnès Fritze, Thomas Prinz, & Gotthart Schwarz (Hrsg.), *Sozialmanagement – eine Zwischenbilanz* (S. 171–184). Wiesbaden: Springer VS.

Grunwald, Klaus, & Roß, Paul-Stefan (2014). „Governance Sozialer Arbeit". Versuch einer theoriebasierten Handlungsorientierung für die Sozialwirtschaft. In Andrea Tabatt-Hirschfeldt (Hrsg.), *Öffentliche und Soziale Steuerung – Public Management und Sozialmanagement im Diskurs* (S. 17–64). Baden-Baden: Nomos.

Güttel, Wolfgang H., & Konlechner, Stefan W. (2019). Entwicklungskräfte in Organisationen: Exploration, Exploitation und Ambidexterity. In Wolfgang H. Güttel (Hrsg.), *Erfolgreich in turbulenten Zeiten*. Impulse für Leadership, Change Management und Ambidexterity (2. erw. Aufl., S. 242–268). Augsburg/München: Hampp.

Haas, Hanns-Stephan (2006). *Theologie und Ökonomie*. Ein Beitrag zu einem diakonierelevanten Diskurs. Gütersloh: Gütersloher Verlagshaus.

Hatfield, Sarah, & Winkler, Katrin (2020). Agiles Arbeiten und Führen. In Lutz von Rosenstiel, Erika Regnet, & Michel E. Domsch (Hrsg.), *Führung von Mitarbeitern*. Handbuch für erfolgreiches Personalmanagement (8., akt. u. überarb. Aufl., S. 747–760). Stuttgart: Schäffer-Poeschel.

Heller, Jutta (Hrsg.) (2019). *Resilienz für die VUCA-Welt*. Individuelle und organisationale Resilienz entwickeln. Wiesbaden: Springer.

Heller, Jutta, Elbe, Martin, & Linsenmann, Male (2012). Unternehmensresilienz. In Fritz Böhle, & Sigrid Busch (Hrsg.), *Management von Ungewissheit*. Neue Ansätze jenseits von Kontrolle und Ohnmacht (S. 213–232). Bielefeld: transcript.

Hieronymi, Andreas, & Eppler, Martin J. (2015). Kleines Komplexitäts-ABC. *Organisationsentwicklung*, 34 (4), S. 21–32.

Höver, Hendrik (2018). *Wirksam Entscheiden*. Handbuch für Führungskräfte in der Sozialwirtschaft. Stuttgart: Kohlhammer.

Höver, Hendrik (2015). *Entscheidungsfähigkeit in diakonischen Unternehmen*. Eine St. Galler Management-Studie. Berlin: LIT.

Hoffmann, Gregor Paul (2017). *Organisationale Resilienz*. Kernressource moderner Organisation. Wiesbaden: Springer VS.

Jantscher, Anna/Lauchart-Schmidl, Nicole (2021). *Being in Organizations*. Die Beziehung zwischen Mensch und Organisation lebendig gestalten. Stuttgart: Schäffer-Poeschel.

Jungtäubl, Marc/Porschen-Hueck, Stephanie/Weihrich, Margit (2020). Beyond Agile oder: Selbstorganisation in der formalisierten Arbeitswelt gestalten. In: Porschen-Hueck, Stephanie/Jungtäubl, Marc/Weihrich, Margit (Hrsg.), Agilität? Herausforderungen neuer Konzepte der Selbstorganisation (S. 233–253). Augsburg/München: Rainer Hampp.

Kaduk, Stefan, Osmetz, Dirk, & Rödel, Stefanie (2021). *Sprechblasen der Organisationskultur*. Ein Glossar. Weinheim/Basel: Beltz.

Kaduk, Stefan, & Osmetz, Dirk (2020a). *Corona X by Musterbrecher*. Lernen in der Krise und für danach. Hamburg: Murmann Publishers.

Kaduk, Stefan, & Osmetz, Dirk (2020b). *Musterbrecher*. Die Kunst, das Spiel zu drehen (kompl. überarb. Neuaufl.). Hamburg: Murmann Publishers.

Kaduk, Stefan, Osmetz, Dirk, & Wüthrich, Hans A. (2020). *Musterbrecher X*. Ein Prospekt für mutige Führung (3. Aufl.). Hamburg: Murmann Publishers.

Kirsch, Werner, Seidl, David, & Aaken, Dominik van (2010). *Evolutionäre Organisationstheorie*. Stuttgart: Schäffer-Poeschel.

Kirsch, Werner, & Seidl, David (2004). Steuerungstheorie. In Georg Schreyögg, & Axel von Werder (Hrsg.), *Handwörterbuch der Unternehmensführung und Organisation* (4. völlig neu bearb. Aufl., Sp. 1365–1374). Stuttgart: Schäffer-Poeschel.

Klatetzki, Thomas (2012). Professionelle Organisationen. In Maja Apelt, & Veronika Tacke (Hrsg.), *Handbuch Organisationstypen* (S. 165–184). Wiesbaden: Springer VS.

Klimecki, Rüdiger (2004). Motivationsorientierte Organisationsmodelle. In Georg Schreyögg, & Axel von Werder (Hrsg.), *Handwörterbuch der Unternehmensführung und Organisation* (4. völlig neu bearb. Aufl., Sp. 915–922). Stuttgart: Schäffer-Poeschel.

Klimecki, Rüdiger, & Gmür, Markus (2005). *Personalmanagement*. Strategien – Erfolgsbeiträge – Entwicklungsperspektiven (3. erw. Aufl.). Stuttgart: Lucius & Lucius.

Klimecki, Rüdiger, & Gmür, Markus (2004). Evolutionstheoretische Ansätze des Personalmanagements. In Eduard Gaugler, Walter A. Oechsler, & Wolfgang Weber (Hrsg.), *Handwörterbuch des Personalwesens* (3. überarb. u. erg. Aufl., Sp. 742–750). Stuttgart: Schäffer-Poeschel.

Klimecki, Rüdiger, Probst, Gilbert, & Eberl, Peter (1994). *Entwicklungsorientiertes Management*. Stuttgart: Schäffer-Poeschel.

Kolhoff, Ludger (2020). *Projektmanagement* (2., akt. u. erw. Aufl.). Baden-Baden: Nomos.

Kolhoff, Ludger (2018a). Personalmanagement und -führung. In Klaus Grunwald, & Andreas Langer (Hrsg.), *Sozialwirtschaft*. Handbuch für Wissenschaft und Praxis (S. 452–473). Baden-Baden: Nomos.

Konlechner, Stefan W., & Güttel, Wolfgang H. (2019). Kontinuierlicher Wandel durch Ambidexterity: Formen, Einsatzbedingungen und Lernen. In Wolfgang H. Güttel (Hrsg.), *Erfolgreich in turbulenten Zeiten*. Impulse für Leadership, Change Management und Ambidexterity (2. erw. Aufl., S. 269–286). Augsburg/München: Hampp.

Kühl, Stefan (2017). *Laterales Führen*. Eine kurze organisationstheoretisch informierte Handreichung. Wiesbaden: Springer VS.

Kühl, Stefan (2015b). *Sisyphos im Management*. Die vergebliche Suche nach der optimalen Organisationsstruktur (2., akt. Aufl.). Frankfurt a.M./New York: Campus.

Kühl, Stefan (2015c). *Wenn die Affen den Zoo regieren*. Die Tücken der flachen Hierarchien (6. akt. Aufl.). Frankfurt a.M./New York: Campus.

Kühl, Stefan (2015d). Wie demokratisch können Unternehmen sein? *Wirtschaft und Weiterbildung*, 28 (6), S. 18–24.

Kühl, Stefan (1997). Widerspruch und Widersinn bei der Umstellung auf dezentrale Organisationsformen. Überlegungen zu einem Paradigmawechsel in der Organisationsentwicklung. *Organisationsentwicklung*, 16 (4), S. 4–18.

Langer, Andreas (2013). *Professionell managen*. Kompetenz, Wissen und Governance im Sozialen Management. Wiesbaden: Springer VS.

Lebrenz, Christian (2020). Dilemmata in der Führung. In Lutz von Rosenstiel, Erika Regnet, & Michel E. Domsch (Hrsg.), *Führung von Mitarbeitern*. Handbuch für erfolgreiches Personalmanagement (8., akt. u. überarb. Aufl., S. 123–132). Stuttgart: Schäffer-Poeschel.

Lebrenz, Christian (2018). *Das Dilemma mit den Dilemmas*. Warum Zwickmühlen das Leben in Organisationen bestimmen und wie wir besser mit ihnen umgehen können. Regensburg: Wahalla/Praetoria.

Lemoine, Jim (2015). Angemessen antworten. Ein Gespräch mit Jim Lemoine über den Einfluss von VUCA auf das Führungsverhalten. *Organisationsentwicklung*, 34 (4), S. 4–6.

Lenz, Ulrich (2019). Coaching im Kontext der VUCA-Welt: Der Umbruch steht bevor. In: Heller, Jutta (Hrsg.), *Resilienz für die VUCA-Welt*. Individuelle und organisationale Resilienz entwickeln (S. 49–68). Wiesbaden: Springer.

Luczak, Dominik (2017). Agil – Erfolgsfaktor agiles Unternehmenssystem. In Christian Ramsauer, Detlef Kayser, & Christoph Schmitz (Hrsg.), *Erfolgsfaktor Agilität*. Chancen für Unternehmen in einem volatilen Marktumfeld (S. 17–32). Weinheim: Wiley-VCH.

Luhmann, Niklas (2016). *Der neue Chef* (hrsg. und mit einem Nachwort von Jürgen Kaube). Berlin: Suhrkamp.

Luhmann, Niklas (2006). *Organisation und Entscheidung* (2. Aufl.). Wiesbaden: VS Verlag für Sozialwissenschaften.

Luhmann, Niklas (1992). Organisation. In Willi Küpper, & Günther Ortmann (Hrsg.), *Mikropolitik*. Rationalität, Macht und Spiele in Organisationen (2., durchges. Aufl., S. 165–185). Opladen: VS Verlag für Sozialwissenschaften.

Malik, Fredmund (2008). *Strategie des Managements komplexer Systeme*. Ein Beitrag zur Management-Kybernetik evolutionärer Systeme (Neuausgabe, 10. Aufl.). Bern: Haupt.

March, James G. (1990). Beschränkte Rationalität, Ungewißheit und die Technik der Auswahl. In James G. March (Hrsg.), *Entscheidung und Organisation*. Kritische und konstruktive Beiträge, Entwicklungen und Perspektiven (S. 297–328). Wiesbaden: Gabler.

Meissner, Jens O. (2011). *Einführung in das systemische Innovationsmanagement*. Heidelberg: Carl Auer.

Merchel, Joachim (2015b). *Management in Organisationen der Sozialen Arbeit*. Eine Einführung. Weinheim: Beltz Juventa.

Moskaliuk, Johannes (2019). *Beratung für gelingende Leadership 4.0*. Praxis-Tools und Hintergrundwissen für Führungskräfte. Wiesbaden: Springer.

Müller-Stewens, Günter (2019). *Die neuen Strategen*. Gestalter der Unternehmenszukunft. Stuttgart: Schäffer-Poeschel.

Müller-Stewens, Günter, & Fontin, Mathias (1997). *Management unternehmerischer Dilemmata*. Ein Ansatz zur Erschließung neuer Handlungspotentiale. Stuttgart: Schäffer-Poeschel.

Müller-Stewens, Günter, & Lechner, Christoph (2016). *Strategisches Management*. Wie strategische Initiativen zum Wandel führen (5., überarb. Aufl.). Stuttgart: Schäffer-Poeschel.

Muster, Judith, Bull, Finn-Rasmus, & Kapitzky, Jens (Hrsg.) (2021), *Postbürokratisches Organisieren*. Formen und Folgen agiler Arbeitsweisen. München: Vahlen.

Nagel, Reinhardt, & Wimmer, Rudolf (2014). *Systemische Strategieentwicklung*. Modelle und Instrumente für Berater und Entscheider (6. akt. u. erg. Aufl.). Stuttgart: Schäffer-Poeschel.

Neumer, Judith (2020). Selbstorganisation gestern und heute – ein qualitativer Umbruch im Umgang mit Unsicherheit? In: Porschen-Hueck, Stephanie/Jungtäubl, Marc/Weihrich, Margit (Hrsg.), *Agilität? Herausforderungen neuer Konzepte der Selbstorganisation* (S. 23–46). Augsburg/München: Rainer Hampp.

Oestereich, Bernd, & Schröder, Claudia (2017). *Das kollegial geführte Unternehmen*. Ideen und Praktiken für die agile Organisation von morgen. München: Vahlen.

Ortmann, Günther (2021). Agilität versus Hierarchie? Kulturen der Beidhändigkeit. In Judith Muster, Finn-Rasmus Bull, & Jens Kapitzky (Hrsg.), *Postbürokratisches Organisieren*. Formen und Folgen agiler Arbeitsweisen (S. 169–190). München: Vahlen.

Petry, Thorsten (2019). Digital Leadership – Unternehmens- und Personalführung im digitalen Zeitalter. In Thorsten Petry (Hrsg.), *Digital Leadership*. Erfolgreiches Führen in Zeiten der Digital Economy (2. Aufl., S. 23–125). Freiburg i.Br./München/Stuttgart: Haufe-Lexware.

Porrini, Elvira, & Kipouros, Antonios (2016). Resilienz als organisationale Leistung. Tragfähige Entscheidungen durch Etablierung kontinuierlicher Reflexions-, Lern- und Anpassungsprozesse. In Olaf Geramanis, & Kristina Hermann (Hrsg.), *Führen in ungewissen Zeiten*. Impulse, Konzepte und Praxisbeispiele (S. 373–390). Wiesbaden: Springer Gabler.

Porschen-Hueck, Stephanie/Jungtäubl, Marc/Weihrich, Margit (Hrsg.) (2020a). *Agilität? Herausforderungen neuer Konzepte der Selbstorganisation*. Augsburg/München: Rainer Hampp.

Porschen-Hueck, Stephanie/Jungtäubl, Marc/Weihrich, Margit (2020b). Fazit: Agile – so what? In: Porschen-Hueck, Stephanie/Jungtäubl, Marc/Weihrich, Margit (Hrsg.), *Agilität? Herausforderungen neuer Konzepte der Selbstorganisation* (S. 255–263). Augsburg/München: Rainer Hampp.

Probst, Gilbert J. B. (1992). *Organisation*. Strukturen, Lenkungsinstrumente, Entwicklungsperspektiven. Landsberg a.L.: Verlag Moderne Industrie.

Probst, Gilbert J. B. (1987). *Selbst-Organisation*. Ordnungsprozesse in sozialen Systemen aus ganzheitlicher Sicht. Berlin/Hamburg: Paul Parey.

Probst, Gilbert J. B., Raub, Steffen, & Romhardt, Kai (2006). *Wissen managen*. Wie Unternehmen ihre wertvollste Ressource optimal nutzen (5. überarb. Aufl.). Wiesbaden: Gabler.

Probst, Gilbert J. B., & Büchel, Bettina S. T. (1994). *Organisationales Lernen*. Wettbewerbsvorteil der Zukunft. Wiesbaden: Gabler.

Rüegg-Stürm, Johannes (2009). Das neue St. Galler Management-Modell. In Rolf Dubs, Dieter Euler, Johannes Rüegg-Stürm, & Christina E. Wyss (Hrsg.), *Einführung in die Managementlehre* (Bd. 1, 2. Aufl., S. 65–141). Bern: Haupt.

Rüegg-Stürm, Johannes (2007). Management zwischen „Execution" und „Reflexive Mode". *Revue für postheroisches Management*, 1 (1), S. 100–109.

Rüegg-Stürm, Johannes (2003a). *Das neue St. Galler Management-Modell*. Bern: Haupt.

Rüegg-Stürm, Johannes (2003b). *Organisation und organisationaler Wandel*. Eine theoretische Erkundung aus konstruktivistischer Sicht (2., durchges. Aufl.). Wiesbaden: Westdeutscher Verlag.

Rüegg-Stürm, Johannes, & Grand, Simon (2020). *Das St. Galler Management-Modell*. Management in einer komplexen Welt (2., überarb. Aufl.). Bern: Haupt/UTB.

Rüegg-Stürm, Johannes, & Grand, Simon (2017). *Das St. Galler Management-Modell* (3., überarb. u. weiterentw. Aufl.). Bern: Haupt.

Sanders, Karin, & Kianty, Andrea (2006). *Organisationstheorien*. Eine Einführung. Wiesbaden: VS Verlag für Sozialwissenschaften.

Schedler, Kuno, & Rüegg-Stürm, Johannes (2013a). Rationalität – Begriff, Bildung und Wirkung. In Kuno Schedler, & Johannes Rüegg-Stürm (Hrsg.), *Multirationales Management*. Der erfolgreiche Umgang mit widersprüchlichen Anforderungen an die Organisation (S. 33–60). Bern: Haupt.

Schedler, Kuno, & Rüegg-Stürm, Johannes (2013b). Multirationalität und pluralistische Organisationen. In Kuno Schedler, & Johannes Rüegg-Stürm (Hrsg.), *Multirationales Management*. Der erfolgreiche Umgang mit widersprüchlichen Anforderungen an die Organisation (S. 61–87). Bern: Haupt.

Schedler, Kuno, & Rüegg-Stürm, Johannes (2013c). Bearbeitungsstrategien multipler Rationalitäten. In Kuno Schedler, & Johannes Rüegg-Stürm (Hrsg.), *Multirationales Management*. Der erfolgreiche Umgang mit widersprüchlichen Anforderungen an die Organisation (S. 185–227). Bern: Haupt.

Scheller, Torsten (2017). *Auf dem Weg zur agilen Organisation*. Wie Sie Ihr Unternehmen dynamischer, flexibler und leistungsfähiger gestalten. München: Vahlen.

Schiersmann, Christiane (2017). Veränderungsprozesse von Organisationen als selbstorganisierte Problemlöseprozesse. In Heiko Roehl, & Herbert Asselmeyer (Hrsg.), *Organisationen klug gestalten*. Das Handbuch für Organisationsentwicklung und Change Management (S. 104–111). Stuttgart: Schäffer-Poeschel.

Schimank, Uwe (2007). Organisationstheorien. In Arthur Benz, Susanne Lütz, Uwe Schimank, & Georg Simonis (Hrsg.), *Handbuch Governance*. Theoretische Grundlagen und empirische Anwendungsfelder (S. 200–211). Wiesbaden: Springer VS.

Schmid, Bernd (Hrsg.) (2014). *Systemische Organisationsentwicklung*. Change und Organisationskultur gemeinsam gestalten. Stuttgart: Schäffer-Poeschel.

Schmidt, Siegfried J. (2005). *Lernen, Wissen, Kompetenz, Kultur*. Vorschläge zur Bestimmung von vier Unbekannten. Heidelberg: Carl Auer.

Schneider, Volker (2004). Organizational Governance – Governance in Organisationen. In Arthur Benz (Hrsg.), *Governance – Regieren in komplexen Regelsystemen*. Eine Einführung (S. 173–192). Wiesbaden: Springer VS.

Schreyögg, Georg, & Geiger, Daniel (2016). *Organisation: Grundlagen moderner Organisationsgestaltung*. Mit Fallstudien (6., vollst. überarb. u. erw. Aufl.). Wiesbaden: Springer Fachmedien.

Schröer, Andreas (2018). Organisation als pädagogisches Konzept. In Klaus Grunwald, & Andreas Langer (Hrsg.), *Sozialwirtschaft*. Handbuch für Wissenschaft und Praxis (S. 239–251). Baden-Baden: Nomos.

Sichart, Silke, & Venus, Gunda (2020). *Erfolgsfaktoren für Agile Coaches*. Kompetenzen, Methoden und neurowissenschaftliche Grundlage. Freiburg i.Br./München/Stuttgart: Haufe-Lexware.

Simon, Fritz B. (2013). *Wenn rechts links ist und links rechts*. Paradoxiemanagement in Familie, Wirtschaft und Politik. Heidelberg: Carl Auer.

Simon, Fritz B. (2007a). *Einführung in die systemische Organisationstheorie*. Heidelberg: Carl Auer.

Simon, Fritz B., & Conecta (2005). *„Radikale" Marktwirtschaft*. Grundlagen des systemischen Managements (5., akt. Aufl.). Heidelberg: Carl Auer.

Spielhofer, Thomas (2020). *Intelligenter Scheitern*. 20 verführerische Fallen auf dem Weg zum agilen Unternehmen. Düsseldorf: Handelsblatt Fachmedien.

Stadelbacher, Stephanie (2012a). Bewältigung von Ungewissheit durch Selbstorganisation. In Fritz Böhle, & Sigrid Busch (Hrsg.), *Management von Ungewissheit*. Neue Ansätze jenseits von Kontrolle und Ohnmacht (S. 93–134). Bielefeld: transcript.

Stadelbacher, Stephanie (2012b). Organisation in der Risikogesellschaft. In Fritz Böhle, & Sigrid Busch (Hrsg.), *Management von Ungewissheit*. Neue Ansätze jenseits von Kontrolle und Ohnmacht (S. 69–92). Bielefeld: transcript.

Stahl, Heinz K. (2012). Wie wirklich ist die Welt? Konstruktivistisches Denken und Handeln als Tor zum postklassischen Management. In Peter Heimerl, & Ralph Sichler (Hrsg.), *Strategie Organisation Personal Führung* (S. 13–43). Wien: Facultas/UTB.

Stahl, Heinz K. (1999). Unternehmensführung als Balanceakt. Der schwierige Übergang vom „Entweder-Oder" zum „Sowohl-Als-auch". In Barbara Heitger, Christof Schmitz, & Peter Gester (Hrsg.), *Managerie*. 5. Jahrbuch für systemisches Denken und Handeln im Management (S. 179–195). Heidelberg: Carl Auer.

Thomaschewski, Dieter, & Völker, Rainer (Hrsg.) (2019a). *Agiles Management*. Stuttgart: Kohlhammer.

Thomaschewski, Dieter, & Völker, Rainer (2019b). Agilität und Agilitätsmanagement – eine Einführung. In Dieter Thomaschewski, & Rainer Völker (Hrsg.), *Agiles Management* (S. 15–28). Stuttgart: Kohlhammer.

Thommen, Jean-Paul (2011): Coaching für ein Management 2. Ordnung. In: Birgmeier, Bernd (Hrsg.), *Coachingwissen*. Denn sie wissen nicht, was sie tun? (2. aktual u. erw. Aufl., S. 377–386). Wiesbaden: Springer VS.

Tuckermann, Harald (2013). Multirationales Management im Spital. In Kuno Schedler, & Johannes Rüegg-Stürm (Hrsg.), Multirationales Management. Der erfolgreiche Umgang mit widersprüchlichen Anforderungen an die Organisation (S. 93–114). Bern: Haupt.

Ulrich, Hans (1995). Führungsphilosophie und Leitbilder. In Alfred Kieser, Gerhard Reber, & Rolf Wunderer (Hrsg.), *Handwörterbuch der Führung* (2. Aufl., Sp. 798–808). Stuttgart: Schäffer-Poeschel.

Ulrich, Hans (1984). *Management*. Bern: Haupt.

Ulrich, Hans, & Probst, Gilbert J. B. (1995). *Anleitung zum ganzheitlichen Denken und Handeln*. Ein Brevier für Führungskräfte (4. Aufl.). Bern: Haupt.

Vilain, Michael (2018a). Ressourcenmanagement In Klaus Grunwald, & Andreas Langer (Hrsg.), *Sozialwirtschaft*. Handbuch für Wissenschaft und Praxis (S. 434–441). Baden-Baden: Nomos.

Vilain, Michael (2018b). Stakeholdermangement. In Klaus Grunwald, & Andreas Langer (Hrsg.), *Sozialwirtschaft*. Handbuch für Wissenschaft und Praxis (S. 442–451). Baden-Baden: Nomos.

Weick, Karl E. (1998). *Der Prozess des Organisierens* (2. Aufl.). Frankfurt a.M.: Suhrkamp.

Weigand, Wolfgang (2016). Aggressivität – „Am besten demokratisch und dominant". In Eva-Maria Lewkowicz, & Beate West-Leuer (Hrsg.), *Führung und Gefühl*. Mit Emotionen zu Authentizität und Führungserfolg (S. 109–120). Wiesbaden: Springer VS.

Weihrich, Margit/Jungtäubl, Marc (2020). Situatives Handeln in der stationären Krankenpflege – Wie lässt sich das (selbst) „organisieren"? In: Porschen-Hueck, Stephanie/Jungtäubl, Marc/Weihrich, Margit (Hrsg.), Agilität? Herausforderungen neuer Konzepte der Selbstorganisation (S. 207–231). Augsburg/München: Rainer Hampp.

Werder, Axel von (2004). Organisatorische Gestaltung (Organization Design). In Georg Schreyögg, & Axel von Werder (Hrsg.), *Handwörterbuch der Unternehmensführung und Organisation* (4. völlig neu bearb. Aufl., Sp. 1088–1101). Stuttgart: Schäffer-Poeschel.

Willke, Helmut (2006). *Systemtheorie I: Grundlagen* (7., überarb. Aufl.). Stuttgart: UVK/UTB.

Willke, Helmut (2005). *Systemtheorie II: Interventionstheorie* (4., bearb. Aufl.). Stuttgart: UVK/UTB.

Wilms, Falko, & Größler, Andreas (Hrsg.) (2018). *Volatilität, Unsicherheit, Komplexität, Ambiguität – Kybernetische Ansätze für die Unternehmensführung*. Konferenz für Wirtschafts- und Sozialkybernetik vom 8. bis 9. November 2016 in Dornbirn. Berlin: Duncker & Humblot.

Wimmer, Rudolf (2011). Die Steuerung des Unsteuerbaren. In Bernhard Pörksen (Hrsg.), *Schlüsselwerke des Konstruktivismus* (S. 520–547). Wiesbaden: VS Verlag für Sozialwissenschaften.

Wimmer, Rudolf, & Ameln, Falko von (2019). Agilität, Ambidextrie und organisationale Veränderungskompetenz. Rudi Wimmer über Erbe und Zukunft des Change Managements. *Gruppe. Interaktion. Organisation*, 50, S. 211–216.

Wimmer, Rudolf, & Schumacher, Thomas (2014). Führung und Organisation. In Rudolf Wimmer, Jens O. Meissner, & Patricia Wolf (Hrsg.), *Praktische Organisationswissenschaft. Lehrbuch für Studium und Beruf* (2., überarb. u. erw. Aufl., S. 217–240). Heidelberg: Carl Auer.

Wöhe, Günter, & Döring, Ulrich (2008). *Einführung in die Allgemeine Betriebswirtschaftslehre* (23., vollst. neu bearb. Aufl.). München: Vahlen.

Wolf, Patricia, & Hilse, Heiko (2014). Wissen und Lernen. In Rudolf Wimmer, Jens O. Meissner, & Patricia Wolf (Hrsg.), *Praktische Organisationswissenschaft. Lehrbuch für Studium und Beruf* (2., überarb. u. erw. Aufl., S. 167–191). Heidelberg: Carl Auer.

Wolff, Stephan (2010). Soziale personenbezogene Dienstleistungsorganisationen als lose gekoppelte Systeme und organisierte Anarchien. In Thomas Klatetzki (Hrsg.), *Soziale personenbezogene Dienstleistungsorganisationen* (S. 285–335). Wiesbaden: Springer VS.

Wüthrich, Hans A. (2016). Resilienzzentrierte Führung. In Olaf Geramanis, & Kristina Hermann (Hrsg.), *Führen in ungewissen Zeiten. Impulse, Konzepte und Praxisbeispiele* (S. 17–31). Wiesbaden: Springer VS.

Wüthrich, Hans A. (2011). Zutrauen, Loslassen, Experimentieren. Eine neue Führungshaltung ist gefragt. *Zeitschrift Führung + Organisation*, 80 (4), S. 212–219.

Wüthrich, Hans A., Osmetz, Dirk, & Kaduk, Stefan (2009). *Musterbrecher*. Führung neu erleben (3., überarb. u. erw. Aufl.). Wiesbaden: Gabler.

Wunderer, Rolf (2009a). *Führung und Zusammenarbeit*. Eine unternehmerische Führungslehre (8., akt. u. erw. Aufl.). Köln: Luchterhand.

Wunderer, Rolf (2009b). Führung des Chefs. In Lutz von Rosenstiel, Erika Regnet, & Michel E. Domsch (Hrsg.), *Führung von Mitarbeitern*. Handbuch für erfolgreiches Personalmanagement (S. 249–269). Stuttgart: Schäffer-Poeschel.

5 Exkurs: Change Management in und von sozialwirtschaftlichen Organisationen

Zusammenfassung

Angesichts der steigenden Bedeutung des produktiven Umgangs sozialwirtschaftlicher Unternehmen mit den wachsenden Wandelanforderungen sowie des dynamischen Charakters von (sozialwirtschaftlichen) Organisationen wird im folgenden Kapitel ein Exkurs zu dieser Thematik vorgenommen. Zu Beginn wird zunächst das *Konzept des Change Managements genauer verortet.* Dazu werden Organisationsentwicklung, Unternehmensberatung und Change Management voneinander ab- und Change Management auf diese Weise eingegrenzt. Im Weiteren wird Change Management konkretisiert, indem *zentrale Prinzipien* ausgeführt werden, die für eine erfolgreiche Gestaltung geplanten organisationalen Wandels von Organisationen der Sozialwirtschaft von Bedeutung sind. In der Folge werden *wesentliche Bedingungen für den Erfolg* von Prozessen des Change Managements zusammenfassend gebündelt. Aufbauend auf ein konkretes Modell der Organisationsdiagnose wird ein *pragmatisches Modell des Managements in und von Organisationen der Sozialwirtschaft* skizziert.

Lernziele

- Sie können Organisationsentwicklung, Unternehmensberatung und Change Management in ihrer Entwicklungsgeschichte nachzeichnen und voneinander abgrenzen.
- Sie vermögen die Konjunktur von Change Management als Konzept geplanten organisationalen Wandels zu erläutern.
- Sie sind in der Lage, das Konzept des Change Managements zu konkretisieren, indem sie zentrale Prinzipien beschreiben.

- Sie können Erfolgsfaktoren von Change Management sowie die sich für Führungskräfte stellenden Herausforderungen benennen.
- Sie vermögen ein pragmatisches Modell des Managements zu umreißen und es für seine Anwendung in sozialwirtschaftlichen Organisationen zu diskutieren.

Organisationen[1] der Sozialwirtschaft stehen heute vor vielfältigen Herausforderungen (vgl. Grunwald und Langer 2018, S. 45, S. 58 ff.). Häufigkeit, Ausmaß und Geschwindigkeit des Wandels (in) ihrer Umwelt nehmen deutlich zu (siehe Abschn. 4.2.5), womit die Anforderungen für Organisationen gleichfalls anwachsen. Grundsätzlich sind Organisationen nicht als starre, sondern vielmehr als dynamische Gebilde zu begreifen, die sich dauernd in Bewegung befinden (vgl. Grunwald 2018b). In diesem Zusammenhang sind Konzepte der Entwicklung, der Selektion und des Lernens von und in Organisationen bedeutsam (siehe Abschn. 2.2). Neben den nicht beabsichtigten, zufälligen Veränderungen und Entwicklungen in Organisationen steht der geplante organisationale Wandel, der bewusst zu gestalten ist. Change Management – teilweise auch als Veränderungsmanagement bezeichnet – ist ein Ansatz, der diesen geplanten organisationalen Wandel thematisiert und methodisch aufbereitet, um ihn bewusst gestalten zu können (vgl. Grunwald 2018c).

5.1 Von der Organisationsentwicklung zum Change Management

Der Begriff der *Organisationsentwicklung* bezeichnet ursprünglich eine spezifische Form des geplanten Wandels von Organisationen, die sich vor allem dadurch auszeichnet, dass sie sich auf sozialwissenschaftliche und sozialphilosophische Grundlagen stützt. Organisationsentwicklung in diesem Sinn meint einen geplanten, längerfristigen Wandel, dessen Bezugspunkt vorwiegend auf der Ebene der gesamten Organisation (und nicht nur von Teams oder einzelnen Mitarbeitenden) liegt. Das Ziel eines Veränderungsprozesses der Organisationsentwicklung zielt nicht nur auf eine Steigerung der Produktivität der Organisation, sondern auch auf eine Verbesserung ihrer Problemlösekapazität und der Lebensqualität ihrer Mitglieder.

---

[1] Dieses Kapitel verwendet Passagen aus Grunwald 2015a, 2018b, 2018c, Grunwald und Steinbacher 2007 und insbesondere aus Grunwald 2022.

5.1 Von der Organisationsentwicklung zum Change Management

Der Wandel ist partizipativ gestaltet und bezieht sich auf die Veränderung von Personen sowie der sie umgebenden Situationen und Strukturen. Das Beratungsverständnis fokussiert darauf, den zu Beratenden keine fertigen Lösungen zu präsentieren, sondern sie dazu anzuregen, die passenden Lösungen selbst, und damit auch nachhaltig, zu entwickeln (vgl. Grunwald 2005, S. 1312 ff.).

Organisationsentwicklung lässt sich also vorläufig bestimmen über den Objektbereich (Organisation bzw. Teile derselben), die doppelte Zielsetzung (Stärkung der Produktivität, Lernfähigkeit, Flexibilität und Innovationsbereitschaft der Organisation sowie Selbstverwirklichung und Autonomie der Mitarbeitenden) und die Methodik (am Modell der Aktionsforschung orientierter, geplanter organisatorischer Wandel, der Personen und Situationen bzw. Strukturen in den Veränderungsprozess integriert) (vgl. Gebert 2004c, S. 601 f.).

Dieses ‚klassische' Konzept der Organisationsentwicklung ist zumindest idealtypisch von der herkömmlichen Tradition der betriebswirtschaftlichen *Unternehmensberatung* abzugrenzen. Diese greift ursprünglich eher auf betriebswirtschaftliche Modelle der Organisationsplanung, der Reorganisation, der Wirtschaftsberatung, des Transformationsmanagements oder der Managemententwicklung (Management Development) zurück.

Die hier verwendeten Ansätze unterscheiden sich hinsichtlich des zugrunde liegenden Verständnisses von organisatorischem Wandel, der angestrebten Ziele, der Rolle und Funktion (externer) Berater*innen u. a. mehr (vgl. Grunwald 2005, S. 1312 ff.).

Während die Tradition der sozialwissenschaftlichen Organisationsentwicklung bzw. -beratung (im Folgenden synonym gebraucht) inzwischen häufig unter dem Begriff der *Prozessberatung* fungiert, werden die betriebswirtschaftlich geprägten Modelle der Organisationsplanung und der Unternehmensberatung häufig mit dem Begriff der *Fach- oder Expert*innenberatung* oder des *Transformationsmanagements* belegt. Es gibt vielfältige Mischungen zwischen beiden Beratungsformen, wobei die beiden Grundformen, die Prozess- und die Expertenberatung, dennoch häufig erkennbar bleiben.

Der Begriff des *Change Managements,* teils auch mit der deutschen Bezeichnung ‚Veränderungsmanagement' belegt, wird seit den 1990er Jahren häufig verwendet, allerdings auch sehr unterschiedlich gefasst. Er kann

- *erstens* als Terminus für betriebswirtschaftlich geprägte Modelle der Unternehmensberatung oder des Transformationsmanagements,
- *zweitens* als Weiterentwicklung der sozialwissenschaftlichen Organisationsentwicklung – mit einer unterschiedlich bestimmten Neufokussierung ihrer konzeptionellen Ausrichtung – und

- *drittens* als Weiterführung von systemischen Ansätzen zur Gestaltung organisationalen Wandels verstanden werden (vgl. Wöhrle 2013a, S. 207 ff.; Wöhrle et al. 2019; zur systemischen Organisationsentwicklung siehe Grossmann et al. 2015; Königswieser und Hillebrand 2015; Reith und Wimmer 2014; König und Volmer 2014; Schmid 2014; Krizanitz 2009, 2013).

Der *Begriff reagiert* auf die sich seit den 1990er Jahren abzeichnenden *Veränderungen der wirtschaftlichen und gesellschaftlichen Rahmenbedingungen.* Gemeint sind hier insbesondere

- tiefgreifende Innovationen in *Informatik und Telekommunikation* sowie zunehmende *Digitalisierung,* also beispielsweise die Einführung einer neuen Dokumentationssoftware oder die Installierung einer ‚modernen' Telefonanlage,
- die *Verknappung der Ressourcen Zeit und Geld,* die in vielen Feldern von Sozialwirtschaft und Sozialer Arbeit anzutreffen ist sowie
- die wachsende *Globalisierung,* beispielsweise die Zunahme von Adressat*innen und Mitarbeitenden mit Migrationshintergrund (vgl. Doppler und Lauterburg 2014, S. 21 ff.; auch Vahs 2015, S. 293 ff.).

Ausgangspunkte waren *kritische Erfahrungen,* und zwar – das ist wichtig – *sowohl* mit sog. ‚Reengineering'-Projekten, die häufig eine radikale Neugestaltung umsetzen, *als auch* mit Projekten, die dem Charakter sozialwissenschaftlicher Organisationsentwicklungsprozesse entsprechen. Moniert wurden seit geraumer Zeit bezüglich *Reengineering-Projekten* insbesondere

- „unklare Zielsetzungen und nicht geklärte Zielkonflikte",
- die unkritische Übernahme von Veränderungskonzepten im Sinne von ‚Patentrezepten',
- die systematische Vernachlässigung ‚weicher' Managementfaktoren (z. B. Organisationskultur),
- die ungenügende Berücksichtigung von Realisierungsproblemen und
- die zu kurzfristige Konzeptionierung von Veränderungsprozessen (Beck 2012, S. 131 ff.; vgl. Vahs 2015, S. 275 f.; Schwarz 2008, S. 41 ff.).

Bei Projekten der sozialwissenschaftlichen *Organisationsentwicklung* wurde beispielsweise der schlichte, ideologisch gespeiste Glauben kritisiert, „wenn es den Menschen nur gut ginge, würde die Produktivität sich ganz von alleine einstellen" (Doppler und Lauterburg 2014, S. 90).

5.1 Von der Organisationsentwicklung zum Change Management

Eine *Verbindung der höchst unterschiedlichen Ansätze,* die mit dem Begriff Change Management bezeichnet werden, besteht darin, dass es „nicht um alltägliche Geschäfte der Veränderung geht, sondern um grundlegende und bedeutende, ja fundamentale Umbrüche und Reaktionen darauf" (Wöhrle 2013a, S. 205). Change Mangement meint Konzepte, „deren gemeinsamer Nenner darin besteht, Anleitung und Orientierung für die Gestaltung und Umsetzung eines gravierenden, organisationalen Wandels zu geben" (ebd.).

Handlungsfelder von Change Management sind dementsprechend die Strategie, die Organisation, die Kultur und die Technologie einer Organisation (vgl. Vahs 2015, S. 316 ff.). Gerade das Beispiel der Einführung einer anderen Softwarelösung für die tägliche Dokumentation macht diesen gravierenden organisationalen Wandel und die Schwingungen, die er in der Organisation verursachen kann, deutlich.

Ein solches *weites Verständnis von Change Management,* das höchst unterschiedliche theoretische und methodische Zugänge berücksichtigt, lässt sich mit Doppler und Lauterburg (vgl. 2014, S. 21 ff.) als Konzept eines geplanten organisationalen Wandels konkretisieren, das zwar an die Grundphilosophie der klassischen Organisationsentwicklung anknüpft, aber deutlich über sie hinausgeht und *folgende Gesichtspunkte stärker akzentuiert* (vgl. ebd., S. 93 f.):

- Veränderungsprozesse, die häufig längerfristig und eher unspezifisch ausgerichtet wurden, werden in *überschaubare und stringent strukturierte Prozesse* umgewandelt.
- Der bei Projekten der Organisationsentwicklung oft im Fokus stehenden *Prozessorientierung* wird eine zielführende und konsequent am verfolgten, konkret beschreibbaren Resultat ausgerichtete *Ergebnisorientierung* an die Seite gestellt.
- Das gesamte *„Umfeld von Markt, Politik und Gesellschaft"* wird intensiv beobachtet und mit einbezogen, da es „durch seine Einflüsse die Chancen und Risiken jedes bestehenden Systems maßgeblich mitbestimmt" (ebd.; Hervorhebung KG).
- Die Betroffenen müssen von vornherein auch auf die *Schattenseiten der Veränderungsprozesse* und die mit ihnen verbundenen Zumutungen und Verunsicherungen eingestimmt werden.
- Das in der Organisationsentwicklung bekannte Prinzip ‚Hilfe zur Selbsthilfe' für die Organisation und ihre Mitglieder wird ergänzt durch das *‚Prinzip Selbstverantwortung'* (vgl. ebd.).

Change Management wird hier *als konzeptionelle Weiterentwicklung des Ansatzes der sozialwissenschaftlichen Organisationsentwicklung* begriffen, bei der unter Bezugnahme auf betriebswirtschaftliche Zugänge die Gestaltung des Unternehmenswandels als integrativer und ganzheitlicher Ansatz von Veränderungsmanagement verstanden wird (vgl. ebd.).

5.2 Prinzipen des Change Managements

Im Folgenden wird das Konzept des Change Managements exemplarisch konkretisiert anhand der „Charta des Managements von Veränderungen", wie sie Doppler und Lauterburg (2014, S. 185 ff.) entwickelt haben und wie sie in ähnlicher Form auch von anderen Autor*innen vertreten werden (vgl. genauer: Grunwald 2018c, S. 337 ff.). Diese Grundsätze eines effektiven und effizienten Change Managements sind – so die Autoren – „aus der Praxis für die Praxis" geschrieben (Doppler und Lauterburg 2014, S. 15), dürfen dennoch aber nicht als schlichte ‚Rezepte' missverstanden werden.

Sie gehen von der Erfahrung aus, dass die Entwicklung von Konzepten bei Veränderungsprozessen zwar ein erster Anfang ist, der Schwerpunkt aber auf die *Übertragung von Konzepten in die Praxis* zu legen ist („Primat des Transfers"; ebd.). Die im Folgenden dargestellten Prinzipien des Change Managements dienen vor allem dazu, die spätere Realisierung der konzeptionellen Überlegungen zu sichern. Genau das war aber eine vielfach kritisierte Schwäche sowohl von Projekten der Organisationsentwicklung als auch von solchen des Reengineerings.

Der Grundsatz *„Zielorientiertes Management"* betont, dass ein „Projekt, das brauchbare Ergebnisse zeitigen soll, (...) zielorientiert geführt werden" muss (ebd., S. 187). Es handelt sich um geplante und gelenkte Prozesse, die von bestimmten Personen und Positionen (Hierachieebenen, Abteilungen etc.) einer Organisation ausgehend gestartet werden und wechselnden Einflüssen von verschiedenen Gruppen oder Personen unterliegen, die beispielsweise auch zu höchst unterschiedlichen Definitionen von ‚Erfolg' führen können. So ist es ein Unterschied, ob ein Veränderungsprojekt seitens der Heimleitung bzw. der Geschäftsführung oder/und des Aufsichtsgremiums initiiert und gesteuert wird.

Hier gibt es verschiedene Strategie-Modelle, bspw. die Top-down-, Bottom-up-, bipolare, Keil- oder Multiple-Nucleus-Strategie, die passend zur jeweiligen Situation anzupassen sind (vgl. Grunwald 2005, S. 1319). Konkret muss *zu Beginn des Projekts geklärt* werden,

- wie die Ausgangslage zu beschreiben ist,

5.2 Prinzipen des Change Managements

- welche konkreten Zielsetzungen erreicht werden sollen,
- an welchen Kriterien später der Erfolg bemessen werden kann,
- wie das Projekt organisiert (Aufgabenverteilung, Steuerungsverantwortung), geplant (Phasen der Projektarbeit, abzuarbeitende Meilensteine, terminliche Fixierung) und kontrolliert (auf Grundlage welcher Kriterien, durch wen) werden soll (vgl. Doppler und Lauterburg 2014, S. 187).

Die Maxime „*Keine Maßnahme ohne Diagnose*" verweist auf die zwingende Notwendigkeit einer sorgfältigen Beurteilung der Situation in der Organisation oder dem entsprechenden Bereich der- bzw. desselben (vgl. Felfe 2019). Hier ist es in aller Regel sinnvoll, die Sichtweise derjenigen zu erkunden, die dort in unterschiedlichen Funktionen arbeiten, und die jeweiligen Fach- und Führungskräfte dazu zu befragen. Wie einzelne Pflegefachkräfte, Mitarbeitende der Verwaltung oder der Hauswirtschaft eine Einrichtung erleben und welchen Veränderungsbedarf sie jeweils sehen oder auch nicht, kann sehr unterschiedlich sein. Es ist wichtig, dass diese verschiedenen Perspektiven erhoben und bei der Planung und Gestaltung des Wandels sorgfältig berücksichtigt werden.

Die Diagnose gliedert sich meist in die Schritte a) Datenerhebung, b) Datenverdichtung (Reduktion auf das Wesentliche), c) Datenfeedback (Information der Beteiligten) und d) Datenanalyse, in der Zusammenhänge analysiert, Schwachstellen herausgearbeitet und Lösungsansätze entwickelt werden (vgl. Doppler und Lauterburg 2014, S. 189 f.).

Der Grundsatz „*Ganzheitliches Denken und Handeln*" geht davon aus, dass Organisationen als offene oder teilgeschlossene Systeme angesehen werden (hier gibt es unterschiedliche Positionen, je nach dem jeweiligen Verständnis von ‚System'), die durch wechselseitige Abhängigkeit verschiedenster Faktoren wie Umwelt, Strukturen, Technologie und Ziele der Organisation sowie Verhalten und Kommunikation der Mitglieder geprägt sind (vgl. Grunwald 2005, S. 1317). Er beinhaltet, dass alle „technischen, strukturellen und ökonomischen Aspekte" genauso berücksichtigt werden wie menschliche und zwischenmenschliche Aspekte, also „Arbeitsklima, Motivation, Führungsstil, Entscheidungsvorgänge, Zusammenarbeit innerhalb und zwischen den einzelnen Organisationseinheiten" (Doppler und Lauterburg 2014, S. 190). Anknüpfend an die Darstellung der verschiedenen Organisationsbegriffe (siehe Abschn. 1.1) ist zu betonen, dass ein ganzheitlicher Blick auf Organisationen die strukturelle (Aufbau- und Prozessorganisation, Führungssysteme), die kulturelle und die Verhaltensdimension („Motivation und Identifikation, Kommunikation und Kooperation") jeweils für sich und in ihrer Vernetzung (zum Beispiel bezüglich möglicher Dysfunktionalitäten im Zusammenwirken) berücksichtigen sollte (ebd., S. 192). Dies gilt insbesondere „bei der Beurteilung der *Ausgangslage,* bei der Gestaltung der *Projektarbeit* und bei der Gestaltung neuer *Konzepte*" (ebd., S. 192; Hervorhebungen im Original).

Organisationen der Sozialwirtschaft werden angesichts dieses Grundsatzes des Change Managements als Gebilde verstanden, deren Produktivität untrennbar mit den Fähigkeiten zur Problemlösung und zu stetigem Wandel aus eigener Kraft verbunden ist. Sie sollen zu einem *Lernprozess* angeregt werden (siehe Abschn. 2.2), der sowohl die Ebene der Individuen und Gruppen als auch die Ebene der Gesamtorganisation und ihrer Strukturen miteinschließt (vgl. Grunwald 2015a, S. 1143; ausführlich: Grunwald 2009b, S. 105 ff.). Da sich ein wirklicher Wandel von Organisationen nur realisieren lässt, sofern die Veränderung der Kompetenzniveaus, Einstellungen und Verhaltensweisen von Organisationsmitgliedern einerseits und der Strukturen im allgemeinen Sinne andererseits (dazu zählen Verfahren, Prozesse, Basisannahmen, Normen usw.) gleichermaßen angegangen wird, wird die genaue analytische Bestimmung der Kontexte und Bedingungen des Verhaltens der Individuen zu einer grundlegenden methodischen Handlungsweise eines Change Managements auch in der Sozialwirtschaft.

Die *„Beteiligung der Betroffenen"* gehört einerseits zu den Grundprinzipien und methodischen Herangehensweisen einer sozialwissenschaftlichen Organisationsentwicklung (Grunwald 2005, S. 1319), ist andererseits aber durchaus umstritten. Argumente für die aktive, rechtzeitige und zeitlich begrenzte Einbeziehung von betroffenen (nicht von allen!) Mitarbeitenden bestehen darin, dass

- auf diese Weise sowohl sinnvollere Entscheidungen als auch praxistauglichere Lösungen zustande kommen,
- die an der Entwicklung der Lösungen aktiv Beteiligten sich auch eher für deren Realisierung einsetzen und
- sich die in die Projektarbeit und die Entscheidungsvorbereitung Einbezogenen ernster genommen fühlen und sich insofern stärker mit dem Unternehmen identifizieren.

Die dafür notwendige Zeit wird – so Doppler und Lauterburg (2014, S. 193) – „während und nach der Realisierung um ein Mehrfaches wieder hereingeholt". Die Beteiligung der Mitarbeitenden sollte sich auf die *konkreten Fragen* beziehen und beschränken, bei denen die Mitarbeitenden „in ihrer täglichen Arbeit direkt betroffen sind und zu denen sie aufgrund ihrer Kenntnisse und Erfahrungen auch etwas Sinnvolles beitragen können" (ebd.). Aus sozialpädagogischer Perspektive ist darüber hinaus zu betonen, dass die „Beteiligung der Betroffenen" sich eben

5.2 Prinzipen des Change Managements

nicht nur auf Mitarbeitende, sondern durchaus auch auf Adressat*innen bezieht. Dies wird u. a. in der Struktur- und Handlungsmaxime der Partizipation im Konzept der Lebensweltorientierten Sozialen Arbeit gefordert (vgl. Grunwald und Thiersch 2018, S. 308 ff.). Damit Führungskräfte Beteiligung umsetzen können, müssen sie zudem über gruppendynamische Basiskenntnisse verfügen, insbesondere wenn sie bei innovativen Projekten Leitungsfunktionen übernehmen (vgl. Königswieser et al. 2013).

Der Grundsatz „*Hilfe zur Selbsthilfe*" bezieht sich darauf, die Mitarbeitenden in Organisationen der Sozialwirtschaft einzeln und in Gruppen bei der Arbeit in Change-Projekten aktiv zu unterstützen. Gerade weil die Arbeit in Change-Prozessen häufig jenseits der vertrauten Hierarchien, Bereichsgrenzen und Zuständigkeiten wie auch der fachlichen Routinen angesiedelt ist und die Projektarbeit Einzelne oder Teams sowohl bezüglich Fachwissen als auch der in Projekten unabdingbaren methodischen und kommunikativen Kompetenzen stark fordert, kann hier eine partielle und zeitlich begrenzte (!) Unterstützung seitens der Führungskräfte notwendig sein, sei es durch professionelles Feedback, die Organisation von Schulungsmaßnahmen oder Coaching-Einheiten, die Moderation von Projektteamsitzungen oder auch nur schlicht die Bereitstellung von Ressourcen.

Diese *Unterstützung* beim Aufbau entsprechender Kompetenzen sollte dann aber so rasch wie möglich wieder *beendet* werden, um die für das Gelingen eines Projekts trotz zielorientierter Steuerung auch notwendige Selbstorganisation der Gruppen von Mitarbeitenden (oder auch von Adressat*innen) nicht zu behindern. Je mehr Führungskräfte der Sozialwirtschaft sich in Change-Projekte unterstützend einschalten, desto größer ist eben auch die Gefahr, dass sie die Produktivität in den Projektgruppen hemmen.

Die Maxime „*Prozessorientierte Steuerung*" knüpft an den Grundsatz des zielorientierten Managements an und berücksichtigt, dass es sich bei Wandelprozessen nicht nur um selbstgesteuerte und beteiligungsorientierte, sondern *auch* um bewusst angestrebte Veränderungen handelt, die mehr oder weniger klar umrissene Ziele verfolgen. Der Prozess bedarf einer sorgfältigen und detaillierten Steuerung, die transparent ist und die grundsätzlichen Grenzen der Lenkungsmöglichkeiten von und in Systemen mitbedenkt (vgl. Grunwald 2018a, S. 371 ff.).

Konkret beinhaltet die prozessorientierte (Fein-)Steuerung die „*Dosierung des Tempos*" und die „*laufende Entstörung*" von Veränderungsprozessen, damit die Motivation der Mitarbeitenden erhalten bleibt, aber auch beispielsweise die bewusste Gestaltung der Phasen und die Fixierung von (erreichten oder zu erreichenden) Meilensteinen in Prozessen (Doppler und Lauterburg 2014,

S. 196; Hervorhebungen im Original). Es geht um eine regelmäßige Analyse des Prozesses und damit verbundene Rückkopplungen, die Auseinandersetzung mit Konflikten und Widerständen sowie eine kontinuierliche „*rollende Planung*", bei der Aspekte wie wichtige Verbündete und Unterstützer*innen in und jenseits der Hierarchien, fördernde und hinderliche Einflussfaktoren und sinnvolle Vernetzungen mit dem Umfeld des Projekts oder der Organisation zu bedenken sind (Doppler und Lauterburg 2014, S. 197 f.; Hervorhebungen im Original).

„*Lebendige Kommunikation*", als Grundsatz des Change Managements, ist von großer Bedeutung für die Steuerung und das Gelingen eines Veränderungsprozesses in einer Organisation der Sozialwirtschaft. Hier ist zu berücksichtigen, dass (Sach-)Information nicht identisch mit (Face-to-Face-)Kommunikation ist, es manchmal Dialogveranstaltungen bedarf, bei denen größere Kreise von Mitarbeitenden und Führungskräften „alle das Gleiche hören, sofort ihre Fragen stellen können und den Dialog mit der Führung ‚live' miterleben" (ebd., S. 199). Zu bedenken ist, dass bei größeren Projekten ein spezifisches Kommunikationskonzept erarbeitet werden muss, regelmäßig über Aktivitäten, anzugehende Aufgaben und Erfolge informiert werden muss und vor allem Führungskräfte regelmäßig den Kontakt mit den Mitarbeitenden oder wichtigen Stakeholdern suchen und halten müssen.

Zu berücksichtigen ist dabei die *emotionale Dimension von Change-Prozessen:* „Wie auch immer sich Veränderungsprozesse im Einzelnen gestalten und abspielen: Sowohl ihr Gelingen als auch ihr Scheitern sind durch die zentrale Rolle der Emotionen, der Affekte und Gefühle, gekennzeichnet. Für „gute Entscheidungen" ist „größtmögliche Klarheit" essenziell, „Klarheit wiederum ist aber nur durch ein Sich-bewusst-Sein der eigenen Motivationen, Gefühle und Gedanken zu erreichen" (Hartkamp 2016, S. 140).

Wichtig ist schließlich die Maxime „*Sorgfältige Auswahl der Schlüsselpersonen*" (ebd., S. 202). Zu berücksichtigen ist zunächst, dass jeder Wandel auch eine Machtdimension hat, worauf insbesondere im Rahmen der Diskussion um den mikropolitischen Charakter von Organisationen hingewiesen wird (siehe Abschn. 2.3; vgl. Grunwald 2015a, S. 1142; ausführlich: Grunwald 2009b, S. 97 ff.). Die gegenwärtig in einer Organisation bestehenden Arbeits- und Interaktionsstrukturen lassen sich als manifestierte Macht(un)gleichgewichte verstehen. Im Beispiel des Softwareumstiegs gibt es die Personen in der Organisation, die sich mit der alten Software am besten auskennen und dadurch eine privilegierte Stellung einnehmen. Ihre Stellung ist durch den Umstieg gefährdet, der ein Machtvakuum schafft, das wieder gefüllt werden muss. Hier können sich auch die in der Organisation berufen fühlen, welche sich mit der alten Softwarelösung nie anfreunden konnten und aus unterschiedlichen Gründen stets andere Lösungen vorgeschlagen haben. Insofern erfordert die Veränderung bestehender Arbeits- und Interaktionsstrukturen, die Interessenlagen und Machtrelationen genau zu bestimmen und sowohl formelle als auch informelle Schlüsselpersonen – Macht- und Fachpromotoren – auf Arbeitgeber*innen- und Arbeitnehmer*innenseite rechtzeitig und in angemessenem Umfang in den Prozess zu integrieren. Neben dem Machtaspekt ist aber auch zu bedenken, dass gerade Entwicklungs- und Veränderungsprozesse stark an Personen und deren nicht nur fachliche, sondern auch kommunikative Kompetenzen gebunden sind. Hilfreich sind hier u. a. eine offene, ehrliche und unkomplizierte Kommunikation, Teamfähigkeit, Empathie, Entscheidungsfähigkeit und der Mut, Entscheidungen auch zu vertreten, sowie eine hohe Akzeptanz in der Organisation (vgl. Doppler und Lauterburg 2014, S. 202 ff.).

5.3 Erfolgsfaktoren von Change Management

Im Folgenden sollen wesentliche *Bedingungen für den Erfolg von Prozessen des Change Managements* in Organisationen der Sozialwirtschaft zusammengefasst werden, um auf diese Weise die genannten (methodischen) Prinzipien des Change Managements zu bündeln. Erfolgsfaktoren liegen in

- der Existenz bzw. Entwicklung und in der Folge der Kommunikation klarer Zielvorstellungen für den angestrebten Wandel,
- dessen klarer strategischer Einordnung in den gesamten Entwicklungsprozess der jeweiligen Organisation und Entwicklungen in der relevanten Umwelt,
- der Transparenz der verschiedenen Perspektiven der Akteure,
- der angemessenen Berücksichtigung der Komplexität des sozialen Systems der Organisation und der Problemstellung,
- der Gründlichkeit und Multiperspektivität der Diagnose,
- der Abstimmung mit relevanten Interessengruppen in und außerhalb der Organisation sowie deren kontinuierlicher Beteiligung,
- der Ausgewogenheit von Prozess- und Ergebnisausrichtung sowie von Person-, Kultur-, Strategie- und Strukturorientierung,
- der Klärung der Ansiedlung der externen und/oder internen Berater*innen, die Kooperation mit ihnen und ihre Unterstützung,
- ihrer professioneller Rollenvielfalt und Multiperspektivität zwischen Betriebswirtschaftslehre und Sozialwissenschaften, zwischen Prozess- und Fachberatung sowie in

- der Entwicklung und nachhaltigen Implementation spezifischer, auf den jeweiligen Bedarf möglichst genau zugeschnittener Prozessdesigns und Lösungen.

Für *Führungskräfte* stellen sich insbesondere Herausforderungen wie.

- die aktive Unterstützung des Prozesses seitens der Führungsspitze und die Ernsthaftigkeit des Veränderungswillens,
- eine klare Position zu einem angemessenen Zeit- und Finanzrahmen und die notwendige Kontinuität des Veränderungsprozesses,
- die Bereitschaft, die materiellen und immateriellen Kosten auf sich zu nehmen,
- eine gewisse Akzeptanz und Offenheit gegenüber strukturbezogenen *und* personbezogenen Vorgehensweisen sowie
- eine realistische Einschätzung des zu erwartenden Erfolgs und der machbaren Schritte (vgl. Grunwald 2005, S. 1324; Berner 2015, S. 457 ff. und ausführlicher Grunwald 2018c, S. 344 f.).

5.4 Von der Organisationsdiagnose zu einem pragmatischen Modell des Managements in und von Organisationen der Sozialwirtschaft

Ausgangspunkt der folgenden Ausführungen ist die Maxime „Keine Maßnahme ohne Diagnose", die oben dargestellt wurde. Deutlich wurde in diesem Zusammenhang, welch zentrale Bedeutung Organisationsdiagnosen für Prozesse des Change Managements haben. Im Weiteren wird auf ein konkretes Modell der Organisationsdiagnose zurückgegriffen (vgl. Becker und Langosch 2002, S. 93 ff.), das sich in der Qualifizierung von Führungskräften bewährt hat. Im Interesse einer Verbindung von „Produktivität und Menschlichkeit" – so der Titel dieses Klassikers der Organisationsentwicklung – unterscheidet es verschiedene Bezugspunkte, die für die Charakterisierung und Steuerung einer Organisation wichtig sind: die Aktivitäten, die Kund*innen, das Umfeld, die Strukturen, die Beziehungen und die Ziele (vgl. ebd.). Mit dieser vereinfachten Darstellung der Entwicklung und Steuerung von Organisationen kann das Modell der Organisationsdiagnose als pragmatischer Rahmen für das Management von und in Organisationen der Sozialwirtschaft dienen.

Die *Aktivitäten* der Organisation sind im Falle von Organisationen der Sozialwirtschaft realisierte Dienstleistungen nach dem Sozialgesetzbuch. Diese Aktivitäten sind darauf hin zu überprüfen, ob sie wirtschaftlich (effizient) und wirksam im Interesse der fachlichen Ziele (effektiv) erbracht werden. Zu betonen ist, dass in sozialwirtschaftlichen Organisationen eine enge Verbindung zwischen der Frage der Wirtschaftlichkeit der Leistungserbringung (Formalzielorientierung – Effizienz) und der Frage der fachlichen Wirksamkeit des jeweiligen Dienstleistungsangebots (Sachzielorientierung – Effektivität) besteht (siehe Abschn. 3.3).

Effizienz und Effektivität der Dienstleistungsproduktion sind grundsätzlich unauflösbar miteinander verknüpft. Dies hat das Management in Organisationen der Sozialwirtschaft zu beachten: Die Leistungserbringung muss sich an dem Gesichtspunkt Effektivität und damit der fachlichen Wirksamkeit ausrichten. Soll die Einrichtung auf Dauer bestehen können, darf aber auch der Gesichtspunkt der Wirtschaftlichkeit nicht aus den Augen verloren werden, ohne dass Effektivität und Effizienz sich gegenseitig unterordnen dürfen (vgl. Grunwald 2002). Das Kriterium der Effektivität wird je nach Perspektive der verschiedenen Anspruchsgruppen (Klient*innen, Fachkräfte, Führungskräfte auf verschiedenen Ebenen, Verwaltung …) und fachlicher Ausrichtung sehr unterschiedlich konkretisiert.

Der nächste Bezugspunkt neben den Aktivitäten sind die ‚*Kund*innen*', also diejenigen, an die sich die Dienstleistungen der Organisation richten. Die ‚Kund*innen' symbolisieren den ‚Markt', auf dem die Dienstleistungen angeboten werden. So weit das ökonomische Modell. Fraglich ist allerdings, ob der Begriff der ‚Kund*innen' überhaupt für Sozialwirtschaft und Soziale Arbeit passend ist und den Spezifika dieses Feldes gerecht wird.

Die grundsätzlichen *Zweifel an der Tauglichkeit* des Begriffs der ‚Kund*innen' insbesondere für die Soziale Arbeit sind maßgeblich darauf zurückzuführen, dass die Erbringung von Dienstleistungen in der Sozialen Arbeit als Austauschbeziehungen oft durch eine Entkoppelung des Verhältnisses von Leistung und Gegenleistung geprägt sind. Betriebswirtschaftlich formuliert handelt es sich häufig um nicht-schlüssige Tauschbeziehungen (vgl. Burla 1989), da die Leistungsempfänger*innen und diejenigen, die die Leistung über Steuern, Beiträge, Spenden usw. zahlen, oft nicht identisch sind. Somit ist nicht klar, wer die eigentlichen ‚Kund*innen' sind, deren Interessen im Zeichen von ‚Kund*innenorientierung' im Vordergrund stehen: In Frage kommen die Leistungsempfänger*innen (Leistungsberechtigte oder Adressat*innen selbst), die Kostenträger (hinter denen wiederum Steuerzahler*innen, die jeweiligen Mehrheiten der (Kommunal-)Parlamente und politischen Gremien stehen) und schließlich die Leistungsträger (Fachkräfte/Mitarbeitende, Vertreter*innen des Trägers/Leitungskräfte, Landes- und Bundesverbände). Diese beteiligten Personengruppen und Institutionen vertreten als Anspruchsgruppen je spezifische Perspektiven, die es zu berücksichtigen gilt.

Es gibt also eine *Vielzahl* von unterschiedlichen Anspruchsgruppen, deren oft weit auseinanderliegende Interessen nicht egalisiert werden dürfen. Von diesen verschiedenen Anspruchsgruppen sind die Nutzer*innen und ihre Interessen besonders zu berücksichtigen (vgl. Oelerich und Schaarschuch 2005). Eine wichtige Herausforderung für das Management in und von Organisationen der Sozialwirtschaft besteht insofern darin, die jeweiligen Interessen der verschiedenen Anspruchsgruppen zu berücksichtigen und Aushandlungsprozesse zwischen den unterschiedlichen Anforderungen offen, transparent und fachlich zu gestalten.

Der dritte Bezugspunkt, der im Management sozialwirtschaftlicher Organisationen zu berücksichtigen ist, ist derjenige des wirtschaftlichen, gesellschaftlichen und politischen *Umfelds* oder der *Umwelt*. Dieser Bezugspunkt wird in systemischen Ansätzen der Managementlehre (siehe Abschn. 4.1) stark hervorgehoben: Die Prozesse des Wandels in den Umwelten von Organisationen umfassen immer mehr Aspekte und beschleunigen sich ständig. Beispiele für solche Prozesse des Wandels sind der Wertewandel, die Globalisierung der Wirtschaft, Veränderungen beim öffentlichen Träger im Rahmen des Neuen Steuerungsmodells oder der Wandel in den Beziehungen zu anderen Einrichtungen zwischen Kooperation und Konkurrenz (vgl. Schönig 2015, 2021). Wichtige, für die Soziale Arbeit existenzielle Aspekte des Umweltwandels sind Veränderungen in den Rechtsbezügen der Umwelt, sozialpolitische Veränderungen und Fragen der Nachhaltigkeit (vgl. Batz 2021).

Insofern ist die bewusste Gestaltung der Beziehungen zwischen Organisation und Umwelt eine zentrale und immer wieder neu anzugehende Aufgabe des Managements in und von sozialwirtschaftlichen Organisationen. In diesem Zusammenhang ist es wichtig, einen Informationsaustausch zwischen Organisation und Umwelt zu gewährleisten, und zwar sowohl von außen nach innen als auch umgekehrt. Damit sind Aufgaben für das *Wissensmanagement* in Organisationen der Sozialwirtschaft angesprochen (siehe Abschn. 2.2; vgl. Grunwald 2013d; North 2021; Pawlowsky 2019; Willke 2011). Die bewusste Gestaltung der Beziehungen zwischen Organisation und Umwelt schließt darüber hinaus ein, dass eine Einrichtung sich als *lernende Organisation* begreifen sollte, um den Anforderungen des kontinuierlichen und tiefgreifenden Wandels gerecht werden zu können (siehe Abschn. 4.2.5 und 4.4).

5.4 Von der Organisationsdiagnose zu einem pragmatischen ...

Die *Strukturen* bilden das vierte Moment, das in dem Schema von Becker und Langosch genannt wird. Die entscheidende Frage ist hier: „Was konstelliert die Arbeit und Zusammenarbeit der Beteiligten?" (Becker und Langosch 2002, S. 93). Mit Strukturen sind beispielsweise Formen der Aufbau- oder der Ablauforganisation gemeint, aber auch Ressourcen (Anzahl der Mitarbeitenden, Art der Beschäftigung, Gebäude, Räume usw.) und Arbeitsbedingungen. Zu berücksichtigen sind hier dezidiert auch rechtliche Aspekte, seien es arbeitsvertragliche Reglungen, die Rechtsformen von sozialwirtschaftlichen Organisationen mit ihren Stärken und Schwächen oder Fragen der Finanzierung. Management in und von Organisationen der Sozialwirtschaft bedeutet immer auch, die Strukturen der Organisation ziel- und kulturorientiert zu gestalten. Wichtige Fragen können hier beispielsweise sein, inwieweit der Aufbau oder/und die Rechtsform einer Organisation zu den Zielen passen sowie inwieweit die Aufgaben sinnvoll verteilt und die Abläufe reibungsarm geregelt sind.

Es wurde bereits darauf hingewiesen, dass neben formalen Aspekten einer Organisation (Strukturen) auch informale Gesichtspunkte eine wichtige Rolle spielen. Damit ist der Bogen geschlagen zum fünften Bezugspunkt des Managements in Organisationen der Sozialwirtschaft, zu den *Beziehungen*. Hier steht im Mittelpunkt, wer mit wem und wie kooperiert, wie das Zusammenspiel der verschiedenen Personen und Bereiche in einer Einrichtung aussieht, welche ungeschriebenen Regeln es gibt und wie die Organisationskultur einer Einrichtung beschaffen ist (vgl. ebd., S. 97). Beim Aspekt der Beziehungen geht es aber auch um die *Menschen,* die in einer Organisation tätig sind und ihre Fähigkeiten, Arbeitseinstellungen, Motivationen und Verhaltensweisen.

Bei Beziehungen und Menschen geraten die Personen, die Kommunikationen und die Leitung in den Blick des Managements von Organisationen der Sozialwirtschaft (vgl. ebd., S. 97). Die *Personen* können konkretisiert werden durch ihre offiziellen Funktionen im Rahmen der Stellenbeschreibung, ihre Rollen, die sie einnehmen, und ihre Interessen, die sie verfolgen. Die *Kommunikation* schließt auch die Machtbeziehungen ein, die zwischen Stellen und Bereichen bestehen. *Leitung* meint bei Becker und Langosch den Führungsstil und die Formen der Koordination. Beziehungen, Menschen und Kommunikationen sind wichtige Bezugspunkte für das Management von Organisationen der Sozialwirtschaft, die gegenüber den formalen Aspekten nicht in den Hintergrund geraten dürfen.

Der sechste Bezugspunkt des Managements von und in sozialen Einrichtungen umfasst die *Ziele,* an denen sich eine Organisation ausrichtet. Die zentralen Fragen, die die Ziele einer Einrichtung charakterisieren, sind laut Becker und

Langosch kurz gefasst folgende: „Wer sind wir? Was wollen wir? Was können wir?" (2002, S. 98). In den Blick geraten damit die Identität der eigenen Einrichtung als Corporate Identity, ihre strategische Ausrichtung und das Leitbild mit Visionen und Werten.

Eine *Corporate Identity* (CI) kann mit Birkigt et al. definiert werden als „die strategisch geplante und operativ eingesetzte Selbstdarstellung und Verhaltensweise eines Unternehmens nach innen und außen auf Basis einer festgelegten Unternehmensphilosophie, einer langfristigen Unternehmenszielsetzung und eines definierten (Soll-)Images – mit dem Willen, alle Handlungsinstrumente des Unternehmens in einheitlichem Rahmen nach innen und außen zur Darstellung zu bringen" (2002, S. 18; vgl. Grunwald 2013a, c). Eine CI entspricht dem „Selbstbild" einer Organisation, während ihr „Fremdbild" im Sinne einer „Projektion der Identity im sozialen Feld" als Corporate Image zu bezeichnen ist (ebd., 2002, S. 23).

Die *strategische Ausrichtung* einer Organisation lässt sich begreifen als das Ensemble von Plänen und Vorhaben, die eine – mehr oder weniger bewusste – Ausrichtung für die weiteren Aktivitäten der eigenen Einrichtung darstellen. Es geht um „zukunftsorientierte Perspektiven für die eigene Unternehmensentwicklung" und die *„Entwicklung strategischer Erfolgspotentiale"*, also um Vorstellungen, wo wir als Einrichtung in fünf oder zehn Jahren gerne stehen möchten (vgl. Abegglen und Bleicher 2021, S. 400; Hervorhebung im Original; siehe Abschn. 1.2, 4.1.2 und 4.3).

Ein *Leitbild* beinhaltet die allgemeinsten Vorstellungen über das Wertesystem und formuliert angestrebte Visionen, Ziele und Verhaltensweisen (vgl. Lüthy 2021). Es verknüpft den gegebenen Zustand (Ist) mit der angestrebten zukünftigen Struktur und Kultur (Soll) sowie mit den grundlegenden Werten und ist Teil des normativen wie des strategischen Managements. Insofern kann es als realistisches Idealbild verstanden werden im Sinne eines Leitsystems, an dem sich die gegenwärtige und zukünftige Entwicklung der Organisation ausrichtet.

Ein wesentlicher Punkt für das Management in Organisationen der Sozialwirtschaft ist die bereits benannte Auseinandersetzung mit finanziellen und infrastrukturellen *Ressourcen*. Dieser Punkt ist bei Becker und Langosch nur indirekt genannt, soll aber aufgrund seiner Bedeutung für den Bestand und die Möglichkeit fachlicher Arbeit hier gesondert aufgeführt werden. Wirtschaftliches Handeln als überlegter und begründeter Umgang mit knappen Mitteln lässt sich konkretisieren als Treffen von Entscheidungen auch (!) unter dem Gesichtspunkt der Effizienz.

Ökonomisch rationales Verhalten in Organisationen der Sozialwirtschaft darf sich nicht auf das Kriterium der Effizienz beschränken, sondern muss Effektivität im Sinne fachlicher Wirksamkeit, politische Rationalität und soziokulturelle Rationalität einschließen (vgl. Burla 1989; Grunwald 2018e, S. 1640 ff.; siehe Abschn. 3.3). Dennoch liegt es im ureigenen Interesse der fachlichen Arbeit in Organisationen der Sozialwirtschaft, die Auseinandersetzung mit Fragen der Wirtschaftlichkeit nicht an die Betriebswirtschaftslehre zu abzugeben, sondern sie im Zusammenhang mit fachlichen Fragen zu sehen und gemeinsam zu diskutieren.

Zusammenfassend sind folgende fachbezogene und organisationale *Bezugspunkte des Managements* von Organisationen der Sozialwirtschaft *in ihrer jeweiligen Entwicklung* und *in ihrem Zusammenwirken* von Bedeutung:

- Aktivitäten, Dienstleistungen, Angebote und ihre fachliche Ausführung
- Anspruchsgruppen wie Kund*innen bzw. Nutzer*innen und ihre jeweiligen Maßstäbe
- Wirtschaftliche, gesellschaftliche, politische sowie ökologische Umwelt und ihr Wandel
- Strukturen bzw. formale Organisation und ihre Weiterentwicklung
- Beziehungen bzw. Kommunikation und ihre Weiterentwicklung
- Menschen mit ihren Fähigkeiten (Klient*innen, Mitarbeitende, Führungskräfte)
- Ziele und Werte mit Corporate Identity, strategischer Ausrichtung und Leitbild
- Umgang mit Ressourcen und Wirtschaftlichkeit sowie Ausrichtung an den verschiedenen Ausprägungen ökonomischer Rationalität

Eine *wesentliche Herausforderung für Führungskräfte* in Organisationen der Sozialwirtschaft besteht systemisch betrachtet darin, die einzelnen Pole des Managements nicht gegeneinander auszuspielen, sondern gleichermaßen zu berücksichtigen und regelmäßig neu eine Balance zwischen ihnen herzustellen. Lotmar und Tondeur haben dies bereits 1996 sehr überzeugend formuliert, wenn sie als *zentrale Führungsaufgabe* ein *bewusstes Handeln in vernetzten Bezügen* festhalten (vgl. Lotmar und Tondeur 1996, S. 31 f.). Das bedeutet, es geht um verschiedene Aspekte des Managements von und in Organisationen der Sozialwirtschaft, die seitens der Leitungskräfte als wichtige Pole wahrzunehmen sind. Auch wenn diese einzelnen Pole sich je nach Position und Blickwinkel der betrachtenden Person in der Einrichtung in ihrer konkreten Ausformung unterscheiden können, sind sie dennoch grundsätzlich alle zu in den Blick zu nehmen.

Zudem sind *die einzelnen Pole* nicht als statische Phänomene aufzufassen, sondern *als sich wandelnde Elemente eines Systems* (siehe Abschn. 4.4). So ist die wirtschaftliche, gesellschaftliche und politische Umwelt laufend Veränderungen ausgesetzt, die seitens der Einrichtung wahrgenommen werden und in eigene Leitungsentscheidungen Eingang finden müssen.

Weiterhin müssen auch die *Widersprüche und Spannungsfelder* zwischen den einzelnen Polen gesehen und bearbeitet werden (siehe Abschn. 4.5). So gibt es häufig Spannungen z. B. zwischen

- den Interessen unterschiedlicher Anspruchsgruppen,
- der Wirtschaftlichkeit als Umgang mit Ressourcen (Effizienz) und der Verfolgung fachlicher Ziele (Effektivität),
- strukturellen Gegebenheiten (Hierarchie) und zwischenmenschlichen Beziehungen,
- Umwelt und Organisation,
- den einzelnen Mitarbeitenden und ihrem Team sowie zwischen
- sozialpolitischen und sozialrechtlichen Verschiebungen einerseits und innerorganisationalen Konsequenzen und Strategien andererseits.

Leitung wahrnehmen bedeutet im Sinne eines bewussten Handelns in vernetzten Bezügen, diese Spannungsfelder und ihren Wandel immer wieder neu zu reflektieren und das eigene Leitungshandeln auf die verschiedenen Pole zu konzentrieren, ohne einseitig bestimmte Aspekte aus dem Auge zu verlieren oder vor lauter Wechselwirkungen entscheidungsunfähig zu werden. Mit anderen Worten: *Leitung wahrnehmen beinhaltet sowohl Entscheidung als auch Reflexion,* und das unter Einbindung verschiedenster Formen der Partizipation unterschiedlicher Interessengruppen. Es geht somit darum sicherzustellen, dass in einer Einrichtung Entscheidungen getroffen und Zusammenhänge reflektiert werden (vgl. auch Merchel 2015a, S. 30 ff.).

Literatur

Literaturtipps zur Vertiefung

Doppler, Klaus, & Lauterburg, Christoph (2014). *Change Management.* Den Unternehmenswandel gestalten (13., akt. u. erw. Aufl.). Frankfurt a.M.: Campus.
Krizanits, Joana (2009). *Die systemische Organisationsberatung – wie sie wurde was sie wird.* Eine Einführung in das Professionsfeld. Wien: Facultas.

Oestereich, Bernd, & Schröder, Claudia (2020). *Agile Organisationsentwicklung.* Handbuch zum Aufbau anpassungsfähiger Organisationen. München: Vahlen.
Reith, Frank von der, & Wimmer, Rudolf (2014). Organisationsentwicklung und Change-Management. In Rudolf Wimmer, Jens O. Meissner, & Patricia Wolf (Hrsg.), *Praktische Organisationswissenschaft.* Lehrbuch für Studium und Beruf (2., überarb. u. erw. Aufl., S. 139–166). Heidelberg: Carl Auer.
Roehl, Heiko, & Asselmeyer, Herbert (Hrsg.) (2017). *Organisationen klug gestalten.* Das Handbuch für Organisationsentwicklung und Change Management. Stuttgart: Schäffer-Poeschel.

Verwendete Literatur

Abegglen, Christian, & Bleicher, Knut (2021). *Das Konzept integriertes Management.* Visionen – Missionen – Programme (10., akt. u. erw. Aufl.). Frankfurt a. M./New York: Campus.
Batz, Michael (2021). *Nachhaltigkeit in der Sozialwirtschaft.* Eine Einführung. Wiesbaden: Springer VS.
Beck, Reinhilde (2012). Leitkonzepte für die Gestaltung und Steuerung von Change-Prozessen und erfolgskritische Veränderungsprinzipien mit Blick auf ihre Anschlussfähigkeit und Relevanz für den Sozialbereich. In Armin Wöhrle (Hrsg.), *Auf der Suche nach Sozialmanagementkonzepten und Managementkonzepten für und in der Sozialwirtschaft.* Eine Bestandsaufnahme zum Stand der Diskussion und Forschung in drei Bänden. (Bd 3, S. 126–163). Augsburg: Ziel 2012.
Becker, Horst, & Langosch, Ingo (2002). *Produktivität und Menschlichkeit.* Organisationsentwicklung und ihre Anwendung in der Praxis (5., neu bearb. u. erw. Aufl.). Stuttgart: Lucius & Lucius.
Berner, Winfried (2015). *Change! 20 Fallstudien zu Sanierung, Turnaround, Prozessoptimierung, Reorganisation und Kulturveränderung* (2., akt. u. erw. Aufl.). Stuttgart: Schäffer-Poeschel.
Birkigt, Klaus, Stadler, Marinus M., & Funck, Hans Joachim (2002). *Corporate Identity.* Grundlagen, Funktionen, Fallbeispiele (11. akt. u. überarb. Aufl.). München: Redline Wirtschaft bei Verl. Moderne Industrie.
Burla, Stephan (1989). *Rationales Management in Nonprofit-Organisationen.* Bern: Haupt.
Doppler, Klaus, & Lauterburg, Christoph (2014). *Change Management.* Den Unternehmenswandel gestalten (13., akt. u. erw. Aufl.). Frankfurt a. M.: Campus.
Felfe, Jörg (2019). Organisationsdiagnose. In Heinz Schuler, & Klaus Moser (Hrsg.), *Lehrbuch Organisationspsychologie* (6., überarb. Aufl., S. 345–382). Bern: Hogrefe.
Gebert, Diether (2004c). Organisationsentwicklung. In Heinz Schuler (Hrsg.), *Lehrbuch Organisationspsychologie* (3., vollst. überarb. u. erw. Aufl., S. 601–616). Bern: Haupt.
Grossmann, Ralph, Bauer, Günther, & Scala, Klaus (2015). *Einführung in die systemische Organisationsentwicklung.* Heidelberg: Carl Auer.
Grunwald, Klaus (2002). Die Sachzielorientierung. In Helmut Becker (Hrsg.), *Das Sozialwirtschaftliche Sechseck* (S. 109–140). Freiburg i.Br.: Lambertus.

Grunwald, Klaus (2005). Organisationsentwicklung und -beratung. In Hans-Uwe Otto, & Hans Thiersch (Hrsg.), *Handbuch Sozialarbeit/Sozialpädagogik* (3. Aufl., S. 1312–1329). München/Basel: Ernst Reinhardt.

Grunwald, Klaus (2009b). Zum Management von Einrichtungen der Sozialen Arbeit unter organisationssoziologischer Perspektive. In Klaus Grunwald (Hrsg.), *Vom Sozialmanagement zum Management des Sozialen?* Eine Bestandsaufnahme (S. 85–138). Baltmannsweiler: Schneider Hohengehren.

Grunwald, Klaus (2013a). Corporate Identity. In Klaus Grunwald, Georg Horcher, & Bernd Maelicke (Hrsg.), *Lexikon der Sozialwirtschaft* (2., akt. u. vollst. überarb. Aufl., S. 223–226). Baden-Baden: Nomos.

Grunwald, Klaus (2013c). Unternehmensphilosophie. In Klaus Grunwald, Georg Horcher, & Bernd Maelicke (Hrsg.), *Lexikon der Sozialwirtschaft* (2., akt. u. vollst. überarb. Aufl., S. 1065–1068). Baden-Baden: Nomos.

Grunwald, Klaus (2013d). Wissensmanagement. In Klaus Grunwald, Georg Horcher, & Bernd Maelicke (Hrsg.), *Lexikon der Sozialwirtschaft* (2., akt. u. vollst. überarb. Aufl., S. 1112–1115). Baden-Baden: Nomos.

Grunwald, Klaus (2015a). Organisation und Organisationsgestaltung. In Hans-Uwe Otto, & Hans Thiersch (Hrsg.), *Handbuch Soziale Arbeit*. Grundlagen der Sozialarbeit und Sozialpädagogik (5., erw. Aufl., S. 1139–1150). München/Basel: Ernst Reinhardt.

Grunwald, Klaus (2018a). Management sozialwirtschaftlicher Organisationen zwischen Steuerungsskepsis, Dilemmatamanagement und Postheroischer Führung. In Klaus Grunwald, & Andreas Langer (Hrsg.), *Sozialwirtschaft*. Ein Handbuch für Wissenschaft und Praxis (S. 369–390). Baden-Baden: Nomos.

Grunwald, Klaus (2018b). Organisationen aus sozialwissenschaftlicher Perspektive. In Klaus Grunwald, & Andreas Langer (Hrsg.), *Sozialwirtschaft*. Ein Handbuch für Wissenschaft und Praxis (S. 221–238). Baden-Baden: Nomos.

Grunwald, Klaus (2018c). Organisationsentwicklung/Change Management in und von sozialwirtschaftlichen Organisationen. In Klaus Grunwald, & Andreas Langer (Hrsg.), *Sozialwirtschaft*. Ein Handbuch für Wissenschaft und Praxis (S. 333–356). Baden-Baden: Nomos.

Grunwald, Klaus (2018e). Sozialwirtschaft. In Hans-Uwe Otto, Hans Thiersch, Rainer Treptow, & Holger Ziegler (Hrsg.), *Handbuch Soziale Arbeit*. Grundlagen der Sozialarbeit und Sozialpädagogik (6., überarb. Aufl., S. 1633–1647). München: Ernst Reinhardt.

Grunwald, Klaus (2022). Change Management in der Seniorenwirtschaft. In Elke Maria Reinhardt, & Klaus Grunwald (Hrsg.), *Seniorenwirtschaft* (im Erscheinen). Wiesbaden: Springer VS.

Grunwald, Klaus, & Langer, Andreas (2018). Sozialwirtschaft – eine Einführung in das Handbuch. In Klaus Grunwald, & Andreas Langer (Hrsg.), *Sozialwirtschaft*. Handbuch für Wissenschaft und Praxis (S. 45–64). Baden-Baden: Nomos.

Grunwald, Klaus, & Steinbacher, Elke (2007). *Organisationsgestaltung und Personalführung in den Erziehungshilfen*. Grundlagen und Praxismethoden. Weinheim: Juventa.

Grunwald, Klaus, & Thiersch, Hans (2018). Lebensweltorientierung. In Gunther Graßhoff, Anna Renker, & Wolfgang Schröer (Hrsg.), *Soziale Arbeit*. Eine elementare Einführung (S. 303–315). Wiesbaden: Springer VS.

Hartkamp, Norbert (2016). „Damit Affekte zu Gefühl und Mitgefühl werden" – Führungskräfte als Change Manager. In Eva-Maria Lewkowicz, & Beate West-Leuer (Hrsg.),

Führung und Gefühl. Mit Emotionen zu Authentizität und Führungserfolg (S. 139–151). Wiesbaden: Springer VS.

König, Eckard, & Volmer, Gerda (2014). *Handbuch Systemische Organisationsberatung.* Grundlagen und Methoden (2., kompl. überarb. Aufl.). Weinheim: Beltz.

Königswieser, Roswita, & Hillebrand, Martin (2015). *Einführung in die systemische Organisationsberatung* (8. Aufl.). Heidelberg: Carl Auer.

Königswieser, Roswita, Wimmer, Rudolf, & Simon, Fritz B. (2013). Back to the roots? Die neue Aktualität der („systemischen") Gruppendynamik. *Organisationsentwicklung,* 4 (1), S. 65-73.

Krizanits, Joana (2009). *Die systemische Organisationsberatung – wie sie wurde was sie wird.* Eine Einführung in das Professionsfeld. Wien: Facultas.

Krizanits, Joana (2013). *Einführung in die Methoden der systemischen Organisationsberatung.* Heidelberg: Carl Auer.

Lotmar, Paula, & Tondeur, Edmond (1996). *Führen in sozialen Organisationen* (5. Aufl.). Bern: Haupt.

Lüthy, Anja (2021). Vom Leitbild zur werteorientierten Unternehmensführung. In Jessica Lange (Hrsg.), *Werteorientierte Führung in Theorie und Praxis.* Konzepte – Studienergebnisse – Praxiseinblicke (S. 87–102). Berlin: Springer Gabler.

Merchel, Joachim (2015a). *Leitung in der Sozialen Arbeit.* Grundlagen der Gestaltung und Steuerung von Organisationen (3. Aufl.). Weinheim/Basel: Beltz Juventa.

North, Klaus (2021). *Wissensorientierte Unternehmensführung.* Wissensmanagement im digitalen Wandel (7., vollst. überarb. Aufl.). Wiesbaden: Springer Gabler.

Oelerich, Gertrud, & Schaarschuch, Andreas (Hrsg.) (2005). *Soziale Dienstleistungen aus Nutzersicht.* Zum Gebrauchswert Sozialer Arbeit. München: Ernst Reinhardt.

Pawlowsky, Peter (2019). *Wissensmanagement.* Berlin: Walter de Gruyter.

Reith, Frank von der, & Wimmer, Rudolf (2014). Organisationsentwicklung und Change-Management. In Rudolf Wimmer, Jens O. Meissner, & Patricia Wolf (Hrsg.), *Praktische Organisationswissenschaft.* Lehrbuch für Studium und Beruf (2., überarb. u. erw. Aufl., S. 139–166). Heidelberg: Carl Auer.

Schmid, Bernd (Hrsg.) (2014). *Systemische Organisationsentwicklung.* Change und Organisationskultur gemeinsam gestalten. Stuttgart: Schäffer-Poeschel.

Schönig, Werner (2015). *Koopkurrenz in der Sozialwirtschaft.* Zur sozialpolitischen Nutzung von Kooperation und Konkurrenz. Weinheim/Basel: Beltz Juventa.

Schönig, Werner (2021). *Innovation bei Koopkurrenz in Netzwerken der Sozialwirtschaft.* Produktive Balance in Bewegung. Weinheim: Beltz Juventa.

Schwarz, Stefan (2008). *Strukturation, Organisation und Wissen.* Neue Perspektiven in der Organisationsberatung. Wiesbaden: VS Verlag für Sozialwissenschaften.

Vahs, Dietmar (2015). *Organisation.* Ein Lehr- und Managementbuch (9., überarb. u. erw. Aufl.). Stuttgart: Schäffer-Poeschel.

Willke, Helmut (2011). *Einführung in das systemische Wissensmanagement* (3., überarb. u. erw. Aufl.). Heidelberg: Carl Auer.

Wöhrle, Armin (2013a). Change Management. In Klaus Grunwald, Georg Horcher, & Bernd Maelicke (Hrsg.), *Lexikon der Sozialwirtschaft* (2., akt. u. vollst. überarb. Aufl., S. 204–210). Baden-Baden: Nomos.

Wöhrle, Armin, Beck, Reinhilde, Brandl, Paul, Funke-Steinberg, Karsten, Kaegi, Urs, Schenker, Dominik, & Zängl, Peter (2019). *Organisationsentwicklung – Change Management*. Baden-Baden: Nomos.

Grundfragen der Personalführung in sozialwirtschaftlichen Organisationen

6

Zusammenfassung

Zum Alltag einer Führungskraft in sozialwirtschaftlichen Organisationen gehört es, so das Fazit der Ausführungen zu Entwicklungsorientiertem Management und Dilemmatamanagement (siehe Abschn. 4.4 und 4.5), trotz und gerade wegen unlösbarer Spannungsfelder für das Management sozialwirtschaftlicher Organisationen vielfältige Anstrengungen zur Steuerung der eigenen Einrichtung *und* zur Führung der einzelnen Mitarbeitenden und der Teams zu unternehmen. Auch in dem beschriebenen pragmatischen Managementmodell (siehe Abschn. 5.4) zeigt sich die Einwirkung auf Beziehungen und Menschen als wichtige Aufgabe für die Führungskräfte in sozialwirtschaftlichen Organisationen.

Das folgende Kapitel thematisiert deswegen Fragen der Personalführung als Führung von Menschen durch Menschen, die für die Leitung (in) einer Einrichtung der Sozialwirtschaft hilfreich sein können. Auf die *Begriffsklärung* folgen Ausführungen zu einem *Rahmenmodell der Personalführung* und zum *Zusammenhang zwischen Personalführung und Menschenbildern*. Ein kurzer Exkurs thematisiert das *Leitungsverständnis der Themenzentrierten Interaktion*. Abschließend werden *Wirkungsmechanismen* der Personalführung vorgestellt.

Lernziele

- Sie können den Begriff der Personalführung herleiten, von Personalmanagement abgrenzen und definieren.
- Sie vermögen ein Rahmenmodell der Personalführung genauer zu beschreiben.
- Sie sind in der Lage, eine Typologie von Menschenbildern darzulegen und Letztere hinsichtlich ihrer Konsequenzen, die sie für die Wahrnehmung von

Aufgaben der Personalführung in Organisationen der Sozialwirtschaft haben, zu konkretisieren.
- Sie können das Leitungsverständnis der Themenzentrierten Interaktion skizzieren.
- Sie vermögen wichtige Wirkungsmechanismen der Personalführung zu benennen und näher zu beschreiben.

6.1 Der Begriff der Personalführung

Personalführung[1] greift auf den Begriff der Führung zurück (siehe Abschn. 1.2). Ohne die obigen Ausführungen zu wiederholen, muss doch an dieser Stelle nochmals darauf hingewiesen werden, dass der *Begriff der Führung weit gefasst* ist. Er meint sowohl die Leitung der gesamten Einrichtung im Sinne einer Steuerung aller Ressourcen einer Einrichtung *(Unternehmensführung, Management)* als auch die Beeinflussung und Führung von Personen *(Personalführung)*. Anders ausgedrückt: Es gibt nicht nur eine Führung durch Strukturen (Organisationsstrukturen, Abläufe), sondern auch eine Führung durch menschliche Aktivitäten (vgl. Rosenstiel und Nerdinger 2020, S. 21 ff.; Comelli et al. 2014, S. 84 f.; aktuell Unger et al. 2022 i. E.). Wunderer (2009a, S. 5 ff.) spricht von „direkter, personal-interaktiver" Führung. Im Zentrum der folgenden Ausführungen steht *Personalführung* als *Führung von Menschen durch Menschen* (und nicht durch Strukturen).

Personalführung ist wiederum abzugrenzen von *Personalmanagement* als dem Teil der Unternehmensführung, der sich speziell auf die Steuerung der Ressource Personal bezieht (siehe Abschn. 1.1). Auch wenn dieser Aspekt des Managements von Einrichtungen der Sozialwirtschaft in diesem Band nicht ausführlich thematisiert werden kann, soll zumindest kurz erläutert werden, um was es bei Personalmanagement geht. Zu unterscheiden sind drei grundlegende Funktionen des Personalmanagements, die Personalaktivierung, -lenkung und -bindung (vgl. Klimecki und Gmür 2005, S. 118 ff.; insgesamt siehe Rosenstiel et al. 2020; Scholz 2014; Grote 2012; Oechsler 2004).

- Die *Personalaktivierung* versucht, neue Qualifikationen und Motivationen für die Einrichtung zu erschließen. Zu dieser Funktion gehören Maßnahmen der Personalbeschaffung, des Personaleinsatzes und der Personalentwicklung.

---

[1] Das folgende Kapitel nutzt Passagen aus Grunwald und Steinbacher 2007.

6.1 Der Begriff der Personalführung

- Bei der *Personallenkung* geht es um die Steuerung und Optimierung der vielfältigen Qualifikationen und Motivationen, die die Mitarbeitenden einer Einrichtung einbringen. Sie ist das strukturelle Pendant zur Personalführung. Diese Funktion konkretisiert sich in Maßnahmen der Personalauswahl, der Personalintegration, der Personalbeurteilung, der Entgelt- und Anreizsysteme und – wie es in der Literatur beschönigend heißt – der Personalfreisetzung, sprich der Kündigung von Mitarbeitenden.
- Die *Personalbindung* strebt die Erhaltung und Erneuerung der Ressource Personal durch die Motivierung und Qualifizierung der Mitarbeitenden an.

Personalführung lässt sich *definieren* als „zielbezogene Einflussnahme auf arbeitende Menschen" (Comelli et al. 2014, S. 83). Die Führung von Mitarbeitenden konkretisiert sich in verbaler und nonverbaler Kommunikation mit den zu führenden Individuen und Gruppen (Arbeitsbereiche, Teams). So erfolgt beispielsweise die Auswahl von zukünftigen Mitarbeitenden durch entsprechende Gespräche. Den neuen Kolleg*innen werden verbal die für die Aufgabenerfüllung wichtigsten Kenntnisse und Informationen vermittelt, Ziele werden abgesprochen, wichtige Dokumente erläutert und die zukünftigen Kolleg*innen vorgestellt. Im Arbeitsalltag geht es darum, die Mitarbeitenden zu unterstützen und zu motivieren. In jährlich durchzuführenden Mitarbeitergesprächen wird Anerkennung und sofern nötig auch konstruktive Kritik formuliert. Insofern kann man festhalten, dass Personalführung als Führung von Menschen durch Menschen darin besteht, mit Hilfe von Kommunikation Mitarbeitende einer Organisation bewusst und zielbezogen zu beeinflussen (vgl. Rosenstiel und Comelli 2003, S. 76 f.).

Eine prominente Position markiert hier außerdem das *Konzept „Führung und Zusammenarbeit"* im Sinne einer „unternehmerischen Führungslehre" von Wunderer, in der „Führung und Zusammenarbeit als wert-, ziel- und ergebnisorientierte sowie aktivierende soziale Einflussnahme zur Erfüllung gemeinsamer Aufgaben in bzw. mit einer strukturierten Situation" verstanden wird (Wunderer 2009a, S. V). Er nennt zwei zentrale „Führungsdimensionen", die „strukturell-systemische (indirekte) und personal-interaktive (direkte)" Personalführung, die eng miteinander verknüpft sind.

- Die *strukturell-systemische, indirekte Führung* „wird durch Kontextgestaltung beeinflusst", die an vier zentralen Themen ansetzt, „Kultur, Strategie, Organisation und qualitative Personalstruktur" (Wunderer 2009a, S. 5 ff.). Diese Themen wurden in diesem Buch in den Kapiteln 2 „Organisationen der Sozialwirtschaft aus Sicht der Organisationssoziologie" und Kap. 4 „Management in

und von sozialwirtschaftlichen Organisationen aus organisationssoziologischer und systemischer Perspektive" bearbeitet.
- Die *personal-interaktive, direkte Führung* findet sich in diesem Buch überwiegend im Zentrum des Kap. 6 „Grundfragen der Personalführung in sozialwirtschaftlichen Organisationen".

Beide Dimensionen ergänzen, modifizieren, legitimieren oder ersetzen einander. Als zentrale Führungsaufgaben innerhalb der personal-interaktiven Führung nennt Wunderer (2009a, S. 10 f.)

- „wahrnehmen, analysieren, reflektieren
- informieren, kommunizieren, konsultieren
- motivieren, identifizieren
- entscheiden, koordinieren, kooperieren, delegieren
- entwickeln, evaluieren, gratifizieren".

6.2 Ein Rahmenmodell der Personalführung

Der Begriff der Personalführung lässt sich in einem Modell darstellen, in dem vier Elemente unterschieden und zueinander in Beziehung gesetzt werden: Führungspersönlichkeit, Führungsverhalten, Situation und Führungserfolg (vgl. Rosenstiel und Comelli 2003, S. 79 ff.; Rosenstiel und Nerdinger 2020, S. 27; Nerdinger et al. 2014, S. 83 ff.; Comelli et al. 2014, S. 85 ff.). Dieses *Rahmenmodell der Führung* und die Wechselwirkungen der vier Elemente lassen sich folgendermaßen beschreiben:

- Die Führungspersönlichkeit beeinflusst das Führungsverhalten.
- Genauso beeinflusst die Situation das Führungsverhalten.
- Der Führungserfolg wird geprägt durch das Führungsverhalten.
- Der Führungserfolg ist aber auch maßgeblich von der Situation abhängig.

Die vier Bestandteile des Rahmenmodells der Führung werden im Folgenden ausführlicher erläutert.

6.2.1 Die Führungspersönlichkeit

Die Führungspersönlichkeit als erstes Element des Rahmenmodells wird bereits seit langer Zeit verantwortlich gemacht für den Erfolg von Führungsaktivitäten. Beispiele für diese Einschätzung wurden gesucht und gefunden. Sie reichen von der Interpretation Julius Cäsars und seiner Intelligenz und Willensstärke bis zu Beispielen von verschiedensten Führungspersönlichkeiten aus der Wirtschaft (Krupp, Siemens u. a.) und ihren besonderen Charaktereigenschaften, denen der jeweilige Erfolg oder Misserfolg zugeschrieben wurde (vgl. Rosenstiel und Comelli 2003, S. 81 ff.). Auch die empirische Forschung befasste sich häufig mit der Frage, welche besonderen ‚Führungseigenschaften' denn wohl eine ‚Führungsperson' auszeichnen würden oder sollten. Nach vielen Untersuchungen und eingehenden Debatten ist inzwischen allgemein anerkannt, dass die Führungspersönlichkeit durchaus eine wichtige Rolle für den Führungserfolg hat, sie jedoch nicht monokausal für die Resultate verantwortlich zu machen ist. Die entgegengesetzte Position, die Führungseigenschaften seien irrelevant, trifft nach der empirischen Datenlage aber genauso wenig zu. Entscheidend für den Führungserfolg ist offensichtlich das Zusammenwirken von Person und Situation (vgl. ebd.; Rosenstiel und Nerdinger 2020, S. 25 ff.; Miebach 2017, S. 179 ff.).

Dennoch werden von der Führungsforschung einige „allgemein gültige Basisanforderungen" formuliert, die an künftige Führungspersönlichkeiten auch in Einrichtungen der Sozialwirtschaft gestellt werden können (Rosenstiel und Comelli 2003, S. 84). Zu ihnen gehören

- „überdurchschnittliche Intelligenz, d. h. (…) die Fähigkeit, rasch und zutreffend neue Probleme zu analysieren und zu lösen"
- „gute interpersonale Kompetenz, d. h. die Fähigkeit und Bereitschaft, sich auf verschiedenartige Menschen einzulassen und mit ihnen Kontakt aufnehmen zu können"
- „Lernfähigkeit und Lernbereitschaft, um sich auf jeweils neue und sich wandelnde Herausforderungen einzustellen und die dafür erforderlichen Wissensbestandteile und Handlungskompetenzen zu erwerben"
- „Flexibilität, um sich rasch wandelnden Situationen stellen zu können"
- „hohe Motivation im Sinne eines Bedürfnisses, die sich stellenden Herausforderungen jeweils zu bewältigen und dabei Einfluss auf andere auszuüben" (ebd., S. 84).

6.2.2 Das Führungsverhalten

Neben der Führungspersönlichkeit ist der zweite wichtige Bestandteil des Rahmenmodells der Führung das Führungsverhalten (vgl. Blessin und Wick 2014, S. 87 ff.; Neuberger 2002, S. 390 ff.; Nerdinger et al. 2014, S. 88 ff.; Miebach 2017, S. 181 ff.). Hier ist ausgesprochen spannend, dass es in der Literatur eine Fülle von Hinweisen darauf gibt, welche Verhaltensweisen besonders erfolgversprechend seien. Zahlreiche empirische Untersuchungen belegen aber, dass diese Hinweise mit der zu beobachtenden Realität des Führungsgeschehens wenig zu tun haben. Laut Lehrbuchwissen handeln Führungskräfte rational und geplant, berücksichtigen offizielle Informationen, beschreiten in ihrem kommunikativen Verhalten den Dienstweg, orientieren sich durchgehend an den offiziell formulierten Unternehmenszielen und ziehen so im Einklang mit den Kolleg*innen am gleichen Strang. Die Ergebnisse der empirischen Untersuchungen heben dagegen hervor, dass Führungskräfte zwar viel kommunizieren, aber überwiegend ungeplant und spontan; dass sie weiterhin informellen Informationen und Gesprächssituationen einen hohen Rang einräumen; dass sie häufig informelle Beziehungen und offiziell nicht existente Netzwerke pflegen und dass sie schließlich häufig sehr persönliche Ziele im Blick haben, die durchaus zu Konflikten mit anderen Personen und Gruppen führen (vgl. Rosenstiel und Comelli 2003, S. 85 f.; Blessin und Wick 2014, S. 89 ff.; Neuberger 2002, S. 452 ff.).

Interessant ist weiterhin, dass die *Suche nach einheitlichen Mustern des Führungsverhaltens* im Umgang mit den geführten Mitarbeitenden zu widersprüchlichen Ergebnissen führt. Vielfältige Untersuchungen belegen, dass Führungskräfte nicht über ein situationsunabhängiges, stabiles Muster im Führungsverhalten verfügen. Anders formuliert: Die gleiche Führungsperson variiert ihr Führungsverhalten je nach Situation. Der zweite Befund besagt, dass das Verhalten von Führungskräften offensichtlich auch nicht allein von der Situation abhängt – in der gleichen Führungssituation verhalten sich verschiedene Führungspersonen durchaus unterschiedlich. Trotz dieser Relativierung des Führungsverhaltens gibt es aber dennoch bestimmte Grunddimensionen, wie vor allem durch Befragungen der Geführten, sprich der Mitarbeitenden, herausgefunden wurde: In verschiedenen empirischen Untersuchungen wurden zwei grundsätzliche Dimensionen von Führungsverhalten ermittelt, die als Orientierung an den Mitarbeitenden und Aufgabenorientierung zusammengefasst werden können.

- *Orientierung an den Mitarbeitenden* bezieht sich auf eine grundlegende Wahrnehmung der Mitarbeitenden nicht nur als Wirtschaftsfaktoren, sondern auch

6.2 Ein Rahmenmodell der Personalführung

als Menschen. Nerdinger et al. verbinden Orientierung an den Mitarbeitenden mit „Wärme, Vertrauen, Freundlichkeit, Achtung der Mitarbeiter" (2014, S. 88).

- *Aufgabenorientierung* dagegen bezieht sich auf eine durchgängige Ausrichtung an den Sachaufgaben, die ein Unternehmen erfüllt und an der erreichten Effektivität und Effizienz. Nerdinger et al. heben hier die „aufgabenbezogene Organisation und Strukturierung, die Aktivierung und Kontrolle der Mitarbeiter" hervor (2014, S. 88).

Die empirischen Forschungen zeigen, dass sich Mitarbeitenden- und Aufgabenorientierung nicht an sich widersprechen. Eine Vorgesetzte muss sich nicht für das eine oder das andere entscheiden, sondern kann durchaus beide Ausrichtungen gleichzeitig oder beide nicht oder beide in unterschiedlichem Maß verfolgen. Beide Dimensionen des Führungsverhaltens, die Mitarbeitendenorientierung und die Aufgabenorientierung, sind voneinander unabhängige und sehr bedeutsame Dimensionen für den Führungserfolg (vgl. Rosenstiel und Comelli 2003, S. 84–93; Nerdinger et al. 2014, S. 88 f.; Rosenstiel und Nerdinger 2020, S. 32 ff.; kritisch: Blessin und Wick 2014, S. 127–150). Damit wird empirisch eine alte These der Organisationsentwicklung gestärkt, die dafür geworben hatte, „Produktivität und Menschlichkeit" nicht gegeneinander auszuspielen (Becker und Langosch 2002).

Zu den beiden genannten Verhaltensdimensionen können noch andere Aspekte hinzukommen. Für die Soziale Arbeit von großem Interesse ist die Dimension der *Partizipationsorientierung* (vgl. Rosenstiel und Comelli 2003, S. 92 f.; Rosenstiel und Nerdinger 2020, S. 33 f.; Nerdinger et al. 2014, S. 176, S. 437; Wegge und Rosenstiel 2019, S. 295), die das Ausmaß der Beteiligung von Mitarbeitenden bei Entscheidungen bezeichnet. Für diese Dimension des Führungsverhaltens gilt, dass die Ausprägung der Partizipationsorientierung unabhängig von der Mitarbeitenden- und Aufgabenorientierung ist. Der Nutzen einer Ausrichtung der Personalführung an dem Ausbau von Partizipation lässt sich auf zwei Aspekte zurückführen, auf kognitive und motivationale Effekte (vgl. Scholl 2004, S. 545 f.; Grunwald 2001, S. 153 f.).

- Die *kognitiven Effekte* sind damit verbunden, dass durch die Beteiligung von Mitarbeitenden und Klient*innen und den damit verbundenen Zugriff auf ihr spezifisches Wissen das vorhandene Problemlösungspotenzial deutlich besser ausgeschöpft werden kann. Das zeigt sich insbesondere bei der Erarbeitung funktionsfähiger Neuentwicklungen in Bezug auf Abläufe, Organisationsstrukturen, Aufgabenverteilung usw.

- Die *motivationalen Effekte* der Partizipationsorientierung erstrecken sich nicht nur auf eine Erhöhung der Mitarbeitendenzufriedenheit (das wäre eigentlich die Dimension der Mitarbeitendenorientierung), sondern vor allem auf die Steigerung der Effektivität organisatorischer Problemlösungen, weil durch die Beteiligung an Entscheidungsprozessen „Bedürfnisse nach Kontakt und Anerkennung sowie nach selbstbestimmtem und kompetentem Handeln befriedigt werden" können (Scholl 2004, S. 546).

Eine *Steigerung der Effektivität organisatorischer Problemlösungen* hängt überdies damit zusammen, dass die im Rahmen einer Problembearbeitung gemeinsam entwickelten Lösungen praxisgerechter sind und später weitaus besser akzeptiert werden als Lösungen, die ohne die Beteiligung von Mitarbeitenden zustande gekommen sind (vgl. Doppler und Lauterburg 2014, S. 192 ff.).

6.2.3 Die Führungssituation

Der dritte Bestandteil des Rahmenmodells der Führung ist die *Führungssituation* (vgl. Rosenstiel und Nerdinger 2020, S. 34 ff.). Diese ist begrifflich weit zu fassen. Zur Führungssituation gehören so unterschiedliche Aspekte wie die Zahl der beteiligten Personen, deren Motivation, ihr Qualifikationsgrad, ihre Kompetenzen (was sie ‚dürfen') und ihre Positionen in der Einrichtung, aber auch die Beschaffenheit und Schwierigkeit der zu erledigenden Aufgabe, ihr Inhalt, ihre Ziele, die Existenz von technischen Hilfsmitteln, die Verfügbarkeit von informationstechnologischer Ausstattung usw. Eine Rolle spielen der Arbeitsplatz, die Abteilung, die Organisation sowie die gesellschaftliche Einbindung und die Kultur (vgl. Rosenstiel und Comelli 2003, S. 93 ff.). Von Bedeutung sind ebenfalls die organisationalen Ziele und Strukturen, die Existenz und Ausprägung von Machtmitteln, um Entscheidungen durchzusetzen, die Unterstützungsbereitschaft der Kolleg*innen, die spezifischen Bedingungen der relevanten Märkte sowie die Bereitschaft von Betriebsrat oder Vertretung der Arbeitnehmer*innen zur Kooperation (vgl. Nerdinger et al. 2014, S. 85).

Die Führungssituation umfasst damit alle Faktoren, die in irgendeiner Weise auf die Beziehung zwischen Leitungskraft und Mitarbeitenden Einfluss nehmen. Sie entscheidet darüber, „welches Verhalten eine Führungspersönlichkeit zeigt, wie dieses Verhalten von den Mitarbeitern oder dem Team wahrgenommen wird und ob deren Reaktionen zu den Zielen des Unternehmens passen" (Nerdinger et al. 2014, S. 85).

Angesichts dieser Vielfalt von Bestimmungsfaktoren, die eine konkrete Führungssituation beeinflussen, ist unmittelbar einsichtig, dass die Ausprägung der Situation einen großen Einfluss auf den Erfolg hat, der einer bestimmten Führungskraft und ihrem Verhalten beschieden ist. Insofern ist es eine wesentliche *Anforderung* an Leitungskräfte, *sich auf die unterschiedliche Ausgestaltung einer Führungssituation einstellen zu können.* Das bedeutet zunächst, dass die Führungsperson über *Verhaltensflexibilität* verfügen sollte. In der einen Situation kann es angemessen sein, schnell und allein eine Entscheidung zu treffen, während es in anderen Situationen unabdingbar sein kann, die Mitarbeitenden in vollem Umfang zu beteiligen. Um zu klären, wann was gefordert und/oder sinnvoll ist, sollte die Leitungskraft in der Lage sein, *die Situation rasch und treffend zu diagnostizieren und das eigene Verhalten auf diese Diagnose abzustimmen.* Dabei ist die Führungssituation nicht einfach so hinzunehmen, wie sie sich auf den ersten Blick präsentiert, sondern sollte sorgfältig auf *mögliche Optionen* hin bedacht werden.

Insbesondere aber sollte sich eine Führungskraft von der Vorstellung lösen, die Verhaltensweisen, die in der Vergangenheit zum Erfolg führten, würden auch in der Gegenwart oder der Zukunft Erfolg bescheren. Diese Vorstellung ist insofern gefährlich, als die besonderen Rahmenbedingungen, die für den Erfolg einer bestimmten Handlungsweise in der Vergangenheit spezifisch waren, oft in der Rückschau nicht ausreichend reflektiert werden. Damit wird *in einer unzulässigen Weise von der Vergangenheit auf die Gegenwart oder Zukunft geschlossen:* „Weniges ist für künftige Misserfolge so häufig mitverantwortlich wie vergangener Erfolg" (Rosenstiel und Comelli 2003, S. 95).

6.2.4 Der Führungserfolg

Der vierte Bestandteil des oben eingeführten Rahmenmodells der Führung ist schließlich der *Führungserfolg,* der sich an den Führungszielen bemisst. Er kann zunächst formal definiert werden (‚Erfolg ist, wenn wir unsere fachlichen und organisationalen Ziele erreichen'). Das führt aber im konkreten Fall nicht weiter, weil differenzierte *inhaltliche Kriterien* fehlen. Entscheidend ist in der Sozialen Arbeit vielmehr die Frage, wer den Erfolg wie definiert. Die Interessen der verschiedenen Anspruchsgruppen können mehr als unterschiedlich sein – und dementsprechend unterschiedlich ist auch ihre jeweilige Definition des Führungserfolgs (siehe Abschn. 3.2 und 3.7).

Es gibt beispielsweise in einer Einrichtung der Erziehungshilfen nicht ‚den' Erfolg einer Führungsaktivität, sondern das Führungshandeln und sein Erfolg werden in aller Regel durch die Führungskräfte selbst, die Kinder und Jugendlichen, die Eltern, die Mitarbeitenden, die Kooperationspartner*innen im Jugendamt usw. jeweils unterschiedlich bewertet. Damit wird die Klärung und Vereinbarung von Zielsetzungen, die in der Einrichtung gemeinsam erreicht werden sollen, zu einer zentralen Leitungsaufgabe (siehe die Ausführungen zu Partizipation u. a. in Abschn. 3.7, 4.4 und 6.2.2). Gerade weil Ziele in der Sozialen Arbeit nicht einfach verordnet und vorgesetzt werden können, sind die Anstrengungen, trotz unterschiedlicher Sichtweisen zu gemeinsamen Zielsetzungen zu kommen, von besonderer Bedeutung. Dies hat beispielsweise deutliche Konsequenzen für die Erstellung von Leitbildern und Konzeptionen. Die Sicherstellung der Beteiligung der unterschiedlichen Anspruchsgruppen und ihrer Sicht auf die Einrichtung schlägt sich in der Qualität eines entsprechenden Leitbild- oder Konzeptionstextes genauso nieder wie in dessen Akzeptanz und Relevanz im Alltag der Einrichtung (vgl. Grunwald und Steinbacher 2007, S. 138 ff.).

Jenseits der inhaltlichen Ausgestaltung des Führungserfolgs sind aber auf Grundlage empirischer Untersuchungen *mehrere grundsätzliche Ebenen* festzuhalten, auf denen Führungserfolg erreicht werden kann (vgl. Rosenstiel und Comelli 2003, S. 77 ff.). Sie bauen auf den Aussagen auf, die oben bereits zum Führungsverhalten getroffen wurden:

- Die erste Ebene des Führungserfolges nimmt primär die möglichst weitgehende Erfüllung der fachlichen und wirtschaftlichen Organisationsziele in den Blick. Effektivität und Effizienz lassen sich hier zusammenfassen unter der Kategorie *Leistung,* bei der es gleichermaßen um ökonomische und fachliche Fragen geht. Führungsverhalten, das sich an dem Zielbündel Leistung ausrichtet, folgt dementsprechend der *Aufgabenorientierung.*
- Die zweite Ebene befasst sich vor allem mit der Zufriedenheit der Mitarbeitenden im betrieblichen Kontext, sprich der Arbeitszufriedenheit. Sie wird gefördert durch ein Führungsverhalten, das die *Personenorientierung* in den Mittelpunkt stellt.
- Die dritte Ebene, die oben bereits angesprochen wurde, ist die der *Partizipationsorientierung* als systematische Berücksichtigung nicht nur der Interessen der Mitarbeitenden, sondern auch der Adressat*innen und anderer Anspruchsgruppen.

Alle drei Ebenen müssen berücksichtigt werden, wenn es um die Motivation von Mitarbeitenden geht, die dabei unterstützt werden sollen, den Erfolg der Einrichtung zu befördern.

6.3 Personalführung und Menschenbilder

Personalführung lässt sich mittels des dargestellten Rahmenmodells der Führung und seiner Faktoren Führungspersönlichkeit, -verhalten, -situation und -erfolg beschreiben. Dabei ist von großer Bedeutung, welches *Menschenbild* in einer Organisation, in einem Team oder bei einer Führungskraft vorherrscht (vgl. Comelli et al. 2014, S. 108 ff.; Steinle und Ahlers 2004; Matthiesen 1995; für Qualitätsmanagement: Zollondz 2016). Staehle definiert: „Die Gesamtheit der Annahmen einer Theorie über den Menschen in Organisationen wird als Menschenbild bezeichnet" (1999, S. 191). Eine alternative Definition liefert Weinert, der Menschenbilder als „Grundannahmen, Einstellungen und Erwartungen von Führungskräften gegenüber den Zielen, Fähigkeiten, Motiven und Werten von Mitarbeitern" fasst (1998, S. 672; vgl. Lange 2021b, S. 10 ff.).

Das Menschenbild als grundsätzliche Auffassung vom Menschen (und damit sowohl von den Mitarbeitenden als auch von den Führungskräften) prägt das im Rahmenmodell thematisierte typische Führungshandeln und die Führungssituationen (z. B. die Organisationsstrukturen) einer Einrichtung erheblich. Insofern ist es wichtig zu überprüfen, welches Menschenbild in der eigenen Einrichtung oder dem eigenen Team vorherrscht, und sich Gedanken darüber zu machen, welches Menschenbild mittelfristig als Orientierung verfolgt werden soll.

Hier sind zwei „Idealtypologien von Menschenbildern" zu unterscheiden (Steinle und Ahlers 2004, Sp. 1146). Bei den dualistischen Ansätzen ist das Gegensatzpaar der Theorie X und Theorie Y von Mc Gregor besonders bekannt, bei den weiter differenzierenden insbesondere die Typologie von E. H. Schein, der vier verschiedene Menschenbilder unterscheidet (vgl. Steinle und Ahlers 2004, Sp. 1146; Staehle 1999, S. 191 ff.). Gerade die Typologie von E. H. Schein hat als bestimmte Vorstellungen davon, was Menschen wichtig ist und wie sie charakterisiert werden können, in der Geschichte der Organisationslehre eine besondere Rolle gespielt (vgl. Blickle 2004, Sp. 838 ff.; Staehle 1999, S. 191 ff.). Folgende vier Menschenbilder werden in der Tradition von Schein bis heute viel verwendet (vgl. Comelli et al. 2014, S. 111; auch Pfister 2019, S. 7 ff.):

- Für den *„rational-economic man"* als „wirtschaftlich funktionierende[r]" oder ‚rationaler Mensch' sind finanzielle Anreize besonders wichtig (ebd.). Er gilt als passiv und als durch seine Organisation stark beeinflusst – im Positiven wie im Negativen. Wer diesem Menschenbild folgt, sieht die Menschen vorwiegend als wirtschaftliche Größe, mit der entsprechend den Unternehmenszielen ‚gerechnet' wird.

- Der „*social man*" (soziale Mensch) ist dagegen durch soziale Bedürfnisse (Teamzugehörigkeit, Einbindung in soziale Beziehungen) gekennzeichnet. Für sein Arbeitsverhalten sind die sozialen Normen seines Teams oder seiner Einrichtung entscheidender als die Vorgaben der Vorgesetzten. Verfechter dieses Menschenbildes stellen dementsprechend die Gestaltung und Leitung von Gruppen und Teams in den Vordergrund.
- Der „*self-actualizing man*" als „der sich selbst verwirklichende" Mensch" strebt intensiv nach Autonomie und Selbstgestaltung, was auch Selbst-Kontrolle und Selbst-Motivation einschließt. Dieses Menschenbild führt dazu, dass die Motivation der Menschen vor allem durch eine Einräumung von Gestaltungs- und Entscheidungsräumen fokussiert wird.
- Der vierte Typus der Menschenbilder ist der „*complex man*", was meist als „der ganzheitliche" Mensch" oder der ‚komplexe Mensch' ins Deutsche übersetzt wird (ebd.). Dieses Menschenbild stellt die Lern- und Wandlungsfähigkeit des Menschen und seine Fähigkeit, Handlungen situationsadäquat auszuführen, in den Mittelpunkt. Es ist das komplexeste Menschenbild und beansprucht, die anderen drei Typen einzuschließen und miteinander zu verbinden. Dementsprechend flexibel ist, sofern dieser Sicht gefolgt wird, der Umgang mit den Mitarbeitenden und den Klient*innen.
- Diese vier Menschenbilder werden inzwischen ergänzt durch dasjenige des „brain-directed man", „das die individuellen, durch den Sozialisationsprozess entwickelten und neuronal gefestigten Grundbedürfnisse in den Vordergrund stellt" (Ghadiri und Peters 2014, S. 634). Fokussiert werden in diesem Menschenbild Grundbedürfnisse, „deren Existenz belegt worden ist", die „eine neuronale Verankerung im menschlichen Gehirn" aufweisen (ebd., S. 635). Genannt werden hier insbesondere „das Bindungsbedürfnis, das Bedürfnis nach Orientierung und Kontrolle, das Bedürfnis nach Selbstwerterhöhung und Selbstwertschutz und das Bedürfnis nach Lustgewinn und Unlustvermeidung" (ebd.). Eine Personalführung, die sich an der Erfüllung dieser neurowissenschaftlich belegten Grundbedürfnisse orientiert, wird auch als „Neuroleadership" bezeichnet (ebd., S. 639).

Spannend wird es, wenn man nun diese vier Menschenbilder übersetzt in *Konsequenzen*, die sie *für die Wahrnehmung von Aufgaben der Personalführung* in einer Organisation der Sozialwirtschaft haben. Diese sind entsprechend den einzelnen Menschenbildern sehr verschieden.

6.3 Personalführung und Menschenbilder

- Beim Bild des ‚rationalen Menschen' stehen die klassischen Managementfunktionen der Planung, Organisation und vor allem der Kontrolle im Mittelpunkt (siehe Abschn. 1.2).
- Dagegen wird beim Bild des ‚sozialen Menschen' der Fokus auf den Aufbau und die Unterstützung von Gruppen (Teams, Abteilungen) sowie die Befriedigung der Bedürfnisse nach Anerkennung, Zugehörigkeit und Identität gerichtet.
- Steht das Menschenbild des ‚sich selbst verwirklichenden Menschen' im Vordergrund, so ist die Förderung von Einzelnen wichtig, denen vielfältige Aufgaben zur selbstständigen Erledigung übertragen werden und deren Mitbestimmung stark berücksichtigt wird. Bei ihnen geht es nicht um eine Motivation von außen, sondern um die Förderung einer von innen kommenden Motivationslage (intrinsische Motivation).
- Wird vom Menschenbild des ‚komplexen oder ganzheitlichen Menschen' ausgegangen, ist die Personalführung davon geprägt, sorgfältig die jeweiligen Situationen zu analysieren und zu diagnostizieren, um das eigene Führungsverhalten situationsadäquat ausrichten zu können. Postuliert wird, dass es „kein generell gültiges Bild vom Menschen gibt, sondern jeweils nur in unterschiedlichen Situationen handelnde, individuell unterschiedliche Menschen. (…) Die Anerkennung einer Vielfalt menschlicher Bedürfnisse, die in ständigem Wechselspiel zu den jeweils subjektiv erlebten situativen Rahmenbedingungen stehen, steht deshalb heute im Vordergrund aller Überlegungen zur Motivation von Mitarbeitern" (Comelli et al. 2014, S. 111). Bei dieser situationsgemäßen Ausgestaltung des eigenen Führungsverhaltens wird auch auf die Konsequenzen der anderen drei Menschenbilder für die Personalführung zurückgegriffen.

Bei den Menschenbildern des sozialen und des sich selbst verwirklichenden Menschen schwingt ein Wertehintergrund mit, der von der humanistischen Psychologie geprägt wird. Die *Ausrichtung an den Werten der humanistischen Psychologie* hat erhebliche Konsequenzen für die Personalführung hinsichtlich grundlegender Annahmen über Individuen, Gruppen und Einzelne in Organisationen (vgl. Becker und Langosch 2002, S. 18 ff.). Die Spannung zwischen Autonomie und sozialer Interdependenz (Aufeinanderbezogenheit), die Betonung von Selbstverwirklichung, Sinnorientierung sowie Ganzheit sind zentrale Charakteristika des Menschenbilds der humanistischen Psychologie: Der Mensch – so Maslow, McGregor, Perls, Cohn, Fromm und andere – möchte sich von Natur aus verwirklichen und entfalten, ist ein wertvolles und wertbezogenes Wesen, sucht nach Sinn im Privat- wie im Arbeitsleben, ist zu Engagement, Verantwortung und Initiative fähig und grundsätzlich sowohl lern- und entwicklungsfähig als auch -willig.

Solche Grundwerte haben nicht nur Auswirkungen auf die Normen und Werte einer Organisation, sondern auch auf ihre Strukturen, die den Rahmen für eine Verwirklichung und Entfaltung der Menschen bilden. *Humanität* heißt in diesem Zusammenhang nicht nur materielle Existenzsicherung, Schutz der Gesundheit und persönliche Anerkennung, sondern auch Autonomie im Sinne angemessener Dispositionsspielräume und einer Beteiligung an relevanten Entscheidungen sowie die Möglichkeit zu fachlicher Weiterbildung und beruflicher Entwicklung.[2] Dieser Wertbezug prägt die oben entfalteten Konzepte des Organisationslernens und des Entwicklungsorientierten Managements. Er wird gleichfalls deutlich im Leitungsverständnis der Themenzentrierten Interaktion nach R. Cohn, das auf die Arbeit in unterschiedlichsten Gruppen wie Teams, Leitungsrunden und Aufsichtsgremien sehr gut übertragbar ist und deswegen im Folgenden kurz angerissen werden soll (vgl. Grunwald und Steinbacher 2007, S. 194 ff.).

Ähnlich wie bei den verschiedenen Organisationsbegriffen (siehe Abschn. 1.1), geht es auch bei diesen vier Menschenbildern nicht darum, kategorisch über ihre ‚Richtigkeit' zu entscheiden. Im Gegenteil ist – und an dieser Stelle wird dem Bild des „complex man" gefolgt – von Gegenüber zu Gegenüber, sprich von Mitarbeiter*in zu Mitarbeiter*in, von Klient*in zu Klient*in und von Situation zu Situation zu entscheiden, welchem Menschenbild der Vorzug zu geben ist. Anders ausgedrückt: Das ‚richtige' Menschenbild gibt es nicht.

Das darf aber nicht bedeuten, dass die Führungskraft sich beliebig mal für dieses und mal für jenes Menschenbild und die mit ihm jeweilig verbundenen Grundeinstellungen der Personalführung entscheidet. Im Gegenteil sollte eine Leitungskraft sich und gegebenenfalls auch Anderen gegenüber begründen können, welchem Menschenbild sie überwiegend oder in einer bestimmten Situation folgt. Nur durch die wertbezogene Begründbarkeit der eigenen Grundeinstellung zu den Mitarbeitenden kann eine Beliebigkeit derselben vermieden werden und damit die Echtheit und Glaubwürdigkeit des eigenen Führungshandelns sichergestellt und vermittelt werden.

---

[2] Eine wesentliche Vorbedingung für die Realisierung dieser humanistischen Werte liegt in der Entwicklung eines Vertrauensverhältnisses. Dieses Thema wird seit geraumer Zeit in der Führungslehre explizit aufgegriffen (vgl. Neubauer und Rosemann 2006, S. 117 ff.).

6.4 Exkurs: Zum Leitungsverständnis der Themenzentrierten Interaktion

Das Menschenbild der Humanistischen Psychologie konkretisiert sich schlüssig im Leitungsverständnis des Konzepts der Themenzentrierten Interaktion (TZI). Diese wurde in den 1950er Jahren von Ruth C. Cohn entwickelt (vgl. Cohn 2013; Cohn und Farau 2008; Langmaack 2017; Schneider-Landolf et al. 2010). Es ist in starkem Maße durch Einflüsse der Psychoanalyse, der Humanistischen Psychologie und der Gruppenpsychologie geprägt. Die Methodik der TZI entfaltet ihre Wirksamkeit nur, wenn sie als Ausdruck einer bewussten humanistischen Haltung verstanden wird, im Sinne des Denkens und Handelns im Bewusstsein der Würde des Menschen und dem Streben nach Menschlichkeit. Die TZI beruht auf der Annahme, dass die vier Faktoren Person (ICH), Interaktion in der Gruppe (WIR), gemeinsame Sache/Arbeitsaufgabe (THEMA) und das jeweilige konkrete Umfeld von Ort, Zeit und Situation (GLOBE) grundsätzlich gleichermaßen Berücksichtigung finden sollten, auch wenn die Schwerpunktsetzungen im Gruppenprozess sich laufend ändern und seitens der Gruppenleitung ausbalanciert werden.[3]

Hier ist besonders interessant und produktiv, dass die Leitung aus Sicht des Konzepts der Themenzentrierten Interaktion (TZI) als aktive Arbeits- und Lernhilfe verstanden wird, die die Gruppe – welcher Art auch immer – durch die Vereinbarung und Setzung von Themen, von Strukturen und durch Interventionen im Gruppenprozess in der Bewältigung ihrer Arbeitsaufgabe unterstützt. Die Leitung ist keine (scheinbar) über allen schwebende ‚Moderation' ohne eigene Interessen, Bedürfnisse und Einschätzungen, sondern gleichermaßen strukturierende Leitung *und* Modellteilnehmer*in. Sie ist zuständig für eine ganze Reihe von Aspekten und Bezugspunkten, die durchaus widersprüchlich sein können und aus denen spezifische Aufgaben erwachsen. Die Leitung der jeweiligen Gruppe ist *Anwältin insbesondere für*

- die Arbeit- oder Auftraggeber*in, in deren Auftrag sie handelt (Transparenz für die Gruppe herstellen!),
- das Thema,
- die Interessen der einzelnen Teilnehmenden, aber nur, sofern diese sie nicht selbst vertreten können,

---

[3] Die Übertragung des Konzepts der Themenzentrierten Interaktion, insbesondere seines Leitungsmodells, auf Einrichtungen der Sozialwirtschaft wird diskutiert von Echtler (vgl. 2015).

- die Struktur und Dynamik des Gruppenprozesses (Zeitstruktur beachten, Methoden produktiver Teamarbeit einsetzen, Störungen bearbeiten),
- die Beachtung der Realität des Umfeldes und
- sich selbst, die eigenen Fähigkeiten und Grenzen.

Für *alle Teilnehmenden* der jeweiligen Gruppe gilt die Aufforderung, sich selbst in der gemeinsamen Arbeit zu leiten und für sich selbst Verantwortung zu übernehmen. Dies beinhaltet die eigenen seelischen, geistigen und körperlichen Bedürfnisse wahrzunehmen und zu entscheiden, wie ich mit ihnen umgehen möchte, welche Aspekte ich gegebenenfalls in selektiver Echtheit mitteilen will und in welcher Weise ich dies machen möchte. Die favorisierten Kommunikationsmuster „bestehen ganz wesentlich aus authentischen, dabei aber selektiven, an ein zu erreichendes Ziel angepassten Antworten, mit denen die emotionale Basis unseres Denkens und Handelns (…) berücksichtigt wird" (Hartkamp 2016, S. 141).

Die Themenzentrierte Interaktion betont, dass Leitung eine Funktion ist, die von verschiedenen Menschen in einer Gruppe wahrgenommen werden kann. Entscheidend ist aber, dass in der Zusammenarbeit geklärt ist, wer die Leitung wann und wie lange übernimmt. Ist in einer Gruppe nicht von vornherein eine Leitung eingesetzt, so sollte zu Beginn der gemeinsamen Arbeit geklärt werden, *wie diese organisiert* werden soll. Insbesondere sollte vereinbart werden:

- Was ist Thema, Ziel und Aufgabe unserer Zusammenarbeit in unserer heutigen Sitzung?
- Wie wollen wir diese Aufgabe bearbeiten, welchen Ablauf, welche Schritte wollen wir uns vornehmen?
- Wie viel Zeit steht uns zur Verfügung und wie wollen wir sie einteilen?
- Wer leitet wann, wer schreibt wann Protokoll?

Unterstützt wird die Funktion der Leitung in der Themenzentrierten Interaktion durch *Kommunikationsregeln,* von denen die wichtigsten lauten (vgl. Cohn 2013, S. 120 ff.; Rosenstiel und Comelli 2003, S. 329):

- Sei Deine eigene Chairperson (Leitung, Vorsitzende, Interessenvertretung).
- Vertritt Dich selbst in Deinen Aussagen: Sprich per ‚ich' und nicht per ‚wir' oder ‚man'.
- Störungen haben Vorrang. Sie sind angemessen zu berücksichtigen, damit dann an der gemeinsamen Aufgabe (weiter-)gearbeitet werden kann.

- Sage Dich selbst aus und vermeide das Interview. Wenn Dir eine Frage nötig erscheint, dann sage, warum Du fragst und was Deine Frage für Dich bedeutet.
- Sei selektiv authentisch in Deinen Kommunikationen. Du brauchst nicht alles zu sagen, was Dir einfällt, aber das, was Du sagst, sollte echt sein (selektive Echtheit).
- Beachte Signale des Körpers bei Dir und bei Anderen.
- Sei zurückhaltend mit Verallgemeinerungen.
- Sichere Vertraulichkeit zu.

Wichtig ist, dass diese Kommunikationsregeln eine dienende und unterstützende Funktion haben und nicht als ‚Dogmen' missverstanden werden. Sie sollen helfen, die vier Bezugspunkte jeder Arbeit in Gruppen – Thema, Ich, Wir und Globe – optimal auszubalancieren. Zudem soll mit ihnen die Kommunikation zwischen den Teammitgliedern offener, präziser, direkter und schneller werden. „Nur wenn Ziele und Interessen aller Beteiligten in einem ausgewogenen Verhältnis berücksichtigt werden, wird das Ergebnis für alle befriedigend sein und die Umsetzung der Ergebnisse von allen getragen" (Rosenstiel und Comelli 2003, S. 328).

6.5 Wirkungsmechanismen der Personalführung

Personalführung im Sinne einer zielorientierten Beeinflussung von Mitarbeitenden durch ihre Vorgesetzten ist zunächst geprägt von dem Wunsch der Führungskräfte, bei den Mitarbeitenden den eigenen Führungswillen durchzusetzen. Das ist noch keine Aussage darüber, wie der Führungswille entsteht, wie er durchgesetzt wird und welche Formen von Partizipation jeweils zur Anwendung kommen. So kann es eine gemeinsame Vereinbarung von zentralen Zielen und Werten der Einrichtung geben, die von Leitungsspitze und Mitarbeitenden gemeinsam formuliert und getragen werden. Aber auch wenn es eine gemeinsame Formulierung der zentralen Ziele gibt, ist es letztlich Aufgabe der Führungskraft, darum zu ringen, dass diese realisiert werden.

Im Folgenden geht es weder darum, wie die Ziele und der mit ihnen verbundene Führungswille entstanden sind, noch darum, wie sich Ziele und Führungswille legitimieren lassen. Im Zentrum steht stattdessen, auf welchen Wegen eine Führungskraft ihren Vorstellungen zur Durchsetzung verhelfen kann. Sechs Wirkungswege werden hier beschrieben, die Weisung, die Verstärkung, das Vorbild, die Identifikation, die Transformation und die Symbolisierung (vgl. Rosenstiel und Comelli 2003, S. 97 ff.).

6.5.1 Weisung

Eine *Weisung* ist eine direkte und unmittelbare Ansprache von Mitarbeitenden, in der die Vorgesetzte den Nachgeordneten einen Auftrag erteilt. Die Art und Weise, wie dieser Auftrag formuliert wird, ob freundlich oder harsch, ob mit ausführlichen Erläuterungen oder knapp, ob präzise oder schwammig usw., kann sehr unterschiedlich ausfallen. Auch die Frage, ob lediglich ein Ziel genannt wird und der Weg zu seiner Erreichung offengelassen wird oder ob der Umsetzungsweg des Ziels ebenfalls Bestandteil der Weisung ist, kann verschieden beantwortet werden. Entscheidend ist jedoch, dass die Vorgesetzte den Mitarbeitenden direkt mitteilt, was sie von ihnen erwartet.

Dieser Form der Beeinflussung von Mitarbeitenden liegt die Hoffnung zugrunde, dass die seitens der Leitungskraft beabsichtigte Botschaft klar formuliert ist, die Mitarbeitenden sie hören, verstehen und bereit sind, den Auftrag auszuführen, sie ihr Verständnis der Weisung in eigene Aktionen übersetzen und diese Handlungsweisen im Alltag vielleicht beibehalten.

Nicht nur die Kommunikationstheorien, sondern auch die alltägliche Berufspraxis verweisen darauf, dass diese Setzungen nicht selbstverständlich sind und nur bedingt der Realität entsprechen. Insofern ist diese Wirkungsweise von Führung für die Leitungskraft mit zahlreichen Fallen und Nachteilen verbunden. Dennoch kann es auch in einer Einrichtung der Sozialwirtschaft Situationen geben, in denen Weisungen sinnvoll und angemessen sind, wenngleich nicht sehr häufig.

6.5.2 Verstärkung

Verstärkung kann in solchen Fällen zum Einsatz kommen, in denen ein neues, von der Führungskraft gewünschtes Verhalten der Mitarbeitenden gefestigt werden soll. Der Wirkungsmechanismus beruht auf dem lerntheoretischen Verhaltensmodell nach Skinner, bei dem gewünschtes Verhalten durch regelmäßige positive Konsequenzen belohnt und damit verstärkt wird, sowie auf der Lerntheorie von Pawlow, der durch seine Experimente zur klassischen Konditionierung (der ‚Pawlow'sche Hund') bekannt geworden ist. Auch in der Personalführung sozialwirtschaftlicher Organisationen kann der Wirkungsmechanismus der Verstärkung angebracht sein, um bestimmte Verhaltensweisen der Mitarbeitenden durch Anerkennung und Lob zu stützen.

Ein Problem kann aber darin liegen, dass Mitarbeitenden nur in den Fällen Anerkennung zuteilwird, in denen sie eine besondere, über die alltäglichen

6.5 Wirkungsmechanismen der Personalführung

Arbeitsabläufe hinausgehende Aktivität gezeigt haben. Damit besteht die Gefahr, dass Mitarbeitenden, die überwiegend Routine- oder Hintergrundtätigkeiten wahrnehmen (z. B. in der Verwaltung), nicht in den Genuss eines Lobs oder einer anerkennenden Geste kommen, weil ihre regelmäßige Arbeitsleistung als selbstverständlich angesehen wird und nicht im Fokus steht. Dies ist unter dem Gesichtspunkt der breiten Motivation der Mitarbeitenden nicht sinnvoll. Insofern ist beim Wirkungsmechanismus der Verstärkung zu berücksichtigen, dass Vorgesetzte sich gezielt darum bemühen, *auch ‚gewöhnliche' Arbeitsleistungen anzuerkennen* und wertzuschätzen.

Zwei Aspekte seien an dieser Stelle angemerkt: Zum einen geht es bei diesem Wirkungsmechanismus der Personalführung in aller Regel nicht nur um einzelne positive Anerkennungen, die so außergewöhnlich sind, dass sie als ‚künstlich bemüht' erlebt werden, sondern um die Etablierung einer grundsätzlichen *Kultur der Anerkennung*. Damit ist hier eine Verbindung erkennbar zwischen den Wirkungsmechanismen Verstärkung und Symbolisierung. Zum anderen ist es eine Frage der *Führungsethik,* dass Verstärkungen weder im Sinne von Manipulationen des Verhaltens von Mitarbeitenden noch im Interesse einer Instrumentalisierung von Nachgeordneten für Führungsziele eingesetzt werden.

6.5.3 Vorbild

Der Wirkungsmechanismus des *Vorbilds* geht zurück auf den Begriff des Modelllernens nach Bandura. Während bei dem Mechanismus der Verstärkung unmittelbare positive Bestätigungen als direkte Belohnungen einer Verhaltensweise erfolgen, werden die Einzelnen beim Modelllernen darin bestärkt, solche Verhaltensweisen auszuführen, die bei einer anderen beobachteten Person belohnt werden. Das bedeutet, es geht bei diesem Wirkungsmechanismus nicht um eine unmittelbare Bestätigung des eigenen Verhaltens, sondern um eine Ausrichtung des eigenen Verhaltens an einer fremden Person, die mit ihren Verhaltensweisen Erfolg erfährt.

Ein Beispiel: Mitarbeitende erleben regelmäßig, wie und mit welchem Erfolg die Gruppenleiterin die Teamsitzungen leitet. Nachdem eine Mitarbeitende in die Rolle kommt, die Teamsitzungen zu leiten, erinnert sie sich – bewusst oder unbewusst – an das erfolgreiche Modell und orientiert die eigene Sitzungsleitung daran. Ein solches Lernen durch Vorbild ist auch in Organisationen der Sozialwirtschaft von Bedeutung.

Allerdings kann dieser Führungsmechanismus nur greifen, sofern nicht von den Mitarbeitenden Verhaltensweisen und Handlungsmaximen eingefordert werden, die die Vorgesetzten selbst nicht beachten. Angesichts der erhöhten Aufmerksamkeit, die gerade die unmittelbar Vorgesetzten seitens ihrer Mitarbeitenden erfahren, ist die Vorbildwirkung und die Glaubwürdigkeit der Leitungskräfte besonders zu berücksichtigen.

6.5.4 Identifikation und Charisma

Der Wirkungsmechanismus der *Identifikation* basiert auf der psychoanalytischen Persönlichkeitstheorie Sigmund Freuds. Der Begriff, den seine Tochter Anna Freud beschrieben hat, bedeutet, dass eine Person A sich mit einer anderen Person B sehr eng verbunden fühlt – beinahe so, als wenn beide identisch wären. Dementsprechend genießt A die Erfolge, aber auch die Misserfolge von B so, als wenn es die eigenen wären. Im Alltagsleben gibt es viele Beispiele für die Identifikationen mit Sportler*innen, Politiker*innen oder Medienstars. So zeigt die Formulierung ‚Wir haben gewonnen' deutlich, dass sich die Sprechenden mit der eigenen Fußballmannschaft, dem eigenen Verein identifizieren.

Im Bereich der Personalführung gibt es solche Formen von Identifikationen ebenfalls. Gelingt es einer Vorgesetzten, dass sich ihre Mitarbeitenden mit ihr und ihren Zielen und Aktivitäten identifizieren, so kann diese enge emotionale Verbindung beide Seiten, die Führenden und die Geführten, durchaus stärken (vgl. zu emotionaler Führung Müllner und Müllner 2021). Hier ist wichtig, dass nicht nur die Führenden durch die Gefühlsbindung in ihren Handlungen gestärkt werden, sondern auch die Geführten über die gefühlsmäßige Teilhabe am Erfolg der Führungskräfte partizipieren und insofern gestärkt werden. Die Identifikation mit den Zielen der Vorgesetzten führt auch dazu, dass die Mitarbeitenden die Ziele mittragen und selbst alles daransetzen, sie zu erreichen.

Mit diesem psychoanalytischen Konzept einer besonderen Führungswirkung eng verbunden ist das *Charisma,* das eine Führungskraft entfalten kann. Eine charismatische Führungsfigur ist in der Lage, die Mitarbeitenden emotional eng an ihre Ziele und Vorstellungen zu binden. Das Charisma einer Führungsperson ist aber keine Eigenschaft der Persönlichkeit, sondern vielmehr ein Ergebnis des Wechselspiels von Führungsfigur und Nachgeordneten. Eine charismatische Führungskraft muss zwar über die Fähigkeit verfügen, die Geführten zu begeistern und zu binden, aber diese müssen sich auch durch ihre Einflüsse ansprechen lassen: „Ohne Geführte hat der Führende kein Charisma" (Rosenstiel und Comelli 2003, S. 105).

Ungeklärt ist bislang die Frage, ob Charisma erlernt werden kann oder nicht. Streben Vorgesetzte jedoch eine charismatische Wirkung an, so ist es sicher hilfreich, wenn sie „Sensibilität für die Geführten, ihre Wünsche und ihre Hoffnungen" entwickeln, wenn sie in der Lage sind, „Zukunftsentwürfe und Visionen zu erdenken und diese so zu kommunizieren, dass andere von derartigen Ideen überzeugt sind und sich mit ihnen identifizieren" (ebd., S. 105 f.).

6.5.5 Symbolisierung und symbolische Führung

Der Wirkungsmechanismus der Symbolisierung führt schließlich zu dem Begriff ‚symbolische Führung' (vgl. Neuberger 2002, S. 642 ff.; Rosenstiel und Nerdinger 2020, S. 41 ff.; Rosenstiel und Comelli 2003, S. 106 ff.; Miebach 2017, S. 196 ff.). Der Begriff baut auf dem Konzept der Organisationskultur und der Rationalitätskritik der neueren Organisationssoziologie auf (siehe die Abschn. 1.3, 2.4, 3.3). Etliche Wirkungsmechanismen der Personalführung, die bislang angesprochen wurden (vor allem Weisung, Verstärkung und transaktionale Führung), erklären die Wirkung von Personalführung durch *Kausalmodelle*. Sie gehen davon aus, dass bestimmte Ursachen bestimmte Wirkungen erzeugen. So erzeugt – zumindest in der Theorie – eine bestimmte Weisung (‚Bitte stellt während der Teambesprechung Euer Handy auf lautlos') eine entsprechende Wirkung (die Sitzung wird nicht mehr durch Handyanrufe gestört). Das *Konzept der symbolischen Führung* dagegen besagt, dass es nicht auf die Weisung an sich, auf die gesprochenen Worte ankommt, sondern darauf, wer wie handelt und vor allem wie diese Handlung von den Geführten interpretiert wird. Das Entscheidende ist also nicht die Aussage der Teamleitung, sondern die Art und Weise, wie sie ausgedrückt wird und wie diese Aussage von den Mitarbeitenden wahrgenommen wird (als Bitte, als klare Anweisung, mit einem indirekten Vorwurf usw.).

Die Form der Interpretation durch die Mitarbeitenden (‚Die Leitung hat heute wohl schlechte Laune' oder ‚Endlich sagt sie mal was' oder ‚Deren Handy klingelt doch am häufigsten') hängt aber nicht nur mit der *subjektiven Wahrnehmung* der einzelnen Kolleg*innen, sondern auch mit der *Kultur* zusammen, die in einem Team oder in einer Organisation existiert (siehe Abschn. 2.4). In dem gewählten Beispiel könnte die Teamkultur als Bestandteil der Kultur der gesamten Einrichtung die Wahrnehmung der Intervention der Teamleitung stark beeinflussen: Herrscht die kulturelle Überzeugung ‚Wir sprechen Konflikte und Kritik offen an', so wird die Äußerung der Teamleitung von den Kolleg*innen anders verstanden, als wenn die kulturelle Überzeugung herrscht ‚Wir kehren Konflikte und Kritik eher unter den Teppich'. Wenn der Teamleiter trotz dieser Kultur seine Kritik formuliert, so bedeutet das, dass ‚da noch mehr dahinter steckt' usw. Also: Die Interpretation der Mitarbeitenden ist eng und untrennbar mit der Kultur verbunden, in der sie entsteht.

Insofern lässt sich sagen, dass Vorgesetzte stets symbolisch führen. Häufig ist es so, „dass ein Vorgesetzter spontan, weitgehend unreflektiert, handelt, er dabei aber sorgfältig beobachtet wird und bei seinen Mitarbeitern die Frage aktiviert, was dies wohl zu bedeuten habe. Und diese hintergründige Deutung – ob sie nun zutreffen mag oder nicht – beeinflusst das Verhalten der Geführten häufig sehr viel intensiver als die offenkundige und vordergründige Botschaft" (Rosenstiel und Comelli 2003, S. 109). Zusammenfassend kann die in der neueren Führungslehre häufiger zu findende Aussage, dass Führung auch durch Symbolisierung wirke, so formuliert werden: „Es kommt also nicht allein darauf an, was im Führungsprozess geschieht, sondern auch darauf, wer es wie tut und wie dieses Tun von den Geführten gedeutet wird" (Rosenstiel und Nerdinger 2020, S. 42).

6.5.6 Transaktionale versus transformationale Führung

Der Begriff der charismatischen Führung wurde seit Anfang der 80er Jahre weiterentwickelt zur *Gegenüberstellung von transaktionaler und transformationaler Führung,* die komplementär zueinander sind und sich gegenseitig ergänzen (vgl. Neuberger 2002, S. 195 ff.; Rosenstiel und Comelli 2003, S. 109 f.; Hentze et al. 2005, S. 332 ff.; Neubauer und Rosemann 2006, S. 32 ff.; Rosenstiel und Nerdinger 2020, S. 51 ff.; Miebach 2017, S. 184 ff.; Pundt und Nerdinger 2012; Heyna und Fittkau 2021).

Transaktionale Führung versteht das Führungsgeschehen als Transaktion, als Tausch zwischen Führenden und Geführten. Die Vorgesetzten belohnen die Mitarbeitenden auf verschiedenste Weise, materiell und/oder immateriell, dafür, dass Letztere die seitens der Vorgesetzten ausgegebenen Führungsziele umsetzen. Es werden keine oder kaum gemeinsame oder höhere Ziele verfolgt. Der damit vorliegende rationale Kontrakt zwischen Führenden und Geführten verweist auf den oben bereits angesprochenen Wirkungsmechanismus der Verstärkung: Die Mitarbeitenden können mit positiven bzw. müssen mit negativen Reaktionen auf ihre Handlungen rechnen.

Transformationale Führung dagegen versteht das Führungsgeschehen als ‚Verwandlung' der Mitarbeitenden in Richtung auf die von der Führungskraft (und vielleicht auch der Organisation) gewünschten Ziele: Der Einfluss der Leitungskraft führt dazu, dass die Mitarbeitenden nicht mehr ‚rechnen' (‚Was gebe ich der Einrichtung und was gibt sie mir – stimmt die Bilanz?'), sondern sich so

6.5 Wirkungsmechanismen der Personalführung

mit der Leitungskraft und den von ihr vertretenen Einrichtungszielen identifiziert, dass die zu erwartenden Verstärkungen keine Rolle mehr spielen. Die Geführten werden so beeinflusst, dass sie bereit sind, „sich einzusetzen und über das Normalmaß hinaus zu engagieren, ohne dafür spezifische Belohnungen zu fordern oder auch nur zu erwarten" (Rosenstiel und Comelli 2003, S. 93). Transformationale Führung ist dabei gekennzeichnet durch „Einfluss auf Basis von Respekt", „Inspirierende Motivation", „Intellektuelle Stimulation" und „Individuelle Unterstützung" (Miebach 2017, S. 184 f.; vgl. auch Baumann-Habersack 2021).

Das Bewusstsein der Mitarbeitenden soll geschärft werden für die Bedeutung und die Attraktivität von moralischen Wertvorstellungen und Idealen, „anstatt lediglich das Verfolgen von Eigeninteressen zu begünstigen" (Hentze et al. 2005, S. 342). Auch Nerdinger et al. heben hervor, dass „Führungsverhalten nur dann als transformational zu bezeichnen ist, wenn es an ethische Prinzipien gebunden ist" (2014, S. 94). Bei transformationaler Führung geht es darum, „Initiativen zu ergreifen und die Mitarbeiter zu ermutigen, neue Wege zu gehen" (Neubauer und Rosemann 2006, S. 37).

Die ethische Orientierung der transformationalen Führung verweist auf andere Konzepte einer „ethisch fundierten Führung", insbesondere auf „authentische Führung", „dienende Führung" und „geteilte Führung" (Nerdinger et al. 2014, S. 96–99; vgl. Weibler 2016, S. 623 ff.; Wesche und Fleig 2016; Lewkowicz und West-Leuer 2016; Miebach 2017, S. 189) und die in ihnen sichtbar werdende „moralische Herausforderung der Führung" (Weibler 2016, S. 648; vgl. Blickle und Nerdinger 2019).

Bei dem Führungsmechanismus der transformationalen Führung ist aber auch größte Vorsicht geboten. Zunächst beeindruckt eine fast religiöse Wortwahl und Metaphorik, die die Beziehung zwischen Führenden und Geführten wie bei der charismatischen Führung nur positiv darstellt: „Zentrale Begriffe sind einmal mehr Vision, Mission, Enthusiasmus, commitment, Innovation, das Streben nach höchsten Zielen (…), der Neue Anfang, die verschworene Gemeinschaft, die Identifikation (das Einswerden) mit dem Ganzen … Die Transformation ist eine Wiedergeburt im richtigen Geiste, eine Bekehrung" (Neuberger 2002, S. 196 f.). Damit verbunden ist die *Gefahr,* dass die grundsätzlich legitimen Interessenunterschiede zwischen Arbeitgeber und Mitarbeitenden, zwischen Führenden und Geführten nivelliert und unsichtbar gemacht werden und die Mitarbeitenden hemmungslos manipuliert werden: „Der Einzelne hat sich dem Ganzen unterzuordnen und dieses wird dargestellt durch den Großen Transformator, der über magnetische Anziehungskraft verfügt und mit seinem Sendungsbewusstsein alle mitreißt und zu neuen Ufern führt …" (ebd., S. 197).

6.5.7 Fazit

Im *Rückblick auf die verschiedenen Wirkungsmechanismen* der Personalführung, also auf Weisung, Verstärkung, Vorbild, Identifikation und Charisma, Symbolisierung und symbolische Führung sowie transaktionale versus transformationale Führung, wird deutlich, dass diese eng miteinander verbunden sind und mitunter nicht trennscharf unterschieden werden können. Außerdem zeigt sich, dass Führungskräften ganz unterschiedliche Wege zur Verfügung stehen, den als wichtig angesehenen Zielen zur Durchsetzung zu verhelfen. Je nach Gegenüber, Situation und eigener Persönlichkeit können und müssen die Akzente sehr unterschiedlich gesetzt werden.

Problematisch wird es allerdings, wenn durch die Wirkungsmechanismen der Personalführung das Faktum der Beeinflussung unsichtbar gemacht wird, wie das bei der transformationalen Führung geschehen kann. Ist die Beeinflussung der Mitarbeitenden durch die Führungsmechanismen nicht mehr auszumachen, wird sie einer kritischen Betrachtung entzogen. Diese ist aber nicht nur im Interesse der Geführten, sondern auch im Interesse der Führenden und der gesamten Organisation unverzichtbar, wie zum einen die Debatte um die Partizipation von Fachkräften in der Sozialen Arbeit, zum anderen die Tradition der sozialwissenschaftlichen Organisationsentwicklung zeigen, bei der Partizipation ein unverzichtbares Kriterium des Organisationswandels ist (vgl. Grunwald 2001, S. 151 ff.).

Partizipation bezieht sich dabei nicht nur auf den jeweiligen Führungsstil, sondern ist auch ein allgemeines Prinzip, das einer fundierten und praxisgerechten Entscheidungsfindung und einer besseren Motivation der Mitarbeitenden und ihrer Identifikation mit der Organisation dient. Die Beeinflussung derselben durch die Leitungskräfte ist insofern nur dann legitim, wenn Führungsziele und Wirkmechanismen zumindest grundsätzlich thematisierbar und damit auch überprüfbar sind.

Literatur

Literaturtipps zur Vertiefung

Comelli, Gerhard, Rosenstiel, Lutz von, & Nerdinger, Friedemann W. (2014). *Führung durch Motivation. Mitarbeiter für Unternehmensziele gewinnen* (5., überarb. Aufl.). München: Vahlen.

Grote, Sven (Hrsg.) (2012). *Die Zukunft der Führung*. Berlin: Springer Gabler.

Rosenstiel, Lutz von, & Comelli, Gerhard (2003). *Führung zwischen Stabilität und Wandel*. München: Vahlen.
Rosenstiel, Lutz von, Regnet, Erika, & Domsch, Michel E. (Hrsg.) (2020). *Führung von Mitarbeitern*. Handbuch für erfolgreiches Personalmanagement (8., akt. u. überarb. Aufl.). Stuttgart: Schäffer-Poeschel.
Unger, Frank, Sann, Uli, & Martin, Carolin (2022). Personalführung in der Sozialwirtschaft (im Erscheinen). Wiesbaden: Springer VS.
Wunderer, Rolf (2009a). *Führung und Zusammenarbeit*. Eine unternehmerische Führungslehre (8., akt. u. erw. Aufl.). Köln: Luchterhand.

Verwendete Literatur

Baumann-Habersack, Frank H. (2021). *Mit transformativer Autorität in Führung*. Die Führungshaltung für das 21. Jahrhundert (3., akt. u. überarb. Aufl.). Wiesbaden: Springer Gabler.
Becker, Horst, & Langosch, Ingo (2002). *Produktivität und Menschlichkeit*. Organisationsentwicklung und ihre Anwendung in der Praxis (5., neu bearb. u. erw. Aufl.). Stuttgart: Lucius & Lucius.
Blessin, Bernd, & Wick, Alexander (2014). *Führen und führen lassen*. Ansätze, Ergebnisse und Kritik der Führungsforschung (7., vollst. überarb. Aufl.). Konstanz/München: UVK/Lucius/UTB.
Blickle, Gerhard (2004). Menschenbilder. In Georg Schreyögg, & Axel von Werder (Hrsg.), *Handwörterbuch der Unternehmensführung und Organisation* (4. völlig neu bearb. Aufl., Sp. 836–843). Stuttgart: Schäffer-Poeschel.
Blickle, Gerhard, & Nerdinger, Friedemann W. (2019). Ethik und kontraproduktive Prozesse in Organisationen. In Heinz Schuler, & Klaus Moser (Hrsg.), *Lehrbuch Organisationspsychologie* (6., überarb. Aufl., S. 639–662). Bern: Hogrefe.
Cohn, Ruth (2013). *Von der Psychoanalyse zur themenzentrierten Interaktion*. Von der Behandlung einzelner zu einer Pädagogik für alle (17. Aufl.). Stuttgart: Klett-Cotta.
Cohn, Ruth, & Farau, Alfred (2008). *Gelebte Geschichte der Psychotherapie*. Zwei Perspektiven (4. Aufl.). Stuttgart: Klett Cotta.
Comelli, Gerhard, Rosenstiel, Lutz von, & Nerdinger, Friedemann W. (2014). *Führung durch Motivation*. Mitarbeiter für Unternehmensziele gewinnen (5., überarb. Aufl.). München: Vahlen.
Doppler, Klaus, & Lauterburg, Christoph (2014). *Change Management*. Den Unternehmenswandel gestalten (13., akt. u. erw. Aufl.). Frankfurt a.M.: Campus.
Echtler, Thomas (2015). Die Balance ist entscheidend. TZI als Managementmodell in der Sozialwirtschaft. *Themenzentrierte Interaktion*, 29 (1), S. 27–36.
Ghadiri, Argang, & Peters, Theo (2014). Neuroleadership – Personalführung nach neurowissenschaftlichen Grundbedürfnissen. In Katrin Dobersalske, Norbert Seeger, & Holger Willing (Hrsg.), *Verantwortliches Wirtschaften*. Nachhaltigkeit in der Betriebswirtschaftslehre (S. 633–643). Baden-Baden: Nomos.
Grote, Sven (Hrsg.) (2012). *Die Zukunft der Führung*. Berlin: Springer Gabler.
Grunwald, Klaus (2001). *Neugestaltung der freien Wohlfahrtspflege*. Management des organisationalen Wandels und die Ziele der Sozialen Arbeit. Weinheim/München: Juventa.

Grunwald, Klaus, & Steinbacher, Elke (2007). *Organisationsgestaltung und Personalführung in den Erziehungshilfen*. Grundlagen und Praxismethoden. Weinheim: Juventa.

Hartkamp, Norbert (2016). „Damit Affekte zu Gefühl und Mitgefühl werden" – Führungskräfte als Change Manager. In Eva-Maria Lewkowicz, & Beate West-Leuer (Hrsg.), *Führung und Gefühl*. Mit Emotionen zu Authentizität und Führungserfolg (S. 139–151). Wiesbaden: Springer VS.

Hentze, Joachim, Graf, Andrea, Kammel, Andreas, & Lindert, Klaus (2005). *Personalführungslehre*. Grundlagen, Funktionen und Modelle der Führung (4., neu bearb. Aufl.). Bern: Haupt.

Heyna, Phil, & Fittkau, Karl-Heinz (2021). *Transformationale Führung kompakt*. Genese, Theorie, Empirie, Kritik. Wiesbaden: Springer Gabler.

Klimecki, Rüdiger, & Gmür, Markus (2005). *Personalmanagement*. Strategien – Erfolgsbeiträge – Entwicklungsperspektiven (3. erw. Aufl.). Stuttgart: Lucius & Lucius.

Lange, Jessica (2021b). Einführung in die werteorientierte Führung. In Jessica Lange (Hrsg.), *Werteorientierte Führung in Theorie und Praxis*. Konzepte – Studienergebnisse – Praxiseinblicke (S. 1–19). Berlin: Springer Gabler.

Langmaack, Barbara (2017). *Einführung in die Themenzentrierte Interaktion TZI*. Leben rund ums Dreieck (6., neu ausgestattete Aufl.). Weinheim/Basel: Beltz.

Lewkowicz, Eva-Maria, & West-Leuer, Beate (Hrsg.) (2016). *Führung und Gefühl*. Mit Emotionen zu Authentizität und Führungserfolg. Wiesbaden: Springer VS.

Matthiesen, Kai (1995). *Kritik des Menschenbildes in der Betriebswirtschaftslehre*. Auf dem Weg zu einer sozialökonomischen Betriebswirtschaftslehre. Bern: Haupt.

Miebach, Bernhard (2017). *Handbuch Human Resource Management*. Das Individuum und seine Potentiale für die Organisation. Wiesbaden: Springer.

Müllner, Markus, & Müllner, Caroline (2021). *Emotional intelligent führen*. Authentisch, motivierend, wirksam (2. Aufl.). Wiesbaden: Springer Fachmedien.

Nerdinger, Friedemann W., Blickle, Gerhard, & Schaper, Niclas (Hrsg.) (2014). *Arbeits- und Organisationspsychologie* (3., vollst. überarb. Aufl.). Berlin/Heidelberg: Springer.

Neubauer, Walter, & Rosemann, Bernhard (2006). *Führung, Macht und Vertrauen in Organisationen*. Stuttgart: Kohlhammer.

Neuberger, Oswald (2002). *Führen und führen lassen*. Stuttgart: Lucius & Lucius/UTB.

Oechsler, Walter A. (2004). Personal als Managementfunktion. In Georg Schreyögg, & Axel von Werder (Hrsg.), *Handwörterbuch der Unternehmensführung und Organisation* (4. völlig neu bearb. Aufl., Sp. 1123–1133). Stuttgart: Schäffer-Poeschel.

Pfister, Andres (2019). Menschenbilder. In Thomas Steiger & Eric Lippmann (Hrsg.), *Handbuch angewandte Psychologie für Führungskräfte*. Führungskompetenz und Führungswissen (5., vollst. überarb. Aufl., S. 3–17). Heidelberg: Springer Fachmedien.

Pundt, Alexander, & Nerdinger, Friedemann W. (2012). Transformationale Führung – Führung für den Wandel? In Sven Grote (Hrsg.), *Die Zukunft der Führung* (S. 27–45). Berlin: Springer Gabler.

Rosenstiel, Lutz von, & Comelli, Gerhard (2003). *Führung zwischen Stabilität und Wandel*. München: Vahlen.

Rosenstiel, Lutz von, & Nerdinger, Friedemann W. (2020). Grundlagen der Führung. In Lutz von Rosenstiel, Erika Regnet, & Michel E. Domsch (Hrsg.), *Führung von Mitarbeitern*. Handbuch für erfolgreiches Personalmanagement (8., akt. u. überarb. Aufl., S. 21–54). Stuttgart: Schäffer-Poeschel.

Rosenstiel, Lutz von, Regnet, Erika, & Domsch, Michel E. (Hrsg.) (2020). *Führung von Mitarbeitern*. Handbuch für erfolgreiches Personalmanagement (8., akt. u. überarb. Aufl.). Stuttgart: Schäffer-Poeschel.

Schneider-Landolf, Mina, Spielmann, Jochen, & Zitterbarth, Walter (Hrsg.) (2010). *Handbuch Themenzentrierte Interaktion (TZI)* (2., durchges. Aufl.). Göttingen: Vandenhoeck & Ruprecht.

Scholl, Wolfgang (2004). Grundkonzepte der Organisation. In Heinz Schuler, & Klaus Moser (Hrsg.), *Lehrbuch Organisationspsychologie* (6., überarb. Aufl., S. 515–556). Bern: Haupt.

Scholz, Christian (2014). *Grundzüge des Personalmanagements* (2. überarb. Aufl.). München: Vahlen.

Staehle, Wolfgang H. (1999). *Management*. Eine verhaltenswissenschaftliche Perspektive (8. Aufl. überarb. von P. Conrad und J. Sydow). München: Vahlen.

Steinle, Claus, & Ahlers, Friedel (2004). Menschenbilder. In Eduard Gaugler, Walter A. Oechsler, & Wolfgang Oechsler, (Hrsg.), *Handwörterbuch des Personalwesens* (3. überarb. u. erg. Aufl., Sp. 1142–1151). Stuttgart: Schäffer-Poeschel.

Unger, Frank, Sann, Uli, & Martin, Carolin (2022). Personalführung in der Sozialwirtschaft (im Erscheinen). Wiesbaden: Springer VS.

Wegge, Jürgen, & Rosenstiel, Lutz von (2019). Führung. In Heinz Schuler, & Klaus Moser (Hrsg.), *Lehrbuch Organisationspsychologie* (6., überarb. Aufl., S. 269–312). Bern: Hogrefe.

Weibler, Jürgen (2016). *Personalführung* (3., kompl. überarb. u. erw. Aufl.). München: Vahlen.

Weinert, Ansfried B. (1998). *Organisationspsychologie*. Ein Lehrbuch (4., vollst. überarb. u. erw. Aufl.). Weinheim: Beltz.

Wesche, Jenny S., & Fleig, Lena (2016). Authentic Leadership: Authentische Führung praktizieren und trainieren. In Jörg Felfe, & Rolf van Dick (Hrsg.), *Handbuch Mitarbeiterführung*. Wirtschaftspsychologisches Praxiswissen für Fach- und Führungskräfte (S. 3–14). Wiesbaden: Springer.

Wunderer, Rolf (2009a). *Führung und Zusammenarbeit*. Eine unternehmerische Führungslehre (8., akt. u. erw. Aufl.). Köln: Luchterhand.

Zollondz, Hans-Dieter (2016). Menschenbild im Qualitätsmanagement. In Hans-Dieter Zollondz, Michael Ketting, & Raimund Pfundtner (Hrsg.), *Lexikon Qualitätsmanagement*. Handbuch des Modernen Managements auf der Basis des Qualitätsmanagements (2., kompl. überarb. u. erw. Aufl., S. 674–678). Oldenbourg: De Gruyter.

Professionalität und Führungskompetenzen von Leitungskräften in sozialwirtschaftlichen Organisationen

Zusammenfassung

Kap. 7 widmet sich der Professionalität und den Führungskompetenzen von Leitungskräften in sozialwirtschaftlichen Organisationen. Auf die einleitende Bestimmung der *Begriffe ‚Kompetenz' und ‚Performanz'* folgen Ausführungen zu möglichen *Differenzierungen von Kompetenzen* aus der Organisationspsychologie und der Sozialen Arbeit und zu *Grundvoraussetzungen für professionelles Handeln* von Fach- und Führungskräften. Ein Exkurs widmet sich der besonderen Komplexität der *Professionalität von Fachkräften in der Sozialen Arbeit*, bevor darauf aufbauend die *Professionalität von Leitungskräften* thematisiert wird. In der Folge werden das Konzept des *Dilemmatamanagements* und der Diskurs um Profession, Professionalisierung und Professionalität in Sozialer Arbeit und Soziologie aufeinander bezogen. Abschließend werden zentrale *Führungskompetenzen für Leitungskräfte* in Einrichtungen der Sozialwirtschaft dargestellt und diskutiert.

Lernziele
- Sie können die Begriffe Kompetenz und Performanz näher bestimmen.
- Sie vermögen unterschiedliche Modelle der Differenzierung von Kompetenzen aus der Organisationspsychologie und der Sozialen Arbeit zu beschreiben.
- Sie sind in der Lage, die Vielschichtigkeit der Professionalität von Fachkräften der Sozialen Arbeit zu diskutieren.
- Sie können die Schwierigkeiten der Übertragung des Begriffs der Profession auf Leitungskräfte erläutern.

© Springer Fachmedien Wiesbaden GmbH, ein Teil von Springer Nature 2022
K. Grunwald, *Management sozialwirtschaftlicher Organisationen*, Basiswissen Sozialwirtschaft und Sozialmanagement,
https://doi.org/10.1007/978-3-658-26340-9_7

- Sie können den Zusammenhang zwischen dem Konzept des Dilemmatamanagements und dem Diskurs um Profession, Professionalisierung und Professionalität in Sozialer Arbeit und Soziologie herstellen.
- Sie vermögen die Führungskompetenzen von Leitungskräften in Einrichtungen der Sozialwirtschaft im Einzelnen darzustellen und kritisch zu reflektieren.

7.1 Zu den Begriffen ‚Kompetenz' und ‚Performanz'

Zu[1] Beginn dieses Kapitels sollen nun die Termini ‚Kompetenz' und ‚Performanz' näher bestimmt werden. Im Alltagsverständnis wird unter einer kompetenten Person meist ein Mensch verstanden, der seine Tätigkeit, sein Handwerk oder seine Profession gut beherrscht. Das bedeutet, es handelt sich um eine Person, die über Können verfügt und dieses auch anwendet. In den Fachdebatten wird der Kompetenzbegriff differenzierter diskutiert und mit dem Komplementärbegriff der Performanz ergänzt.

Zunächst ist festzustellen, dass der Kompetenzbegriff zweierlei Bedeutungen umfasst. Zum einen sind unter Kompetenzen *Fähigkeiten und Handlungspotenziale* und zum anderen *Befugnisse* zu verstehen. So werden in Stellenbeschreibungen häufig Kompetenzen im Sinne von Entscheidungs-, Richtlinien- oder Informationskompetenzen ausgewiesen. Damit ist dann die Berechtigung der Stelleninhaber*innen gemeint, bestimmte Entscheidungen zu treffen, grobe Linien für die Ausrichtung der Einrichtung vorzugeben oder bestimmte Informationen zu erhalten. Kompetenzen im Sinne von Befugnissen spielen für die weiteren Ausführungen keine Rolle.

Im Folgenden geht es vielmehr um die *Fähigkeiten,* die sozialpädagogische Fach- und Leitungskräfte benötigen, um ihren beruflichen Anforderungen in der Sozialwirtschaft gerecht werden zu können. Vor diesem Hintergrund lassen sich *Kompetenzen* definieren als „die bei Individuen verfügbaren oder durch sie erlernbaren kognitiven Fähigkeiten und Fertigkeiten, um bestimmte Probleme zu lösen, sowie die damit verbundenen motivationalen, volitionalen [durch den Willen bestimmten, KG] und sozialen Bereitschaften und Fähigkeiten, um die Problemlösungen in variablen Situationen erfolgreich und verantwortungsvoll nutzen zu können" (Weinert 2014, S. 27 f.; vgl. Nerdinger et al. 2014, S. 464; Maag Merki 2009, S. 494). Sie beschreiben das Verhältnis zwischen „den an eine Person oder

---

[1] Die Ausführungen dieses Kapitels benutzen Passagen von Grunwald und Steinbacher 2013 und 2007.

7.1 Zu den Begriffen ‚Kompetenz' und ‚Performanz'

Gruppe herangetragenen oder selbst gestalteten Anforderungen und ihren Fähigkeiten bzw. Potenzialen, diesen Anforderungen gerecht zu werden" (North et al. 2018, S. 36).

Kompetenz beinhaltet also die Fähigkeit, situationsspezifisch eine angemessene *Relation zwischen Person, Aufgabe und Umwelt* herstellen zu können. Ob und wie eine Person in einer Situation aktiv wird, hängt darüber hinaus nicht nur von ihren aufgabenbezogenen Fähigkeiten oder ihren Selbstwirksamkeitserwartungen ab, sondern auch von ihren grundlegenden *Einstellungen*. „Es ist vor allem die Integration der vorhandenen Informationen in eine Vorstellung von der Bewältigung einer Aufgabe auf der Grundlage der beruflichen Ethik, des fachlichen Wissens und der persönlichen Zielsetzungen, die handlungsmotivierend wirkt (…). In der beruflichen ‚Haltung' sind diese Vorstellungen verinnerlicht und wirken oftmals unbewusst oder vorbewusst handlungssteuernd" (Heiner 2010, 2012, S. 617).

Die Besonderheit des Kompetenzbegriffs besteht darin, dass er lediglich Aussagen über vorhandene Potenziale macht und nicht über tatsächliches Handeln. Das Vorhandensein von Kompetenzen kann nicht direkt gemessen oder geprüft werden. „*Kompetenzen* sind mehr als nur *Wissen*. Wissen und Kenntnisse sind zwar ein unabdingbarer Kern, ohne den Kompetenzen nicht denkbar sind, garantieren aber per se noch keine Kompetenz. Die eigentliche Kompetenz konkretisiert sich erst im Moment der praktischen Wissensanwendung in einem konkreten Handlungsbezug und wird am erzielten Ergebnis der Handlungen sicht- und messbar" (North et al. 2018, S. 41; Hervorhebungen im Original).

Beobachtbar werden Kompetenzen also nur über gezeigtes Verhalten, die sogenannte *Performanz als realisierte Kompetenz* (vgl. Schmidt 2005, S. 159 ff., Treptow 2018, S. 617). Eine Person kann also über bestimmte Kompetenzen verfügen, ob diese Kompetenzen jedoch aktiviert und damit zur Performanz werden, ist von der jeweiligen Situation und den in ihr wirkenden kognitiven, emotionalen und motivationalen Aspekten abhängig (vgl. Maag Merki 2009, S. 494). Umgekehrt bedeutet dies: Wenn eine Person ein bestimmtes Verhalten nicht zeigt, heißt das noch nicht, dass sie aufgrund fehlender Kompetenz nicht dazu in der Lage wäre.

Zu beschreiben, *wie* Kompetenzen *vermittelt und erworben* werden können, stellt ein schwieriges Unterfangen dar, das hier nicht weiter diskutiert werden kann.[2] Es sei aber darauf hingewiesen, dass die Aneignung von Handlungskompetenzen nicht allein durch die Auseinandersetzung mit wissenschaftlichem Wissen,

---

[2] Dies konkretisieren Bartosch et al. für die Konstruktion von Studiengängen. Sie betonen: „Ähnlich schwierig wie die Messung von Kompetenz ist es, eine Antwort auf die Frage nach deren ‚Herstellung' zu geben" (2007, S. 218). Im Hinblick auf die Umstrukturierung des

mit Theorien und Konzepten, und seien sie noch so praxisnah, erfolgen kann. Erforderlich ist ein *Wechselspiel aus Praxis und Theorie*. „Handlungskompetenzen werden eingeübt und angeeignet durch praktisches Tun, die – durch Fachwissen gestützte – Reflexion dieses Tuns und erneutes Tun" (Steinbacher 2011, S. 28). Kompetenz gilt „als lern- und beeinflussbar und wird durch das Sammeln von Erfahrungen in bestimmten Bereichen und Situationen erworben" (Maag Merki 2009, S. 495; vgl. Moch 2019, S. 7 ff.). Der Erwerb von Handlungskompetenzen kann unterstützt werden durch verschiedene Formen der Kompetenzvermittlung, ist aber letztlich auf die Eigenaktivität, den *Prozess der Aneignung* durch das Individuum angewiesen.

Laut Weibler (vgl. 2016, S. 253) ist der Begriff der Kompetenz durch ein hohes Maß von Ganzheitlichkeit geprägt, wie auch Erpenbeck und Heyse betonen: „Kompetenzen werden von Wissen *fundiert*, durch Werte *konstituiert*, als Fähigkeiten *disponiert*, durch Erfahrungen *konsolidiert* und aufgrund von Willen *realisiert*" (2007, S. 163; Hervorhebungen im Original; vgl. Erpenbeck 2012a).

7.2 Dimensionen professioneller Handlungskompetenzen und ihre Verortung auf Handlungsebenen

Für die Unterteilung der Handlungskompetenzen von Fach- und Leitungskräften gibt es in der Literatur *unterschiedliche Modelle* (allgemein vgl. Schmidt 2005, S. 159 ff.; aus Sicht der Sozialen Arbeit vgl. Moch 2019, S. 7 ff.; Treptow 2018; aus Sicht der Organisationspsychologie oder des Managements siehe Miebach 2017, S. 91 ff.; Nerdinger et al. 2014, S. 209 ff., 464 ff.; Rosenstiel und Nerdinger 2011, S. 156 f.; Langer 2011, S. 53 ff.; Wunderer 2009a, S. 57 ff.). Häufig findet sich die Unterteilung in 1) Fachkompetenz, 2) Sozialkompetenz und 3)

Studiums von Diplom- auf Bachelor- und Masterstudiengänge wurde auch die Darstellung der Lerninhalte verändert. Studiengänge bestehen inzwischen überwiegend aus Modulen, in deren Beschreibung die jeweils von den Lehrenden zu vermittelnden und von den Studierenden zu erwerbenden Kompetenzen einen hohen Stellenwert haben. Bartosch et al. merken – vor dem Hintergrund der Erstellung des Qualifikationsrahmens Soziale Arbeit (QR SArb) – hierzu kritisch an, es entspreche eher einer Vermutung, dass disziplinär ausgewählte Wissensbestände als Resultat erlernter Inhalte zu einer bestimmten Kompetenz führten. „Möglicherweise haben die Hochschulen an dieser Stelle allzu schnell unkritisch Begrifflichkeiten aus der beruflichen Ausbildung auf das Hochschulstudium übertragen, ohne die zugrunde liegenden Konzeptionen ausreichend an ihre eigenen wissenschaftlichen Erfordernisse anzupassen" (ebd.).

7.2 Dimensionen professioneller Handlungskompetenzen ...

Selbst- bzw. Persönlichkeitskompetenz, oft noch ergänzt durch 4) Methodenkompetenz, wobei auch andere begriffliche Ausdifferenzierungen möglich sind, wie der Ansatz von Rosenstiel und Nerdinger zeigt.

Eine Differenzierung von Kompetenzen aus der *Organisationspsychologie* stammt von Rosenstiel und Nerdinger (vgl. 2011, S. 156 f.). Sie betonen bei Kompetenzen insbesondere „das Prinzip der *selbstorganisierten* und *selbstbestimmten* Auseinandersetzung mit einem Gegenstandsbereich" (ebd.; Hervorhebungen im Original). Sie unterscheiden vier spezifische „*Kompetenzklassen* (…), und zwar die Kompetenzen,

- selbstorganisiert mit sich *selbst* umzugehen (personale Kompetenz),
- selbstorganisiert mit *Methoden und Inhalten* eines Fachgebiets umgehen zu können (Fach- und Methodenkompetenz),
- selbstorganisiert mit *anderen Personen* oder Gruppen zielgerichtet in Kommunikation und Kooperation zu treten (Sozial- und Kommunikationskompetenz),
- selbstorganisiert seine Pläne und Vorhaben auch gegen innere und äußere Widerstände *umzusetzen* (Handlungs- und Umsetzungskompetenz)" (ebd., Hervorhebungen im Original; vgl. auch Schmidt 2005, S. 159 f.).

Im Folgenden soll nun jedoch Bezug genommen werden auf die von Hiltrud von Spiegel im *Kontext der Sozialen Arbeit* beschriebenen Dimensionen professioneller Handlungskompetenzen, nämlich Wissen (Kopf), Können (Hand) und berufliche Haltungen (Herz) (vgl. Spiegel 2018, S. 82). Sie wurden primär für Sozialarbeiter*innen entwickelt, lassen sich aber auch auf Leitungskräfte der Sozialwirtschaft übertragen, die aus unterschiedlichen Disziplinen (Soziale Arbeit, Betriebswirtschaftslehre, Theologie, Psychologie, Verwaltungswissenschaft …) stammen können. Insofern sind die Grenzen zwischen Fach- und Leitungskräften hier fließend.

- Professionelles Handeln von Fach- wie von Leitungskräften kann ohne einen Fundus an wissenschaftlichem *Wissen* schwer gelingen. Dazu gehört grundsätzlich „Beschreibungswissen", „Erklärungswissen", „Wertwissen" sowie „Veränderungswissen" (ebd., S. 84 ff.).
- *Können* beinhaltet methodische „Fähigkeiten zur ‚handwerklichen' Umsetzung beruflicher Aufgaben" (ebd., S. 83). Es geht hierbei um „die Fähigkeit zum kommunikativen, dialogischen Handeln, die Beherrschung der Grundoperationen des methodischen Handelns", um Arbeitstechniken zur effektiven und effizienten Gestaltung der Arbeitsprozesse, aber auch um Fähigkeiten der

Zusammenarbeit in der Organisation und zur „interinstitutionellen und kommunalpolitischen Arbeit" (ebd., S. 84). Diese Kompetenzen lassen sich – auf der Grundlage von Schlüsselkompetenzen wie z. B. „Kommunikationsfähigkeit und Flexibilität" – im Wesentlichen erlernen und einüben (ebd., S. 84).

- Berufliches Handeln in der Sozialwirtschaft ist wertgeleitetes Handeln. Die Dimension *beruflicher Haltungen* fordert die Ausbildung einer reflexiven Professionalität. Sie verweist darauf, dass Fach- und Führungskräfte „sich mit persönlichen, beruflichen und gesellschaftlichen Werten/Normen auseinandersetzen" müssen, „um ihre Ansprüche an das berufliche Handeln zu klären und einen individuellen professionellen Habitus auszubilden (ebd., S. 83). Es geht um die „reflexive Arbeit an der beruflichen Haltung", die „Orientierung an beruflichen Wertestandards" und den „reflektierten Einsatz beruflicher Haltungen" (ebd., S. 89 ff.).

  Eine Haltung ist – so Permantier (2019, S. 13), auf den hier zurückgegriffen werden soll – „die durch Werte und Moral begrenzte Gesinnung bzw. Denkweise eines Menschen, die den Handlungen, Zielsetzungen, Aussagen und Urteilen des Menschen zugrunde liegt. Sie bestimmt, wie wir mit eigenen Impulsen umgehen und welche Maßstäbe für unser Handeln wir verinnerlicht haben. Sie bezeichnet die aus der Erfahrung kommende Bereitschaft eines Individuums, in bestimmter Weise auf eine Person, eine soziale Gruppe, ein Objekt, eine Situation oder eine Vorstellung wertend zu reagieren, und prägt so unsere Art und Weise, mit anderen umzugehen. Unsere Haltung drückt sich in unseren Annahmen und Überzeugungen, in unseren Gefühlen und Emotionen und unserem Verhalten aus. Sie ist ein Realitätsfilter, der bestimmt, worauf wir unsere Aufmerksamkeit richten und was wir wahrnehmen können".

Zu berücksichtigen ist, dass die drei Dimensionen vielfältig miteinander verwoben sind und teilweise ineinander übergehen: Auch wenn beim Wissen die kognitiven Inhalte im Vordergrund stehen, beinhaltet die Ebene des Wissens neben wissenschaftlichem auch Erfahrungswissen.

Vor dem Hintergrund dieser Beschreibung von Dimensionen professioneller Handlungskompetenzen lassen sich Grundvoraussetzungen für professionelles Handeln in den verschiedenen Feldern der Sozialwirtschaft sowohl für Fach- als auch für Führungskräfte benennen. Zu ihnen gehören

- die Kenntnis über fundiertes Wissen zu Konzepten und Theorien aus Sozialer Arbeit und Sozialwirtschaft/Sozialmanagement im allgemeinen und arbeitsfeldspezifische Kenntnisse im Besonderen,

7.2 Dimensionen professioneller Handlungskompetenzen ...

- das Verfügen über Fähigkeiten und Fertigkeiten, um situationsadäquat, selbstorganisiert und gegenüber anderen Personen oder Gruppen überzeugend als Fach- wie als Leitungskraft handeln zu können, sowie
- eine reflektierte berufliche Haltung.

Das professionelle Handeln findet je nach Aufgabenbereich und beruflicher Position auf unterschiedlichen Handlungsebenen statt, die im Folgenden erläutert werden (Spiegel 2011, S. 95 ff.; Spiegel 2005, S. 591 ff.).

Fachkräfte, deren Einsatzgebiet die sogenannte Basisarbeit im direkten Umgang mit den Adressat*innen ist, handeln auf der *Fallebene*. Der Fallbegriff bezeichnet nach Spiegels Formulierung sowohl die Arbeit mit Einzelnen und individuellen Problemlagen als auch die Arbeit im Feld mit einem Ensemble von Einzelfällen. Hier „arbeiten Fachkräfte allein oder im Team mit Einzelpersonen, Familiensystemen, Gruppen oder größeren Systemen (z. B. dem Gemeinwesen). Sie orientieren sich dabei an der ‚praktischen Ideologie' (…) und den konzeptionellen und materiellen Vorgaben ihrer Einrichtung bzw. der Organisationseinheit, der sie angehören", und dürfen dabei die gesellschaftlichen Rahmenbedingungen nicht außer Acht lassen (Spiegel 2011, S. 95). „Im Blickfeld ist die Gestaltung einzelner Kommunikationssituationen, von Situationsketten bzw. Prozessverläufen über einen festgelegten Zeitraum" (ebd.).

Leitungskräfte sorgen für die Voraussetzungen einer effektiven und effizienten Fallarbeit. Sie sind vor allem mit organisatorischen, koordinierenden und administrativen Tätigkeiten betraut und handeln – egal ob als Team-, Bereichs- oder Gesamtleitung – auf der *Managementebene*. „Sie entwickeln in Zusammenarbeit mit dem Träger und den Mitarbeitern die ‚praktische Ideologie' der Einrichtung, setzen im Hinblick auf Lebenswelt und Lebenslagen der Zielgruppen konzeptionelle Schwerpunkte und Arbeitsprinzipien und erarbeiten Verfahrensgrundsätze sowie Schlüsselprozesse für die Fallarbeit. Sie sind für die Umsetzung der Konzeption und die Prozess-Steuerung mit allen organisatorischen Konsequenzen verantwortlich und sichern somit durch ihr ‚Management' die Fallarbeit ab" (Spiegel 2011, S. 95).

Neben der Fall- und der Managementebene stellt Spiegel die *Ebene der kommunalen Sozialplanung* (vgl. 2011, S. 95 ff.; 2005, S. 592 ff.). Die Akteure sind hier *Fachkräfte der Sozialplanung* (z. B. Altenhilfe-, Jugendhilfe- oder Psychiatrieplanung), „die sich in Auseinandersetzung mit der Sozialverwaltung und der Sozialpolitik mit kommunalen Planungsaufgaben befassen", um „eine angemessene soziale Infrastruktur für den jeweiligen Sozialraum (Kommune, Landkreis) zu gewährleisten" (Spiegel 2005, S. 592).

Wichtig ist hier, dass auch Leitungskräfte je nach professioneller Herkunft und Zuschnitt der Stelle, die sie einnehmen, sich durchaus als Leitungs- und Fachkräfte verstehen können, insbesondere, aber nicht nur wenn sie nur für einen Teil ihres Stellenumfangs für Leitungsaufgaben freigestellt sind und ansonsten Fachkraftaufgaben übernehmen. Insofern sind Fall- und Managementebene nicht als sich ausschließende Ebenen (oder gar wertend ‚Niveaus') zu verstehen, sondern – eher in einem funktionalen Sinn – als Pole eines Spannungsfelds, zwischen denen sich eine Fach- und Leitungskräfte jeweils verorten. Dabei können Selbst- und Fremdsicht hinsichtlich der Nähe oder Ferne zu Leitungs- oder Fachkraftaufgaben und den jeweiligen Mischungen durchaus differieren.

7.3 Exkurs: Kompetenz und Professionalität in der Sozialen Arbeit

Der folgende Exkurs widmet sich der spezifischen Komplexität der Professionalität von Fachkräften in der Sozialen Arbeit, bevor es im Weiteren und darauf aufbauend um Kompetenzen und Professionalität von Leitungskräften geht. Hierbei ist zunächst zu berücksichtigen, dass ein Unterschied besteht zwischen den Debatten um Profession und Professionalität, der ganz knapp skizziert werden soll:

- Die *Profession*sdebatte beschäftigte sich seit Ende der 1960er Jahre im Zuge der Institutionalisierung und Akademisierung der Sozialen Arbeit mit dem *Status* der Profession von Sozialarbeiter*innen und Sozialpädagog*innen als einer *besonderen Berufsform* innerhalb der Gesellschaft, neben klassischen Professionen wie der Medizin und der Rechtswissenschaft. Eine wichtige Rolle spielte hierbei die Diskussion der statusorientierten *Attribute,* die Professionen hinsichtlich Macht, Prestige, Einfluss, Privilegien und Autonomie auszeichnen und von anderen Berufsgruppen abheben (vgl. Steinbacher 2004, S. 101; Dewe und Otto 2018a). Diese status- und machttheoretische Debatte steht im Weiteren nicht im Fokus der Aufmerksamkeit.
- Die Debatte um *Professionalität* steht für eine spätere Phase im Institutionalisierungs- und Akademisierungsprozess der Sozialen Arbeit ab etwa Anfang der 1990er Jahre – Dewe und Otto sprechen hierbei von der „neuen Professionalisierungsdiskussion" (2018a, S. 1195): „Im Zuge der analytischen Wendung der Professionstheorie kam ein verstärktes Interesse an einer struktur- und handlungstheoretischen Betrachtung sozialarbeiterischen

7.3 Exkurs: Kompetenz und Professionalität in der Sozialen Arbeit

Handelns auf" (2018b, S. 1203). „Auf dem Wege zu einer aufgabenspezifischen reflexiven Theorie der Professionalität (…) scheint es sinnvoll zu sein, auf Differenz gegenüber den klassischen Professionen zu setzen und das Besondere des modernen professionellen Handlungsmodus in sozialen Dienstleistungsberufen zu rekonstruieren" (ebd.). Hierbei werden „die besonderen, in der Regel habitualisierten Befähigungen und das ‚spezifische Vermögen' beruflich handelnder ‚Wissensarbeiter' im Umgang mit Menschen" herausgearbeitet (ebd., S. 1204). Es geht um „die *Professionalität* von Sozialarbeitern im Sinne eines szenisch-situativen Handelns unter bisweilen paradoxen Handlungsanforderungen" (ebd.; Hervorhebung im Original). Die hier knapp angedeuteten Spezifika *sozialpädagogischer Professionalität* sollen nun im Folgenden einer konkreteren Betrachtung unterzogen werden.

Soziale Arbeit findet in einem Arbeitsfeld statt, das durch *widersprüchliche Erwartungen* seitens verschiedener Kooperationspartner und Beteiligter gekennzeichnet ist und für das es keine eindeutigen Regeln und Standardisierungen gibt. Deshalb müssen Fachkräfte der Sozialen Arbeit auch in beruflichen Situationen der *Ungewissheit* „ihre Handlungsmöglichkeiten/ihre Berufsrolle sozusagen selbst inszenieren" (Gildemeister 1992, S. 211; vgl. Dewe und Otto 2018b, S. 1207; Effinger 2021, S. 205 ff.). Sozialpädagogische Fachkräfte sind – wie in anderen Beziehungen auch Leitungskräfte (siehe die Ausführungen zu Dilemmatamanagement in 4.5) – dabei ständig konfrontiert mit *Paradoxien professionellen Handelns,* indem sie beispielsweise Einfluss nehmen sollen, ohne zu beeinflussen, oder indem die geleistete Hilfe zur Selbsthilfe gleichzeitig auch zu Unselbstständigkeit und Abhängigkeit der Adressat*innen beitragen kann.

Um diesen Widersprüchen gerecht zu werden, benötigen professionelle Praktiker eine gut entwickelte *fallbezogene Deutungs- und Handlungskompetenz,* die sich nicht auf Expertentum beschränken darf, da sie sonst „der Gefahr der Szientifizierung und Technokratisierung der Beziehung zum Klienten" unterliegt (Dewe und Otto 2018b, S. 1205). Das Handeln von Fachkräften erfährt seine Professionalität nicht in erster Linie durch seine „wissenschaftsbasierte Kompetenz", sondern vielmehr durch „die jeweils situativ aufzubringende Fähigkeit und Bereitschaft, einen lebenspraktischen Problemfall kommunikativ auszulegen, indem soziale Verursachungen rekonstruiert werden, um dem Klienten aufgeklärte Begründungen für selbst zu verantwortende lebenspraktische Entscheidungen anzubieten und subjektive Handlungsmöglichkeiten zu steigern" (ebd.).

Professionelles sozialpädagogisches Handeln lässt sich insofern als *dialogische Praxis* verstehen, die durch die *Gleichzeitigkeit von Theorie- und Fallverstehen* gekennzeichnet ist. Beide Komponenten stehen in einem unauflösbaren

Widerspruch zueinander, dennoch ist jeweils situativ eine Einheit von Theorie und Praxis herzustellen. Dabei gilt es als professionell Handelnde*r, weder die theoretisch-wissenschaftliche Dimension technokratischer Regelanwendung (Logik der ‚Theorie') in den Mittelpunkt zu stellen noch die hermeneutisch-fallorientierte Komponente (Logik der ‚Praxis') so zu betonen, dass sie mit alltäglichem Interagieren und Verstehen gleichgesetzt und aus dem beruflichen Handeln eine Primärbeziehung im Sinne einer privaten Beziehung wird (vgl. Steinbacher 2004, S. 110). Es geht nicht um eine „Vermittlung von Theorie und Praxis oder personalen und sachlichen Faktoren", sondern um die „systematische (…) Relationierung von Urteilsformen", nämlich einem reflexiven Wissensverständnis auf der einen und einer situativen bzw. sozialkontextbezogenen Angemessenheit auf der anderen Seite (Dewe und Otto 2018b, S. 1209; vgl. 2012, S. 197 ff.).

In hohem Maße charakteristisch für professionelles sozialpädagogisches Handeln ist deshalb seine *Reflexivität* (vgl. Dewe und Otto 2018b, S. 1204). Sozialpädagogisches Handeln lässt sich verstehen als „eine planvolle, nachvollziehbare und damit kontrollierbare Gestaltung von Hilfeprozessen" (Galuske 2013, S. 158). Diese Hilfeprozessgestaltung muss dahin gehend reflektiert und überprüft werden, „inwieweit sie dem Gegenstand, den gesellschaftlichen Rahmenbedingungen, den Interventionszielen, den Erfordernissen des Arbeitsfeldes und der Institutionen sowie den Personen gerecht" wird (ebd.). Die „Reflexion der Handlungslogik der je eigenen Berufspraxis" sichert die professionelle Distanz, die nötig ist, um sich einerseits nicht von der alltäglichen Lebenspraxis der Klientel vereinnahmen zu lassen und andererseits die Adressat*innen nicht zum „‚Objekt' sozialpädagogischer Manipulationen" (Dewe et al. 1995, S. 19) zu machen (also beispielsweise an ihnen das eigene Helfersyndrom auszuleben; vgl. Schmidbauer 2021).

Zentral ist in diesem Zusammenhang, dass im „Zentrum professionellen Handelns (…) nicht ‚Expertise' oder ‚Autorität' [steht], sondern die Fähigkeit der Relationierung und Deutung von lebensweltlichen Schwierigkeiten in Einzelfällen mit dem Ziel der Perspektiveneröffnung bzw. einer Entscheidungsbegründung unter Ungewissheitsbedingungen" (Dewe und Otto 2012, S. 197 f.). Köngeter spitzt die *Beziehung zwischen Professionellen und Klient*innen* in seiner Studie „Relationale Professionalität" weiter zu: „Die professionellen Akteure (…) müssen akzeptieren, dass sie Teil des Problems werden müssen, wenn sie Teil der Lösung sein wollen" (2009, S. 2).

Hierbei sind „Falldarstellung, -geschichte, -bericht und -rekonstruktion nicht auf die jeweilige Person (eines Klienten) in ihrer individuellen Existenz, also nicht auf den Einzelfall als solchen bezogen, sondern orientieren sich (…) an den sozialen Kontexten und Konstellationen, unter denen Individuen leben" und nehmen „in dieser Perspektive Familien, sonstige Primärgruppen, Organisationen wie Schulen, Betriebe, Kliniken etc. in den Blick" (Dewe und Otto 2018b, S. 1205 f.). Die professionelle Handlungspraxis Sozialer Arbeit ist stets zur *Kontextualisierung* verpflichtet und geht so „in ihren Falldeutungen über die intrapersonalen, individualspezifischen und partikularen Orientierungen des einzelnen Klienten hinaus" (Dewe und Otto 2018b, S. 1206; vgl. Thiersch 2020; Grunwald und Thiersch 2016b, 2018; zu „Professionsverständnissen in der Sozialen Arbeit" siehe auch Völter et al. 2020).

7.4 Professionalität von Leitungskräften

Schwierig wird es bei der Übertragung des Begriffs der Profession auf Leitungskräfte. Hier ist zunächst festzuhalten, dass ‚Leitung wahrnehmen', ‚Managen' oder ‚Führen' *keine Professionen im Sinne des klassischen Professionalitätsverständnisses* darstellen: „Die klassischen Beispiele für Professionen sind die Mediziner, Juristen und Kleriker. Kennzeichnend für diese Berufe sind eine wissenschaftliche Ausbildung vor allem an Universitäten, praktische Fertigkeiten zur Lösung von sozialen Problemen, die auf dieser Ausbildung beruhen, und institutionalisierte Mittel wie Kammern und Standesrechte, die sicherstellen, dass die professionellen Kompetenzen sozial verantwortlich eingesetzt werden" (Klatetzki 2012, S. 165).

Dementsprechend sind die *Begriffe ‚Profession', ‚Professionalität' und ‚Professionalisierung'* auch in Standardwerken der Betriebswirtschaftslehre kaum oder nur in einer spezifischen Engführung zu finden. Weder im „Handwörterbuch der Betriebswirtschaft" (vgl. Köhler et al. 2007) noch im „Handwörterbuch Unternehmensführung und Organisation" (vgl. Schreyögg und Werder 2004) noch im Handwörterbuch des Personalwesens (vgl. Gaugler et al. 2004) gibt es Stichworte zu einem der genannten Begriffe. Nur in wenigen Beiträgen werden die Begriffe erwähnt und in noch weniger Beiträgen werden sie mit der ‚Professionalität' von Management oder Führung in Verbindung gebracht. Stattdessen werden sie meist mit der Fachlichkeit von Mitarbeiterhandeln verbunden. Steinle verweist im Beitrag „Führungstheorien" beispielsweise darauf, dass die „professionelle Orientierung" von Führungskräften sich auf „das Entstehen und die Übernahme von Leistungs- und Handlungsnormen aus dem Arbeitskontext in das eigene Verhaltensrepertoire" derselben bezieht (Steinle 2007, Sp. 577). Gemeint ist damit, dass Führungskräfte bei Entscheidungen nicht nur Kriterien des Managements und der Organisationsgestaltung berücksichtigen, sondern auch fachliche Kriterien, die sich aus der Tätigkeit und ggf. der Profession der Mitarbeitenden ergeben. Interessant ist, dass die *Relation zwischen Führungs- und Fachkräften* – oder allgemeiner: zwischen Organisation und Profession – in der ökonomischen Literatur häufig als *spannungsreich* beschrieben wird. So betont Elsik, dass bei Professionellen – zu denen er „Juristen, Wirtschaftstreuhändler, Mediziner etc." zählt – „nicht selten eine höhere Loyalität gegenüber der eigenen Profession als gegenüber ihrem aktuellen Arbeitgeber zu beobachten" sei (Elsik 2004, Sp. 1638). Auch Schimank hebt hervor, dass Professionelle „über ein in der Regel durch eine akademische Ausbildung erworbenes Spezialwissen" verfügen, „auf Grund dessen sie einerseits unentbehrlich für viele organisatorische Aufgaben sind. Doch andererseits können die mit diesem Wissen verbundenen Handlungsorientierungen den organisatorischen Regeln mehr oder weniger stark zuwiderlaufen, was zu dauerhaften Spannungen führen kann. In vielen Industriebetrieben reibt sich etwa die ‚funktionale Autorität' (…) der Ingenieure an der durch formale Struktur festgelegten bürokratischen Autorität" (2004, Sp. 548).

Im „Handbuch Organisationstypen" (vgl. Apelt und Tacke 2012) wird ein eigener Artikel „Professionelle Organisationen" ausgewiesen, der das *Verhältnis von Professionen zu den sie beschäftigenden Organisationen* ebenfalls als spannungsreich diskutiert: „Die Beschäftigung professionellen Personals hat Konsequenzen für die Struktur von Organisationen, weil Professionelle eine eigene, elitäre Form der Organisation besitzen, die nicht ohne weiteres im Einklang steht mit der für Organisationen üblicherweise hierarchischen Staffelung des Personals" (Klatetzki 2012, S. 165). Eine solche „elitäre Form der Organisation" ist beispielsweise das „Kollegium" als eine Organisationsform, bei der „eine Gruppe von Experten, die sich in unterschiedlichen Wissensbereichen spezialisiert haben, sich als Gleiche anerkennen und ihre bindenden Entscheidungen auf Konsens beruhen" (ebd., S. 170 f.). Charakteristika einer solchen Organisationsform sind „theoretisches Wissen", „professionelle Karriere", „formale Gleichheit", „formale Autonomie", die „Überprüfung professioneller Leistungen" und „kollektives Entscheiden" (ebd., S. 171 f.). Sozialwirtschaftliche Einrichtungen sind häufig sowohl durch den Typus der professionellen Organisation als auch durch managerielle oder bürokratische Strukturen geprägt, sei es beispielsweise durch eine Doppel- oder Dreifachspitze aus Ökonom*innen, Theolog*innen, Sozialpädagog*innen, Psycholog*innen oder ähnlichen Professionen, sei es durch die Parallelität a) eines sich gegenseitig beratenden und kontrollierenden Teams mit b) dem hierarchischen Aufbau der Einrichtung oder Dienststelle und der Ressourcenverantwortung der Vorgesetzten. So manche Konfliktlinien zwischen Fach- und Führungskräften lassen sich über diese Heterogenität der Organisationslogiken erklären.

Dennoch gibt es in der betriebswirtschaftlichen und Managementliteratur selbstverständlich *genügend Aussagen zum Thema ‚gute' oder ‚erfolgreiche' Führung* bzw. entsprechendes Management, wobei die entscheidende Frage bei solchen Bewertungen in den je nach Anspruchsgruppe und Sichtweise höchst unterschiedlichen Kriterien liegt. Thematisiert werden beispielsweise die Führungssituation, die Führungspersönlichkeit, das Führungsverhalten und der Führungserfolg, der (hoffentlich) am Ende der Bemühungen steht. Sie lassen sich in einem Rahmenmodell der Führung zusammenfassen, das die vier Faktoren zueinander in Beziehung setzt und das bereits in 6.2 thematisiert wurde (Rosenstiel und Comelli 2003, S. 79 ff.; vgl. Rosenstiel und Nerdinger 2020, S. 27; Nerdinger et al. 2014, S. 84 ff.). Wer dabei was als ‚Führungserfolg' definiert, hängt stark vom Blickwinkel und den Maßstäben der jeweiligen Beteiligten bzw. Stakeholder ab. Jedoch sind Aussagen über den „Führungserfolg" von Leitungskräften oder des Managements eben nicht gleichbedeutend mit Aussagen über die ‚Professsionalität' ihres Agierens.

7.5 Professionalität und Dilemmatamanagement

Das Konzept des *Dilemmatamanagements* (siehe Abschn. 4.5) und der *Diskurs um Profession, Professionalisierung und Professionalität,* wie er im Kontext von Soziologie und Sozialer Arbeit entfaltet wurde, lassen sich aufeinander beziehen (vgl. Dewe und Otto 2018a, b). Schütze benennt im Kontext der Professionalisierungsdebatte ausdrücklich „Paradoxien des professionellen Handelns", die er definiert als „unaufhebbare Schwierigkeiten bzw. Dilemmata des Handelns in professionellen Arbeitsbereichen (altgriechisch: ‚parádoxos' = ‚befremdlich', ‚wider Erwarten'), die auf diesem Handeln innewohnenden widerstrebenden sachlogischen Anforderungen beruhen" (2021, S. 242).

Entscheidend ist, dass professionelle Paradoxien aus seiner Sicht für professionelles Handeln *unvermeidbar* sind: „Die systematischen Fehlerpotentiale sind zusammen mit den unaufhebbaren Kernproblemen professionellen Handelns immer und unvermeidbar gegeben" (Schütze 1996, S. 187 f.). Eine Berücksichtigung und Bearbeitung derselben ist für professionelles Handeln zwingend notwendig: „Nur wenn der Professionelle sich offen mit den unaufhebbaren Kernproblemen seines Arbeitsfeldes als Handlungsparadoxien auseinandersetzt, kann er die Fehlerpotentiale der Profession bewusst und wirksam kontrollieren" (ebd.; vgl. Schütze 2021, S. 241 ff.).

Dieses Verständnis von Professionalität „im Sinne eines habitualisierten, szenisch-situativ zum Ausdruck kommenden Agierens unter typischerweise sowohl hochkomplexen wie auch paradoxen Handlungsanforderungen" lässt sich damit nicht nur auf die Fachlichkeit der Sozialen Arbeit, sondern auch auf die Leitung von (sozialwirtschaftlichen) Unternehmen beziehen (Dewe und Otto 2018a, S. 1191), ohne dass hiermit die Differenzen zwischen Profession und Management, Profession und Organisation bzw. zwischen Professionalisierung und Managerialismus eingeebnet werden (vgl. Otto und Ziegler 2018; Beckmann et al. 2009; Kessl 2009).

Ein *wesentliches Kennzeichen von Professionalität in sozialwirtschaftlichen Organisationen* besteht insofern für die Soziale Arbeit und für die Betriebswirtschaftslehre (also für Sozialarbeiter*innen und Führungskräfte) darin, Dilemmata und Paradoxien bewusst wahrzunehmen und reflektiert zu bearbeiten, ohne sich falschen Hoffnungen auf eine (noch dazu schnelle) ‚Lösung' derselben hinzugeben. Die Kompetenz, mit dilemmatischen und paradoxen Situationen in einer Weise umzugehen, dass diese ernst genommen und einer sorgfältigen Bearbeitung zugeführt werden, aber wiederum nicht so fokussiert und betont werden, dass Fach- und Leitungskräfte sich von ihnen paralysieren lassen und handlungsunfähig werden, ist für sozialwirtschaftliche Organisationen von entscheidender Bedeutung.

Eine weitere Kompetenz für Fach- und Führungskräfte besteht darin, den *Kontext für konkretes sozialarbeiterisches und managerielles Handeln* stets mitzudenken und in eigene Handlungsstrategien grundlegend mit einzubeziehen. Diese zentrale Kompetenz lässt sich als ‚Kontextualisierung' bezeichnen (siehe Abschn. 7.3). Durch sie wird eine Fixierung auf intrapersonale und individualspezifische Orientierungen vermieden und eine systematische Einbeziehung von gesellschaftlichen, (sozial-)politischen, regionalen und organisationalen Dimensionen in der professionellen Handlungspraxis der Sozialen Arbeit verankert (vgl. Dewe und Otto 2018b, S. 1206). Für die Managementebene wird dieser Gedanke unter der Überschrift „Vom Sozialmanagement zum Management des Sozialen?" diskutiert (siehe 3.5; vgl. Grunwald 2009a; Flösser und Otto 1992).

Mit dem Titel „Sozialmanagement oder Management des Sozialen?" hatten Flösser und Otto bereits zu Beginn der 90er Jahre darauf verwiesen, dass Sozialmanagement sich nicht auf innerorganisationale Fragen beschränken darf, sondern dass *Fragen der Gestaltung der Kooperation und Konkurrenz zwischen Einrichtungen* (vgl. Schönig 2015, 2021) genauso wie Themen des Systems der Leistungserbringung und der Sozialpolitik im Sinne einer „Gestaltung des Sozialen" konstitutive Fragestellungen für die Leitung sozialwirtschaftlicher Unternehmen und die Sozialwirtschaft insgesamt darstellen.

Sie hatten darüber hinaus bereits früh hervorgehoben, dass die Emphase, mit der Fragen des Sozialmanagements als Lösungen für (nicht nur fiskalische) Probleme der Sozialen Arbeit diskutiert werden, durchaus zweifelhaft ist und dass außerdem mit der *unreflektierten Übertragung betriebswirtschaftlicher Konzepte und Methoden* erhebliche Gefahren für die Soziale Arbeit verbunden sind (vgl. Grunwald und Otto 2008, S. 252 ff.). Beide Argumente haben bis heute ihre Berechtigung.

Damit soll nicht in Abrede gestellt werden, dass für die Leitung sozialwirtschaftlicher Organisationen methodisches und instrumentelles Wissen vonnöten ist. Wichtig ist aber, dass der *sozialwissenschaftliche Kontext* dieser Wissensbestände angemessen berücksichtigt wird. Von besonderer Bedeutung sind in diesem Zusammenhang Fragen nach der sozialpolitischen Rahmung managerieller Strategien und Methoden sowie nach Verknüpfungen mit der Professionalisierung Sozialer Arbeit, da soziale Einrichtungen als Gegenstand von sozialmanageriellen und sozialwirtschaftlichen Überlegungen untrennbar verbunden sind mit der sozialpolitischen Funktion von sozialen Diensten in unserer Gesellschaft.

7.6 Führungskompetenzen von Leitungskräften in Einrichtungen der Sozialwirtschaft

Nachdem in den vorhergehenden Abschnitten die Professionalität von Leitungskräften diskutiert wurde, geht es im Folgenden um die grundsätzlichen Führungskompetenzen, über die Leitungskräfte in Einrichtungen der Sozialwirtschaft verfügen sollten. Wie zu Beginn dieses Kapitels bereits entfaltet, lassen sich Kompetenzen definieren als Fähigkeiten einer Person, situationsangemessen zu handeln. Sie erstrecken sich auf Wissen (Kopf), Können (Hand) und berufliche Haltungen (Herz) (vgl. Spiegel 2018, S. 82), wie oben entfaltet wurde. Erpenbeck formuliert: „Führungskompetenz ist die Fähigkeit, in unerwarteten, (zukunfts-)offenen Führungssituationen kreativ und selbstorganisiert handeln zu können" (2012b, S. 113).

Zu berücksichtigen ist darüber hinaus, dass es *höchst unterschiedliche Zusammenstellungen* der verschiedenen Führungskompetenzen gibt. Die Formulierungen von Kompetenzen als Bündelung spezifischer an Leitungspersonen zu stellenden Erwartungen gehen nicht nur in der Verwendung der Begrifflichkeiten, sondern auch in der inhaltlichen Konkretisierung der einzelnen Begriffe teilweise weit auseinander. Trotz vielfältiger Differenzierungen im Detail lassen sich dennoch einheitliche Tendenzen festmachen. Im Folgenden werden auf der Grundlage einschlägiger Fachliteratur und beruflicher Erfahrung des Autors *sechs grundlegende Führungskompetenzen* unterschieden:[3] 1) Fachkompetenz, 2) strategisch-organisatorische Kompetenz, 3) Methodenkompetenz, 4) soziale Kompetenz, 5) personale oder Selbstkompetenz und 6) sozialpolitische Kompetenz (vgl. Grunwald und Steinbacher 2007, S. 115 ff., 2013).

Diese sechs Führungskompetenzen gelten zwar grundsätzlich für alle Leitungspositionen in Einrichtungen der Sozialwirtschaft, sind aber dennoch *unterschiedlich ausgeprägt je nach Charakter der Institution und der Hierarchieebene der Leitungskraft*. So sieht die strategisch-organisatorische Kompetenz in einem Kleinstheim anders aus als in einer großen Einrichtung mit unterschiedlichsten Angeboten und Arbeitsbereichen. Unterschiede gibt es auch bezogen auf die jeweilige Leitungsposition und ihre hierarchische Eingliederung, weil die mit der jeweiligen Leitungsposition verbundenen Managementaufgaben verschieden sind: Die Fachkompetenz als inhaltliche Fundierung des Leitungshandelns umfasst auf der Ebene einer Teamleitung andere Kompetenzen als auf der Ebene der Einrichtungsleitung. Die strategisch-organisatorische Kompetenz beinhaltet bei einer Gesamtleitung andere Kenntnisse der Organisations- und Führungslehre sowie betriebswirtschaftliche Kenntnisse als bei einer Bereichsleitung. Die betriebswirtschaftlichen Wissensbestände differieren beispielsweise je nachdem, ob es eine eigene Verwaltungsleitung mit dem entsprechenden betriebswirtschaftlichen Fachwissen gibt usw. Bedeutsam ist neben der Größe der Einrichtung der „Grad der Eingebundenheit in komplexere Trägerkonstellationen" sowie die Zuordnung der Einrichtung zum frei-gemeinnützigen, privat-gewerblichen oder öffentlichen Sektor (Merchel 2015b, S. 289 f.). Hier gibt es eine deutliche Schnittstelle zum Governance-Konzept in Sozialwirtschaft und Sozialer Arbeit (vgl. Grunwald und Roß 2014, 2017, 2018).

Dennoch wird in der Managementlehre überwiegend *keine grundsätzliche* „Differenzierung der Managementkompetenzen nach hierarchischen Ebenen (…) wie auch nach der organisatorischen Stellung" vorgenommen (Schreyögg und Koch 2020, S. 23 f.). Vielmehr wird überwiegend davon ausgegangen, „dass sich diese unterschiedlichen Managementpositionen in ihren Funktionsanforderungen zwar in der je spezifischen Ausformung aber nicht systematisch unterscheiden" (ebd.). Trotz aller Unterschiede zwischen den Managementebenen und -positionen ist nicht von einer eigenständigen Managementlehre für Statusgruppen auszugehen (vgl. ebd.). Zu berücksichtigen ist weiter, dass es zwischen den

---

[3] Grundlage für die folgenden Ausführungen sind Schreyögg und Koch 2020, S. 21 ff.; Miebach 2017, S. 91 ff.; Weibler 2016, S. 253 ff.; Merchel 2015a, S. 123 ff., b, S. 273 ff.; Doppler und Lauterburg 2014, S. 78 ff.; Comelli et al. 2014, S. 111 ff.; Nerdinger et al. 2014, S. 209 ff., 464 ff.; Rosenstiel und Nerdinger 2011, S. 156 f.; Langer 2011, S. 53 ff.; Wunderer 2009a, S. 9 ff., 57 ff.; Weber 2004, Sp. 791 ff.

aufgeführten Kompetenzen zahlreiche Überschneidungen und Unschärfen in der Aufteilung gibt.

Die Formulierung von Führungskompetenzen berücksichtigt die empirisch untersuchten realen Aktivitäten von Manager*innen. Hier fokussieren Schreyögg und Koch ein Muster aus *fünf Kennzeichen des untersuchten Arbeitsalltags von Manager*innen* (vgl. 2020, S. 13 ff.):

- Der Arbeitsalltag ist geprägt durch parallele Zyklen von Problemlösungen ohne klare Anfangs- und Endpunkte. Vorzufinden ist eine gleichzeitige Arbeit an unterschiedlichen Problemen in spezifischen Arenen mit verschiedenen Personen, ohne dass einzelne Probleme erfolgreich abgeschlossen werden könnten. Zudem kommen oft neue Problemstellungen in neuen Arenen dazu.
- Die „Arbeit in parallelen Arenen" zeigt sich „im beobachteten Arbeitsrhythmus" von Führungskräften, der durch zerstückelte Arbeitstage geprägt ist. „Die Arbeit vollzieht sich nicht in einem geordneten, nach Phasen gegliederten Ablauf, sondern ist gekennzeichnet durch eine Vielzahl von Einzelaktivitäten, Ad-hoc-Gesprächen, ungeplanten Besuchen und einem ständigen Hin- und Herspringen zwischen Themen und Arenen" (ebd.).
- Alle Studien verweisen übereinstimmend darauf, dass mündliche Kommunikation (sei es in Form von Einzelgesprächen, Telefonaten, Sitzungen oder Videokonferenzen) mindestens 70 bis 90 % des Arbeitsalltags von Führungskräften ausmacht.
- Die Kommunikation von Führungskräften besteht überwiegend nicht aus Anweisungen, sondern im Fragenstellen, Zuhören und der Weitergabe von Informationen. Die Kontaktpartner sind neben den unterstellten Mitarbeitenden vor allem Vorgesetzte, Kolleg*innen, Kund*innen und Stakeholder.
- Ein weiteres Kennzeichen des Alltags von Führungskräften besteht in der „Bewältigung von Unvorhergesehenem", im Umgang mit unerwartet auftauchenden Schwierigkeiten und nicht vorhergesehenen Ereignissen (ebd.). „Die unerwarteten Ereignisse sind nicht immer sogleich als eindeutiges Problem identifizierbar" (ebd.). Häufig ist die Einordnung des Ereignisses als potenzielles ‚Problem' erst noch vorzunehmen, wobei für diese oft belastbare Informationen fehlen – trotzdem ist es oft sehr wichtig, rasch auf die Herausforderung zu reagieren, auch ohne hinreichende Möglichkeiten zur Einordnung der Themenstellung. Führungskräfte geben nicht nur Impulse und initiieren neue Projekte, sondern müssen sehr häufig „auf externe Einflüsse reagieren" und „sich an immer wieder neue Situationen anpassen" (ebd.).

Nun zu den verschiedenen Führungskompetenzen im Einzelnen.

7.6.1 Fachkompetenz

Die Fachkompetenz „beinhaltet spezifische Kenntnisse und Fertigkeiten, die zur Bewältigung beruflicher Aufgaben benötigt werden" (Nerdinger et al. 2014, S. 464). Fachkompetenz meint aber nie „isoliertes Spezialwissen, sondern fachliche Fähigkeiten verankert in fundierter Anwendungserfahrung und verbunden mit der Fähigkeit, selbstorganisiert sein Fachwissen flexibel und situationsgerecht einsetzen zu können und weiterzuentwickeln" (Comelli et al. 2014, S. 116).

Für die Soziale Arbeit betont Merchel (2015b, S. 287 f.) die Bedeutung einer „Kompetenz, Vorgänge innerhalb der Organisation und in der Umwelt der Organisation zu analysieren und auf der Grundlage dieser Analyse zielbezogene Handlungsschritte zur weiteren Entwicklung der Organisation zu entwerfen", und bezeichnet diese als „Analyse- und Planungskompetenz". Er ergänzt diese u. a. durch eine „Reflexions- und Evaluationskompetenz" im Sinne der „Fähigkeit zur Reflexion und zur Evaluation des Geschehens in der Organisation", die den größeren Abstand von Leitungen zur alltäglichen Erbringung von Dienstleistungen für eine wohlwollende, gleichwohl kritische Reflexion der Arbeit der Nachgeordneten (seien dies die Mitarbeitenden an der Basis, seien es Team- oder Bereichsleitungen) nutzt (ebd.).

Gerade in der Sozialwirtschaft umfasst Fachkompetenz das fachspezifische Wissen, das nicht nur für die Erfüllung der jeweiligen Führungsaufgaben, sondern insbesondere für die Einschätzung der fachlichen Qualität der Arbeit der nachgeordneten Personen (egal ob es sich um Leitungs- oder um Fachkräfte handelt) und die Qualität der Dienstleistungserbringung notwendig ist. Insofern gehört auch das Verfügen über fachspezifische Wissensbestände aus Pädagogik, Sozialer Arbeit, Psychologie, Soziologie, Rechtswissenschaft u. a. zu den Führungskompetenzen von Leitungskräften in Einrichtungen der Sozialwirtschaft.

Dieses Expert*innenwissen beinhaltet beispielsweise Fachkenntnisse über die Lebenslagen der Klientel, die gesellschaftlichen Bedingtheiten und Entwicklungstendenzen, aber auch über zentrale sozialpädagogische Konzepte in Einrichtungen der Sozialwirtschaft mit ihrer Wertgebundenheit wie z. B. Lebensweltorientierte Soziale Arbeit, Sozialraumorientierung, Capability Approach oder systemische Ansätze. Es schließt auch Kenntnisse in Bezug auf die wichtigsten fachspezifischen Methoden und Arbeitsweisen ein wie z. B. sozialpädagogische Fallarbeit, sozialpädagogische Beratung sowie Verfahren der Gruppen- und Gemeinwesenarbeit.

Die Fachkompetenz umfasst also alle drei Ebenen, das Wissen, das Können und die wertgebundenen Haltungen. Der Zuschnitt der jeweilig benötigten Fachkompetenz ist von vielen Faktoren abhängig, beispielsweise von der Position der jeweiligen Führungskraft in der Einrichtung, der Größe der Einrichtung und den Anforderungen im Kontakt mit der Umwelt.

Comelli et al. heben hervor: „Fachkompetenz bedeutet aber schon längst nicht mehr, dass jemand alles besser weiß oder besser kann: Intelligente Fragen stellen, Zusammenhänge verstehen bzw. selbst herstellen und Folgewirkungen und Konsequenzen ‚vorausdenken' können zählt genauso zur Fachkompetenz" (2014, S. 113).

Insofern: Auch wenn Fachkompetenz dezidiert nicht nur für Fach-, sondern auch für Leitungskräfte von großer Bedeutung ist, sollten Leitungskräfte der Versuchung widerstehen, die ‚besseren' Fachkräfte sein zu wollen und sich in zu viel operative Tätigkeiten einzuklinken. Aber Glaubwürdigkeit und Autorität einer Leitungskraft sowie die fachliche Qualifizierung des Leitungshandelns sind eng verbunden mit der Fachkompetenz der Führungskräfte.

7.6.2 Strategisch-organisatorische Kompetenz

Diese umfasst alle Wissensbestände, Fähigkeiten und wertgebundenen Haltungen, die dem Management sozialwirtschaftlicher Organisationen im Sinne der Gestaltung der Organisation und der Führung des Personals dienlich sind. Dabei sind „indirekte, strukturell-systemische Führung" und „direkte, personal-interaktive Menschenführung" (Wunderer 2009a, S. 12) oder anders formuliert „strukturbezogene" und „personenbezogene Leitungsaktivitäten" (Merchel 2015b, S. 283 f.) eng aufeinander bezogen und ergänzen einander. Die Gewichtung der einzelnen Aspekte ist wiederum einrichtungs- und positionsabhängig. Im Folgenden werden erst die Wissensbestände und dann die notwendigen Fähigkeiten dargestellt. Beide Aspekte sind geprägt durch Haltungen und Wertorientierungen der Organisationsgestaltung und der Personalführung.

Das *Wissen* bezieht sich auf Kenntnisse aus dem Bereich der Organisations- und Führungslehre, aber auch auf betriebswirtschaftliche Inhalte und auf deren ethische Reflexion. Grundsätzlich gehören dazu theoretische Grundlagen der Organisation und Führung, die ökonomische, soziologische, psychologische und ethische Perspektiven berücksichtigen. Themen können beispielsweise sein Organisationslernen, Organisationskultur, Auseinandersetzung mit Macht- und Politikfragen, Kritik an einer rationalistischen Engführung von Management, Gesichtspunkte der Geschlechterdifferenzierung und Inklusion. Dies zu betonen ist insofern wichtig, als in der weit verbreiteten Ratgeberliteratur die vorhandenen Erkenntnisse der verschiedenen wissenschaftlichen Disziplinen oft unzureichend berücksichtigt werden.

Zu dem Aspekt der Kenntnisse gehören weiter Themen u. a. der Personalführung, des Personalmanagements, der Personalentwicklung, der Organisationsentwicklung und des Change Managements, der Finanzierungsmodalitäten, des Marketings, des Controllings oder des Qualitätsmanagements.

Schließlich gehören zu Kenntnissen der strategisch-organisatorischen Kompetenz maßgeblich Themen, die die spezielle Managementsituation von sozialwirtschaftlichen und Nonprofit-Organisationen reflektieren. Bedeutsam sind hier beispielsweise Grundlagen der Sozialwirtschaftslehre, das Management von Einrichtungen der Sozialwirtschaft als Nonprofit-Organisationen, Social Governance als Form des Regierens in komplexen Systemen, Public Management, Probleme der Ökonomisierung sozialer Einrichtungen, Europäische Dimensionen des Sozialmanagements, Sozialpolitische Rahmenbedingungen u. v. m.

Strategisch-organisatorische Kompetenzen umfassen neben Wissensbeständen unterschiedliche Facetten, die unter die Überschrift *Können* fallen. Strategisch-organisatorische Kompetenz meint zunächst die Wahrnehmung, Analyse und Reflexion relevanter Entwicklungen im Umfeld und in der Organisation selbst sowie die Information der und die Kommunikation mit den Mitarbeitenden und anderen Führungskräften. Damit verbunden ist die Übersetzung von strukturellen Vorgaben und Herausforderungen aus der Umwelt in einen situations- und personenangemessenen Umgang mit ihnen, das Vermitteln von übergeordneten Zielen mit Abteilungs- und Stellenzielen sowie die Interpretation zentraler Werte der Einrichtung in dem Sinne, was sie für die einzelnen Mitarbeitenden bedeuten. Nachgeordnete Mitarbeitende sind zu motivieren und mit den zentralen Unternehmenszielen zu identifizieren. Zu strategisch-organisatorischen Kompetenzen gehören außerdem das Herbeiführen oder Treffen von Entscheidungen, die Abstimmung von Aufgaben- und Verantwortungsbereichen, die Kooperation mit anderen Einrichtungsbereichen und eine adäquate Delegation von Aufgaben und Kompetenzen. Nicht zu vergessen ist schließlich die Begleitung, Entwicklung und Herausforderung von Mitarbeitenden und die Evaluierung von Arbeitsergebnissen und -prozessen (vgl. Wunderer 2009a, S. 9 ff.).

Von erheblicher Bedeutung ist weiter die Fähigkeit, vielschichtige Problemfelder mit einem hohen Maß an Unbestimmtheit und Unsicherheit zu strukturieren und dergestalt umzuformen, dass sie versteh- und bearbeitbar werden und die Ansätze zur ‚Problemlösung' relevante Anspruchsgruppen (auch innerhalb der Organisation) überzeugen. Hier geht es um die Fähigkeit zu konzeptionellem Denken und Arbeiten, um eine „grundsätzliche Strukturierungsfähigkeit", darum, „bei widerstreitenden Erklärungen, unklaren Ursachenzuweisungen, mangelnden Beweisen usw. dennoch ein überzeugendes Handlungskonzept aufzubauen" (Schreyögg und Koch 2020, S. 22 f.). Wichtig sind aber auch „die Fähigkeit, ein Problem aus verschiedenen Perspektiven betrachten zu können oder allgemeiner in verschiedenen Kategorien zu denken (…) sowie eine grundsätzliche Lernfähigkeit, um dem sich immer wieder verändernden Charakter der Problemstellungen gerecht werden zu können" (ebd.). Gefragt ist damit ein Umgang mit komplexen Problemen, der ohne unzulässige Vereinfachungen zu handhabbaren und nachvollziehbaren Handlungskonzepten kommt. Notwendig ist „*die Herausbildung einer reflektierten Haltung zum Phänomen der Unsicherheit innerhalb der Organisationsgestaltung sowie die Herausbildung einer Haltung der Bescheidenheit hinsichtlich des Steuerungsanspruchs, ohne dass eine solche Bescheidenheit in eine faktische Verweigerung von Leitungshandeln*" mündet (Merchel 2015b, S. 291; Hervorhebung im Original).

Relevant ist außerdem die Fähigkeit, Prozesse des Wandels (in) einer Einrichtung mit ihrer organisationalen (Organisationsentwicklung/Change Management) und personalen Dimension (Personalentwicklung) sowohl als zeitlich begrenzte Projekte als auch als kontinuierliche Prozesse des Organisationslernens im Sinne eines Entwicklungsorientierten Managements (vgl. Grunwald 2021b) und der Förderung von Agilität zu gestalten.

Bedeutsam sind neben der nachhaltigen Gestaltung von Veränderungsprozessen, von Organisationswandel und Transformation auch die anderen Grundfragen bzw. Probleme der Organisationsgestaltung, die in Abschn. 4.2 erörtert und in Abschn. 4.3 ergänzt wurden: Es geht um die formale Strukturierung von Aufgaben, die Berücksichtigung ‚emergenter', informeller Phänomene und Prozesse sowie den damit verbundenen professionellen Umgang mit dem Spannungsverhältnis zwischen Selbst- und Fremdorganisation, die Notwendigkeit der Integration von Individuen und Organisation und die bewusste Gestaltung der Beziehung zwischen Organisation und Umwelt.

Die Grundfragen der Organisationsgestaltung fließen ein in etliche eher ‚handwerkliche' Aspekte der strategisch-organisatorischen Kompetenz, bei denen es darum geht, die strukturellen Rahmenbedingungen für ein qualitativ hochwertiges, effektives und effizientes Arbeiten zu ermöglichen, beispielsweise mittels Verfahren des Controllings und der Zielvereinbarung.

7.6.3 Methodenkompetenz

Die Methodenkompetenz meint „situationsübergreifend einsetzbare kognitive und metakognitive Fähigkeiten (…), die zur selbstständigen Bewältigung komplexer Aufgaben (…) gefordert sind" (Nerdinger et al. 2014, S. 464 f.). Sie konkretisiert sich ebenfalls auf den drei Ebenen des Wissens (Kenntnis der Methoden an sich), des Könnens (Fähigkeit zur praktischen Arbeit mit ihnen) und der Haltungen (Reflexion der ethischen Grenzen und Rahmungen des Einsatzes bestimmter Methoden).

Im Zentrum steht „der Besitz relevanten Managementwissens und die Fähigkeit, theoretisches Managementwissen und Methoden auf den konkreten Einzelfall anzuwenden. Dazu gehört das Know-how, mit dem Managementwissen so umzugehen, dass es für immer wieder neue Problemkonstellationen eingesetzt werden kann" (Schreyögg und Koch 2020, S. 22).

Die sogenannten ‚Management-Skills' beinhalten Techniken zur systematischen Zielentwicklung, -vereinbarung und -setzung, zur Planung, Delegation, Informationsbeschaffung und -vermittlung und Kontrolle, zur Konfliktanalyse und -bearbeitung, Gestaltung von Problemlösungs- und Entscheidungsprozessen, zur Gesprächsführung, Formulierung von Kritik, aber auch von Lob und Anerkennung, zur Steuerung von Gruppen- und Teamprozessen, zur Förderung und Strukturierung von Kreativität, aber auch die Moderationsmethode und Techniken der Präsentation und Rhetorik.

Die den methodischen Ansätzen zugrunde liegende Systematisierung von Vorgehensweisen verfolgt das Bemühen, unterschiedlichste Prozesse in einer Organisation zielorientierter und nachvollziehbar zu gestalten. Bei Methodenkompetenz geht es darum, „mit fachlichen und instrumentellen Kenntnissen, Fähigkeiten und Fertigkeiten kreativ Probleme zu lösen, Wissen sinnorientiert einzuordnen und zu bewerten" (Weibler 2016, S. 255). Zum Einsatz dieser methodischen Instrumente gehört aber nicht nur Erfahrung in deren Anwendung, sondern auch Wissen um ihre Einsatzbedingungen und Voraussetzungen, ihre Stärken und Schwächen.

Dazu kommt schließlich das systematische Bemühen, die Handlungsfolgen der Methoden im Vorhinein abzuschätzen und ihren Einsatz vor dem Hintergrund der eigenen Werthaltungen und dem eigenen Menschenbild (vgl. Comelli et al. 2014, S. 108 ff.) zu reflektieren. Keine Methode sollte um ihrer selbst willen eingesetzt werden und es sollte immer sorgfältig überlegt werden, welche ungewünschten Nebenfolgen das Bemühen um eine systematische, oft verstandesorientierte Vorgehensweise auf der Beziehungsebene und für die einzelnen Mitarbeitenden haben könnte.

7.6.4 Sozialkompetenz

Eng verbunden mit der Beherrschung von Managementtechniken im Rahmen der Methodenkompetenz ist die *soziale Kompetenz,* die auf der Ebene des Könnens

7.6 Führungskompetenzen von Leitungskräften …

verortet ist. Sie beinhaltet „kooperative und kommunikative Fähigkeiten zur Realisierung von Zielen in sozialen Interaktionssituationen" (Nerdinger et al. 2014, S. 210, S. 464; vgl. auch Lewkowicz und West-Leuer 2016). Weibler versteht sie als „Disposition einer Person, kommunikativ und kooperativ selbstorganisiert zu handeln, d. h. sich mit anderen kreativ auseinander- und zusammenzusetzen, sich gruppen- und beziehungsorientiert zu verhalten und neue Pläne, Aufgaben und Ziele zu entwickeln" (2016, S. 255; vgl. Wunderer 2009a, S. 60 ff.; Comelli et al. 2014, S. 113 ff.). Schreyögg und Koch definieren sie kurz als „die Fähigkeit, mit anderen Menschen effektiv zusammenzuarbeiten und durch andere Menschen wirken zu können" (2020, S. 22). Dies setzt nicht nur die Bereitschaft zur Kooperation voraus, sondern auch die Fähigkeit, für die Handlungsweisen anderer Personen Verständnis aufzubringen und sich in sie hineinversetzen zu können, ohne die eigenen Positionen aus dem Auge zu verlieren.

Die ‚anderen Personen' können dabei nachgeordnete Mitarbeitende, Kolleg*innen aus anderen Einrichtungsbereichen und Abteilungen, die unmittelbaren oder indirekten Vorgesetzten und Menschen außerhalb der eigenen Einrichtung wie politische Mandatsträger oder Mitarbeitende des öffentlichen Trägers sein (vgl. Schreyögg und Koch 2020, S. 22). Sie alle sind ein potenzielles Gegenüber für die Praktizierung der sozialen Kompetenz.

Eine besondere Aufgabe ist hier die sorgfältige Vermittlung unterschiedlicher Interessen und Anliegen zwischen den eigenen Vorgesetzten und den nachgeordneten Mitarbeitenden – gerade dabei ist ein hohes Maß an Integrität, Klarheit über die eigenen Positionen und Übersetzungsfähigkeit notwendig.

Soziale Kompetenz bezieht sich auch auf die *Zusammenarbeit mit Menschen aus einer anderen Kultur.* Insofern findet sie ihre Weiterführung im interkulturellen Verstehen als „Fähigkeit über kulturelle Grenzen hinweg zu kommunizieren und gemeinschaftlich zu handeln" (Schreyögg und Koch 2020, S. 22). Soziale Kompetenz zeigt sich darüber hinaus im persönlichen Umgang mit Kritik. Es ist für eine Führungskraft wichtig, Kritik akzeptieren und annehmen zu können, ohne in Selbstzweifel zu verfallen oder reflexhaft zum Gegenangriff überzugehen.

Erst die soziale Kompetenz ermöglicht die Motivation der Mitarbeitenden für die Ziele der Führungskraft (die hoffentlich auch Ziele der Organisation sind). Insbesondere der Wirkungsmechanismus der Identifikation (siehe Abschn. 6.5.4) lebt stark von der Ausübung sozialer Kompetenz, wie bereits die obige Definition zeigt: Es geht um die Fähigkeit, „durch andere Menschen wirken zu können" (Schreyögg und Koch 2020, S. 22) – nichts anderes ist Identifikation. Soziale Kompetenz ermöglicht aber auch erst die Gestaltung einer Organisation der Sozialwirtschaft als lernende Organisation, wie sie vom Konzept des Entwicklungsorientierten Managements (vgl. Grunwald 2021b) und im Zeichen der

Agilität angestrebt wird. Sie bedeutet insofern maßgeblich, Kooperationspartner (egal auf welcher Ebene, intern oder extern) zu informieren, von ihnen wiederum Informationen zu erhalten (und sie dazu zu konsultieren) und allgemeiner gesprochen die Kommunikationsbeziehungen sorgfältig zu gestalten (vgl. Wunderer 2009a, S. 9 ff.). Diese Anforderung gilt in besonderem Maße für die mittlere Führungsebene, die Informationen zwischen Vorgesetzten und Nachgeordneten korrekt und ausgewogen übermitteln muss und jeweils für Verständnis werben sollte.

Soziale Kompetenz beinhaltet die Fähigkeit, die eigene Wortwahl auf das Gegenüber einzustellen. Sie bedeutet, anderen zuhören und ihre Situation erspüren zu können (Empathie), heißt aber auch, eigene Gefühle ausdrücken zu können und den Mut zu haben, eine persönliche Sichtweise (auch Kritik) zu formulieren. Sie beinhaltet, offen und direkt zu kommunizieren, authentisch zu sein, um die eigene Wirkung zu wissen, Feedback sowohl geben als auch entgegennehmen zu können sowie mit dem eigenen Verhalten Konflikte nicht unnötig auszulösen oder zu verschärfen (vgl. Comelli et al. 2014, S. 113 f.). Dies alles wird auch diskutiert unter der Überschrift der sozialen Fähigkeiten oder der sozialen Intelligenz und ist leichter gesagt als getan.

Eine besondere Anforderung kann es sein, diese Fähigkeiten nicht nur in Zweiergesprächen oder in vertrauten Kleingruppen, sondern auch in größeren und sehr dynamischen Gruppen sowie in Konfliktsituationen zu leben – Doppler und Lauterburg nennen das etwas dramatisch „Chaos-Kompetenz" (2014, S. 78 f.). Soziale Kompetenz bedeutet zudem, Prozesse steuern zu können im Sinne der „Fähigkeit, Informationsprozesse, Entscheidungsvorgänge und Arbeitsschritte sorgfältig auf das Aufnahmevermögen und die Lernkurve von Menschen und Gruppen abzustimmen" (ebd.).

7.6.5 Personale oder Selbstkompetenz

Personale oder Selbstkompetenz „umfasst einerseits persönlichkeitsbezogene Dispositionen wie Einstellungen, Werthaltungen und Motive, die das Arbeitshandeln beeinflussen"; andererseits beinhaltet sie auch „Fähigkeiten zur Selbstwahrnehmung (z. B. zur Reflexion eigener Fähigkeiten) und zur Selbstorganisation (z. B. Zeitmanagement)" (Nerdinger et al. 2014, S. 464). Die Verknüpfung zwischen Führungskompetenzen und Persönlichkeit fasst Erpenbeck zusammen: „Führungskompetenz ruht auf Persönlichkeitseigenschaften, wird durch sie aber nicht vorhersagbar bestimmt" (2012b, S. 117).

Personale oder Selbstkompetenz umfasst mehrere Komponenten.

7.6 Führungskompetenzen von Leitungskräften …

Zunächst beinhaltet sie im Sinne des *Selbstmanagements* die Fähigkeit, sich und die eigene Arbeit zu strukturieren und zu organisieren, für sich und die eigene Arbeitsleistung Verantwortung zu übernehmen sowie eigene Ziele selbstständig und aktiv zu verfolgen. Damit umfasst sie beides, eine Steuerung der eigenen Person und der eigenen Arbeitsweisen (vgl. Comelli et al.2014, S. 115). Das bedeutet auch, mit Stress und Belastungen auf emotionaler und kognitiver Ebene zurechtzukommen, die persönlichen Verarbeitungs- und Bewältigungsmechanismen und ihre Stärken und Schwächen zu kennen und mit ihnen umgehen zu können sowie schließlich zu lernen, die Schwächen der individuellen Verarbeitungs- und Bewältigungsmechanismen Schritt um Schritt zu verringern. Personale Kompetenz meint weiter, sich und die eigenen Verhaltensweisen und Rollen zu reflektieren und auch kritisch zu betrachten (vgl. Merchel 2015a, S. 125). Salopp ausgedrückt: „Wer andere führen will, sollte sich selbst führen können" (Comelli et al. 2014, S. 115).

Neben dem Aspekt des Selbstmanagements gehört zur personalen Kompetenz auch das Element der *persönlichen Integrität*. Anders formuliert: Die Leitungskraft sollte nicht nur durch gute Organisation des eigenen Lebens und der eigenen Arbeitsleistung überzeugen, sondern auch durch „Persönlichkeit", durch „Offenheit, Ehrlichkeit, Selbstvertrauen und Zivilcourage" (Doppler und Lauterburg 2014, S. 80). Im Zusammenhang mit Dilemmatamanagement wurde bereits darauf verwiesen, dass Führungskräfte in der Lage sein sollten, mit Unsicherheiten und Offenheit umzugehen – was auch bedeutet, dass sie ein gewisses Maß an emotionaler Stabilität und Belastbarkeit aufweisen sollten.

Eine positive Konsequenz dieses Aspekts der Persönlichkeit ist eine *„aktive und aktivierende Haltung der Leitungsperson zu ihrer Leitungsaufgabe"* im Sinne eines aktiven Beitrags „zum Entdecken und Aufgreifen von Problemstellungen, zum strukturierten Anstoß von Problemlösungen, zum Kontrollieren und Weiterentwickeln der Art der Aufgabenbewältigung usw." (Merchel 2015a, S. 125; Hervorhebung im Original). Notwendig ist die „Fähigkeit (…) zur *Selbstreflexion im Hinblick auf die eigene Rollengestaltung,* auf die eigene Haltung, auf persönliche Spannungen und Empfindungen im Kontext der Leitungsrolle" sowie ein reflektierter „Umgang mit Macht und Verantwortung" (Merchel 2015b, S. 290–292; Hervorhebung im Original).

Mit der genannten Fähigkeit, mit Unsicherheiten umgehen zu können, ist der Bogen geschlagen zu einem dritten Aspekt der personalen Kompetenz, der angesichts der vielfältigen Spannungsfelder, in denen eine Leitungskraft und ihr Handeln stehen, von besonderer Bedeutung ist. Dieser Gesichtspunkt wurde bereits angesprochen beim Grundbegriff der Steuerung: Obwohl sich eine Organisation nicht im strengen Sinn des Wortes ‚steuern' lässt, ist die Aufgabe von

Leitung, genau dieses zu versuchen – bei gleichzeitigem Wissen, dass sie die Abteilung oder das Team zwar beeinflussen, aber nicht im eigentlichen Sinn ‚steuern' kann. Personale Kompetenz bedeutet deswegen zudem, *sich der vielen teils unlösbaren Spannungsfelder sowie der begrenzten Steuerungsmöglichkeiten* und der daraus resultierenden Unsicherheiten *bewusst zu sein, ohne die Hände resigniert in den Schoß zu legen* (so auch Merchel 2015a, S. 125 f., b, S. 291).

Insofern meint *personale Kompetenz* – so zusammenfassend Weibler – „die Disposition einer Person, reflexiv selbstorganisiert zu handeln, d. h. sich selbst einzuschätzen, produktive Einstellungen, Werthaltungen, Motive und Selbstbilder zu entwickeln, eigene Begabungen, Motivationen, Leistungsvorsätze zu entfalten und sich im Rahmen der Arbeit und außerhalb kreativ zu entwickeln und zu lernen" (2016, S. 254).

7.6.6 Sozialpolitische Kompetenz

Die letzte Kompetenz in dieser Systematik ist die *sozialpolitische Kompetenz*. Sie verdeutlicht, dass Einrichtungen der Sozialwirtschaft nicht nur Produzenten von Dienstleistungen sind, sondern auch politische Organisationen, welche die Interessen der von ihnen betreuten Personengruppen vertreten (so bereits Olk et al. 1995, S. 14 ff.). Somit können Einrichtungen der Sozialwirtschaft nicht nur den Logiken der Effizienz als Wirtschaftlichkeit und der Effektivität als fachlicher Wirksamkeit folgen, sondern haben auch die Aufgabe, die Interessen ihrer Klientel anwaltschaftlich zu vertreten.

Sie reflektiert weiter die sozialpolitischen Strömungen oder „Leitbilder", die für die gesellschaftliche Einbettung sozialpädagogischer Einrichtungen grundlegend sind (vgl. Evers 1999, S. 569 ff.). Hier kann unterschieden werden zwischen dem paternalistischen Leitbild, das „Macht über und Verantwortung für Klienten" als grundlegende sozialpolitische Leitlinie formuliert, dem liberalen Leitbild als Verkörperung von Autonomie und Selbstbestimmung und dem kommunitären Leitbild, das die „Aufwertung von Fürsorglichkeit und Gemeinschaftsbezügen" verfolgt (ebd.).[4]

Die sozialpolitische Kompetenz ist eng verbunden mit der fachlichen Kompetenz von Leitungskräften in Einrichtungen der Sozialwirtschaft. Die Auseinandersetzung mit sozialpolitischen Dimensionen und Fragestellungen der Sozialen

---

[4] Der Begriff des Leitbildes ist hier nicht im Sinne eines schriftlichen Dokuments zu verstehen, das die grundlegenden Werte und Ziele einer Organisation formuliert, sondern als Fokus grundsätzlicher Orientierungen und Ausrichtungen der Sozialpolitik in der Bundesrepublik Deutschland.

Arbeit ist ein elementarer Bestandteil sozialpädagogischer Professionalität und Theoriebildung, der auch mit wertbezogenen Haltungen der Fach- und Leitungskräfte untrennbar verbunden ist (vgl. Spiegel 2005, S. 597 ff.). Dies zeigen beispielsweise das Konzept der Lebensweltorientierten Sozialen Arbeit der Tübinger Schule mit seiner Maxime der Einmischung (vgl. Grunwald und Thiersch 2016a, b, 2018; Thiersch 2020; Grunwald 2021a), das Konzept der Dienstleistungsorientierung der Bielefelder Schule (vgl. Schaarschuch 2020; Wohlfahrt 2020; Grunwald 2012a; Otto und Olk 2003) und das Konzept einer Sozialen Arbeit als Handlungswissenschaft, wie es von Staub-Bernasconi (vgl. 2018) vertreten wird. Die genannten drei Theoriekonzepte der Sozialen Arbeit haben die heutige Ausformulierung sozialpädagogischer Professionalität auch in Einrichtungen der Sozialwirtschaft maßgeblich beeinflusst. So gesehen ist die sozialpolitische Kompetenz eigentlich ein Aspekt der oben bereits thematisierten Fachkompetenz von Leitungskräften in Einrichtungen der Sozialwirtschaft.

Wenn sie hier dennoch als gesonderte Leitungskompetenz aufgeführt wird, so ist das damit zu begründen, dass gerade für Führungskräfte die sozialpolitische Verortung ihres professionellen Leitungshandelns von erheblicher Bedeutung ist. Notwendig ist eine Ausrichtung dieses Leitungshandelns, das die Beschränkung auf binnenorganisatorische Probleme der Unternehmens- und Personalführung sowie betriebswirtschaftliche Fragen hinter sich lässt, zugunsten einer Betrachtung, die „ihren Blick auf das Gesamtsystem der personenbezogenen sozialen Dienstleistungen richtet" – so schon Flösser und Otto (1992, S. 15 f.). Im Zentrum einer solchen sozialpolitischen Kompetenz steht damit nicht die Optimierung der einzelnen Einrichtung durch ökonomische und Managementinstrumente, sondern die systematische Weiterentwicklung der Sozialen Arbeit, ihrer Institutionalisierung und ihrer professionellen Ausgestaltung. Dieses Verständnis einer sozialpolitischen Kompetenz setzt sich damit sehr deutlich ab von einer konservativen Sozialpolitik, bei der Fragen des Managements zu einem Einfallstor des politischen Konservativismus geraten. Zu ihrer Realisierung bedarf es einer Sensibilität für sozialpolitische Strömungen und Argumentationsmuster und einer Wachsamkeit gegenüber einer Instrumentalisierung der Sozialen Arbeit durch eine verkürzte Ökonomisierung.

Vor diesem Hintergrund zielt die sozialpolitische Kompetenz darauf, die Bedürfnisse der Nutzer*innen sozialer Dienstleistungen im politischen Raum zu vertreten. Das kann in kommunalen Gremien, öffentlichen Veranstaltungen oder in den lokalen oder überregionalen Medien erfolgen. Damit ist ein fließender Übergang von der Interessenvertretung zur Öffentlichkeitsarbeit im weiteren Sinne markiert. Weiterhin umfasst die sozialpolitische Kompetenz die Öffnung zu

Formen der Sozialplanung wie auch der Einmischung in die Gestaltung sozialer Räume (vgl. Kessl und Reutlinger 2019).

7.6.7 Fazit

Insgesamt wurden bislang sechs Führungskompetenzen als Fähigkeiten von Führungspersonen zum situationsangemessenen Handeln benannt, die für Leitungskräfte von und in Einrichtungen der Sozialwirtschaft wichtig sind. Sie lassen sich differenzieren nach Fähigkeiten oder Qualifikationen, die

- primär auf kognitiven Inhalten (Wissen),
- primär auf Fähigkeiten (Können) und/oder
- primär auf beruflichen Haltungen als wertorientierten Einstellungen beruhen.

Diese sechs Führungskompetenzen sind je nach Charakter der Institution und der Hierarchieebene der Leitungskraft unterschiedlich ausgeprägt. Dennoch gelten sie grundsätzlich für alle Leitungspositionen in Einrichtungen der Sozialwirtschaft. Neben die ‚klassischen' Führungskompetenzen der Managementliteratur werden hier *Fachkompetenzen* im Sinne eines fachlichen Verständnisses für die Spezifika der in der Einrichtung erbrachten Dienstleistungen und *sozialpolitische Kompetenzen* im Sinne eines Verständnisses für die sozialpolitische Dimension des Agierens der Einrichtung und einer parteilichen Vertretung der Adressat*innen gestellt. Abschließend sollen die Führungskompetenzen zusammengefasst werden.

- Die *Fachkompetenz* beinhaltet das für die Erfüllung der jeweiligen Führungsaufgaben und die Einschätzung der fachlichen Qualität der Dienstleistungserbringung notwendige fachspezifische Wissen aus den unterschiedlichen Bezugsdisziplinen wie beispielsweise Soziale Arbeit, Erziehungswissenschaft, Soziologie, Psychologie und Rechtswissenschaft. Sie ist nicht hinreichend als Qualifikation für eine Leitungsposition, ist aber auch nicht verzichtbar. So sind Glaubwürdigkeit und Autorität einer Leitungskraft sowie die fachliche Qualifizierung des Leitungshandelns eng verbunden mit ihrer Fachkompetenz.
- Die *strategisch-organisatorische Kompetenz* umfasst alle Wissensbestände, Fähigkeiten und wertgebundenen Haltungen, die dem Management der Einrichtung und der Personalführung dienlich sind. Zu ihnen gehören theoretische

7.6 Führungskompetenzen von Leitungskräften ...

Grundlagen der Organisation und Führung, angewandte Themen des Managements und der Personalführung sowie Fragen, die auf die spezielle Managementsituation von sozialwirtschaftlichen und Nonprofit-Organisationen Bezug nehmen. Zu ihnen zählen weiter Fähigkeiten des Managements und der Personalführung wie Entscheidungen herbeizuführen oder zu treffen, Delegation, Zielvereinbarung, Umgang mit komplexen Problemen sowie der Umgang mit den verschiedenen Grundfragen bzw. Problemen der Organisationsgestaltung (siehe Abschn. 4.2).

- Die *Methodenkompetenz* beinhaltet die Kenntnis von Managementmethoden, die Fähigkeit zur praktischen Arbeit mit ihnen und die Reflexion ethischer Rahmenbedingungen und Anwendungsgrenzen des Methodeneinsatzes. Zu diesen ‚Management-Skills' gehören beispielsweise systematische Techniken der Zielvereinbarung, der Planung und des Projektmanagements, des Informationsmanagements, der Konfliktanalyse und -bearbeitung, Präsentation, Rhetorik usw.
- Die vierte Qualifikation für die Leitung einer Einrichtung der Sozialwirtschaft ist die *soziale Kompetenz* als die Fähigkeit, mit anderen Menschen innerhalb und außerhalb der eigenen Einrichtung effektiv zusammenzuarbeiten und durch sie und mit ihnen Wirkungen zu erzielen. Sie umfasst nicht nur die Bereitschaft, sondern auch die Fähigkeit, sich auf andere Personen, Gruppen und Institutionen (auch aus einer anderen Kultur) einzulassen. Sie ist ein zentrales Vehikel der Motivation von Mitarbeitenden (Identifikation) und der Gewinnung von Partner*innen für die eigenen Interessen. Soziale Kompetenz ist untrennbar verknüpft mit der Befähigung, Kommunikationsbeziehungen zielorientiert und wertschätzend zu gestalten, sowie mit sozialer Intelligenz.
- Die *personale oder Selbstkompetenz* bezieht sich nicht nur auf eine Steuerung der eigenen Person und der eigenen Arbeitsweisen (Zeit- und Selbstmanagement) sowie den Umgang mit Stress und Belastungen kognitiver und emotionaler Art, sondern auch auf persönliche Integrität, die es der Leitungskraft ermöglicht, andere Personen für eigene (Organisations-)Ziele kraft der eigenen Persönlichkeit zu gewinnen und zu überzeugen. Dazu kommt die Fähigkeit zum Umgang mit Unsicherheit und begrenzten Steuerungsoptionen.
- Die *sozialpolitische Kompetenz* schließlich ist eng verknüpft mit der fachlichen Kompetenz und kann als deren Erweiterung und Akzentuierung in Bezug auf sozialpolitische Fragen verstanden werden. Sie beinhaltet die Aufgabe, die Interessen der eigenen Klientel anwaltschaftlich zu vertreten, in diesem Sinne aktive Öffentlichkeitsarbeit zu betreiben und sich in die Gestaltung sozialer

Räume einzumischen. Zentral ist bei der sozialpolitischen Kompetenz, die Leitung einer Organisation der Sozialwirtschaft nicht auf binnenorganisatorische Probleme der Unternehmens- und Personalführung sowie betriebswirtschaftliche Fragen zu begrenzen, sondern jenseits der eigenen Organisation das Geflecht institutioneller und professioneller Sozialer Arbeit in Einrichtungen der Sozialwirtschaft in den Blick zu nehmen.

Literatur

Literaturtipps zur Vertiefung

Comelli, Gerhard, Rosenstiel, Lutz von, & Nerdinger, Friedemann W. (2014). *Führung durch Motivation*. Mitarbeiter für Unternehmensziele gewinnen (5., überarb. Aufl.). München: Vahlen.

Klatetzki, Thomas (2012). Professionelle Organisationen. In Maja Apelt, & Veronika Tacke (Hrsg.), *Handbuch Organisationstypen* (S. 165-184). Wiesbaden: Springer VS.

Kühl, Stefan (2017). *Laterales Führen*. Eine kurze organisationstheoretisch informierte Handreichung. Wiesbaden: Springer VS.

Merchel, Joachim (2015b). *Management in Organisationen der Sozialen Arbeit*. Eine Einführung. Weinheim: Beltz Juventa.

Spiegel, Hiltrud von (2005). Methodisches Handeln und professionelle Handlungskompetenz im Spannungsfeld von Fallarbeit und Management. In Werner Thole (Hrsg.), *Grundriss Soziale Arbeit*. Ein einführendes Handbuch (S. 589–602). Wiesbaden: VS Verlag für Sozialwissenschaften.

Verwendete Literatur

Apelt, Maja, & Tacke, Veronika (Hrsg.) (2012). *Handbuch Organisationstypen*, Wiesbaden: Springer VS.

Bartosch, Ulrich, Maile, Anita, & Speth, Christine (2007). Der Qualifikationsrahmen für Soziale Arbeit (QRSArb 4.0). In Peter Buttner (Hrsg.), *Das Studium des Sozialen*. Aktuelle Entwicklungen in Hochschule und sozialen Berufen (S. 215–220). Freiburg i.Br.: Lambertus.

Beckmann, Christof, Otto, Hans-Uwe, & Schrödter, Mark (2009). Management der Profession: Zwischen Herrschaft und Koordination. In Klaus Grunwald (Hrsg.), *Vom Sozialmanagement zum Management des Sozialen?* Eine Bestandsaufnahme (S. 15–41). Baltmannsweiler: Schneider Hohengehren.

Comelli, Gerhard, Rosenstiel, Lutz von, & Nerdinger, Friedemann W. (2014). *Führung durch Motivation*. Mitarbeiter für Unternehmensziele gewinnen (5., überarb. Aufl.). München: Vahlen.

Dewe, Bernd, Ferchhoff, Wilfried, Scherr, Albert, & Stüwe, Gerd (1995). *Professionelles soziales Handeln*. Soziale Arbeit im Spannungsfeld zwischen Theorie und Praxis (2., überarb. Aufl.). Weinheim/München: Juventa.

Dewe, Bernd, & Otto, Hans-Uwe (2018a). Profession. In Hans-Uwe Otto, Hans Thiersch, Rainer Treptow, & Holger Ziegler (Hrsg.), Handbuch Soziale Arbeit. Grundlagen der Sozialarbeit und Sozialpädagogik (6., überarb. Aufl., S. 1191–1202). München: Ernst Reinhardt.

Dewe, Bernd, & Otto, Hans-Uwe (2018b). Professionalität. In Hans-Uwe Otto, Hans Thiersch, Rainer Treptow, & Holger Ziegler (Hrsg.), *Handbuch Soziale Arbeit*. Grundlagen der Sozialarbeit und Sozialpädagogik (6., überarb. Aufl., S. 1203–1213). München: Ernst Reinhardt.

Dewe, Bernd, & Otto, Hans-Uwe (2012). Reflexive Sozialpädagogik. Grundstrukturen eines neuen Typs dienst-leistungsorientierten Professionshandelns. In Werner Thole (Hrsg.), *Grundriss Soziale Arbeit*. Ein einführendes Handbuch (4. Aufl., S. 197–217). Wiesbaden: VS Verlag für Sozialwissenschaften.

Doppler, Klaus, & Lauterburg, Christoph (2014). *Change Management*. Den Unternehmenswandel gestalten (13., akt. u. erw. Aufl.). Frankfurt a.M.: Campus.

Effinger, Herbert (2021). *Soziale Arbeit im Ungewissen*. Mit Selbstkompetenz aus Eindeutigkeitsfallen. Professionell erkennen, verantwortlich entscheiden und handeln. Weinheim/Basel: Beltz Juventa.

Elsik, Wolfgang (2004). Personalpolitisches Instrumentarium. In Eduard Gaugler, Walter A. Oechsler, & Wolfgang Weber (Hrsg.), *Handwörterbuch des Personalwesens* (3. überarb. u. erg. Aufl., Sp. 1630–1640). Stuttgart: Schäffer-Poeschel.

Erpenbeck, John (2012a). Was sind Kompetenzen? In Werner G. Faix (Hrsg.), *Kompetenz*. Festschrift Prof. Dr. John Erpenbeck zum 70. Geburtstag (Bd. 4, S. 1–57). Stuttgart: Steinbeis-Edition.

Erpenbeck, John (2012b). Führungskompetenz. In Werner G. Faix (Hrsg.), *Kompetenz*. Festschrift Prof. Dr. John Erpenbeck zum 70. Geburtstag (Bd. 4, S. 109–140) Stuttgart: Steinbeis-Edition.

Erpenbeck, John, & Heyse, Volker (2007). *Die Kompetenzbiographie*. Wege der Kompetenzentwicklung, Münster/München/Berlin: Waxmann.

Evers, Albert (1999). Neue Leitbilder für Dienste im Gesundheits- und Sozialbereich. In Birgit Jansen, Fred Karl, Hartmut Radebold, & Reinhard Schmitz-Scherzer (Hrsg.), *Soziale Gerontologie*. Ein Handbuch für Lehre und Praxis (S. 569–578). Weinheim/Basel: Beltz.

Flösser, Gaby, & Otto, Hans-Uwe (1992). Sozialmanagement oder Management des Sozialen? In Gaby Flösser, & Hans-Uwe Otto (Hrsg.), *Sozialmanagement oder Management des Sozialen?* (S. 7–18). Bielefeld: Böllert, KT.

Galuske, Michael (2013). *Methoden der Sozialen Arbeit*. Eine Einführung (10., von Karin Bock und Jessica Fernandez Martinez bearb. Aufl.). Weinheim: Beltz Juventa.

Gaugler, Eduard, Oechsler, Walter A., & Weber, Wolfgang (Hrsg.) (2004). *Handwörterbuch des Personalwesens* (Bd. 5, 3. überarb. u. ergänzte Aufl.). Stuttgart: Schäffer-Poeschel.

Gildemeister, Regine (1992). Neuere Aspekte der Professionalisierungsdebatte. Soziale Arbeit zwischen immanenten Kunstlehren des Fallverstehens und Strategien kollektiver Statusverbesserung. *Neue Praxis*, 22 (3), S. 207–219.

Grunwald, Klaus (2021a). Lebensweltorientierung. In Ralph-Christian Amthor, Brigitta Goldberg, Peter Hansbauer, Benjamin Landes, & Theresia Wintergerst (Hrsg.), *Wörterbuch Soziale Arbeit*. Aufgaben, Praxisfelder, Begriffe und Methoden der Sozialarbeit und Sozialpädagogik (S. 546–548), Weinheim/München: Beltz Juventa.

Grunwald, Klaus (2021b). Dienstleistung. In *Enzyklopädie Erziehungswissenschaft Online*, Fachgebiet: Soziale Arbeit, hrsg. von Wolfgang Schröer und Cornelia Schweppe. Weinheim/Basel: Beltz Juventa.

Grunwald, Klaus (2009a). Einleitung. In Klaus Grunwald (Hrsg.), *Vom Sozialmanagement zum Management des Sozialen?* Eine Bestandsaufnahme (S. 1–14). Baltmannsweiler: Schneider Hohengehren.

Grunwald, Klaus, & Otto, Ulrich (2008). Soziale Arbeit statt Sozialmanagement. In Bielefelder Arbeitsgruppe 8 (Hrsg.), *Soziale Arbeit in Gesellschaft* (S. 252–259). Wiesbaden: VS Verlag für Sozialwissenschaften.

Grunwald, Klaus, & Roß, Paul-Stefan (2018). „Governance in der Sozialen Arbeit" – Dilemmatamanagement als Ansatz des Managements hybrider Organisationen. In Ludger Kolhoff, & Klaus Grunwald (Hrsg.), *Aktuelle Diskurse der Sozialwirtschaft I* (S. 165-181). Wiesbaden: Springer VS.

Grunwald, Klaus, & Roß, Paul-Stefan (2017). Sozialmanagement als Steuerung hybrider sozialwirtschaftlicher Organisationen. In Armin, Wöhrle, Agnès Fritze, Thomas Prinz, & Gotthart Schwarz (Hrsg.), *Sozialmanagement – eine Zwischenbilanz* (S. 171-184). Wiesbaden: Springer VS.

Grunwald, Klaus, & Roß, Paul-Stefan (2014). „Governance Sozialer Arbeit". Versuch einer theoriebasierten Handlungsorientierung für die Sozialwirtschaft. In Andrea Tabatt-Hirschfeldt (Hrsg.), *Öffentliche und Soziale Steuerung – Public Management und Sozialmanagement im Diskurs* (S. 17–64). Baden-Baden: Nomos.

Grunwald, Klaus, & Steinbacher, Elke (2013). Kompetenz und Professionalität in der Sozialwirtschaft. In Dieter Kaufmann, & Kornelius Knapp (Hrsg.), *Demografischer Wandel in der Sozialwirtschaft*. Herausforderungen, Ansatzpunkte, Lösungsstrategien (S. 101–120). Stuttgart: Kohlhammer.

Grunwald, Klaus, & Steinbacher, Elke (2007). *Organisationsgestaltung und Personalführung in den Erziehungshilfen*. Grundlagen und Praxismethoden. Weinheim: Juventa.

Grunwald, Klaus, & Thiersch, Hans (2018). Lebensweltorientierung. In Gunther Graßhoff, Anna Renker, & Wolfgang Schröer (Hrsg.), *Soziale Arbeit*. Eine elementare Einführung (S. 303–315). Wiesbaden: Springer VS.

Grunwald, Klaus, & Thiersch, Hans (Hrsg.) (2016a). *Praxishandbuch Lebensweltorientierte Soziale Arbeit*. Handlungszusammenhänge und Methoden in unterschiedlichen Arbeitsfeldern (3., vollst. überarb. Aufl.). Weinheim/München: Beltz Juventa.

Grunwald, Klaus, & Thiersch, Hans (2016b). Lebensweltorientierung. In Klaus Grunwald, & Hans Thiersch (Hrsg.), *Praxishandbuch Lebensweltorientierte Soziale Arbeit*. Handlungszusammenhänge und Methoden in unterschiedlichen Arbeitsfeldern (3., vollst. überarb. Aufl., S. 24–64). Weinheim/München: Beltz Juventa.

Heiner, Maja (2012). Handlungskompetenz und Handlungstypen. Überlegungen zu den Grundlagen methodischen Handelns. In Werner Thole (Hrsg.), *Grundriss Soziale Arbeit* (4. Aufl., S. 611–624). Wiesbaden: VS Verlag für Sozialwissenschaften.

Heiner, Maja (2010). *Kompetent handeln in der Sozialen Arbeit*. München: Ernst Reinhardt.

Kessl, Fabian (2009). "Sozialmanagement oder Management des Sozialen" im Kontext postwohlfahrtsstaatlicher Transformation. Eine Vergewisserung, zwei Problematiken und die Perspektive einer Positioning Analysis. In Klaus Grunwald (Hrsg.), *Vom Sozialmanagement zum Management des Sozialen?* Eine Bestandsaufnahme (S. 42–61). Baltmannsweiler: Schneider Hohengehren.

Kessl, Fabian, & Reutlinger, Christian (Hrsg.) (2019). *Handbuch Sozialraum*. Grundlagen für den Bildungs- und Sozialbereich. Wiesbaden: Springer VS.

Klatetzki, Thomas (2012). Professionelle Organisationen. In Maja Apelt, & Veronika Tacke (Hrsg.), *Handbuch Organisationstypen* (S. 165-184). Wiesbaden: Springer VS.

Köhler, Richard, Küpper, Hans-Ulrich, & Pfingsten, Andreas (Hrsg.) (2007). *Handwörterbuch der Betriebswirtschaft* (6., vollst. neu gest. Aufl.). Stuttgart: Schäffer-Poeschel.

Köngeter, Stefan (2009). *Relationale Professionalität*. Eine empirische Studie zu Arbeitsbeziehungen mit Eltern in den Erziehungshilfen. Baltmannsweiler: WBV.

Langer, Andreas (2011). Professionelle Sozialmanagementkompetenzen zwischen Akademisierung und Entscheidungshandeln. In Andreas Langer, & Andreas Schröer (Hrsg.), *Professionalisierung im Nonprofit Management* (S. 47-66). Wiesbaden: VS Verlag für Sozialwissenschaften.

Lewkowicz, Eva-Maria, & West-Leuer, Beate (Hrsg.) (2016). *Führung und Gefühl*. Mit Emotionen zu Authentizität und Führungserfolg. Wiesbaden: Springer VS.

Maag Merki, Katharina (2009), Kompetenz. In Sabine Andresen, Rita Casale, Thomas Gabriel, Rebekka Horlacher, Sabine Larcher Klee, & Jürgen Oelkers (Hrsg.), *Handwörterbuch Erziehungswissenschaft* (S. 492–506). Weinheim/Basel: Beltz.

Merchel, Joachim (2015a). *Leitung in der Sozialen Arbeit*. Grundlagen der Gestaltung und Steuerung von Organisationen (3. Aufl.). Weinheim/Basel: Beltz Juventa.

Merchel, Joachim (2015b). *Management in Organisationen der Sozialen Arbeit*. Eine Einführung. Weinheim: Beltz Juventa.

Miebach, Bernhard (2017). *Handbuch Human Resource Management*. Das Individuum und seine Potentiale für die Organisation. Wiesbaden: Springer.

Moch, Matthias (2019). *Kompetentes Handeln in stationären Erziehungshilfen*. Eine empirische Annäherung. Wiesbaden: Springer VS.

Nerdinger, Friedemann W., Blickle, Gerhard, & Schaper, Niclas (Hrsg.) (2014). *Arbeits- und Organisationspsychologie* (3., vollst. überarb. Aufl.). Berlin/Heidelberg: Springer.

North, Klaus, Reinhardt, Kai, & Sieber-Suter, Barbara (2018). *Kompetenzmanagement in der Praxis*. Mitarbeiterkompetenzen systematisch identifizieren, nutzen und entwickeln (3., akt. u. erw. Aufl.). Wiesbaden: Gabler.

Olk, Thomas, Rauschenbach, Thomas, & Sachße, Christoph (1995). Von der Wertgemeinschaft zum Dienstleistungsunternehmen. Oder: über die Schwierigkeiten, Solidarität zu üben. Eine einführende Skizze. In Thomas Rauschenbach, Christoph Sachße, & Thomas Olk (Hrsg.), *Von der Wertgemeinschaft zum Dienstleistungsunternehmen*. Jugend- und Wohlfahrtsverbände im Umbruch (S. 11–33). Frankfurt a.M.: Suhrkamp.

Otto, Hans-Uwe, & Ziegler, Holger (2018). Managerialismus. In Hans-Uwe Otto, Hans Thiersch, Rainer Treptow, & Holger Ziegler (Hrsg.), *Handbuch Soziale Arbeit*. Grundlagen der Sozialarbeit und Sozialpädagogik (6., überarb. Aufl., S. 963–973). München: Ernst Reinhardt.

Otto, Hans-Uwe, & Olk, Thomas (Hrsg.) (2003). *Soziale Arbeit als Dienstleistung*. Grundlegungen, Entwürfe, Modelle. Neuwied: Luchterhand.

Permantier, Martin (2019). *Haltung entscheidet.* Führung & Unternehmenskultur zukunftsfähig gestalten. München: Vahlen.

Rosenstiel, Lutz von, & Comelli, Gerhard (2003). *Führung zwischen Stabilität und Wandel.* München: Vahlen.

Rosenstiel, Lutz von, & Nerdinger, Friedemann W. (2020). Grundlagen der Führung. In Lutz von Rosenstiel, Erika Regnet, & Michel E. Domsch (Hrsg.), *Führung von Mitarbeitern.* Handbuch für erfolgreiches Personalmanagement (8., akt. u. überarb. Aufl., S. 21–54). Stuttgart: Schäffer-Poeschel.

Rosenstiel, Lutz von, & Nerdinger, Friedemann W. (2011). *Grundlagen der Organisationspsychologie.* Basiswissen und Anwendungshinweise (7., überarb. Aufl.). Stuttgart: Schäffer-Poeschel.

Schaarschuch, Andreas (2020). Die Nutzerinnen und Nutzer Sozialer Arbeit und der Kapitalismus. In Hans-Uwe Otto (Hrsg.), *Soziale Arbeit im Kapitalismus.* Gesellschaftstheoretische Verortungen. Professionspolitische Positionen. Politische Herausforderungen (S. 195–203). Weinheim/Basel: Beltz Juventa.

Schimank, Uwe (2004). Betriebs- und Organisationssoziologie. In Eduard Gaugler, Walter A. Oechsler, & Wolfgang Weber (Hrsg.), *Handwörterbuch des Personalwesens* (3. überarb. u. ergänzte Aufl., Sp. 544–556). Stuttgart: Schäffer-Poeschel.

Schmidbauer, Wolfgang (2021). *Hilflose Helfer.* Über die seelische Problematik der helfenden Berufe (22. Aufl.). Reinbek bei Hamburg: Rowohlt.

Schmidt, Siegfried J. (2005). *Lernen, Wissen, Kompetenz, Kultur.* Vorschläge zur Bestimmung von vier Unbekannten. Heidelberg: Carl Auer.

Schönig, Werner (2021). *Innovation bei Koopkurrenz in Netzwerken der Sozialwirtschaft.* Produktive Balance in Bewegung. Weinheim: Beltz Juventa.

Schönig, Werner (2015). *Koopkurrenz in der Sozialwirtschaft.* Zur sozialpolitischen Nutzung von Kooperation und Konkurrenz. Weinheim/Basel: Beltz Juventa.

Schreyögg, Georg, & Koch, Jochen (2020). *Management.* Grundlagen der Unternehmensführung. Konzepte – Funktionen – Fallstudien (8., vollst. überarb. Aufl.). Wiesbaden: Springer Fachmedien.

Schreyögg, Georg, & Werder, Axel von (Hrsg.) (2004). *Handwörterbuch der Unternehmensführung und Organisation* (4., völlig neu bearb. Aufl.). Stuttgart: Schäffer-Poeschel.

Schütze, Fritz (2021). *Professionalität und Professionalisierung in pädagogischen Handlungsfeldern: Soziale Arbeit.* Opladen/Toronto: Barbara Budrich.

Schütze, Alfred (1996). Organisationszwänge und hoheitsstaatliche Rahmenbedingungen im Sozialwesen: Ihre Auswirkungen auf die Paradoxien des professionellen Handelns. In Arno Combe, & Werner Helsper (Hrsg.), *Pädagogische Professionalität.* Untersuchungen zum Typus pädagogischen Handelns (S. 183–275). Frankfurt a.M.: Suhrkamp.

Spiegel, Hiltrud von (2018). *Methodisches Handeln in der Sozialen Arbeit* (6., durchg. Aufl.). München: Ernst Reinhardt.

Spiegel, Hiltrud von (2011). *Methodisches Handeln in der Sozialen Arbeit* (4. Aufl.). München: Ernst Reinhardt.

Spiegel, Hiltrud von (2005). Methodisches Handeln und professionelle Handlungskompetenz im Spannungsfeld von Fallarbeit und Management. In Werner Thole (Hrsg.), *Grundriss Soziale Arbeit.* Ein einführendes Handbuch (S. 589–602). Wiesbaden: VS Verlag für Sozialwissenschaften.

Staub-Bernasconi, Silvia (2018). *Soziale Arbeit als Handlungswissenschaft*. Soziale Arbeit auf dem Weg zu kritischer Professionalität (2., vollst. überarb. u. akt. Aufl.). Opladen/Toronto: Barbara Budrich/UTB.

Steinbacher, Elke (2011). Die Bedeutung der Qualifizierung von Fachkräften in der Jugendhilfe. In Björn Hagen, & Evangelischer Erziehungsverband e.V. (EREV) (Hrsg.), *Professionalität trotz(t) Krise*. Beiträge zur EREV-Bundesfachtagung vom 10. bis 12. Mai in Berlin (Jg. 52 (2), S. 21–32). Hannover: Schöneworth.

Steinbacher, Elke (2004). *Bürgerschaftliches Engagement in Wohlfahrtsverbänden*. Professionelle und organisationale Herausforderungen der Sozialen Arbeit. Wiesbaden: Deutscher Universitätsverlag.

Steinle, Claus (2007). Führungstheorien. In Richard Köhler, Hans-Ulrich Küpper, & Andreas Pfingsten (Hrsg.), *Handwörterbuch der Betriebswirtschaft* (6., vollst. neu gest. Aufl., Sp. 570–582). Stuttgart: Schäffer-Poeschel.

Thiersch, Hans (2020). *Lebensweltorientierte Soziale Arbeit – revisited*. Grundlagen und Perspektiven. Weinheim/Basel: Beltz Juventa.

Treptow, Rainer (2018). Handlungskompetenz. In Hans-Uwe Otto, Hans Thiersch, Rainer Treptow, & Holger Ziegler (Hrsg.), *Handbuch Soziale Arbeit*. Grundlagen der Sozialarbeit und Sozialpädagogik (6., überarb. Aufl., S. 614–621). München: Ernst Reinhardt.

Völter, Bettina, Cornel, Heinz, Gahleitner, Silke Brigitta, & Voß, Stephan (Hrsg.) (2020). *Professionsverständnisse in der Sozialen Arbeit*. Weinheim/Basel: Beltz Juventa.

Weber, Wolfgang (2004). Managementkompetenzen und Qualifikation. In Georg Schreyögg, & Axel von Werder (Hrsg.), *Handwörterbuch der Unternehmensführung und Organisation* (4. völlig neu bearb. Aufl., Sp. 791–797). Stuttgart: Schäffer-Poeschel.

Weibler, Jürgen (2016). *Personalführung* (3., kompl. überarb. u. erw. Aufl.). München: Vahlen.

Weinert, Ansfried B. (1998). *Organisationspsychologie*. Ein Lehrbuch (4., vollst. überarb. u. erw. Aufl.). Weinheim: Beltz.

Weinert, Franz E. (2014). Vergleichende Leistungsmessung in Schulen – eine umstrittene Selbstverständlichkeit. In Franz E. Weinert (Hrsg.), *Leistungsmessungen in Schulen* (3., akt. Aufl., S. 17–31). Weinheim/Basel: Beltz.

Wohlfahrt, Norbert (2020). Soziale Dienstleistungsarbeit im Kapitalismus. In Hans-Uwe Otto (Hrsg.), *Soziale Arbeit im Kapitalismus*. Gesellschaftstheoretische Verortungen. Professionspolitische Positionen. Politische Herausforderungen (S. 182–194). Weinheim/Basel: Beltz Juventa.

Wunderer, Rolf (2009a). *Führung und Zusammenarbeit*. Eine unternehmerische Führungslehre (8., akt. u. erw. Aufl.). Köln: Luchterhand.

8 Ausblick: Management in und von sozialwirtschaftlichen Organisationen im Zeichen ‚Postheroischer Führung'

Zusammenfassung

Im folgenden Ausblick wird auf der Basis der Ausführungen der vorangegangenen Kapitel resümierend ein Führungsverständnis skizziert, welches für den Umgang mit und die Bewältigung von Herausforderungen des Managements sozialwirtschaftlicher Organisationen hilfreich sein kann, das ‚postheroische' Führungs- und Managementverständnis.

Im vorliegenden Band wurden vielfältige theoretische Begrifflichkeiten und Konzepte dargestellt und diskutiert, die für ein Management in und von sozialwirtschaftlichen Organisationen in der Praxis hilfreich sein können. Es ging um die Grundbegriffe Organisation, Management, Führung und Steuerung sowie den soziologischen Blick auf Organisationen der Sozialwirtschaft. Das Management sozialwirtschaftlicher Organisationen wurde im Diskurs zwischen Ökonomie und sozialpädagogischer Fachlichkeit sowie aus organisationssoziologischer und systemischer Perspektive diskutiert. Nach dem Exkurs zu Change Management folgten Ausführungen zu Grundfragen der Personalführung in sozialwirtschaftlichen Organisationen. Auf der Basis dieser Themen wurden Professionalität und Führungskompetenzen von Leitungskräften in sozialwirtschaftlichen Organisationen erörtert.

Die Begründung für diese Themenauswahl und für die theoriebezogenen Ausführungen, für diesen weiten Bogen, der gespannt wurde, liegt in meiner Überzeugung, dass gerade eine sorgfältige und differenzierte Auseinandersetzung mit theoretischen Konzepten für die Bewältigung der Praxis des Managements in sozialwirtschaftlichen Organisationen außerordentlich hilfreich sein kann.

© Springer Fachmedien Wiesbaden GmbH, ein Teil von Springer Nature 2022
K. Grunwald, *Management sozialwirtschaftlicher Organisationen*, Basiswissen Sozialwirtschaft und Sozialmanagement,
https://doi.org/10.1007/978-3-658-26340-9_8

Der durch Theorie geschärfte Blick ermöglicht es, die erlebten Phänomene des Führungsalltags mit einer gewissen Distanz zu betrachten, sie im Lichte unterschiedlicher theoretischer Konzepte zu deuten und auf diese Weise etwas reflektierter als Leitungskraft zu agieren – wohl wissend, dass häufig sehr rasches Agieren gefordert ist und funktionierende, erst einmal nicht zu hinterfragende Routinen das Überleben als Führungskraft oft erst ermöglichen. ‚Theorie' kann in aller Regel keine sinnvollen Aussagen treffen, was in den konkreten Situationen des praktischen Führungsalltags nun ‚richtig' oder ‚zu tun' sei. Aber sie kann Deutungen von Situationen, Zielen und Erlebnissen sowie Möglichkeiten zu derer Kontextualisierung anbieten. Sie kann Führungskräfte und Personen, die eine Leitungsfunktion anstreben, mit unterschiedlichen ‚Brillen' und wissenschaftlichen Perspektiven unterstützen, mit denen Situationen in spezifischer Weise gesehen und angegangen werden können.

Auf dieser Basis ist es Aufgabe von Führungskräften zu handeln – und das ohne die Gewissheit zu haben, dass dieses Handeln zum ‚Erfolg' führt. Der ‚Erfolg' von Leitungshandeln ist eine Definitionsfrage, die je nach Ausgangspunkt unterschiedlich gestellt und beantwortet wird. Aber selbst der ‚Erfolg' gemessen an meinen Zielen als Leitungsperson stellt sich nicht immer und häufig nur partiell ein. Gleichwohl muss ich als Führungskraft, egal auf welcher (Hierarchie-)Ebene ich mich befinde, permanent handeln, mich verhalten und positionieren. Dies ist eine stete, sich immer wieder neu stellende Herausforderung für alle, die in Organisationen der Sozialwirtschaft Leitungsverantwortung übernehmen. Das Handeln von Führungskräften ist dabei nicht damit zu verwechseln, einsame Entscheidungen zu treffen. Vielmehr geht es darum, sich dafür einzusetzen, dass überhaupt „informierte, verantwortbare und tragfähige Entscheidungen getroffen werden" und damit an einer Verbesserung der „gemeinschaftlichen Arbeits- und Entscheidungsfähigkeit" der gesamten Organisation gearbeitet wird (Rüegg-Stürm 2018, S. 9).

Anknüpfend an die Konzepte des Entwicklungsorientierten Managements (siehe Abschn. 4.4) und des Dilemmatamanagements (siehe Abschn. 4.5) und an den in ihnen implizierten systemischen Organisations- und Managementgedanken soll am Ende dieses Buches zusammenfassend ein Führungsverständnis skizziert werden, das für die Bewältigung der vielfältigen Herausforderungen des Managements in und von sozialwirtschaftlichen Organisationen hilfreich sein kann, das ‚postheroische' Führungs- und Managementverständnis.[1]

---

[1] Im Folgenden werden Ausführungen aus Grunwald 2018a verwendet.

8 Ausblick: Management in und von sozialwirtschaftlichen …

Leitungskräfte in sozialwirtschaftlichen Organisationen sind gut beraten, sich nicht von einem ‚heroischen Führungsideal' leiten zu lassen, welches der Komplexität der vielfältigen Herausforderungen für Organisationen der Sozialen Arbeit und der Sozialwirtschaft mit all den zu bewältigenden Dilemmata und Paradoxien keinesfalls gerecht werden kann (vgl. Backhausen und Thommen 2007; Baecker 1994).

Die Frage, welche Zuschreibungen mit ‚heroischer Führung' verbunden werden können, wird von Miebach in der freien Übersetzung eines Textes von Burns, einem Vertreter des Konzepts der transformationalen Führung, folgendermaßen beantwortet: „Vertrauen in die Führungskraft allein aufgrund ihrer Persönlichkeit, unabhängig von ihren getesteten Fähigkeiten, Erfahrung oder fachlicher Kompetenz (…), Bereitschaft, der Führungskraft die Macht zur Bewältigung von Krisen einzuräumen; massenhafte direkte Unterstützung solcher Führungskräfte – durch Abstimmungen, Applaus, Briefe, Händeschütteln – anstelle von Zwischeninstanzen oder Institutionen" (Miebach 2017, S. 207; vgl. auch zum „Heldenprinzip" als „archetypisches Szenario für Wachstum und Wandel Trobisch und Denisow 2012).

Erfolgreiches Management in sozialwirtschaftlichen Einrichtungen zeichnet sich gerade durch das Wahr- und Ernstnehmen von und die ausdauernde Arbeit an Paradoxien und Dilemmata sowie den Verzicht auf schnelle ‚Lösungen' aus, wie in diesem Buch verschiedentlich betont wurde (siehe u. a. Abschn. 4.5). Leitungskräfte in der Sozialwirtschaft müssen für diese Herausforderung gleichermaßen im Beruf wie berufsbegleitend sensibilisiert und qualifiziert werden. Dabei sollten die strukturellen Rahmungen, die bei der Bearbeitung von Dilemmata und Paradoxien immer eine Rolle spielen, weder überbetont (die Führungskraft als ‚Opfer' struktureller ‚Zwänge') noch übergangen werden (die Führungskraft als ‚Held', der unbeeinflusst durch jegliche strukturellen Rahmenbedingungen und grundsätzlich ‚erfolgreich' agiert).

Genau dies meint der Begriff des „postheroischen Managements" bzw. der „postheroischen Führung", wie er insbesondere von Baecker (ursprünglich 1994, weitergeführt 2007 und 2011) geprägt und von Simon (vgl. 2007b) ausdifferenziert worden ist. Ersterer versteht „postheroisches Management" als „die Fähigkeit, Irritationen in Ordnungen und Verfahren umzusetzen, die für weitere Irritationen empfänglich und empfindlich bleiben", sowie als „die Fähigkeit, mit Ungewissheit auf eine Art und Weise umzugehen, die diese bearbeitbar macht, ohne das Ergebnis mit Gewissheit zu verwechseln" (Baecker 1994, S. 9; vgl. auch Böhle und Busch 2012a, b). Insofern bedarf es „einer balancierenden Haltung, bei der Bescheidenheit hinsichtlich der Steuerungserwartungen sich produktiv verbindet mit der Bereitschaft zur aktiven Gestaltung über reflektierte Leitungsimpulse, die in die Organisation eingebracht werden" (Merchel 2015b, S. 291).

Postheroisches Management – so Simon – beinhaltet darüber hinaus u. a., keine einsamen Entscheidungen zu treffen, ohne auf die Ressourcen der Organisation zurückzugreifen, sondern stattdessen „das Wissen und die Erfahrung von Mitarbeitern der unterschiedlichen Hierarchieebenen zu nutzen" und „den Widerspruch zur eigenen Meinung einzufordern" (2007b, S. 86 f.). Alle Personen mit Managementverantwortung – unabhängig davon, wie sich in ihrer Stelle konkret sozialpädagogische Fachlichkeit und Leitungskompetenz schneiden, unabhängig davon, ob sie eine ‚Leitungs-‘ oder eine ‚Fachkraftstelle‘ oder eine Mischung aus beiden innehaben – sollten wissen, dass

- sie *nicht* die Aufgabe haben, „im Sinne einer Entweder-oder-Logik, sondern zwischen *verschiedenen* rationalen Optionen zu entscheiden" – nichts anderes bedeutet Ambiguitätstoleranz;
- sie „sich *nicht* von kontextfreien, vermeintlich absolut gültigen Prinzipien oder Kategorien" leiten lassen sollten, sondern immer von „der *Funktion* und *Funktionalität*, dessen, was zur Wahl steht", und
- sie schließlich „*Unentscheidbarkeit* als einen Normalfall" ansehen und dennoch in der Lage sein sollten, dafür zu sorgen, dass – auf welchem Wege auch immer – Entscheidungen getroffen werden (Simon 2007b, S. 86 f., Hervorhebungen im Original; vgl. Wüthrich 2016).

Postheroisches Management lässt sich so als ‚professionelle Haltung‘ beschreiben, die vielfältigen Dilemmata und Paradoxien bewusst wahrzunehmen und genauso reflektiert wie ausdauernd zu bearbeiten, ohne sich von ihnen paralysieren zu lassen und handlungsunfähig zu werden oder sich falschen Hoffnungen auf eine (noch dazu schnelle und umfassende) ‚Lösung‘ derselben hinzugeben.

Angesichts der ‚neuen Unübersichtlichkeit‘ bezüglich der Erbringung sozialer Dienst- und Unterstützungsleistungen im Kontext von Welfare-Mix und Governance, die sich für Organisationen der Sozialwirtschaft zeigt (vgl. Grunwald und Roß 2014, 2017, 2018), stehen diese vor der Notwendigkeit, dass ihre ‚Steuerung‘ unterschiedliche ‚Logiken‘ und ‚Rationalitäten‘ in einem ‚multirationalen Management‘ aufnehmen und produktiv verarbeiten kann (vgl. Schedler und Rüegg-Stürm 2013a; Rüegg-Stürm und Grand 2020; siehe Abschn. 4.1.2).

Postheroisches Management stellt ein Führungsverständnis dar, das es Führungskräften ermöglicht, mit den sozialen, demografischen, ökologischen, ökonomischen und technologischen Herausforderungen (vgl. Rüegg-Stürm 2018,

S. 9) für sozialwirtschaftliche Organisationen produktiv umzugehen und um die Verbesserung der Entscheidungs- und Handlungsfähigkeit von sozialwissenschaftlichen Organisationen zu ringen. Die Ausführungen dieses Buches sollten dazu dienen, auf fundierte Theoriekenntnisse zurückgreifen zu können, die für eine Auseinandersetzung mit und die kontinuierliche Arbeit an dem eigenen Führungsverständnis hilfreich sein können. Dabei wünsche ich allen Lesenden, allen Führungskräften und an Führung Interessierten in Sozialwirtschaft und Sozialer Arbeit guten Erfolg!

Literatur

Literaturtipps zur Vertiefung

Backhausen, Wilhelm J., & Thommen, Jean-Paul (2007). *Irrgarten des Managements.* Ein systemischer Reisebegleiter zu einem Management 2. Ordnung. Zürich: Versus.
Simon, Fritz B. (2007b). Paradoxiemanagement oder: Genie und Wahnsinn der Organisation. *Revue für postheroisches Management*, 1 (1), S. 68-87.

Verwendete Literatur

Backhausen, Wilhelm J., & Thommen, Jean-Paul (2007). *Irrgarten des Managements.* Ein systemischer Reisebegleiter zu einem Management 2. Ordnung. Zürich: Versus.
Baecker, Dirk (2011). Postheroische Führung. In Dirk Baecker, *Organisation und Störung.* Aufsätze (S. 269–288). Berlin: Suhrkamp.
Baecker, Dirk (2007). Postheroisches Management 2.0. *Revue für postheroisches Management*, 1 (1), S. 121–123.
Baecker, Dirk (1994). *Postheroisches Management.* Ein Vademecum. Berlin: Merve.
Böhle, Fritz, & Busch, Sigrid (Hrsg.) (2012a). *Management von Ungewissheit.* Neue Ansätze jenseits von Kontrolle und Ohnmacht. Bielefeld: transcript.
Böhle, Fritz, & Busch, Sigrid (2012b). Von der Beseitigung und Ohnmacht zur Bewältigung und Nutzung. In Fritz Böhle, & Sigrid Busch (Hrsg.), *Management von Ungewissheit.* Neue Ansätze jenseits von Kontrolle und Ohnmacht (S. 13–34). Bielefeld: transcript.
Grunwald, Klaus, & Roß, Paul-Stefan (2018). „Governance in der Sozialen Arbeit" – Dilemmatamanagement als Ansatz des Managements hybrider Organisationen. In Ludger Kolhoff, & Klaus Grunwald (Hrsg.), *Aktuelle Diskurse der Sozialwirtschaft I* (S. 165-181). Wiesbaden: Springer VS.
Grunwald, Klaus, & Roß, Paul-Stefan (2017). Sozialmanagement als Steuerung hybrider sozialwirtschaftlicher Organisationen. In Armin, Wöhrle, Agnès Fritze, Thomas Prinz, & Gotthart Schwarz (Hrsg.), *Sozialmanagement – eine Zwischenbilanz* (S. 171-184). Wiesbaden: Springer VS.

Grunwald, Klaus, & Roß, Paul-Stefan (2014). „Governance Sozialer Arbeit". Versuch einer theoriebasierten Handlungsorientierung für die Sozialwirtschaft. In Andrea Tabatt-Hirschfeldt (Hrsg.), *Öffentliche und Soziale Steuerung – Public Management und Sozialmanagement im Diskurs* (S. 17–64). Baden-Baden: Nomos.

Merchel, Joachim (2015b). *Management in Organisationen der Sozialen Arbeit.* Eine Einführung. Weinheim: Beltz Juventa.

Miebach, Bernhard (2017). *Handbuch Human Resource Management.* Das Individuum und seine Potentiale für die Organisation. Wiesbaden: Springer.

Rüegg-Stürm, Johannes (2018). Geleitwort. In Hendrik Höver, *Wirksam Entscheiden.* Handbuch für Führungskräfte in der Sozialwirtschaft (S. 9). Stuttgart: Kohlhammer.

Rüegg-Stürm, Johannes, & Grand, Simon (2017). *Das St. Galler Management-Modell* (3., überarb. u. weiterentw. Aufl.). Bern: Haupt.

Rüegg-Stürm, Johannes, & Grand, Simon (2020). *Das St. Galler Management-Modell. Management in einer komplexen Welt* (2., überarb. Aufl.). Bern: Haupt/UTB.

Schedler, Kuno, & Rüegg-Stürm, Johannes (2013a). Rationalität – Begriff, Bildung und Wirkung. In Kuno Schedler, & Johannes Rüegg-Stürm (Hrsg.), *Multirationales Management.* Der erfolgreiche Umgang mit widersprüchlichen Anforderungen an die Organisation (S. 33–60). Bern: Haupt.

Simon, Fritz B. (2007b). Paradoxiemanagement oder: Genie und Wahnsinn der Organisation. *Revue für postheroisches Management*, 1 (1), S. 68-87.

Trobisch, Nina, & Denisow, Karin (2012). Das Heldenprinzip. Archetypisches Szenario für Wachstum und Wandel. In Fritz Böhle, & Sigrid Busch (Hrsg.), *Management von Ungewissheit.* Neue Ansätze jenseits von Kontrolle und Ohnmacht (S. 359–378). Bielefeld: transcript.

Wüthrich, Hans A. (2016). Resilienzzentrierte Führung. In Olaf Geramanis, & Kristina Hermann (Hrsg.), *Führen in ungewissen Zeiten.* Impulse, Konzepte und Praxisbeispiele (S. 17–31). Wiesbaden: Springer VS.

Literatur

Abegglen, Christian, & Bleicher, Knut (2021). *Das Konzept integriertes Management*. Visionen – Missionen – Programme (10., akt. u. erw. Aufl.). Frankfurt a. M./New York: Campus.
Alemann, Annette von, Riegraf, Birgit, & Weber, Lena (2020). Komplexe Ungleichheitslagen in Organisationen. Empirische Beispiele aus dem Themenfeld Gleichstellungs- und Vereinbarkeitspolitiken. In Martin Seeliger & Julia Gruhlich (Hrsg.), *Intersektionalität, Arbeit und Organisation* (S. 84–98). Weinheim/Basel: Beltz Juventa.
Apelt, Maja, & Tacke, Veronika (Hrsg.) (2012). *Handbuch Organisationstypen*, Wiesbaden: Springer VS.
Argyris, Chris, & Schön, Donald A. (1978). *Organizational Learning. A Theory of Action Perspective*. Reading, Mass: Addison-Wesley.
Arnold, Nadine/Hasse, Raimund/Mormann, Hannah (2021). Organisationsgesellschaft neu gedacht: Vom Archetyp zu neuen Formen der Organisation. *Kölner Zeitschrift für Soziologie und Sozialpsychologie*, Köln Z Soziol (73) (S. 339–360), https://doi.org/10.1007/s11577-021-00795-3.
Arnold, Rolf (2021). *Agile Führung aus Geschichten lernen*. Heidelberg: Carl-Auer.
Bachert, Robert (2017). *Diakonischer Corporate Governance Kodex*. Ein wertebasiertes Führungsinstrument in unternehmensethischer Reflexion. Leipzig: Evangelische Verlagsanstalt.
Bachert, Robert, Eischer, Sandra, & Speckert, Manfred (Hrsg.) (2014). *Risikomanagement im gemeinnützigen Bereich*. Grundlagen und Perspektiven. Freiburg i.Br.: Lambertus.
Backhausen, Wilhelm J. (2009). *Management 2. Ordnung*. Wiesbaden: Gabler.
Backhausen, Wilhelm J., & Thommen, Jean-Paul (2017). *Coaching*. Durch systemisches Denken zu innovativer Personalentwicklung (4., akt. Aufl.). Wiesbaden: Springer Gabler.
Backhausen, Wilhelm J., & Thommen, Jean-Paul (2007). *Irrgarten des Managements*. Ein systemischer Reisebegleiter zu einem Management 2. Ordnung. Zürich: Versus.
Baecker, Dirk (2011). Postheroische Führung. In Dirk Baecker, *Organisation und Störung*. Aufsätze (S. 269–288). Berlin: Suhrkamp.
Baecker, Dirk (2007). Postheroisches Management 2.0. *Revue für postheroisches Management*, 1 (1), S. 121–123.
Baecker, Dirk (1994). *Postheroisches Management*. Ein Vademecum. Berlin: Merve.
Ballreich, Rudi (Hrsg.) (2020). *Systemische Perspektiven*. Die Pioniere der systemischen Beratung im Gespräch. Stuttgart: Concadora.

Bardmann, Theodor M., & Groth, Torsten (Hrsg.) (2001). *Zirkuläre Positionen 3. Organisation*. Management und Beratung. Wiesbaden: VS Verlag für Sozialwissenschaften.

Bartosch, Ulrich, Maile, Anita, & Speth, Christine (2007). Der Qualifikationsrahmen für Soziale Arbeit (QRSArb 4.0). In Peter Buttner (Hrsg.), *Das Studium des Sozialen*. Aktuelle Entwicklungen in Hochschule und sozialen Berufen (S. 215–220). Freiburg i.Br.: Lambertus.

Bassarak, Herbert, & Noll, Sebastian (Hrsg.) (2012). *Personal im Sozialmanagement*. Neueste Entwicklungen in Forschung, Lehre und Praxis. Wiesbaden: Springer VS.

Bateson, Gregory (1981). Sozialplanung und der Begriff des Deutero-Lernens. In Gregory Bateson (Hrsg.), *Ökologie des Geistes* (S. 219–240). Frankfurt a. M.: Suhrkamp.

Batz, Michael (2021). *Nachhaltigkeit in der Sozialwirtschaft*. Eine Einführung. Wiesbaden: Springer VS.

Baumann-Habersack, Frank H. (2021). *Mit transformativer Autorität in Führung*. Die Führungshaltung für das 21. Jahrhundert (3., akt. u. überarb. Aufl.). Wiesbaden: Springer Gabler.

Bea, Franz Xaver, & Göbel, Elisabeth (2019). *Organisation*. Theorie und Gestaltung (5. vollst. überarb. Aufl.). Stuttgart: UVK/UTB.

Beck, Reinhilde (2012). Leitkonzepte für die Gestaltung und Steuerung von Change-Prozessen und erfolgskritische Veränderungsprinzipien mit Blick auf ihre Anschlussfähigkeit und Relevanz für den Sozialbereich. In Armin Wöhrle (Hrsg.), *Auf der Suche nach Sozialmanagementkonzepten und Managementkonzepten für und in der Sozialwirtschaft*. Eine Bestandsaufnahme zum Stand der Diskussion und Forschung in drei Bänden. (Bd 3, S. 126–163). Augsburg: Ziel 2012.

Becke, Guido (2020). Führung von unten. Problemanzeigen und ressourcenorientierte Gestaltungsansätze. *Supervision,* 38 (2), S. 3–7.

Becker, Horst, & Langosch, Ingo (2002). *Produktivität und Menschlichkeit*. Organisationsentwicklung und ihre Anwendung in der Praxis (5., neu bearb. u. erw. Aufl.). Stuttgart: Lucius & Lucius.

Beckmann, Christof, Otto, Hans-Uwe, & Schrödter, Mark (2009). Management der Profession: Zwischen Herrschaft und Koordination. In Klaus Grunwald (Hrsg.), *Vom Sozialmanagement zum Management des Sozialen?* Eine Bestandsaufnahme (S. 15–41). Baltmannsweiler: Schneider Hohengehren.

Berner, Winfried (2015). *Change!* 20 Fallstudien zu Sanierung, Turnaround, Prozessoptimierung, Reorganisation und Kulturveränderung (2., akt. u. erw. Aufl.). Stuttgart: Schäffer-Poeschel.

Birgmeier, Bernd (2021): „VUCA"? – ein sozialpädagogisch inspirierter Kommentar. In: Surzykiewicz, Janusz/Birgmeiner, Bernd/Hofmann, Mathias/Rieger, Susanne (Hrsg.), *Supervision und Coaching in der VUCA-Welt*. (S. 191–204). Wiesbaden: Springer Fachmedien.

Birkigt, Klaus, Stadler, Marinus M., & Funck, Hans Joachim (2002). *Corporate Identity*. Grundlagen, Funktionen, Fallbeispiele (11. akt. u. überarb. Aufl.). München: Redline Wirtschaft bei Verl. Moderne Industrie.

Bleicher, Knut (2011). *Das Konzept integriertes Management*. Visionen – Missionen – Programme (8., überarb. u. erw. Aufl.). Frankfurt a. M./New York: Campus.

Blessin, Bernd, & Wick, Alexander (2014). *Führen und führen lassen.* Ansätze, Ergebnisse und Kritik der Führungsforschung (7., vollst. überarb. Aufl.). Konstanz/München: UVK/Lucius/UTB.

Blickle, Gerhard (2004). Menschenbilder. In Georg Schreyögg, & Axel von Werder (Hrsg.), *Handwörterbuch der Unternehmensführung und Organisation* (4. völlig neu bearb. Aufl., Sp. 836–843). Stuttgart: Schäffer-Poeschel.

Blickle, Gerhard, & Nerdinger, Friedemann W. (2019). Ethik und kontraproduktive Prozesse in Organisationen. In Heinz Schuler, & Klaus Moser (Hrsg.), *Lehrbuch Organisationspsychologie* (6., überarb. Aufl., S. 639–662). Bern: Hogrefe.

Böhle, Fritz, & Busch, Sigrid (Hrsg.) (2012a). *Management von Ungewissheit.* Neue Ansätze jenseits von Kontrolle und Ohnmacht. Bielefeld: transcript.

Böhle, Fritz, & Busch, Sigrid (2012b). Von der Beseitigung und Ohnmacht zur Bewältigung und Nutzung. In Fritz Böhle, & Sigrid Busch (Hrsg.), *Management von Ungewissheit.* Neue Ansätze jenseits von Kontrolle und Ohnmacht (S. 13–34). Bielefeld: transcript.

Böhle, Fritz (2020). Selbstorganisation im Spannungsfeld von individueller Autonomie und übergreifender Ordnung. In: Porschen-Hueck, Stephanie/Jungtäubl, Marc/Weihrich, Margit (Hrsg.), *Agilität? Herausforderungen neuer Konzepte der Selbstorganisation* (S. 15–22). Augsburg/München: Rainer Hampp.

Böhnisch, Lothar, Schröer, Wolfgang, & Thiersch, Hans (2005). *Sozialpädagogisches Denken.* Wege zu einer Neubestimmung. Weinheim/München: Juventa.

Bogumil, Jörg, & Schmid, Josef (2001). *Politik in Organisationen.* Organisationstheoretische Ansätze und praxisbezogene Anwendungsbeispiele. Opladen: Leske & Budrich.

Bono, Maria Laura, & Prettenhofer, Anton (2017). Nachhaltiges Stakeholder-Management in Nonprofit-Organisationen. In Ludwig Theuvsen, Dorothea Greiling, René Andessner, & Markus Gmür (Hrsg.), *Nonprofit-Organsiationen und Nachhaltigkeit* (S. 61–70). Wiesbaden: Springer Gabler.

Boos, Frank, & Buzanich-Pöltl, Barbara (2020). *Moving Organizations.* Wie Sie sich durch agile Transformation krisenfest aufstellen. Stuttgart: Schäffer-Poeschel.

Bosetzky, Horst (2019). *Mikropolitik.* Netzwerke und Karrieren. Wiesbaden: Springer VS.

Braun, Christophe, & Krauß, Udo (2019). *Agile Power Guide.* Fokussiert, schnell und flexibel zum Erfolg. Düsseldorf: Handelsblatt Fachmedien.

Burla, Stephan (1989). *Rationales Management in Nonprofit-Organisationen.* Bern: Haupt.

Cohn, Ruth (2013). *Von der Psychoanalyse zur themenzentrierten Interaktion.* Von der Behandlung einzelner zu einer Pädagogik für alle (17. Aufl.). Stuttgart: Klett-Cotta.

Cohn, Ruth, & Farau, Alfred (2008). *Gelebte Geschichte der Psychotherapie.* Zwei Perspektiven (4. Aufl.). Stuttgart: Klett Cotta.

Comelli, Gerhard, Rosenstiel, Lutz von, & Nerdinger, Friedemann W. (2014). *Führung durch Motivation.* Mitarbeiter für Unternehmensziele gewinnen (5., überarb. Aufl.). München: Vahlen.

Cyert, Richrad M., & March, James G. (1995). *Eine verhaltenswissenschaftliche Theorie der Unternehmung.* Stuttgart: Schäffer-Poeschel.

Derndinger, Friedemann, & De Groot, Claas (2020). *Die Ambidextrische Organisation.* Erfolgsstrategien in der neuen Unternehmensrealität. Freiburg i.Br.: Haufe.

Dell, Christopher (2012). *Die improvisierende Organisation.* Management nach dem Ende der Planbarkeit. Bielefeld: transkript.

Dewe, Bernd, Ferchhoff, Wilfried, Scherr, Albert, & Stüwe, Gerd (1995). *Professionelles soziales Handeln*. Soziale Arbeit im Spannungsfeld zwischen Theorie und Praxis (2., überarb. Aufl.). Weinheim/München: Juventa.

Dewe, Bernd, & Otto, Hans-Uwe (2018a). Profession. In Hans-Uwe Otto, Hans Thiersch, Rainer Treptow, & Holger Ziegler (Hrsg.), Handbuch Soziale Arbeit. Grundlagen der Sozialarbeit und Sozialpädagogik (6., überarb. Aufl., S. 1191–1202). München: Ernst Reinhardt.

Dewe, Bernd, & Otto, Hans-Uwe (2018b). Professionalität. In Hans-Uwe Otto, Hans Thiersch, Rainer Treptow, & Holger Ziegler (Hrsg.), *Handbuch Soziale Arbeit*. Grundlagen der Sozialarbeit und Sozialpädagogik (6., überarb. Aufl., S. 1203–1213). München: Ernst Reinhardt.

Dewe, Bernd, & Otto, Hans-Uwe (2012). Reflexive Sozialpädagogik. Grundstrukturen eines neuen Typs dienst-leistungsorientierten Professionshandelns. In Werner Thole (Hrsg.), *Grundriss Soziale Arbeit*. Ein einführendes Handbuch (4. Aufl., S. 197–217). Wiesbaden: VS Verlag für Sozialwissenschaften.

Dieckbreder, Frank, & Haase, Bartolt (2021). *Management des Sozialen*. Inspiriert diakonisch handeln. Göttingen: Vandenhoeck & Ruprecht.

Dierker, Thomas (2021). *Der Sozialmanagement-Ansatz nach Albrecht Müller-Schöll*. Eine Wirkungsanalyse. Wiesbaden: Springer VS.

Doppler, Klaus, & Lauterburg, Christoph (2014). *Change Management*. Den Unternehmenswandel gestalten (13., akt. u. erw. Aufl.). Frankfurt a. M.: Campus.

Dreas, Susanne A. (2019). *Diversity Management in Organisationen der Sozialwirtschaft*. Eine Einführung. Wiesbaden: Springer VS.

Dubs, Rolf, Euler, Dieter, Rüegg-Stürm, Johannes, & Wyss, Christina E. (Hrsg.) (2009). *Einführung in die Managementlehre* (Bd. 1, 2. Aufl.). Bern: Haupt

Duncan, Robert, & Weiss, Andrew (1979). Organization Learning: Implications for Organizational Design. In Barry M. Staw, & Larry L. Cummings (Hrsg.), *Research in Organizational Behaviour* (Bd. 1, S. 75–123). Greenwich, CT: JAI Press.

Duwe, Julia (2020). *Beidhändige Führung*. Wie Sie als Führungskraft durch Ambidextrie Innovationssprünge ermöglichen (2. Aufl.). Wiesbaden: Springer Gabler.

Eberherr, Helga, & Bendl, Regine (2020). Interdependente Machtverhältnisse: Epistemologische Reflexionen zu Paradoxien intersektionaler Zugänge. In Martin Seeliger, & Julia Gruhlich (Hrsg.), *Intersektionalität, Arbeit und Organisation* (S. 20–35). Weinheim Basel: Beltz Juventa.

Eberl, Peter (2009). Die Idee des Entwicklungsorientierten Management. In Markus Gmür et al. (Hrsg.), *Entwicklungsorientiertes Management weitergedacht* (S. 5–10). Kassel: Univ. Press.

Eberl, Peter (1996). Entwicklungsorientiertes Management. Anregungen für die Gestaltung von Veränderungsprozessen in Wohlfahrtsverbänden. In Rainer Öhlschläger, & Hans-Martin Brüll (Hrsg.), *Unternehmen Barmherzigkeit*. Identität und Wandel sozialer Dienstleistung. Rahmenbedingungen – Perspektiven – Praxisbeispiele (S. 52–62). Baden-Baden: Nomos.

Echtler, Thomas (2015). Die Balance ist entscheidend. TZI als Managementmodell in der Sozialwirtschaft. *Themenzentrierte Interaktion*, 29 (1), S. 27–36.

Effinger, Herbert (2021). *Soziale Arbeit im Ungewissen*. Mit Selbstkompetenz aus Eindeutigkeitsfallen. Professionell erkennen, verantwortlich entscheiden und handeln. Weinheim/Basel: Beltz Juventa.

Elsik, Wolfgang (2004). Personalpolitisches Instrumentarium. In Eduard Gaugler, Walter A. Oechsler, & Wolfgang Weber (Hrsg.), *Handwörterbuch des Personalwesens* (3. überarb. u. erg. Aufl., Sp. 1630–1640). Stuttgart: Schäffer-Poeschel.

Eppler, Martin J. (2015). VUCA-Vokabular. *Organisationsentwicklung*, 34 (4), S. 54–55.

Erpenbeck, John (2012a). Was sind Kompetenzen? In Werner G. Faix (Hrsg.), *Kompetenz*. Festschrift Prof. Dr. John Erpenbeck zum 70. Geburtstag (Bd. 4, S. 1–57). Stuttgart: Steinbeis-Edition.

Erpenbeck, John (2012b). Führungskompetenz. In Werner G. Faix (Hrsg.), *Kompetenz*. Festschrift Prof. Dr. John Erpenbeck zum 70. Geburtstag (Bd. 4, S. 109–140) Stuttgart: Steinbeis-Edition.

Erpenbeck, John, & Heyse, Volker (2007). *Die Kompetenzbiographie*. Wege der Kompetenzentwicklung, Münster/München/Berlin: Waxmann.

Evers, Albert (1999). Neue Leitbilder für Dienste im Gesundheits- und Sozialbereich. In Birgit Jansen, Fred Karl, Hartmut Radebold, & Reinhard Schmitz-Scherzer (Hrsg.), *Soziale Gerontologie*. Ein Handbuch für Lehre und Praxis (S. 569–578). Weinheim/Basel: Beltz.

Exner, Alexander, Exner, Hella, & Hochreiter, Gerhard (2009). *Selbststeuerung von Unternehmen*. Ein Handbuch für Manager und Führungskräfte. Frankfurt a. M./New York: Campus.

Felfe, Jörg (2019). Organisationsdiagnose. In Heinz Schuler, & Klaus Moser (Hrsg.), *Lehrbuch Organisationspsychologie* (6., überarb. Aufl., S. 345–382). Bern: Hogrefe.

Feld, Timm C., & Seitter, Wolfgang (2017). *Organisieren*. Stuttgart: Kohlhammer.

Finis Siegler, Beate (2021). *Entwicklung einer Ökonomik Sozialer Arbeit aus der Retrospektive*. Wiesbaden: Springer VS.

Finis Siegler, Beate (2019). *Ökonomik Sozialer Arbeit* (3., überarb. u. erg. Aufl.). Freiburg i.Br.: Lambertus.

Flösser, Gaby, & Otto, Hans-Uwe (1992). Sozialmanagement oder Management des Sozialen? In Gaby Flösser, & Hans-Uwe Otto (Hrsg.), *Sozialmanagement oder Management des Sozialen?* (S. 7–18). Bielefeld: Böllert, KT.

Fritze, Agnès, Maelicke, Bernd, & Uebelhart, Beat (Hrsg.) (2011). *Management und Systementwicklung in der Sozialen Arbeit*. Baden-Baden: Nomos.

Fürstberger, Gunther, & Ineichen, Tanja (2016). *Commitment gewinnen als laterale Führungskraft*. München: Haufe.

Galuske, Michael (2013). *Methoden der Sozialen Arbeit*. Eine Einführung (10., von Karin Bock und Jessica Fernandez Martinez bearb. Aufl.). Weinheim: Beltz Juventa.

Gaugler, Eduard, Oechsler, Walter A., & Weber, Wolfgang (Hrsg.) (2004). *Handwörterbuch des Personalwesens* (Bd. 5, 3. überarb. u. Ergänzte Aufl.). Stuttgart: Schäffer-Poeschel.

Gebauer, Annette (2017). *Kollektive Achtsamkeit organisieren*. Strategien und Werkzeuge für eine proaktive Risikokultur. Stuttgart: Schäffer-Poeschel.

Gebert, Diether (2004a). Dilemma-Management. In Georg Schreyögg, & Axel von Werder (Hrsg.), *Handwörterbuch der Unternehmensführung und Organisation* (4. völlig neu bearb. Aufl., Sp. 195–204). Stuttgart: Schäffer-Poeschel.

Gebert, Diether (2004b). *Innovation durch Teamarbeit*. Eine kritische Bestandsaufnahme. Stuttgart: Kohlhammer.

Gebert, Diether (2004c). Organisationsentwicklung. In Heinz Schuler (Hrsg.), *Lehrbuch Organisationspsychologie* (3., vollst. überarb. u. erw. Aufl., S. 601–616). Bern: Haupt.
Gebert, Diether (2002). *Führung und Innovation*. Stuttgart: Kohlhammer.
Gebert, Diether, & Boerner, Sabine (1995). *Manager im Dilemma*. Abschied von der offenen Gesellschaft? Frankfurt: Campus.
Geiger, Daniel, & Koch, Jochen (2008). Von der individuellen Routine zur organisationalen Praktik. Ein neues Paradigma für die Organisationsforschung? *Schmalenbachs Zeitschrift für betriebswirtschaftliche Forschung*, 60 (7), S. 693–712.
Geramanis, Olaf, & Hutmacher, Stefan (Hrsg.) (2020). *Der Mensch in der Selbstorganisation*. Kooperationskonzepte für eine dynamische Arbeitswelt. Wiesbaden: Springer Gabler.
Geramanis, Olaf, & Hermann, Kristina (Hrsg.) (2016). *Führen in ungewissen Zeiten*. Impulse, Konzepte und Praxisbeispiele. Wiesbaden: Springer VS.
Gergs, Hans-Joachim, & Lakeit, Arne (2020). *Agilität braucht Stabilität*. Stuttgart: Schäffer-Poeschel.
Gesmann, Stefan, & Merchel, Joachim (2019). *Systemisches Management in Organisationen der Sozialen Arbeit*. Handbuch für Studium und Praxis. Heidelberg: Carl Auer.
Ghadiri, Argang, & Peters, Theo (2014). Neuroleadership – Personalführung nach neurowissenschaftlichen Grundbedürfnissen. In Katrin Dobersalske, Norbert Seeger, & Holger Willing (Hrsg.), *Verantwortliches Wirtschaften*. Nachhaltigkeit in der Betriebswirtschaftslehre (S. 633–643). Baden-Baden: Nomos.
Gildemeister, Regine (1992). Neuere Aspekte der Professionalisierungsdebatte. Soziale Arbeit zwischen immanenten Kunstlehren des Fallverstehens und Strategien kollektiver Statusverbesserung. *Neue Praxis*, 22 (3), S. 207–219.
Gmür, Markus (2021). Die betriebswirtschaftliche NPO-Forschung zwischen Abgrenzung und Zuwendung zur allgemeinen Managementlehre. Eine diskursgeschichtliche Betrachtung. *Zeitschrift für Gemeinwirtschaft und Gemeinwohl*, 44 (1), S. 12–24.
Gmür, Markus (2009a). Entwicklungsorientiertes Personalmanagement: eine Zwischenbilanz. In Markus Gmür et al. (Hrsg.), *Entwicklungsorientiertes Management weitergedacht* (S. 53–60). Kassel: University Press.
Gmür, Markus et al. (Hrsg.) (2009b). *Entwicklungsorientiertes Management weitergedacht*. Zur Erinnerung an Prof. Dr. Rüdiger Klimecki. Kassel: University Press.
Göbel, Elisabeth (2021). *Neue Institutionenökonomik*. Grundlagen, Ansätze und Kritik. München: UVK/UTB.
Göbel, Elisabeth (2013). *Unternehmensethik*. Grundlagen und praktische Umsetzung (3., überarb. u. aktual. Aufl.). Stuttgart: UVK.
Göbel, Elisabeth (2004). Selbstorganisation. In Georg Schreyögg, & Axel von Werder (Hrsg.), *Handwörterbuch der Unternehmensführung und Organisation* (4. völlig neu bearb. Aufl., Sp. 1312–1318). Stuttgart: Schäffer-Poeschel.
Gomez, Peter, Lambertz, Mark, & Meynhardt, Timo (2019). *Verantwortungsvoll führen in einer komplexen Welt*. Denkmuster – Werkzeuge – Praxisbeispiele. Bern: Haupt.
Gomez, Peter, & Probst, Gilbert J. B. (1995). *Die Praxis des ganzheitlichen Problemlösens*. Vernetzt denken, Unternehmerisch handeln, persönlich überzeugen. Bern/Stuttgart/Wien: Haupt.
Graefe, Stefanie (2019). *Resilienz im Krisenkapitalismus*. Wider das Lob der Anpassungsfähigkeit. Bielefeld: transcript.

Grillitsch, Waltraud, & Sagmeister, Monika (2021). *Projektmanagement in Organisationen der Sozialwirtschaft*. Wiesbaden: Springer VS.

Grimmer, Bernhard (2016). Trauer und Depression – gelingende und misslingende Bewältigung von Veränderung im Management. In Eva-Maria Lewkowicz, & Beate West-Leuer (Hrsg.), *Führung und Gefühl. Mit Emotionen zu Authentizität und Führungserfolg* (S. 109–120). Wiesbaden: Springer VS.

Grossmann, Ralph, Bauer, Günther, & Scala, Klaus (2015). *Einführung in die systemische Organisationsentwicklung*. Heidelberg: Carl Auer.

Grote, Sven (Hrsg.) (2012). *Die Zukunft der Führung*. Berlin: Springer Gabler.

Groth, Torsten, Krejci, Gerhard P., & Günther, Stefan (Hrsg.) (2021a). *New Organizing. Wie Großorganisationen Agilität, Holacracy & Co. einführen – und was man daraus lernen kann*. Heidelberg: Carl-Auer.

Groth, Torsten, Krejci, Gerhard P., & Günther, Stefan (2021b). New Organizing. Empirie trifft Theorie. In Torsten Groth, Gerhard P. Krejci, & Stefan Günther (Hrsg.), *New Organizing. Wie Großorganisationen Agilität, Holacracy & Co. einführen – und was man daraus lernen kann* (S. 18–33). Heidelberg: Carl-Auer.

Groth, Torsten, Krejci, Gerhard P., & Günther, Stefan (2021c). Ein zweiter Blick auf New Organizing. In Torsten Groth, Gerhard P. Krejci, & Stefan Günther (Hrsg.), *New Organizing. Wie Großorganisationen Agilität, Holacracy & Co. einführen – und was man daraus lernen kann* (S. 322–333). Heidelberg: Carl-Auer.

Gruber, Alexander (2017). Kreuz und quer: Top-down-, Bottom-up- und laterale Führung in Organisationen. In Heiko Roehl, & Herbert Asselmeyer (Hrsg.), *Organisationen klug gestalten. Das Handbuch für Organisationsentwicklung und Change Management* (S. 219–224). Stuttgart: Schäffer-Poeschel.

Grunwald, Klaus (2022). Change Management in der Seniorenwirtschaft. In Elke Maria Reinhardt, & Klaus Grunwald (Hrsg.), *Seniorenwirtschaft* (im Erscheinen). Wiesbaden: Springer VS.

Grunwald, Klaus (2021a). Lebensweltorientierung. In Ralph-Christian Amthor, Brigitta Goldberg, Peter Hansbauer, Benjamin Landes, & Theresia Wintergerst (Hrsg.), *Wörterbuch Soziale Arbeit. Aufgaben, Praxisfelder, Begriffe und Methoden der Sozialarbeit und Sozialpädagogik* (S. 546–548). Weinheim/München: Beltz Juventa.

Grunwald, Klaus (2021b). Qualitätsmanagement in sozialwirtschaftlichen Organisationen – Spezifika und Herausforderungen. In Armin Wöhrle, Michael Boecker, Paul Brandl, Klaus Grunwald, Ludger Kolhoff, Sebastian Noll, Jochen Ribbeck, & Monika Sagmeister, *Qualitätsmanagement – Qualitätsentwicklung* (S. 47–62). Baden-Baden: Nomos.

Grunwald, Klaus (2021c). Vorwort. Zur Bedeutung des Konzepts „Sozialmanagement" von A. Müller-Schöll und M. Priebke. In Thomas Dierker, *Der Sozialmanagement-Ansatz nach Albrecht Müller-Schöll. Eine Wirkungsanalyse* (S. VII–XII). Wiesbaden: Springer VS.

Grunwald, Klaus (2019). Soziale Arbeit, ihre Selbstverortung und ihr Verhältnis zu Fragen der Steuerung sozialwirtschaftlicher Unternehmen. In Armin Wöhrle, Reinhilde Beck, Klaus Grunwald, Klaus Schellberg, Gotthardt Schwarz, & Wolf Rainer Wendt, *Grundlagen des Managements in der Sozialwirtschaft* (3. Aufl., S. 77–109). Baden-Baden: Nomos.

Grunwald, Klaus (2018a). Management sozialwirtschaftlicher Organisationen zwischen Steuerungsskepsis, Dilemmatamanagement und Postheroischer Führung. In Klaus Grunwald, & Andreas Langer (Hrsg.), *Sozialwirtschaft. Ein Handbuch für Wissenschaft und Praxis* (S. 369–390). Baden-Baden: Nomos.

Grunwald, Klaus (2018b). Organisationen aus sozialwissenschaftlicher Perspektive. In Klaus Grunwald, & Andreas Langer (Hrsg.), *Sozialwirtschaft. Ein Handbuch für Wissenschaft und Praxis* (S. 221–238). Baden-Baden: Nomos.

Grunwald, Klaus (2018c). Organisationsentwicklung/Change Management in und von sozialwirtschaftlichen Organisationen. In Klaus Grunwald, & Andreas Langer (Hrsg.), *Sozialwirtschaft. Ein Handbuch für Wissenschaft und Praxis* (S. 333–356). Baden-Baden: Nomos.

Grunwald, Klaus (2018d). Qualitätsmanagement in der Sozialwirtschaft. In Klaus Grunwald, & Andreas Langer (Hrsg.), *Sozialwirtschaft. Ein Handbuch für Wissenschaft und Praxis* (S. 617–635). Baden-Baden: Nomos.

Grunwald, Klaus (2018e). Sozialwirtschaft. In Hans-Uwe Otto, Hans Thiersch, Rainer Treptow, & Holger Ziegler (Hrsg.), *Handbuch Soziale Arbeit*. Grundlagen der Sozialarbeit und Sozialpädagogik (6., überarb. Aufl., S. 1633–1647). München: Ernst Reinhardt.

Grunwald, Klaus (2016). Management von und in Einrichtungen der Sozialen Arbeit aus der Perspektive des Konzepts Lebensweltorientierung. In Klaus Grunwald, & Hans Thiersch (Hrsg.), *Praxishandbuch Lebensweltorientierte Soziale Arbeit*. Handlungszusammenhänge und Methoden in unterschiedlichen Arbeitsfeldern (3., vollst. überarb. Aufl., S. 431–444). Weinheim: Beltz Juventa.

Grunwald, Klaus (2015a). Organisation und Organisationsgestaltung. In Hans-Uwe Otto, & Hans Thiersch (Hrsg.), *Handbuch Soziale Arbeit*. Grundlagen der Sozialarbeit und Sozialpädagogik (5., erw. Aufl., S. 1139–1150). München/Basel: Ernst Reinhardt.

Grunwald, Klaus (2015b). Postheroisches Management als Herausforderung für Fach- und Leitungskräfte aus der Perspektive einer Lebensweltorientierten Sozialen Arbeit. *Zeitschrift für Sozialpädagogik*, 13 (2), S. 178–185.

Grunwald, Klaus (2013a). Corporate Identity. In Klaus Grunwald, Georg Horcher, & Bernd Maelicke (Hrsg.), *Lexikon der Sozialwirtschaft* (2., akt. u. vollst. überarb. Aufl., S. 223–226). Baden-Baden: Nomos.

Grunwald, Klaus (2013b). Systemisches Management. In Klaus Grunwald, Georg Horcher, & Bernd Maelicke (Hrsg.), *Lexikon der Sozialwirtschaft* (2., akt. u. vollst. überarb. Aufl., S. 1012–1017). Baden-Baden: Nomos.

Grunwald, Klaus (2013c). Unternehmensphilosophie. In Klaus Grunwald, Georg Horcher, & Bernd Maelicke (Hrsg.), *Lexikon der Sozialwirtschaft* (2., akt. u. vollst. überarb. Aufl., S. 1065–1068). Baden-Baden: Nomos.

Grunwald, Klaus (2013d). Wissensmanagement. In Klaus Grunwald, Georg Horcher, & Bernd Maelicke (Hrsg.), *Lexikon der Sozialwirtschaft* (2., akt. u. vollst. überarb. Aufl., S. 1112–1115). Baden-Baden: Nomos.

Grunwald, Klaus (2012a). Dienstleistung. In *Enzyklopädie Erziehungswissenschaft Online*, Fachgebiet: Soziale Arbeit, hrsg. von Wolfgang Schröer und Cornelia Schweppe. Weinheim/Basel: Beltz Juventa.

Grunwald, Klaus (2012b). Entwicklungsorientiertes Management als Konzept für Organisationsgestaltung und Personalmanagement in Einrichtungen der Sozialwirtschaft. In

Armin Wöhrle (Hrsg.), *Auf der Suche nach Sozialmanagementkonzepten und Managementkonzepten für und in der Sozialwirtschaft* (Bd. 2, S. 188–204). Augsburg: Ziel.

Grunwald, Klaus (2012c). Zur Bewältigung von Dilemmata und Paradoxien als zentrale Qualifikation von Leitungskräften in der Sozialwirtschaft. In Herbert Bassarak, & Sebastian Noll (Hrsg.), *Personal im Sozialmanagement* (S. 55–79). Wiesbaden: Springer VS.

Grunwald, Klaus (2011). Zu Notwendigkeit und Spezifika eines sozialwirtschaftlichen Blicks in der Sozialen Arbeit. In Hans Thiersch, & Rainer Treptow (Hrsg.), *Zur Identität der Sozialen Arbeit* (Sonderheft 10, S. 171–173). Lahnstein: Neue Praxis.

Grunwald, Klaus (2009a). Einleitung. In Klaus Grunwald (Hrsg.), *Vom Sozialmanagement zum Management des Sozialen?* Eine Bestandsaufnahme (S. 1–14). Baltmannsweiler: Schneider Hohengehren.

Grunwald, Klaus (2009b). Zum Management von Einrichtungen der Sozialen Arbeit unter organisationssoziologischer Perspektive. In Klaus Grunwald (Hrsg.), *Vom Sozialmanagement zum Management des Sozialen?* Eine Bestandsaufnahme (S. 85–138). Baltmannsweiler: Schneider Hohengehren.

Grunwald, Klaus (2006). Management von Dilemmata und Paradoxien in Organisationen der Sozialen Arbeit. *Neue Praxis* 36 (2), S. 186–201.

Grunwald, Klaus (2005). Organisationsentwicklung und -beratung. In Hans-Uwe Otto, & Hans Thiersch (Hrsg.), *Handbuch Sozialarbeit/Sozialpädagogik* (3. Aufl., S. 1312–1329). München/Basel: Ernst Reinhardt.

Grunwald, Klaus (2002). Die Sachzielorientierung. In Helmut Becker (Hrsg.), *Das Sozialwirtschaftliche Sechseck* (S. 109–140). Freiburg i.Br.: Lambertus.

Grunwald, Klaus (2001). *Neugestaltung der freien Wohlfahrtspflege*. Management des organisationalen Wandels und die Ziele der Sozialen Arbeit. Weinheim/München: Juventa.

Grunwald, Klaus, Horcher, Georg, & Maelicke, Bernd (Hrsg.) (2013). *Lexikon der Sozialwirtschaft* (2., akt. u. vollst. überarb. Aufl.). Baden-Baden: Nomos.

Grunwald, Klaus, & Langer, Andreas (2018). Sozialwirtschaft – eine Einführung in das Handbuch. In Klaus Grunwald, & Andreas Langer (Hrsg.), *Sozialwirtschaft*. Handbuch für Wissenschaft und Praxis (S. 45–64). Baden-Baden: Nomos.

Grunwald, Klaus, & Maelicke, Bernd (2013). Sozialmanagement. In Klaus Grunwald, Georg Horcher, & Bernd Maelicke (Hrsg.), *Lexikon der Sozialwirtschaft* (2., akt. u. vollst. überarb. Aufl., S. 923–937). Baden-Baden: Nomos.

Grunwald, Klaus, & Otto, Ulrich (2008). Soziale Arbeit statt Sozialmanagement. In Bielefelder Arbeitsgruppe 8 (Hrsg.), *Soziale Arbeit in Gesellschaft* (S. 252–259). Wiesbaden: VS Verlag für Sozialwissenschaften.

Grunwald, Klaus, & Roß, Paul-Stefan (2018). „Governance in der Sozialen Arbeit" – Dilemmatamanagement als Ansatz des Managements hybrider Organisationen. In Ludger Kolhoff, & Klaus Grunwald (Hrsg.), *Aktuelle Diskurse der Sozialwirtschaft I* (S. 165–181). Wiesbaden: Springer VS.

Grunwald, Klaus, & Roß, Paul-Stefan (2017). Sozialmanagement als Steuerung hybrider sozialwirtschaftlicher Organisationen. In Armin, Wöhrle, Agnès Fritze, Thomas Prinz, & Gotthart Schwarz (Hrsg.), *Sozialmanagement – eine Zwischenbilanz* (S. 171–184). Wiesbaden: Springer VS.

Grunwald, Klaus, & Roß, Paul-Stefan (2014). „Governance Sozialer Arbeit". Versuch einer theoriebasierten Handlungsorientierung für die Sozialwirtschaft. In Andrea Tabatt-Hirschfeldt (Hrsg.), *Öffentliche und Soziale Steuerung – Public Management und Sozialmanagement im Diskurs* (S. 17–64). Baden-Baden: Nomos.

Grunwald, Klaus, & Steinbacher, Elke (2013). Kompetenz und Professionalität in der Sozialwirtschaft. In Dieter Kaufmann, & Kornelius Knapp (Hrsg.), *Demografischer Wandel in der Sozialwirtschaft*. Herausforderungen, Ansatzpunkte, Lösungsstrategien (S. 101–120). Stuttgart: Kohlhammer.

Grunwald, Klaus, & Steinbacher, Elke (2007). *Organisationsgestaltung und Personalführung in den Erziehungshilfen*. Grundlagen und Praxismethoden. Weinheim: Juventa.

Grunwald, Klaus, & Thiersch, Hans (2018). Lebensweltorientierung. In Gunther Graßhoff, Anna Renker, & Wolfgang Schröer (Hrsg.), *Soziale Arbeit*. Eine elementare Einführung (S. 303–315). Wiesbaden: Springer VS.

Grunwald, Klaus, & Thiersch, Hans (Hrsg.) (2016a). *Praxishandbuch Lebensweltorientierte Soziale Arbeit*. Handlungszusammenhänge und Methoden in unterschiedlichen Arbeitsfeldern (3., vollst. überarb. Aufl.). Weinheim/München: Beltz Juventa.

Grunwald, Klaus, & Thiersch, Hans (2016b). Lebensweltorientierung. In Klaus Grunwald, & Hans Thiersch (Hrsg.), *Praxishandbuch Lebensweltorientierte Soziale Arbeit*. Handlungszusammenhänge und Methoden in unterschiedlichen Arbeitsfeldern (3., vollst. überarb. Aufl., S. 24–64). Weinheim/München: Beltz Juventa.

Güttel, Wolfgang H., & Konlechner, Stefan W. (2019). Entwicklungskräfte in Organisationen: Exploration, Exploitation und Ambidexterity. In Wolfgang H. Güttel (Hrsg.), *Erfolgreich in turbulenten Zeiten*. Impulse für Leadership, Change Management und Ambidexterity (2. erw. Aufl., S. 242–268). Augsburg/München: Hampp.

Haas, Hanns-Stephan (2012). *Unternehmen für Menschen*. Diakonische Grundlegung und Praxisherausforderungen. Stuttgart: Kohlhammer.

Haas, Hanns-Stephan (2006). *Theologie und Ökonomie*. Ein Beitrag zu einem diakonierelevanten Diskurs. Gütersloh: Gütersloher Verlagshaus.

Halfar, Bernd (2009). Sozialwirtschaft als spezifische Dienstleistungsproduktion. *Nachrichtendienst des Deutschen Vereins für öffentliche und private Fürsorge e. V.*, 89, S. 479–483.

Hartkamp, Norbert (2016). „Damit Affekte zu Gefühl und Mitgefühl werden" – Führungskräfte als Change Manager. In Eva-Maria Lewkowicz, & Beate West-Leuer (Hrsg.), *Führung und Gefühl*. Mit Emotionen zu Authentizität und Führungserfolg (S. 139–151). Wiesbaden: Springer VS.

Hatfield, Sarah, & Winkler, Katrin (2020). Agiles Arbeiten und Führen. In Lutz von Rosenstiel, Erika Regnet, & Michel E. Domsch (Hrsg.), *Führung von Mitarbeitern*. Handbuch für erfolgreiches Personalmanagement (8., akt. u. überarb. Aufl., S. 747–760). Stuttgart: Schäffer-Poeschel.

Heiner, Maja (2012). Handlungskompetenz und Handlungstypen. Überlegungen zu den Grundlagen methodischen Handelns. In Werner Thole (Hrsg.), *Grundriss Soziale Arbeit* (4. Aufl., S. 611–624). Wiesbaden: VS Verlag für Sozialwissenschaften.

Heiner, Maja (2010). *Kompetent handeln in der Sozialen Arbeit*. München: Ernst Reinhardt.

Heller, Jutta (Hrsg.) (2019). *Resilienz für die VUCA-Welt*. Individuelle und organisationale Resilienz entwickeln. Wiesbaden: Springer.

Heller, Jutta, Elbe, Martin, & Linsenmann, Male (2012). Unternehmensresilienz. In Fritz Böhle, & Sigrid Busch (Hrsg.), *Management von Ungewissheit*. Neue Ansätze jenseits von Kontrolle und Ohnmacht (S. 213–232). Bielefeld: transcript.

Helmig, Bernd, & Boenigk, Silke (2020). *Nonprofit Management* (2., kompl. überarb. Aufl.). München: Vahlen.

Hentze, Joachim, Graf, Andrea, Kammel, Andreas, & Lindert, Klaus (2005). *Personalführungslehre*. Grundlagen, Funktionen und Modelle der Führung (4., neu bearb. Aufl.). Bern: Haupt.

Heyna, Phil, & Fittkau, Karl-Heinz (2021). *Transformationale Führung kompakt*. Genese, Theorie, Empirie, Kritik. Wiesbaden: Springer Gabler.

Hieronymi, Andreas, & Eppler, Martin J. (2015). Kleines Komplexitäts-ABC. *Organisationsentwicklung*, 34 (4), S. 21–32.

Höft, Stefan, & Schuler, Heinz (2019). Personalmarketing und Personalauswahl. In Heinz Schuler, Klaus Moser (Hrsg.), *Lehrbuch Organisationspsychologie* (6., überarb. Aufl., S. 47–108). Bern: Hogrefe.

Höver, Hendrik (2018). *Wirksam Entscheiden*. Handbuch für Führungskräfte in der Sozialwirtschaft. Stuttgart: Kohlhammer.

Höver, Hendrik (2015). *Entscheidungsfähigkeit in diakonischen Unternehmen*. Eine St. Galler Management-Studie. Berlin: LIT.

Hoffmann, Gregor Paul (2017). *Organisationale Resilienz*. Kernressource moderner Organisation. Wiesbaden: Springer VS.

Horak, Christian, & Speckbacher, Gerhard (2013). Ziele und Strategien. In Ruth Simsa, Michael Meyer, & Christoph Badelt (Hrsg.), *Handbuch der Nonprofit-Organisation*. Strukturen und Management (5., überarb. Aufl., S. 159–182). Stuttgart: Schäffer-Poeschel.

Jäger, Wieland, & Schimank, Uwe (Hrsg.) (2005). *Organisationsgesellschaft*. Facetten und Perspektiven. Wiesbaden: Springer VS.

Jantscher, Anna/Lauchart-Schmidl, Nicole (2021). *Being in Organizations*. Die Beziehung zwischen Mensch und Organisation lebendig gestalten. Stuttgart: Schäffer-Poeschel.

Jungtäubl, Marc/Porschen-Hueck, Stephanie/Weihrich, Margit (2020). Beyond Agile oder: Selbstorganisation in der formalisierten Arbeitswelt gestalten. In: Porschen-Hueck, Stephanie/Jungtäubl, Marc/Weihrich, Margit (Hrsg.), Agilität? Herausforderungen neuer Konzepte der Selbstorganisation (S. 233–253). Augsburg/München: Rainer Hampp.

Kaduk, Stefan, Osmetz, Dirk, & Rödel, Stefanie (2021). *Sprechblasen der Organisationskultur*. Ein Glossar. Weinheim/Basel: Beltz.

Kaduk, Stefan, & Osmetz, Dirk (2020a). *Corona X by Musterbrecher*. Lernen in der Krise und für danach. Hamburg: Murmann Publishers.

Kaduk, Stefan, & Osmetz, Dirk (2020b). *Musterbrecher*. Die Kunst, das Spiel zu drehen (kompl. überarb. Neuaufl.). Hamburg: Murmann Publishers.

Kaduk, Stefan, Osmetz, Dirk, & Wüthrich, Hans A. (2020). *Musterbrecher X*. Ein Prospekt für mutige Führung (3. Aufl.). Hamburg: Murmann Publishers.

Kalff, Yannick (2020). Management und die Kolonialität der Moderne. Intersektionale Blicke auf Managementwissen und seine Kritik. In Martin Seeliger, & Julia Gruhlich (Hrsg.), *Intersektionalität*. Arbeit und Organisation (S. 51–68). Weinheim Basel: Beltz Juventa.

Kauffeld, Simone/Ebner, Katharina (2019). Organisationsentwicklung. In Heinz Schuler, & Klaus Moser (Hrsg.), *Lehrbuch Organisationspsychologie* (6., überarb. Aufl., S. 383–426). Bern: Hogrefe.

Kels, Peter, & Kaudela-Baum, Stephanie (Hrsg.) (2019). *Experten führen*. Modelle, Ideen und Praktiken für die Organisations- und Führungsentwicklung. Wiesbaden: Springer Gabler.

Kessl, Fabian (2009). „Sozialmanagement oder Management des Sozialen" im Kontext postwohlfahrtsstaatlicher Transformation. Eine Vergewisserung, zwei Problematiken und die Perspektive einer Positioning Analysis. In Klaus Grunwald (Hrsg.), *Vom Sozialmanagement zum Management des Sozialen?* Eine Bestandsaufnahme (S. 42–61). Baltmannsweiler: Schneider Hohengehren.

Kessl, Fabian, & Reutlinger, Christian (Hrsg.) (2019). *Handbuch Sozialraum*. Grundlagen für den Bildungs- und Sozialbereich. Wiesbaden: Springer VS.

Kieser, Alfred, & Walgenbach, Peter (2010). *Organisation* (6. überarb. Aufl.). Stuttgart: Schäffer-Poeschel.

Kirchner, Christian (2004). Managerialismus. In Georg Schreyögg, & Axel von Werder (Hrsg.), *Handwörterbuch der Unternehmensführung und Organisation* (4. völlig neu bearb. Aufl., Sp. 805–813). Stuttgart: Schäffer-Poeschel.

Kirsch, Werner, Seidl, David, & Aaken, Dominik van (2010). *Evolutionäre Organisationstheorie*. Stuttgart: Schäffer-Poeschel.

Kirsch, Werner, & Seidl, David (2004). Steuerungstheorie. In Georg Schreyögg, & Axel von Werder (Hrsg.), *Handwörterbuch der Unternehmensführung und Organisation* (4. völlig neu bearb. Aufl., Sp. 1365–1374). Stuttgart: Schäffer-Poeschel.

Klatetzki, Thomas (2012). Professionelle Organisationen. In Maja Apelt, & Veronika Tacke (Hrsg.), *Handbuch Organisationstypen* (S. 165–184). Wiesbaden: Springer VS.

Klatetzki, Thomas (2005). Professionelle Arbeit und kollegiale Organisation. Eine symbolisch interpretative Perspektive. In Thomas Klatetzki, & Veronika Tacke (Hrsg.), *Organisation und Profession* (S. 253–283). Wiesbaden: VS Verlag für Sozialwissenschaften.

Klimecki, Rüdiger (2004). Motivationsorientierte Organisationsmodelle. In Georg Schreyögg, & Axel von Werder (Hrsg.), *Handwörterbuch der Unternehmensführung und Organisation* (4. völlig neu bearb. Aufl., Sp. 915–922). Stuttgart: Schäffer-Poeschel.

Klimecki, Rüdiger, & Gmür, Markus (2005). *Personalmanagement*. Strategien – Erfolgsbeiträge – Entwicklungsperspektiven (3. erw. Aufl.). Stuttgart: Lucius & Lucius.

Klimecki, Rüdiger, & Gmür, Markus (2004). Evolutionstheoretische Ansätze des Personalmanagements. In Eduard Gaugler, Walter A. Oechsler, & Wolfgang Weber (Hrsg.), *Handwörterbuch des Personalwesens* (3. überarb. u. erg. Aufl., Sp. 742–750). Stuttgart: Schäffer-Poeschel.

Klimecki, Rüdiger, Probst, Gilbert, & Eberl, Peter (1994). *Entwicklungsorientiertes Management*. Stuttgart: Schäffer-Poeschel.

Köhler, Richard, Küpper, Hans-Ulrich, & Pfingsten, Andreas (Hrsg.) (2007). *Handwörterbuch der Betriebswirtschaft* (6., vollst. neu gest. Aufl.). Stuttgart: Schäffer-Poeschel.

Köngeter, Stefan (2009). *Relationale Professionalität*. Eine empirische Studie zu Arbeitsbeziehungen mit Eltern in den Erziehungshilfen. Baltmannsweiler: WBV.

König, Eckard, & Volmer, Gerda (2014). *Handbuch Systemische Organisationsberatung*. Grundlagen und Methoden (2., kompl. überarb. Aufl.). Weinheim: Beltz.

Königswieser, Roswita, & Hillebrand, Martin (2015). *Einführung in die systemische Organisationsberatung* (8. Aufl.). Heidelberg: Carl Auer.

Königswieser, Roswita, Wimmer, Rudolf, & Simon, Fritz B. (2013). Back to the roots? Die neue Aktualität der („systemischen") Gruppendynamik. *Organisationsentwicklung*, 4 (1), S. 65-73.

Kolhoff, Ludger (2020). *Projektmanagement* (2., akt. u. erw. Aufl.). Baden-Baden: Nomos.

Kolhoff, Ludger (2018a). Personalmanagement und -führung. In Klaus Grunwald, & Andreas Langer (Hrsg.), *Sozialwirtschaft. Handbuch für Wissenschaft und Praxis* (S. 452–473). Baden-Baden: Nomos.

Kolhoff, Ludger (2018b). Sozialmanagement. In Klaus Grunwald, & Andreas Langer (Hrsg.), *Sozialwirtschaft. Handbuch für Wissenschaft und Praxis* (S. 391–407). Baden-Baden: Nomos.

Kolhoff, Ludger (2017). *Finanzierung der Sozialwirtschaft. Eine Einführung* (2., überarb. u. akt. Aufl.). Wiesbaden: Springer VS.

Konlechner, Stefan W., & Güttel, Wolfgang H. (2019). Kontinuierlicher Wandel durch Ambidexterity: Formen, Einsatzbedingungen und Lernen. In Wolfgang H. Güttel (Hrsg.), *Erfolgreich in turbulenten Zeiten. Impulse für Leadership, Change Management und Ambidexterity* (2. erw. Aufl., S. 269–286). Augsburg/München: Hampp.

Kopp, Botho von (2009). Steuerung. In Sabine Andresen, Rita Casale, Thomas Gabriel, Rebekka Horlacher, Sabina Larcher Klee, & Jürgen Oelkers (Hrsg.), *Handwörterbuch Erziehungswissenschaft* (S. 834–849). Weinheim/Basel: Beltz.

Krizanits, Joana (2013). *Einführung in die Methoden der systemischen Organisationsberatung*. Heidelberg: Carl Auer.

Krizanits, Joana (2009). *Die systemische Organisationsberatung – wie sie wurde was sie wird. Eine Einführung in das Professionsfeld*. Wien: Facultas.

Kühl, Stefan (2017). *Laterales Führen*. Eine kurze organisationstheoretisch informierte Handreichung. Wiesbaden: Springer VS.

Kühl, Stefan (2015a). *Das Regenmacher-Phänomen*. Widersprüche im Konzept der Lernenden Organisation (2., aktual Aufl.). Frankfurt: Campus.

Kühl, Stefan (2015b). *Sisyphos im Management*. Die vergebliche Suche nach der optimalen Organisationsstruktur (2., akt. Aufl.). Frankfurt a. M./New York: Campus.

Kühl, Stefan (2015c). *Wenn die Affen den Zoo regieren*. Die Tücken der flachen Hierarchien (6. akt. Aufl.). Frankfurt a. M./New York: Campus.

Kühl, Stefan (2015d). Wie demokratisch können Unternehmen sein? *Wirtschaft und Weiterbildung*, 28 (6), S. 18–24.

Kühl, Stefan (2011). *Organisationen*. Eine sehr kurze Einführung. Wiesbaden: Springer VS.

Kühl, Stefan (1997). Widerspruch und Widersinn bei der Umstellung auf dezentrale Organisationsformen. Überlegungen zu einem Paradigmawechsel in der Organisationsentwicklung. *Organisationsentwicklung*, 16 (4), S. 4–18.

Küpper, Hans-Ulrich (2011). *Unternehmensethik*. Hintergründe, Konzepte, Anwendungsbereiche (2., überarb. u. erw. Aufl.). Stuttgart: Schäffer-Poeschel.

Lange, Jessica (Hrsg.) (2021a). *Werteorientierte Führung in Theorie und Praxis*. Konzepte – Studienergebnisse – Praxiseinblicke. Berlin: Springer Gabler.

Lange, Jessica (2021b). Einführung in die werteorientierte Führung. In Jessica Lange (Hrsg.), *Werteorientierte Führung in Theorie und Praxis*. Konzepte – Studienergebnisse – Praxiseinblicke (S. 1–19). Berlin: Springer Gabler.

Langer, Andreas (2013). *Professionell managen*. Kompetenz, Wissen und Governance im Sozialen Management. Wiesbaden: Springer VS.

Langer, Andreas (2011). Professionelle Sozialmanagementkompetenzen zwischen Akademisierung und Entscheidungshandeln. In Andreas Langer, & Andreas Schröer (Hrsg.), *Professionalisierung im Nonprofit Management* (S. 47–66). Wiesbaden: VS Verlag für Sozialwissenschaften.

Langmaack, Barbara (2017). *Einführung in die Themenzentrierte Interaktion TZI*. Leben rund ums Dreieck (6., neu ausgestattete Aufl.). Weinheim/Basel: Beltz.

Lebrenz, Christian (2020). Dilemmata in der Führung. In Lutz von Rosenstiel, Erika Regnet, & Michel E. Domsch (Hrsg.), *Führung von Mitarbeitern*. Handbuch für erfolgreiches Personalmanagement (8., akt. u. überarb. Aufl., S. 123–132). Stuttgart: Schäffer-Poeschel.

Lebrenz, Christian (2018). *Das Dilemma mit den Dilemmas*. Warum Zwickmühlen das Leben in Organisationen bestimmen und wie wir besser mit ihnen umgehen können. Regensburg: Wahalla/Praetoria.

Lemoine, Jim (2015). Angemessen antworten. Ein Gespräch mit Jim Lemoine über den Einfluss von VUCA auf das Führungsverhalten. *Organisationsentwicklung*, 34 (4), S. 4–6.

Lenz, Ulrich (2019). Coaching im Kontext der VUCA-Welt: Der Umbruch steht bevor. In: Heller, Jutta (Hrsg.), *Resilienz für die VUCA-Welt*. Individuelle und organisationale Resilienz entwickeln (S. 49–68). Wiesbaden: Springer.

Lewkowicz, Eva-Maria, & West-Leuer, Beate (Hrsg.) (2016). *Führung und Gefühl*. Mit Emotionen zu Authentizität und Führungserfolg. Wiesbaden: Springer VS.

Lotmar, Paula, & Tondeur, Edmond (1996). *Führen in sozialen Organisationen* (5. Aufl.). Bern: Haupt.

Luczak, Dominik (2017). Agil – Erfolgsfaktor agiles Unternehmenssystem. In Christian Ramsauer, Detlef Kayser, & Christoph Schmitz (Hrsg.), *Erfolgsfaktor Agilität*. Chancen für Unternehmen in einem volatilen Marktumfeld (S. 17–32). Weinheim: Wiley-VCH.

Lüthy, Anja (2021). Vom Leitbild zur werteorientierten Unternehmensführung. In Jessica Lange (Hrsg.), *Werteorientierte Führung in Theorie und Praxis*. Konzepte – Studienergebnisse – Praxiseinblicke (S. 87–102). Berlin: Springer Gabler.

Luhmann, Niklas (2016). *Der neue Chef* (hrsg. und mit einem Nachwort von Jürgen Kaube). Berlin: Suhrkamp.

Luhmann, Niklas (2006). *Organisation und Entscheidung* (2. Aufl.). Wiesbaden: VS Verlag für Sozialwissenschaften.

Luhmann, Niklas (2005). Struktureller Wandel. Die Poesie der Reformen und die Realität der Evolution. In Wieland Jäger, & Uwe Schimank (Hrsg.), *Organisationsgesellschaft* (S. 409–450). Wiesbaden: Springer VS.

Luhmann, Niklas (1992). Organisation. In Willi Küpper, & Günther Ortmann (Hrsg.), *Mikropolitik*. Rationalität, Macht und Spiele in Organisationen (2., durchges. Aufl., S. 165–185). Opladen: VS Verlag für Sozialwissenschaften.

Maag Merki, Katharina (2009), Kompetenz. In Sabine Andresen, Rita Casale, Thomas Gabriel, Rebekka Horlacher, Sabine Larcher Klee, & Jürgen Oelkers (Hrsg.), *Handwörterbuch Erziehungswissenschaft* (S. 492–506). Weinheim/Basel: Beltz.

Maelicke, Bernd (2011). Auf der Suche nach Managementmodellen in der Sozialen Arbeit. In Agnès Fritze, Bernd Maelicke, & Beat Uebelhart (Hrsg.), *Management und Systementwicklung in der Sozialen Arbeit* (S. 137–146). Baden-Baden: Nomos.

Maelicke, Bernd, & Reinbold, Brigitte (1992). Sozialmanagement und Organisationsentwicklung für Non-Profit-Einrichtungen. In Gaby Flösser, & Hans-Uwe Otto (Hrsg.), *Sozialmanagement oder Management des Sozialen?* (S. 19–48). Bielefeld: KT.

Malik, Fredmund (2008). *Strategie des Managements komplexer Systeme.* Ein Beitrag zur Management-Kybernetik evolutionärer Systeme (Neuausgabe, 10. Aufl.). Bern: Haupt.

March, James G. (1990). Beschränkte Rationalität, Ungewißheit und die Technik der Auswahl. In James G. March (Hrsg.), *Entscheidung und Organisation.* Kritische und konstruktive Beiträge, Entwicklungen und Perspektiven (S. 297–328). Wiesbaden: Gabler.

Matthiesen, Kai (1995). *Kritik des Menschenbildes in der Betriebswirtschaftslehre.* Auf dem Weg zu einer sozialökonomischen Betriebswirtschaftslehre. Bern: Haupt.

Matys, Thomas (2014). *Macht, Kontrolle und Entscheidungen in Organisationen.* Eine Einführung in organisationale Mikro-, Meso- und Makropolitik (2., akt. Aufl.). Wiesbaden: Springer VS.

Maurer, Andrea, & Schimank, Uwe (2011). *Die Rationalitäten des Sozialen.* Wiesbaden: VS Verlag für Sozialwissenschaften.

Meissner, Jens O. (2011). *Einführung in das systemische Innovationsmanagement.* Heidelberg: Carl Auer.

Merchel, Joachim (2015a). *Leitung in der Sozialen Arbeit.* Grundlagen der Gestaltung und Steuerung von Organisationen (3. Aufl.). Weinheim/Basel: Beltz Juventa.

Merchel, Joachim (2015b). *Management in Organisationen der Sozialen Arbeit.* Eine Einführung. Weinheim: Beltz Juventa.

Merchel, Joachim (2013). Sozialmanagement. In Dieter Kreft, & Ingrid Mielenz (Hrsg.), *Wörterbuch Soziale Arbeit.* Aufgaben, Praxisfelder, Begriffe und Methoden der Sozialarbeit und Sozialpädagogik (7., vollst. überarb. u. akt. Aufl., S. 850–857). Weinheim/Basel: Beltz Juventa.

Merchel, Joachim (2009). Zur Debatte um ‚Sozialmanagement'. Anmerkungen zu Bilanz und Perspektiven nach annähernd 20 Jahren. In Klaus Grunwald (Hrsg.), *Vom Sozialmanagement zum Management des Sozialen? Eine Bestandsaufnahme* (S. 62–84). Baltmannsweiler: Schneider Hohengehren.

Meyer, Michael, & Simsa, Ruth (2013). NPOs: Abgrenzungen, Definitionen, Forschungszugänge. In Ruth Simsa, Michael Meyer, & Christoph Badelt (Hrsg.), *Handbuch der Nonprofit-Organisation.* Strukturen und Management (5., überarb. Aufl., S. 3–14). Stuttgart: Schäffer-Poeschel.

Miebach, Bernhard (2017). *Handbuch Human Resource Management.* Das Individuum und seine Potentiale für die Organisation. Wiesbaden: Springer.

Minssen, Heiner (2013). Mikropolitik. In Hartmut Hirsch-Kreinsen, & Heiner Minssen (Hrsg.), *LAIS.* Lexikon der Arbeits- und Industriesoziologie (S. 334–340). Berlin: Edition Sigma.

Moch, Matthias (2019). *Kompetentes Handeln in stationären Erziehungshilfen.* Eine empirische Annäherung. Wiesbaden: Springer VS.

Mohr, Simon (2017). *Abschied vom Managerialismus.* Das Verhältnis von Profession und Organisation in der Sozialen Arbeit, Dissertation. Bielefeld 2017. https://pub.uni-bielefeld.de/download/2908758/2908759. Zugegriffen: 16.05.2018.

Moskaliuk, Johannes (2019). *Beratung für gelingende Leadership 4.0.* Praxis-Tools und Hintergrundwissen für Führungskräfte. Wiesbaden: Springer.

Müller, Burkhard (2000). Welche Unternehmensphilosophie braucht die Jugendhilfe? *Evangelische Jugendhilfe*, 77 (3), S. 135–142.
Müller, Carsten, Mührel, Eric, & Birgmeier, Bernd (Hrsg.) (2016). *Soziale Arbeit in der Ökonomisierungsfalle.* Wiesbaden: Springer VS.
Müller-Schöll, Albrecht, & Priepke, Manfred (1989). *Sozialmanagement.* Zur Förderung systematischen Entscheidens, Planens, Organisierens, Führens und Kontrollierens in Gruppen (2. Aufl.). Frankfurt a. M.: Diesterweg.
Müller-Stewens, Günter (2019). *Die neuen Strategen.* Gestalter der Unternehmenszukunft. Stuttgart: Schäffer-Poeschel.
Müller-Stewens, Günter, & Lechner, Christoph (2016). *Strategisches Management.* Wie strategische Initiativen zum Wandel führen (5., überarb. Aufl.). Stuttgart: Schäffer-Poeschel.
Müller-Stewens, Günter, & Fontin, Mathias (1997). *Management unternehmerischer Dilemmata.* Ein Ansatz zur Erschließung neuer Handlungspotentiale. Stuttgart: Schäffer-Poeschel.
Müllner, Markus, & Müllner, Caroline (2021). *Emotional intelligent führen.* Authentisch, motivierend, wirksam (2. Aufl.). Wiesbaden: Springer Fachmedien.
Muster, Judith, Bull, Finn-Rasmus, & Kapitzky, Jens (Hrsg.) (2021), *Postbürokratisches Organisieren.* Formen und Folgen agiler Arbeitsweisen. München: Vahlen.
Nagel, Reinhardt, & Wimmer, Rudolf (2014). *Systemische Strategieentwicklung.* Modelle und Instrumente für Berater und Entscheider (6. akt. u. erg. Aufl.). Stuttgart: Schäffer-Poeschel.
Nerdinger, Friedemann W., Blickle, Gerhard, & Schaper, Niclas (Hrsg.) (2014). *Arbeits- und Organisationspsychologie* (3., vollst. überarb. Aufl.). Berlin/Heidelberg: Springer.
Neubauer, Walter (2003). *Organisationskultur.* Stuttgart: Kohlhammer.
Neubauer, Walter, & Rosemann, Bernhard (2006). *Führung, Macht und Vertrauen in Organisationen.* Stuttgart: Kohlhammer.
Neuberger, Oswald (2002). *Führen und führen lassen.* Stuttgart: Lucius & Lucius/UTB.
Neumer, Judith (2020). Selbstorganisation gestern und heute – ein qualitativer Umbruch im Umgang mit Unsicherheit? In: Porschen-Hueck, Stephanie/Jungtäubl, Marc/Weihrich, Margit (Hrsg.), *Agilität? Herausforderungen neuer Konzepte der Selbstorganisation* (S. 23–46). Augsburg/München: Rainer Hampp.
North, Klaus (2021). *Wissensorientierte Unternehmensführung.* Wissensmanagement im digitalen Wandel (7., vollst. überarb. Aufl.). Wiesbaden: Springer Gabler.
North, Klaus, Reinhardt, Kai, & Sieber-Suter, Barbara (2018). *Kompetenzmanagement in der Praxis.* Mitarbeiterkompetenzen systematisch identifizieren, nutzen und entwickeln (3., akt. u. erw. Aufl.). Wiesbaden: Gabler.
Nowotny, Christian (2013). Rechtliche Gestaltungsfragen für NPOs. In Ruth Simsa, Michael Meyer, & Christoph Badelt (Hrsg.), *Handbuch der Nonprofit-Organisation.* Strukturen und Management (5., überarb. Aufl., S. 183–204). Stuttgart: Schäffer-Poeschel.
Oechsler, Walter A. (2004). Personal als Managementfunktion. In Georg Schreyögg, & Axel von Werder (Hrsg.), *Handwörterbuch der Unternehmensführung und Organisation* (4. völlig neu bearb. Aufl., Sp. 1123–1133). Stuttgart: Schäffer-Poeschel.
Oelerich, Gertrud, & Schaarschuch, Andreas (Hrsg.) (2005). *Soziale Dienstleistungen aus Nutzersicht.* Zum Gebrauchswert Sozialer Arbeit. München: Ernst Reinhardt.
Oestereich, Bernd, & Schröder, Claudia (2020). *Agile Organisationsentwicklung.* Handbuch zum Aufbau anpassungsfähiger Organisationen. München: Vahlen.

Oestereich, Bernd, & Schröder, Claudia (2017). *Das kollegial geführte Unternehmen*. Ideen und Praktiken für die agile Organisation von morgen. München: Vahlen.

Olk, Thomas, Rauschenbach, Thomas, & Sachße, Christoph (1995). Von der Wertgemeinschaft zum Dienstleistungsunternehmen. Oder: über die Schwierigkeiten, Solidarität zu üben. Eine einführende Skizze. In Thomas Rauschenbach, Christoph Sachße, & Thomas Olk (Hrsg.), *Von der Wertgemeinschaft zum Dienstleistungsunternehmen*. Jugend- und Wohlfahrtsverbände im Umbruch (S. 11–33). Frankfurt a. M.: Suhrkamp.

Ortmann, Günther (2021). Agilität versus Hierarchie? Kulturen der Beidhändigkeit. In Judith Muster, Finn-Rasmus Bull, & Jens Kapitzky (Hrsg.), *Postbürokratisches Organisieren*. Formen und Folgen agiler Arbeitsweisen (S. 169–190). München: Vahlen.

Ortmann, Günther (2012). Gesteuerte Selbstorganisation – ein hölzernes Eisen? In Peter Eberl, Daniel Geiger, & Jochen Koch (Hrsg.), *Komplexität und Handlungsspielraum*. Unternehmenssteuerung zwischen Ordnung und Chaos (S. 133–164). Berlin: Erich Schmidt.

Ortmann, Günther, Sydow, Jörg, & Türk, Klaus (2000). Organisation, Strukturation, Gesellschaft. Die Rückkehr der Gesellschaft in die Organisationstheorie. In Günther Ortmann, Jörg Sydow, & Klaus Türk (Hrsg.), *Theorien der Organisation*. Die Rückkehr der Gesellschaft (2., durchges. Aufl., S. 15–34). Wiesbaden: Westdeutscher Verlag.

Otto, Hans-Uwe (2006). Die Zukunft der Sozialen Arbeit als Profession – eine bundesrepublikanische Suchbewegung. In Karin Böllert, Peter Hansbauer, Brigitte Hasenjürgen, & Sabrina Langenohl (Hrsg.), *Die Produktivität des Sozialen – den sozialen Staat aktivieren*. Sechster Bundeskongress Soziale Arbeit (S. 283–291). Wiesbaden: VS Verlag für Sozialwissenschaften.

Otto, Hans-Uwe, & Ziegler, Holger (2018). Managerialismus. In Hans-Uwe Otto, Hans Thiersch, Rainer Treptow, & Holger Ziegler (Hrsg.), *Handbuch Soziale Arbeit*. Grundlagen der Sozialarbeit und Sozialpädagogik (6., überarb. Aufl., S. 963–973). München: Ernst Reinhardt.

Otto, Hans-Uwe, & Olk, Thomas (Hrsg.) (2003). *Soziale Arbeit als Dienstleistung*. Grundlegungen, Entwürfe, Modelle. Neuwied: Luchterhand.

Pankoke, Eckart (2008). Solidarwirtschaft. In Andrea Maurer (Hrsg.), *Handbuch der Wirtschaftssoziologie* (S. 431–450). Wiesbaden: Springer VS.

Pawlowsky, Peter (2019). *Wissensmanagement*. Berlin: Walter de Gruyter.

Pennerstorfer, Astrid, & Badelt, Christoph (2013). Zwischen Marktversagen und Staatsversagen? Nonprofit-Organisationen aus ökonomischer Sicht. In Ruth Simsa, Michael Meyer, & Christoph Badelt (Hrsg.), *Handbuch der Nonprofit-Organisation*. Strukturen und Management (5., überarb. Aufl., S. 107–123). Stuttgart: Schäffer-Poeschel.

Permantier, Martin (2019). *Haltung entscheidet*. Führung & Unternehmenskultur zukunftsfähig gestalten. München: Vahlen.

Petry, Thorsten (2019). Digital Leadership – Unternehmens- und Personalführung im digitalen Zeitalter. In Thorsten Petry (Hrsg.), *Digital Leadership*. Erfolgreiches Führen in Zeiten der Digital Economy (2. Aufl., S. 23–125). Freiburg i.Br./München/Stuttgart: Haufe-Lexware.

Pfister, Andres (2019). Menschenbilder. In Thomas Steiger, & Eric Lippmann (Hrsg.), *Handbuch angewandte Psychologie für Führungskräfte*. Führungskompetenz und Führungswissen (5., vollst. überarb. Aufl., S. 3–17). Heidelberg: Springer Fachmedien.

Porrini, Elvira, & Kipouros, Antonios (2016). Resilienz als organisationale Leistung. Tragfähige Entscheidungen durch Etablierung kontinuierlicher Reflexions-, Lern- und Anpassungsprozesse. In Olaf Geramanis, & Kristina Hermann (Hrsg.), *Führen in ungewissen Zeiten.* Impulse, Konzepte und Praxisbeispiele (S. 373–390). Wiesbaden: Springer Gabler.

Porschen-Hueck, Stephanie/Jungtäubl, Marc/Weihrich, Margit (Hrsg.) (2020a). *Agilität? Herausforderungen neuer Konzepte der Selbstorganisation.* Augsburg/München: Rainer Hampp.

Porschen-Hueck, Stephanie/Jungtäubl, Marc/Weihrich, Margit (2020b). Fazit: Agile – so what? In: Porschen-Hueck, Stephanie/Jungtäubl, Marc/Weihrich, Margit (Hrsg.), *Agilität? Herausforderungen neuer Konzepte der Selbstorganisation* (S. 255–263). Augsburg/München: Rainer Hampp.

Priddat, Birger P. (2021). Sind Werte noch modern? In Jessica Lange (Hrsg.), *Werteorientierte Führung in Theorie und Praxis.* Konzepte – Studienergebnisse – Praxiseinblicke (S. 23–27). Berlin: Springer Gabler.

Probst, Gilbert J. B. (1992). *Organisation.* Strukturen, Lenkungsinstrumente, Entwicklungsperspektiven. Landsberg a.L.: Verlag Moderne Industrie.

Probst, Gilbert J. B. (1987). *Selbst-Organisation.* Ordnungsprozesse in sozialen Systemen aus ganzheitlicher Sicht. Berlin/Hamburg: Paul Parey.

Probst, Gilbert J. B., Raub, Steffen, & Romhardt, Kai (2006). *Wissen managen.* Wie Unternehmen ihre wertvollste Ressource optimal nutzen (5. überarb. Aufl.). Wiesbaden: Gabler.

Probst, Gilbert J. B., & Büchel, Bettina S. T. (1994). *Organisationales Lernen.* Wettbewerbsvorteil der Zukunft. Wiesbaden: Gabler.

Pundt, Alexander, & Nerdinger, Friedemann W. (2012). Transformationale Führung – Führung für den Wandel? In Sven Grote (Hrsg.), *Die Zukunft der Führung* (S. 27–45). Berlin: Springer Gabler.

Rauschenbach, Thomas, Ortmann, Friedrich, & Karsten, Maria-Eleonora (Hrsg.) (1993). *Der sozialpädagogische Blick.* Lebensweltorientierte Methoden in der Sozialen Arbeit. Weinheim/München: Juventa.

Reith, Frank von der, & Wimmer, Rudolf (2014). Organisationsentwicklung und Change-Management. In Rudolf Wimmer, Jens O. Meissner, & Patricia Wolf (Hrsg.), *Praktische Organisationswissenschaft.* Lehrbuch für Studium und Beruf (2., überarb. u. erw. Aufl., S. 139–166). Heidelberg: Carl Auer.

Roehl, Heiko, & Asselmeyer, Herbert (Hrsg.) (2017). *Organisationen klug gestalten.* Das Handbuch für Organisationsentwicklung und Change Management. Stuttgart: Schäffer-Poeschel.

Rosenstiel, Lutz von, & Comelli, Gerhard (2003). *Führung zwischen Stabilität und Wandel.* München: Vahlen.

Rosenstiel, Lutz von, & Nerdinger, Friedemann W. (2020). Grundlagen der Führung. In Lutz von Rosenstiel, Erika Regnet, & Michel E. Domsch (Hrsg.), *Führung von Mitarbeitern.* Handbuch für erfolgreiches Personalmanagement (8., akt. u. überarb. Aufl., S. 21–54). Stuttgart: Schäffer-Poeschel.

Rosenstiel, Lutz von, & Nerdinger, Friedemann W. (2011). *Grundlagen der Organisationspsychologie.* Basiswissen und Anwendungshinweise (7., überarb. Aufl.). Stuttgart: Schäffer-Poeschel.

Rosenstiel, Lutz von, Regnet, Erika, & Domsch, Michel E. (Hrsg.) (2020). *Führung von Mitarbeitern*. Handbuch für erfolgreiches Personalmanagement (8., akt. u. überarb. Aufl.). Stuttgart: Schäffer-Poeschel.

Rüegg-Stürm, Johannes (2018). Geleitwort. In Hendrik Höver, *Wirksam Entscheiden*. Handbuch für Führungskräfte in der Sozialwirtschaft (S. 9). Stuttgart: Kohlhammer.

Rüegg-Stürm, Johannes (2009). Das neue St. Galler Management-Modell. In Rolf Dubs, Dieter Euler, Johannes Rüegg-Stürm, & Christina E. Wyss (Hrsg.), *Einführung in die Managementlehre* (Bd. 1, 2. Aufl., S. 65–141). Bern: Haupt.

Rüegg-Stürm, Johannes (2007). Management zwischen „Execution" und „Reflexive Mode". *Revue für postheroisches Management*, 1 (1), S. 100–109.

Rüegg-Stürm, Johannes (2003a). *Das neue St. Galler Management-Modell*. Bern: Haupt.

Rüegg-Stürm, Johannes (2003b). *Organisation und organisationaler Wandel*. Eine theoretische Erkundung aus konstruktivistischer Sicht (2., durchges. Aufl.). Wiesbaden: Westdeutscher Verlag.

Rüegg-Stürm, Johannes, & Grand, Simon (2020). *Das St. Galler Management-Modell*. Management in einer komplexen Welt (2., überarb. Aufl.). Bern: Haupt/UTB.

Rüegg-Stürm, Johannes, & Grand, Simon (2017). *Das St. Galler Management-Modell* (3., überarb. u. weiterentw. Aufl.). Bern: Haupt.

Rüth, Stephanie (2013). Bank für Sozialwirtschaft AG. In Klaus Grunwald, Georg Horcher, & Bernd Maelicke (Hrsg.), *Lexikon der Sozialwirtschaft* (2. Aufl., S. 102–103). Baden-Baden: Nomos.

Rybnicek, Robert, Bergner, Sabine, & Suk, Katharina (2016). Führung in Expertenorganisationen. In Jörg Felfe, & Rolf van Dick (Hrsg.), *Handbuch Mitarbeiterführung*. Wirtschaftspsychologisches Praxiswissen für Fach- und Führungskräfte (S. 227–237). Wiesbaden: Springer.

Sackmann, Sonja (2017). Unternehmenskultur. Erkennen – Entwickeln – Verändern (2., vollst. überarb. u. erw. Aufl.). Wiesbaden: Springer Gabler.

Sagmeister, Monika (2018). Netzwerke in der Sozialwirtschaft. In Klaus Grunwald, & Andreas Langer (Hrsg.), *Sozialwirtschaft*. Handbuch für Wissenschaft und Praxis (S. 781–791). Baden-Baden: Nomos.

Sanders, Karin, & Kianty, Andrea (2006). *Organisationstheorien*. Eine Einführung. Wiesbaden: VS Verlag für Sozialwissenschaften.

Schaarschuch, Andreas (2020). Die Nutzerinnen und Nutzer Sozialer Arbeit und der Kapitalismus. In Hans-Uwe Otto (Hrsg.), *Soziale Arbeit im Kapitalismus*. Gesellschaftstheoretische Verortungen. Professionspolitische Positionen. Politische Herausforderungen (S. 195–203). Weinheim/Basel: Beltz Juventa.

Schedler, Kuno, & Rüegg-Stürm, Johannes (2013a). Rationalität – Begriff, Bildung und Wirkung. In Kuno Schedler, & Johannes Rüegg-Stürm (Hrsg.), *Multirationales Management*. Der erfolgreiche Umgang mit widersprüchlichen Anforderungen an die Organisation (S. 33–60). Bern: Haupt.

Schedler, Kuno, & Rüegg-Stürm, Johannes (2013b). Multirationalität und pluralistische Organisationen. In Kuno Schedler, & Johannes Rüegg-Stürm (Hrsg.), *Multirationales Management*. Der erfolgreiche Umgang mit widersprüchlichen Anforderungen an die Organisation (S. 61–87). Bern: Haupt.

Schedler, Kuno, & Rüegg-Stürm, Johannes (2013c). Bearbeitungsstrategien multipler Rationalitäten. In Kuno Schedler, & Johannes Rüegg-Stürm (Hrsg.), *Multirationales Management*. Der erfolgreiche Umgang mit widersprüchlichen Anforderungen an die Organisation (S. 185–227). Bern: Haupt.
Schein, Edgar H. (1995). *Unternehmenskultur*. Ein Handbuch für Führungskräfte. Frankfurt a. M./New York: Campus.
Scheller, Torsten (2017). *Auf dem Weg zur agilen Organisation*. Wie Sie Ihr Unternehmen dynamischer, flexibler und leistungsfähiger gestalten. München: Vahlen.
Schiersmann, Christiane (2017). Veränderungsprozesse von Organisationen als selbstorganisierte Problemlöseprozesse. In Heiko Roehl, & Herbert Asselmeyer (Hrsg.), *Organisationen klug gestalten*. Das Handbuch für Organisationsentwicklung und Change Management (S. 104–111). Stuttgart: Schäffer-Poeschel.
Schimank, Uwe (2008). Gesellschaftliche Ökonomisierung und unternehmerisches Agieren. In Andrea Maurer, & Uwe Schimank (Hrsg.), *Die Gesellschaft der Unternehmen – Die Unternehmen der Gesellschaft* (S. 220–236). Wiesbaden: Springer VS.
Schimank, Uwe (2007). Organisationstheorien. In Arthur Benz, Susanne Lütz, Uwe Schimank, & Georg Simonis (Hrsg.), *Handbuch Governance*. Theoretische Grundlagen und empirische Anwendungsfelder (S. 200–211). Wiesbaden: Springer VS.
Schimank, Uwe (2004). Betriebs- und Organisationssoziologie. In Eduard Gaugler, Walter A. Oechsler, & Wolfgang Weber (Hrsg.), *Handwörterbuch des Personalwesens* (3. überarb. u. Ergänzte Aufl., Sp. 544–556). Stuttgart: Schäffer-Poeschel.
Schimank, Uwe, & Volkmann, Ute (2017). Ökonomisierung der Gesellschaft. In Andrea Maurer (Hrsg.), *Handbuch der Wirtschaftssoziologie* (2., akt. u. erw. Aufl., S. 593–609). Wiesbaden: Springer VS.
Schmid, Bernd (Hrsg.) (2014). *Systemische Organisationsentwicklung*. Change und Organisationskultur gemeinsam gestalten. Stuttgart: Schäffer-Poeschel.
Schmid, Josef (2011). Mikropolitik – Pluralismus mit harten Bandagen? In: Bandelow, Nils C./Hegelich, Simon (Hrsg.), *Pluralismus – Strategien – Entscheidungen*. Eine Festschrift für Klaus Schubert. (S. 324–344). Wiesbaden: VS Verl. für Sozialwissenschaften.
Schmidbauer, Wolfgang (2021). *Hilflose Helfer*. Über die seelische Problematik der helfenden Berufe (22. Aufl.). Reinbek bei Hamburg: Rowohlt.
Schmidt, Siegfried J. (2005). *Lernen, Wissen, Kompetenz, Kultur*. Vorschläge zur Bestimmung von vier Unbekannten. Heidelberg: Carl Auer.
Schneider, Volker (2004). Organizational Governance – Governance in Organisationen. In Arthur Benz (Hrsg.), *Governance – Regieren in komplexen Regelsystemen*. Eine Einführung (S. 173–192). Wiesbaden: Springer VS.
Schneider-Landolf, Mina, Spielmann, Jochen, & Zitterbarth, Walter (Hrsg.) (2010). *Handbuch Themenzentrierte Interaktion (TZI)* (2., durchges. Aufl.). Göttingen: Vandenhoeck & Ruprecht.
Schönig, Werner (2021). *Innovation bei Koopkurrenz in Netzwerken der Sozialwirtschaft*. Produktive Balance in Bewegung. Weinheim: Beltz Juventa.
Schönig, Werner (2015). *Koopkurrenz in der Sozialwirtschaft*. Zur sozialpolitischen Nutzung von Kooperation und Konkurrenz. Weinheim/Basel: Beltz Juventa.
Scholl, Wolfgang (2004). Grundkonzepte der Organisation. In Heinz Schuler, & Klaus Moser (Hrsg.), *Lehrbuch Organisationspsychologie* (6., überarb. Aufl., S. 515–556). Bern: Haupt.

Scholz, Christian (2014). *Grundzüge des Personalmanagements* (2. überarb. Aufl.). München: Vahlen.

Schreyögg, Georg (2007). Unternehmensführung/Management. In Richard Köhler, Hans-Ulrich Küpper, & Andreas Pfingsten (Hrsg.), *Handwörterbuch der Betriebswirtschaft* (6., vollst. neu gestaltete Aufl., Sp. 1812–1821). Stuttgart: Schäffer-Poeschel.

Schreyögg, Georg, & Geiger, Daniel (2016). *Organisation: Grundlagen moderner Organisationsgestaltung. Mit Fallstudien* (6., vollst. überarb. u. erw. Aufl.). Wiesbaden: Springer Fachmedien.

Schreyögg, Georg, & Koch, Jochen (2020). *Management.* Grundlagen der Unternehmensführung. Konzepte – Funktionen – Fallstudien (8., vollst. überarb. Aufl.). Wiesbaden: Springer Fachmedien.

Schreyögg, Georg, & Werder, Axel von (Hrsg.) (2004). *Handwörterbuch der Unternehmensführung und Organisation* (4., völlig neu bearb. Aufl.). Stuttgart: Schäffer-Poeschel.

Schröer, Andreas (2018). Organisation als pädagogisches Konzept. In Klaus Grunwald, & Andreas Langer (Hrsg.), *Sozialwirtschaft*. Handbuch für Wissenschaft und Praxis (S. 239–251). Baden-Baden: Nomos.

Schütze, Fritz (2021). *Professionalität und Professionalisierung in pädagogischen Handlungsfeldern: Soziale Arbeit.* Opladen/Toronto: Barbara Budrich.

Schütze, Alfred (1996). Organisationszwänge und hoheitsstaatliche Rahmenbedingungen im Sozialwesen: Ihre Auswirkungen auf die Paradoxien des professionellen Handelns. In Arno Combe, & Werner Helsper (Hrsg.), *Pädagogische Professionalität*. Untersuchungen zum Typus pädagogischen Handelns (S. 183–275). Frankfurt a. M.: Suhrkamp.

Schwarz, Stefan (2008). *Strukturation, Organisation und Wissen*. Neue Perspektiven in der Organisationsberatung. Wiesbaden: VS Verlag für Sozialwissenschaften.

Seithe, Mechthild (2012). *Schwarzbuch Soziale Arbeit* (2., durchg. u. erw. Aufl.). Wiesbaden: VS Verlag für Sozialwissenschaften.

Seithe, Mechthild, & Amthor, Ralph-Christian (2015). Konflikte in der Praxis Sozialer Arbeit zwischen Ethik, Fachlichkeit und politisch motivierten Zumutungen. In Sabine Stövesand, & Dieter Röh (Hrsg.), *Konflikte – theoretische und praktische Herausforderungen für die Soziale Arbeit*. Theorie, Forschung und Praxis der Sozialen Arbeit (Bd. 10, S. 286–297). Opladen: Barbara Budrich.

Senge, Konstanze (2011). *Das Neue am Neo-Institutionalismus*. Der Neo-Institutionalismus im Kontext der Organisationswissenschaft. Wiesbaden: Springer VS.

Sichart, Silke, & Venus, Gunda (2020). *Erfolgsfaktoren für Agile Coaches*. Kompetenzen, Methoden und neurowissenschaftliche Grundlage. Freiburg i.Br./München/Stuttgart: Haufe-Lexware.

Simon, Fritz B. (2013). *Wenn rechts links ist und links rechts*. Paradoxiemanagement in Familie, Wirtschaft und Politik. Heidelberg: Carl Auer.

Simon, Fritz B. (2007a). *Einführung in die systemische Organisationstheorie*. Heidelberg: Carl Auer.

Simon, Fritz B. (2007b). Paradoxiemanagement oder: Genie und Wahnsinn der Organisation. *Revue für postheroisches Management*, 1 (1), S. 68–87.

Simon, Fritz B., & Conecta (2005). *„Radikale" Marktwirtschaft*. Grundlagen des systemischen Managements (5., akt. Aufl.). Heidelberg: Carl Auer.

Simsa, Ruth, Meyer, Michael, & Badelt, Christoph (Hrsg.) (2013). *Handbuch der Nonprofit-Organisation*. Strukturen und Management (5., überarb. Aufl.). Stuttgart: Schäffer-Poeschel.

Spiegel, Hiltrud von (2018). *Methodisches Handeln in der Sozialen Arbeit* (6., durchg. Aufl.). München: Ernst Reinhardt.

Spiegel, Hiltrud von (2011). *Methodisches Handeln in der Sozialen Arbeit* (4. Aufl.). München: Ernst Reinhardt.

Spiegel, Hiltrud von (2005). Methodisches Handeln und professionelle Handlungskompetenz im Spannungsfeld von Fallarbeit und Management. In Werner Thole (Hrsg.), *Grundriss Soziale Arbeit*. Ein einführendes Handbuch (S. 589–602). Wiesbaden: VS Verlag für Sozialwissenschaften.

Spielhofer, Thomas (2020). *Intelligenter Scheitern*. 20 verführerische Fallen auf dem Weg zum agilen Unternehmen. Düsseldorf: Handelsblatt Fachmedien.

Sprenger, Bernd (2020). *Sprich nicht darüber, aber halte dich dran*. Die Macht impliziter Regeln in Systemen. Göttingen: Vandenhoeck & Ruprecht.

Stadelbacher, Stephanie (2012a). Bewältigung von Ungewissheit durch Selbstorganisation. In Fritz Böhle, & Sigrid Busch (Hrsg.), *Management von Ungewissheit*. Neue Ansätze jenseits von Kontrolle und Ohnmacht (S. 93–134). Bielefeld: transcript.

Stadelbacher, Stephanie (2012b). Organisation in der Risikogesellschaft. In Fritz Böhle, & Sigrid Busch (Hrsg.), *Management von Ungewissheit*. Neue Ansätze jenseits von Kontrolle und Ohnmacht (S. 69–92). Bielefeld: transcript.

Staehle, Wolfgang H. (1999). *Management*. Eine verhaltenswissenschaftliche Perspektive (8. Aufl. überarb. von P. Conrad und J. Sydow). München: Vahlen.

Stahl, Heinz K. (2012). Wie wirklich ist die Welt? Konstruktivistisches Denken und Handeln als Tor zum postklassischen Management. In Peter Heimerl, & Ralph Sichler (Hrsg.), *Strategie Organisation Personal Führung* (S. 13–43). Wien: Facultas/UTB.

Stahl, Heinz K. (1999). Unternehmensführung als Balanceakt. Der schwierige Übergang vom „Entweder-Oder" zum „Sowohl-Als-auch". In Barbara Heitger, Christof Schmitz, & Peter Gester (Hrsg.), *Managerie*. 5. Jahrbuch für systemisches Denken und Handeln im Management (S. 179–195). Heidelberg: Carl Auer.

Staub-Bernasconi, Silvia (2018). *Soziale Arbeit als Handlungswissenschaft*. Soziale Arbeit auf dem Weg zu kritischer Professionalität (2., vollst. überarb. u. akt. Aufl.). Opladen/Toronto: Barbara Budrich/UTB.

Steinbacher, Elke (2011). Die Bedeutung der Qualifizierung von Fachkräften in der Jugendhilfe. In Björn Hagen, & Evangelischer Erziehungsverband e.V. (EREV) (Hrsg.), *Professionalität trotz(t) Krise*. Beiträge zur EREV-Bundesfachtagung vom 10. bis 12. Mai in Berlin (Jg. 52 (2), S. 21–32). Hannover: Schöneworth.

Steinbacher, Elke (2004). *Bürgerschaftliches Engagement in Wohlfahrtsverbänden*. Professionelle und organisationale Herausforderungen der Sozialen Arbeit. Wiesbaden: Deutscher Universitätsverlag.

Steinle, Claus (2007). Führungstheorien. In Richard Köhler, Hans-Ulrich Küpper, & Andreas Pfingsten (Hrsg.), *Handwörterbuch der Betriebswirtschaft* (6., vollst. neu gest. Aufl., Sp. 570–582). Stuttgart: Schäffer-Poeschel.

Steinle, Claus, & Ahlers, Friedel (2004). Menschenbilder. In Eduard Gaugler, Walter A. Oechsler, & Wolfgang Oechsler, (Hrsg.), *Handwörterbuch des Personalwesens* (3. überarb. u. erg. Aufl., Sp. 1142–1151). Stuttgart: Schäffer-Poeschel.

Tabatt-Hirschfeldt, Andrea (2018). *Öffentliche Steuerung und Gestaltung der kommunalen Sozialverwaltung im Wandel*. Eine Einführung. Wiesbaden: Springer VS.

Thiersch, Hans (2020). *Lebensweltorientierte Soziale Arbeit – revisited*. Grundlagen und Perspektiven. Weinheim/Basel: Beltz Juventa.

Thiersch, Hans (2009). Perspektiven der Sozialen Arbeit. In Hans Thiersch, *Schwierige Balance*. Über Grenzen, Gefühle und berufsbiographische Erfahrungen (S. 11–22). Weinheim/München: Beltz Juventa.

Thiersch, Hans (1993). Strukturierte Offenheit. Zur Methodenfrage einer lebensweltorientierten Sozialen Arbeit. In Thomas Rauschenbach, Friedrich Ortmann, & Maria-Eleonora Karsten (Hrsg.), *Der sozialpädagogische Blick*. Lebensweltorientierte Methoden in der Sozialen Arbeit (S. 11–28). Weinheim/München: Juventa.

Thommen, Jean-Paul (2011): Coaching für ein Management 2. Ordnung. In: Birgmeier, Bernd (Hrsg.), *Coachingwissen*. Denn sie wissen nicht, was sie tun? (2. aktual u. erw. Aufl., S. 377–386). Wiesbaden: Springer VS.

Thommen, Jean-Paul (2009). Coaching für ein Management 2. Ordnung. In Bernd Birgmeier (Hrsg.), *Coachingwissen* (S. 375–384). Wiesbaden: VS Verlag für Sozialwissenschaften.

Thomaschewski, Dieter, & Völker, Rainer (Hrsg.) (2019a). *Agiles Management*. Stuttgart: Kohlhammer.

Thomaschewski, Dieter, & Völker, Rainer (2019b). Agilität und Agilitätsmanagement – eine Einführung. In Dieter Thomaschewski, & Rainer Völker (Hrsg.), *Agiles Management* (S. 15–28). Stuttgart: Kohlhammer.

Treptow, Rainer (2018). Handlungskompetenz. In Hans-Uwe Otto, Hans Thiersch, Rainer Treptow, & Holger Ziegler (Hrsg.), *Handbuch Soziale Arbeit*. Grundlagen der Sozialarbeit und Sozialpädagogik (6., überarb. Aufl., S. 614–621). München: Ernst Reinhardt.

Trobisch, Nina, & Denisow, Karin (2012). Das Heldenprinzip. Archetypisches Szenario für Wachstum und Wandel. In Fritz Böhle, & Sigrid Busch (Hrsg.), *Management von Ungewissheit*. Neue Ansätze jenseits von Kontrolle und Ohnmacht (S. 359–378). Bielefeld: transcript.

Tuckermann, Harald (2013). Multirationales Management im Spital. In Kuno Schedler, & Johannes Rüegg-Stürm (Hrsg.), *Multirationales Management*. Der erfolgreiche Umgang mit widersprüchlichen Anforderungen an die Organisation (S. 93–114). Bern: Haupt.

Ulrich, Hans (1995). Führungsphilosophie und Leitbilder. In Alfred Kieser, Gerhard Reber, & Rolf Wunderer (Hrsg.), *Handwörterbuch der Führung* (2. Aufl., Sp. 798–808). Stuttgart: Schäffer-Poeschel.

Ulrich, Hans (1984). *Management*. Bern: Haupt.

Ulrich, Hans, & Probst, Gilbert J. B. (1995). *Anleitung zum ganzheitlichen Denken und Handeln*. Ein Brevier für Führungskräfte (4. Aufl.). Bern: Haupt.

Unger, Frank, Sann, Uli, & Martin, Carolin (2022). Personalführung in der Sozialwirtschaft (im Erscheinen). Wiesbaden: Springer VS.

Vahs, Dietmar (2015). *Organisation*. Ein Lehr- und Managementbuch (9., überarb. u. erw. Aufl.). Stuttgart: Schäffer-Poeschel.

Valcárcel, Sylvia (2004). Rationalität. In Georg Schreyögg, & Axel von Werder (Hrsg.), *Handwörterbuch der Unternehmensführung und Organisation* (4. völlig neu bearb. Aufl., Sp. 1236–1244). Stuttgart: Schäffer-Poeschel.

Vilain, Michael (2018a). Ressourcenmanagement In Klaus Grunwald, & Andreas Langer (Hrsg.), *Sozialwirtschaft*. Handbuch für Wissenschaft und Praxis (S. 434–441). Baden-Baden: Nomos.

Vilain, Michael (2018b). Stakeholdermangement. In Klaus Grunwald, & Andreas Langer (Hrsg.), *Sozialwirtschaft*. Handbuch für Wissenschaft und Praxis (S. 442–451). Baden-Baden: Nomos.

Völter, Bettina, Cornel, Heinz, Gahleitner, Silke Brigitta, & Voß, Stephan (Hrsg.) (2020). *Professionsverständnisse in der Sozialen Arbeit*. Weinheim/Basel: Beltz Juventa.

Weber, Wolfgang (2004). Managementkompetenzen und Qualifikation. In Georg Schreyögg, & Axel von Werder (Hrsg.), *Handwörterbuch der Unternehmensführung und Organisation* (4. völlig neu bearb. Aufl., Sp. 791–797). Stuttgart: Schäffer-Poeschel.

Wegge, Jürgen, & Rosenstiel, Lutz von (2019). Führung. In Heinz Schuler, & Klaus Moser (Hrsg.), *Lehrbuch Organisationspsychologie* (6., überarb. Aufl., S. 269–312). Bern: Hogrefe.

Weibler, Jürgen (2016). *Personalführung* (3., kompl. überarb. u. erw. Aufl.). München: Vahlen.

Weick, Karl E. (1998). *Der Prozess des Organisierens* (2. Aufl.). Frankfurt a. M.: Suhrkamp.

Weick, Karl E., & Sutcliffe, Kathleen M. (2016). *Das Unerwartete managen*. Wie Unternehmen aus Extremsituationen lernen. Stuttgart: Schäffer-Poeschel.

Weigand, Wolfgang (2016). Aggressivität – „Am besten demokratisch und dominant". In Eva-Maria Lewkowicz, & Beate West-Leuer (Hrsg.), *Führung und Gefühl*. Mit Emotionen zu Authentizität und Führungserfolg (S. 109–120). Wiesbaden: Springer VS.

Weihrich, Margit/Jungtäubl, Marc (2020). Situatives Handeln in der stationären Krankenpflege – Wie lässt sich das (selbst) „organisieren"? In: Porschen-Hueck, Stephanie/Jungtäubl, Marc/Weihrich, Margit (Hrsg.), *Agilität? Herausforderungen neuer Konzepte der Selbstorganisation* (S. 207–231). Augsburg/München: Rainer Hampp.

Weinert, Ansfried B. (1998). *Organisationspsychologie*. Ein Lehrbuch (4., vollst. überarb. u. erw. Aufl.). Weinheim: Beltz.

Weinert, Franz E. (2014). Vergleichende Leistungsmessung in Schulen – eine umstrittene Selbstverständlichkeit. In Franz E. Weinert (Hrsg.), *Leistungsmessungen in Schulen* (3., akt. Aufl., S. 17–31). Weinheim/Basel: Beltz.

Wendt, Wolf Rainer (2016). *Sozialwirtschaft kompakt*. Grundzüge der Sozialwirtschaftslehre. 2. Aufl. des Buches „Sozialwirtschaft. Ein Brevier ihrer Lehre" (Centaurus Paper Apps Bd. 31, 2., überarb. u. erw. Aufl.). Wiesbaden: Springer VS.

Wendt, Wolf Rainer (2013). Sozialwirtschaft. In Klaus Grunwald, Georg Horcher, & Bernd Maelicke (Hrsg.), *Lexikon der Sozialwirtschaft* (2. Aufl., S. 965–968). Baden-Baden: Nomos.

Wenger, Andreas P., & Thom, Norbert (2021). *Die optimale Organisationsform*. Grundlagen und Handlungsanleitung (2., überarb. u. erw. Aufl.). Wiesbaden: Springer Gabler.

Werder, Axel von (2004). Organisatorische Gestaltung (Organization Design). In Georg Schreyögg, & Axel von Werder (Hrsg.), *Handwörterbuch der Unternehmensführung und Organisation* (4. völlig neu bearb. Aufl., Sp. 1088–1101). Stuttgart: Schäffer-Poeschel.

Wesche, Jenny S., & Fleig, Lena (2016). Authentic Leadership: Authentische Führung praktizieren und trainieren. In Jörg Felfe, & Rolf van Dick (Hrsg.), *Handbuch Mitarbeiterführung*. Wirtschaftspsychologisches Praxiswissen für Fach- und Führungskräfte (S. 3–14). Wiesbaden: Springer.

Willke, Helmut (2011). *Einführung in das systemische Wissensmanagement* (3., überarb. u. erw. Aufl.). Heidelberg: Carl Auer.
Willke, Helmut (2006). *Systemtheorie I: Grundlagen* (7., überarb. Aufl.). Stuttgart: UVK/UTB.
Willke, Helmut (2005). *Systemtheorie II: Interventionstheorie* (4., bearb. Aufl.). Stuttgart: UVK/UTB.
Willke, Helmut (2001). *Systemtheorie III: Steuerungstheorie* (3. Aufl.). Stuttgart: UVK/UTB.
Willke, Helmut (1997). *Supervision des Staates.* Frankfurt a. M.: Suhrkamp.
Wilms, Falko, & Größler, Andreas (Hrsg.) (2018). *Volatilität, Unsicherheit, Komplexität, Ambiguität – Kybernetische Ansätze für die Unternehmensführung.* Konferenz für Wirtschafts- und Sozialkybernetik vom 8. bis 9. November 2016 in Dornbirn. Berlin: Duncker & Humblot.
Wimmer, Rudolf (2011). Die Steuerung des Unsteuerbaren. In Bernhard Pörksen (Hrsg.), *Schlüsselwerke des Konstruktivismus* (S. 520–547). Wiesbaden: VS Verlag für Sozialwissenschaften.
Wimmer, Rudolf, & Ameln, Falko von (2019). Agilität, Ambidextrie und organisationale Veränderungskompetenz. Rudi Wimmer über Erbe und Zukunft des Change Managements. *Gruppe. Interaktion. Organisation,* 50, S. 211–216.
Wimmer, Rudolf, Meissner, Jens O., & Wolf, Patricia (Hrsg.) (2014). *Praktische Organisationswissenschaft.* Lehrbuch für Studium und Beruf (2., überarb. u. erw. Aufl.). Heidelberg: Carl Auer.
Wimmer, Rudolf, & Schumacher, Thomas (2014). Führung und Organisation. In Rudolf Wimmer, Jens O. Meissner, & Patricia Wolf (Hrsg.), *Praktische Organisationswissenschaft.* Lehrbuch für Studium und Beruf (2., überarb. u. erw. Aufl., S. 217–240). Heidelberg: Carl Auer.
Winkler, Michael (2008). Management und Steuerung. In Josef Bakic, Marc Diebäcker, & Elisabeth Hammer (Hrsg.), *Aktuelle Leitbegriffe der Sozialen Arbeit.* Ein kritisches Handbuch (S. 120–136). Wien: Löcker.
Wöhe, Günter, & Döring, Ulrich (2008). *Einführung in die Allgemeine Betriebswirtschaftslehre* (23., vollst. neu bearb. Aufl.). München: Vahlen.
Wöhrle, Armin (2013a). Change Management. In Klaus Grunwald, Georg Horcher, & Bernd Maelicke (Hrsg.), *Lexikon der Sozialwirtschaft* (2., akt. u. vollst. überarb. Aufl., S. 204–210). Baden-Baden: Nomos.
Wöhrle, Armin (2013b). Mit welchen Begriffen des Managements argumentieren wir? In Herbert Bassarak, Werner Heister, Sigrid Leitner, Michael Mroß, Mroß, Armin Mroß, Herbert Schubert, & Wolf Rainer Wendt (Hrsg.), *Kölner Journal.* Wissenschaftliches Forum für Sozialwirtschaft und Sozialmanagement 1/2013b (S. 34–59). Baden-Baden: Nomos.
Wöhrle, Armin (2013c). Theoriebildung zu Sozialmanagement und Management in der Sozialwirtschaft. In Klaus Grunwald, Georg Horcher, & Bernd Maelicke (Hrsg.), *Lexikon der Sozialwirtschaft* (2. Aufl., S. 1036–1042). Baden-Baden: Nomos.
Wöhrle, Armin (Hrsg.) (2012). *Auf der Suche nach Sozialmanagementkonzepten und Managementkonzepten für und in der Sozialwirtschaft.* Eine Bestandsaufnahme zum Stand der Diskussion und Forschung in drei Bänden. Augsburg: Ziel.
Wöhrle, Armin (2009). Zur Untersuchung des Sozialmanagements. Eine kritische Bestandsaufnahme und eine Vision. In Klaus Grunwald (Hrsg.), *Vom Sozialmanagement zum*

Management des Sozialen? Eine Bestandsaufnahme (139–178). Baltmannsweiler: Schneider Hohengehren.

Wöhrle, Armin, Beck, Reinhilde, Brandl, Paul, Funke-Steinberg, Karsten, Kaegi, Urs, Schenker, Dominik, & Zängl, Peter (2019a). *Organisationsentwicklung – Change Management*. Baden-Baden: Nomos.

Wöhrle, Armin, Beck, Reinhilde, Grunwald, Klaus, Schellberg, Klaus, Schwarz, Gotthart, & Wendt, Wolf Rainer (2019b). *Grundlagen des Managements in der Sozialwirtschaft* (3. unveränd. Aufl.). Baden-Baden: Nomos.

Wohlfahrt, Norbert (2020). Soziale Dienstleistungsarbeit im Kapitalismus. In Hans-Uwe Otto (Hrsg.), *Soziale Arbeit im Kapitalismus. Gesellschaftstheoretische Verortungen. Professionspolitische Positionen. Politische Herausforderungen* (S. 182–194). Weinheim/Basel: Beltz Juventa.

Wolf, Patricia, & Hilse, Heiko (2014). Wissen und Lernen. In Rudolf Wimmer, Jens O. Meissner, & Patricia Wolf (Hrsg.), *Praktische Organisationswissenschaft. Lehrbuch für Studium und Beruf* (2., überarb. u. erw. Aufl., S. 167–191). Heidelberg: Carl Auer.

Wolff, Stephan (2010). Soziale personenbezogene Dienstleistungsorganisationen als lose gekoppelte Systeme und organisierte Anarchien. In Thomas Klatetzki (Hrsg.), *Soziale personenbezogene Dienstleistungsorganisationen* (S. 285–335). Wiesbaden: Springer VS.

Wüthrich, Hans A. (2016). Resilienzzentrierte Führung. In Olaf Geramanis, & Kristina Hermann (Hrsg.), *Führen in ungewissen Zeiten. Impulse, Konzepte und Praxisbeispiele* (S. 17–31). Wiesbaden: Springer VS.

Wüthrich, Hans A. (2011). Zutrauen, Loslassen, Experimentieren. Eine neue Führungshaltung ist gefragt. *Zeitschrift Führung + Organisation*, 80 (4), S. 212–219.

Wüthrich, Hans A., Osmetz, Dirk, & Kaduk, Stefan (2009). *Musterbrecher*. Führung neu erleben (3., überarb. u. erw. Aufl.).Wiesbaden: Gabler.

Wunderer, Rolf (2009a). *Führung und Zusammenarbeit*. Eine unternehmerische Führungslehre (8., akt. u. erw. Aufl.). Köln: Luchterhand.

Wunderer, Rolf (2009b). Führung des Chefs. In Lutz von Rosenstiel, Erika Regnet, & Michel E. Domsch (Hrsg.), *Führung von Mitarbeitern*. Handbuch für erfolgreiches Personalmanagement (S. 249–269). Stuttgart: Schäffer-Poeschel.

Zimmer, Annette, & Paul, Franziska (2018). Zur volkswirtschaftlichen Bedeutung der Sozialwirtschaft. In Klaus Grunwald, & Andreas Langer (Hrsg.), *Sozialwirtschaft*. Handbuch für Wissenschaft und Praxis (S. 103–117). Baden-Baden: Nomos.

Zollondz, Hans-Dieter (2016). Menschenbild im Qualitätsmanagement. In Hans-Dieter Zollondz, Michael Ketting, & Raimund Pfundtner (Hrsg.), *Lexikon Qualitätsmanagement. Handbuch des Modernen Managements auf der Basis des Qualitätsmanagements* (2., kompl. überarb. u. erw. Aufl., S. 674–678). Oldenbourg: De Gruyter.

The manufacturer's authorised representative in the EU is Springer Nature Customer Service Centre GmbH, Europaplatz 3, 69115 Heidelberg, Germany. If you have any concerns regarding our products, please contact ProductSafety@springernature.com

Printed and bound by CPI Group (UK) Ltd, Croydon, CR0 4YY

23/03/2026

02076747-0004